FOLLOW ME! ❷

초급·중급자를 위한

JAVA
Web Programming

자바 웹 프로그래밍

저자 김유진
ujinkim7@gmail.com

현) 한국정보기술원 강사

주요 경력
- 프로그래밍의 다양한 관련 기술을 섭렵한 후 삼성멀티캠퍼스, 비트교육센터, HP 교육센터 등의 기업과 여러 대학에서 자바와 안드로이드 관련 강의를 진행하였다.
- 현재는 한국정보기술원에서 자바를 비롯하여 안드로이드 프로젝트 투입을 위해 교육이 필요한 개발자나 모바일 어플리케이션을 개발하고 싶은 개발자 및 학생을 위한 다양한 교육을 진행하고 있다.

저서
- 임베디드 프로그래밍 C 코드 최적화 – 한빛미디어
- 이게 진짜 자바 프로그래밍이다 – 영진미디어
- 이게 진짜 C 프로그래밍이다 – 영진미디어
- 이게 진짜 C++프로그래밍이다 – 영진미디어
- 안드로이드 프로그래밍 – 아티오

초급 · 중급자를 위한

자바 웹 프로그래밍

2016년 4월 1일 초판 1쇄 인쇄
2016년 4월 10일 초판 1쇄 발행

펴낸이 | 이부섭
펴낸곳 | 아티오
지은이 | 김유진
표　지 | Vision IT
편　집 | Vision IT
전　화 | 031-983-4092
팩　스 | 031-983-4093
등　록 | 2013년 2월 22일
정　가 | 27,000원
주　소 | 경기도 김포시 김포한강1로 78번길 62-9 203호
홈페이지 | http://www.atio.co.kr

국립중앙도서관 출판예정도서목록(CIP)

```
초급 중급자를 위한 자바 웹 프로그래밍 / 지은이: 김유진.
 -- 김포 : 아티오, 2016
     p. ;   cm

 ISBN  978-89-98955-76-2  13000 : ₩27000

 자바 프로그래밍[Java programming]
 웹 프로그래밍[Web programming]

 005.138-KDC6
 005.2762-DDC23                    CIP2016007732
```

※ 아티오는 Art Studio의 줄임말로 혼을 깃들인 예술적인 감각으로 도서를 만들어 독자에게 최상의 지식을 전달해 드리고자 하는 마음을 담고 있습니다.

■ 도서 내용 문의

저자 이메일 : ujinkim7@gmail.com

본문 예제 소스는 **아티오**(www.atio.co.kr) 홈 페이지의 [자료실]에서 다운받으시면 됩니다.

 머리말

인간과 컴퓨터의 두뇌 대결로 관심을 모았던 이세돌 9단과 알파고의 바둑 대결이 있었다. 바둑은 너무 많은 경우의 수가 발생하기 때문에 아직까지는 사람이 이길 것이라고 예측하는 사람들도 있었고, 이미 인공 지능 분야의 기술 수준이 높아졌기 때문에 알파고가 4대1로 이길 것이라고 정확히 예측하는 사람도 있었다. 이렇듯 이미 우리 주변에는 많은 컴퓨터 시스템이 사용되고 있고, 앞으로는 더욱더 많은 분야가 컴퓨터에 의존하게 될 것이다. 컴퓨터 시스템의 기능을 사용자가 다양하게 사용할 수 있도록 도와주는 소프트웨어를 어플리케이션이라고 한다. 우리 주변에는 이미 많은 어플리케이션이 있고 사람들은 하루에도 여러 가지 어플리케이션을 사용하여 정보를 수집하거나 여가 시간을 활용한다. 이러한 어플리케이션을 개발하는데 사용되는 언어는 무수히 많지만 특히 웹과 모바일에서 많이 사용되는 언어가 자바(JAVA)이다. 자바 어플리케이션은 가상 머신(VM)에서 실행되므로 플랫폼이 변경되더라도 코드만 동일하면 동작한다. 이러한 특징은 웹이나 모바일과 같이 오픈된 환경에서 강점으로 작용한다. 그래서 자바가 가장 많이 사용되는 곳이 웹과 모바일이다. 이 책은 자바 언어를 기반으로 웹 어플리케이션의 개발 방법에 대해서 살펴본다. 그래서 자바를 공부하고 자바를 활용한 웹 어플리케이션 개발에 관심 있는 학생이나 재직자들이 입문으로 공부하기 적합한 책이다. 또한, 다양한 예제를 통해 모델1이 아닌 모델2 개발 패턴을 익힘으로써 중급까지 도달할 수 있다.

이 책의 구성은 다음과 같다.

- ❖ 웹 어플리케이션의 개요를 살펴본다.
- ❖ 웹 어플리케이션의 클라이언트 개발에 사용되는 언어 즉 HTML, CSS, JAVASCRIPT를 살펴본다.
- ❖ 웹 서버 및 개발 환경 구축과 자바 웹 어플리케이션의 구조를 살펴본다.
- ❖ 자바 서블릿(Servlet)과 서블릿을 사용한 MVC 개발 방법을 살펴본다.
- ❖ 자바 서버 페이지인 JSP를 사용하여 뷰 페이지를 만드는 방법을 살펴본다.
- ❖ 웹 어플리케이션이 세션과 쿠키를 이용하여 사용자 정보를 유지하는 방법을 살펴보고, 이를 활용한 미니 프로젝트를 수행한다.
- ❖ EL과 JSTL을 사용하여 뷰 페이지에서 자바 코드를 제거하고, 뷰 페이지의 통일성과 가독성을 높이는 방법을 활용한 미니 프로젝트를 수행한다.
- ❖ 사용자가 직접 태그를 만들어 사용하는 방법을 살펴본다.
- ❖ 요청 객체인 Request나 응답 객체인 Response의 헤더(Header)나 내용을 변형하는 필터에 대해서 살펴본다.

이 책이 자바 웹 어플리케이션에 관심 있는 스타터들에게 길을 안내할 수 있기를 바라며, 마지막으로 책을 집필할 수 있도록 항상 옆에서 지지해 주는 가족과 친구들 모두에게 감사한다.

저자 김유진

 차례

제01장 웹 프로그램의 개요

1. 웹 어플리케이션이란 무엇인가?　　8
2. 자바 기반의 웹 어플리케이션은 무엇이 다른가?　　9
3. 웹 어플리케이션의 구조 및 동작 원리는 무엇인가?　　10

제02장 웹 페이지의 기본 뼈대 HTML

1. HTML의 기본　　15
2. 제목 달기와 단락으로 묶기　　18
3. 스타일　　23
4. 페이지 이동과 이미지 출력, 리스트 출력　　27
5. 테이블　　48
6. 폼 양식 만들기　　53
7. 블록　　59
8. iframe　　60

제03장 CSS로 웹 페이지를 예쁘게 꾸미자

1. CSS 작성 방법　　66
2. 텍스트 제어　　73
3. 크기 제어　　79
4. 위치 제어　　80
5. 배경 제어　　87
6. 테두리 제어　　94

제04장 JavaScript로 페이지에 움직임을 불어넣어라

1. 기본 코드　　100
2. 기본 문법　　102
3. 자바스크립트 출력　　104
4. 메시지 박스　　110
5. 함수　　114
6. 이벤트 처리　　120
7. 폼 제어　　124

제05장 웹 서버 개발 환경 구축과 자바 웹 어플리케이션의 구조

1. 자바 개발 환경 JDK 설치　　133
2. 소스 개발 툴 이클립스(Eclipse) 설치　　136

  3. 데이터베이스 시스템 오라클(Oracle) 설치 137
  4. 웹 컨테이너 톰캣(Tomcat) 설치 141
  5. 자바 웹 어플리케이션의 구조와 웹 프로젝트 생성 144

제06장 자바 서블릿(JAVA Servlet)

  1. 서블릿 생성 154
  2. 서블릿 라이프 사이클 162
  3. 서블릿의 요청 파라미터 받기와 응답 생성 166
  4. 서블릿의 페이지 이동 176
  5. 스코프(Scope) 객체 189
  6. forward와 redirect의 차이 196

제07장 서블릿(Servlet)과 MVC

  1. 테이블 생성하기 204
  2. 프로젝트 생성하기 204
  3. DB 연결 구현하기 206
  4. DTO 구현하기 207
  5. DAO 구현하기 209
  6. SERVICE 구현하기 211
  7. 컨트롤러 구현하기 212
  8. 뷰 페이지 구현하기 215
  9. 실행 216

제08장 자바 서버 페이지(JSP)

  1. JSP 파일의 생성과 라이프 사이클 218
  2. 디렉티브(Directive) 222
  3. JSP 스크립팅(Scripting) 요소 226
  4. JSP의 기본 객체 243
  5. 정보 공유와 스코프(Scope) 객체 256
  6. 페이지 흐름 제어 264
  7. 예외 처리 277

제09장 세션과 쿠키로 사용자를 기억하라

  1. 세션(Session) 289
  2. 쿠키(Cookie) 307
  3. 세션 트래킹(Session Tracking) 318

제10장 회원관리 프로그램 구현하기

    1. DB 연결 구현하기   332
    2. DTO 구현하기   334
    3. DAO 구현하기   335
    4. SERVICE 구현하기   342
    5. 컨트롤러 구현하기   344
    6. 뷰 페이지 구현하기   359
    7. 실행   363

제11장 뷰 페이지에서 자바 코드를 빼라(EL & JSTL)

    1. EL(Expression Language)   369
    2. JSTL(JSP Standard Tag Library)   384

제12장 게시판 구현으로 EL과 JSTL 익히기

    1. 프로젝트 생성하기   423
    2. DB 연결과 DTO 구현하기   430
    3. DAO 구현하기   432
    4. SERVICE 구현하기   440
    5. 컨트롤러 구현하기   443
    6. 뷰 페이지 구현하기   455
    7. 실행   460

제13장 사용자 정의 태그

    1. 사용자 정의 태그 구현   467
    2. 사용자 정의 태그 속성   473
    3. 바디(body) 있는 태그   480
    4. 사용자 정의 태그의 변수 정의   484

제14장 필터(Filter) 활용

    1. 필터 구현   493
    2. 요청과 응답 변경   497

제 01 장

웹 프로그램의 개요

제 01 장 웹 프로그램의 개요

1 ▶ 웹 어플리케이션이란 무엇인가?

우리는 지금부터 웹 프로그램 또는 웹 어플리케이션을 개발하는 방법에 대해서 살펴볼 것이다. 웹 프로그램과 웹 어플리케이션은 웹(Web) 기반의 응용 소프트웨어를 의미하는 용어로 이 두 가지 단어는 동일하다. 웹은 네트워크의 한 종류로 HTTP 프로토콜에 의한 통신을 기반으로 한다. 우리가 미국의 웹 사이트 내용을 웹 브라우저를 통해서 볼 수 있는 것은 요청한 페이지를 미국의 웹 서버로부터 HTTP 통신을 통해 전달 받기 때문이다. 이처럼 웹과 관련된 기술도 웹 서버 구축 및 운영, 프로토콜 정책 관리, 인프라 구축 등 많은 분야가 있지만 이 책에서는 웹 어플리케이션을 구현하는 방법에 대해서만 다룰 것이다. 웹 어플리케이션은 웹 환경에서 이용할 수 있는 다양한 기능을 제공하는 프로그램으로 게시판, SNS, 인터넷 쇼핑몰 등 매우 다양하다. 이러한 어플리케이션은 단독으로도 정상적인 실행이 가능하고, 다른 어플리케이션과 결합되어 좀 더 큰 프로그램이 될 수도 있다. 웹 어플리케이션은 클라이언트(Client)의 요청과 이에 대한 서버(Server)의 응답으로 구성된다. 클라이언트가 웹 브라우저의 주소 창에 원하는 웹 페이지의 URL을 작성하고 [이동] 버튼을 클릭하면 URL에 작성된 주소로 요청이 전달된다. 그럼 요청을 받은 웹 서버 안의 웹 어플리케이션에서 요청한 페이지를 만들어서 다시 클라이언트에 응답을 보낸다.

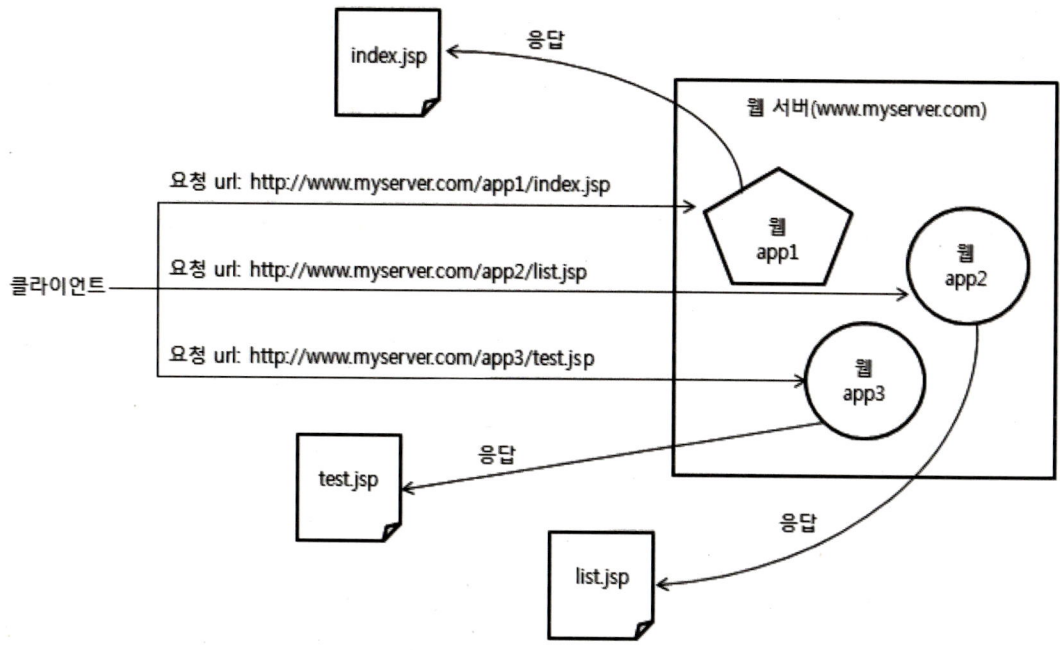

위의 그림을 보면 오른쪽에 웹 서버가 있다. 이 웹 서버의 URL은 www.myserver.com이다. 그래서 해당 웹 서버에 있는 웹 어플리케이션에 접근하려면 이 URL을 사용해야 한다. 그림처럼 하나의 웹 서버에는 여러 개의 웹 어플리케이션을 올릴 수 있다. 즉, 각 어플리케이션을 구분할 수 있도록 어플리케이션 마다 다른 경로를 추가할 수 있다. 위 그림의 웹 app1에 요청을 보내려면 URL을 "http://www.myserver.com/app1/요청할 페이지 경로"로 작성해야 한다. 만약, 이 프로그램의 시작 페이지를 요청한다면 "http://www.myserver.com/app1/index.jsp"를 요청해야 한다.

이렇게 요청을 받은 서버는 클라이언트가 원하는 페이지를 만들어 응답으로 보내주고, 클라이언트 컴퓨터는 응답으로 받은 페이지를 웹 브라우저에 띄워준다. 웹 페이지를 보려면 사이트의 주소를 작성하고, Enter 키를 누르면 되지만 이를 처리하는 내부 동작은 이처럼 복잡한 단계를 거치게 된다.

2 ▶ 자바 기반의 웹 어플리케이션은 무엇이 다른가?

웹 어플리케이션의 구현은 ASP, PHP, JSP & Servlet 등 다양한 언어로 구현된다. 웹 서비스의 초창기에는 클라이언트의 요청에 따른 동적인 응답을 구현하기 위해서 CGI 스크립트 언어를 사용했었다. 스크립트 언어는 인터프리터 방식으로 실행되기 때문에 컴파일한 결과를 저장하지 않고 실행할 때마다 새로 컴파일한다. 그런데 동시 접속자가 많은 웹 어플리케이션이 이러한 방식으로 실행되는 것은 많은 부하가 발생하게 된다.

하지만 자바 기반의 웹 어플리케이션은 컴파일 방식으로 실행되기 때문에 소스가 변경되지 않는 한 컴파일은 한번만 실행하고, 요청이 발생할 때마다 컴파일된 결과를 사용한다. 또한, 자바(JAVA)는 플랫폼에 독립적이어서 동일한 코드는 운영 체제가 바뀌어도 동일하게 동작한다. 이러한 특징은 네트워크로 연결된 다양한 종류의 디바이스에서 동일하게 동작하는 것을 의미하므로 자바는 웹(Web)과 모바일(Mobile)에서 많이 활용된다.

3 ▸ 웹 어플리케이션의 구조 및 동작 원리는 무엇인가?

웹 어플리케이션은 요청과 응답으로 동작한다. 클라이언트가 웹 어플리케이션에 요청을 보내는 방법은 다양하다. 웹 브라우저에 주소를 작성하여 [이동] 버튼을 클릭하는 것은 주소가 나타내는 페이지를 요청한 것이다. 또한, 로그인 폼에 아이디와 비밀번호를 입력하고, [로그인] 버튼을 클릭하면 로그인 처리를 요청한 것이다. 로그인 요청이 웹 어플리케이션으로 전달될 때 사용자가 로그인 폼에 입력한 데이터도 같이 전달된다.

웹 어플리케이션은 로그인 처리를 위해서 전달 받은 로그인 폼 데이터(아이디, 비밀번호)와 데이터베이스에 저장된 정보를 비교하여 로그인의 성공 여부를 확인하고, 클라이언트한테 결과를 응답 페이지로 보낸다.

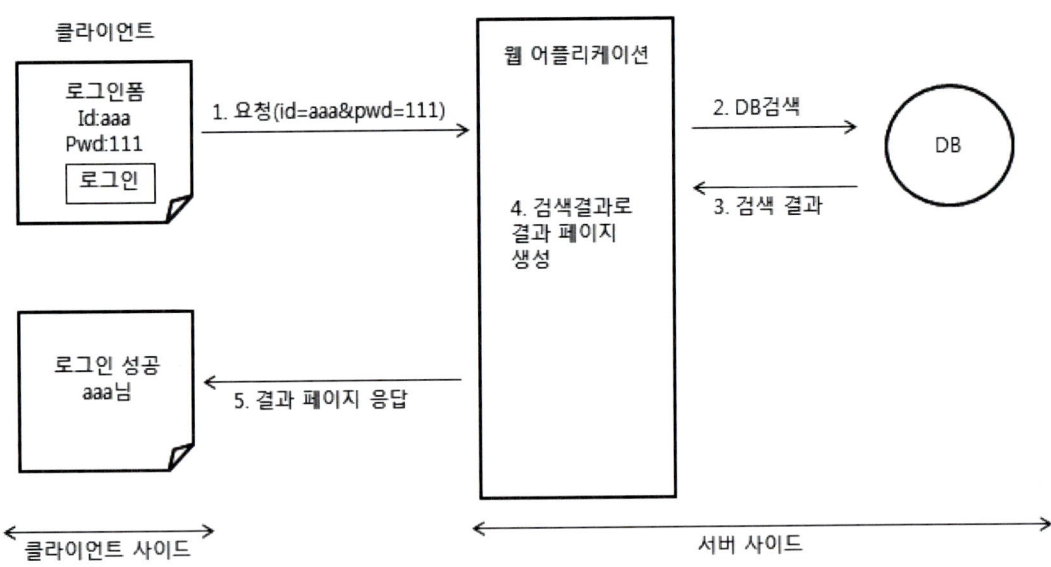

이러한 로그인 처리 과정을 살펴보면 작업이 클라이언트 쪽과 서버 쪽으로 분리되어 있다. 클라이언트 쪽은 주로 사용자의 입력을 받거나 서버 쪽에서 처리한 결과를 사용자에게 보여주는 일을 담당하고, 서버 쪽은 전달 받은 요청을 데이터베이스(DB)와 연동하여 처리하는 일을 담당한다. 이렇게 웹 어플리케이션의 클라이언트 쪽 구현을 클라이언트 사이드(Client-Side)라 하고, 서버 쪽 구현을 서버 사이드(Server-Side)라고 한다. 클라이언트 사이드는 주로 뷰 페이지(View Page)를 구현하는데, 이를 위해서는 HTML, CSS, JAVA SCRIPT, JSP가 사용된다. 서버 사이드에서 클라이언트의 요청을 받아 흐름을 제어하는 부분은 서블릿(Servlet)으로 구현되고, 기능 구현 및 DB 처리 구현은 자바로 만든다. 앞으로 우리는 자바 기반의 웹 어플리케이션을 구현하기 위해서 필요한 언어인 HTML, CSS, JAVA SCRIPT, JSP, 서블릿(Servlet)에 대해서 학습할 것이며, 이 책을 이해하려면 자바와 데이터베이스 SQL에 대한 이해가 필요하다.

자바(JAVA)란 무엇인가?

자바는 썬 마이크로시스템즈의 제임스 고슬링(James Gosling)과 연구원들이 개발한 객체 지향적 프로그래밍 언어로 유닉스(UNIX)를 기반으로 하는 C 언어와 비슷하지만 플랫폼이 독립적이라는 점이 가장 큰 특징이다. 또한, 분산형 컴퓨팅 및 통신 환경에 알맞은 응용 프로그램을 개발하는데 적합하다.

처음에는 우리가 사용하는 가전제품 내에 장착하여 동작하는 프로그램을 위해 개발했지만 현재에는 웹 애플리케이션 개발에 가장 많이 사용되는 언어로 특히, 모바일 기기용 소프트웨어 개발에서도 널리 사용하고 있다.

제 **02** 장

웹 페이지의 기본 뼈대 HTML

제 02 장 웹 페이지의 기본 뼈대 HTML

서버로부터 받은 웹 페이지는 클라이언트 컴퓨터의 웹 브라우저에 의해서 컴파일 되고 실행된다. 그러므로 서버는 클라이언트의 웹 브라우저가 이해할 수 있는 언어로 작성된 웹 페이지를 보내야 한다. 그럼 웹 브라우저가 이해할 수 있는 언어에는 어떤 것이 있을까? 웹 브라우저가 이해할 수 있는 언어에는 HTML, CSS, JAVASCRIPT, AJAX, JQuery 등 다양하다. 이중 HTML, CSS, JAVASCRIPT 이렇게 세 언어는 웹 페이지 작성에 있어서 가장 기본이 되는 언어이므로 웹 프로그래밍을 하려면 반드시 숙지해야 한다. 클라이언트의 요청을 처리하는 것은 서버 페이지이지만 처리한 결과를 사용자에게 보여주는 것은 뷰 페이지이다. 이러한 뷰 페이지를 작성하는데 사용되는 언어가 HTML, CSS, JAVASCRIPT이다. 이 언어들은 모두 스크립트 언어로 컴파일한 결과를 저장하지 않고 웹 브라우저에 의해서 한 줄씩 컴파일한 뒤 바로 실행하는 형태로 동작한다. 그러므로 소스 코드를 작성하고 저장할 편집기와 실행할 웹 브라우저만 있으면 웹 페이지 작성 및 실행에 전혀 문제될 것이 없다. 그럼 웹 페이지를 작성하는데 왜 이렇게 다양한 언어가 필요할까? 각 언어는 나름의 역할을 가지고 있다. 우선 HTML은 웹 페이지의 기본 뼈대를 만든다. 즉, 웹 브라우저에 텍스트와 이미지를 출력하고, 다른 페이지로 이동하고 폼이나 테이블을 화면에 그릴 수 있다. CSS는 HTML로 작성된 페이지를 예쁘게 꾸밀 수 있게 한다. 즉, HTML로 출력하는 이미지나 텍스트 등의 위치, 크기, 색상, 배경 등을 제어할 수 있다. 하지만 HTML과 CSS는 정적인 페이지만 작성할 수 있다. 특히, 화면의 버튼이 클릭되었을 때 동작이나 마우스의 움직임에 따라 화면에 변화를 주는 등의 동적인 페이지를 작성할 수 없는데 이를 구현할 수 있는 언어가 JAVASCRIPT이다. 이처럼 세 가지 언어는 웹 프로그램의 뷰 페이지를 작성하는데 꼭 필요한 언어이므로 잘 이해해야 한다.

1 ▸ HTML의 기본

HTML은 Hyper Text Markup Language의 약자로 웹 페이지를 정의하는 마크업(Markup) 언어이다. 파일의 확장자는 .html 또는 .htm으로 메모장에서 작업해도 큰 무리는 없다. HTML 파일은 태그(Tag)라는 명령어로 구성되며, 각 태그는 속성으로 세부 설정이 가능하다. 다음의 코드는 HTML 샘플 코드를 보여준다.

〈HTML 샘플 코드〉

```
1   <!DOCTYPE html>
2   <html>
3       <head>
4           <meta charset="UTF-8">
5           <title>title</title>
6       </head>
7
8       <body>
9           내용
10      </body>
11
12  </html>
```

위의 코드를 보면 HTML 파일이 여러 종류의 태그로 구성된 것을 알 수 있다. 태그는 기본적으로 다음과 같은 형태를 갖는다.

〈태그명〉 내용 〈/태그명〉
〈태그명 속성="값"〉 내용 〈/태그명〉
〈태그명 속성1="값" 속성2="값"〉 내용 〈/태그명〉

태그는 보통 여는 태그와 닫는 태그로 구성되는데 이 두 개는 하나의 셋으로 태그명은 동일하지만 닫는 태그는 태그명 앞에 /가 붙는다. 태그는 속성 없이 태그명으로만 구성될 수도 있고, 여러 개의 속성이 추가될 수도 있다. 속성 값은 " "나 ' '로 묶어 주는 것이 표준이며 태그에 따라 제공되는 속성의 종류가 다를 수 있다. 태그는 이름에 따라 서로 다른 기능을 수행하며, 속성은 그 기능에 세부 설정을 가능하게 한다. 태그의 기능은 여는 태그와 닫는 태그 사이의 내용에만 적용된다. 그러므로 여는 태그 앞이나 닫는 태그 뒤의 내용에는 적용되지 않는다. 또한, 태그는 대소문자를 구분하지 않으므로 〈html〉, 〈HTML〉, 〈Html〉은 모두 동일한 태그로 처리된다.

앞 코드의 1번 줄은 다큐먼트의 종류를 지정하는 태그로 웹 브라우저가 페이지를 올바르게 실행할 수 있도록 도와준다. HTML 문서는 〈HTML〉 태그로 시작하여 〈/HTML〉로 끝난다. 〈HTML〉〈/HTML〉의 안에는 〈HEAD〉〈/HEAD〉와 〈BODY〉〈/BODY〉로 구성된다. 〈HEAD〉〈/HEAD〉에는 웹 페이지에 출력될 텍스트의 인코딩을 설정하거나 윈도우 창의 타이틀 바에 출력될 제목을 작성할 수 있다. 〈BODY〉〈/BODY〉에는 웹 페이지의 실제 내용을 담는 태그로 웹 페이지를 꾸밀 내용들은 모두 〈BODY〉 태그 안에 작성한다. HTML의 주석은 〈!-- 주석 내용 --〉으로 작성한다.

HTML 파일을 작성하기 위해서 에디터가 필요한데 가장 간단한 방법은 Windows의 기본 프로그램인 메모장을 사용하는 것이다. 메모장을 실행하여 다음과 같이 작성한다.

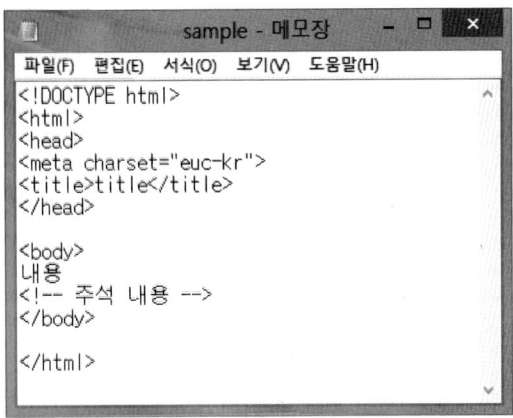

소스 4번 줄의 charset 속성은 텍스트를 웹 브라우저에 출력할 때 사용할 인코딩 방법을 설정하는 것으로 "euc-kr"은 한글 인코딩을 나타낸다. 파일 작성이 끝났으면 다음과 같이 확장자를 html로 하여 원하는 폴더에 저장한다.

메모장의 메뉴에서 [파일]-[저장]을 선택한다.

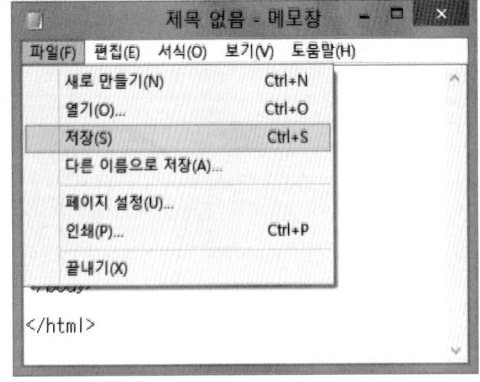

[다른 이름으로 저장] 대화 상자에서 원하는 위치로 이동한 후 파일명을 입력하고, [저장] 버튼을 클릭한다.

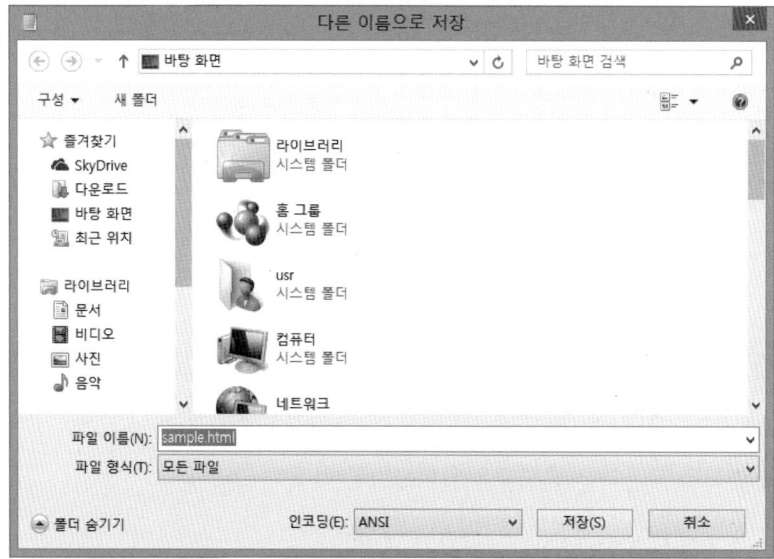

작업 후에 저장한 폴더를 열어보면 저장한 html 파일이 웹 브라우저 아이콘으로 표시된 것을 확인할 수 있는데 다음 그림은 기본 브라우저가 크롬(Chrome)일 때의 모습이고, 만약 익스플로러(Explorer)라면 영어 e 모양의 아이콘으로 표시될 것이다.

저장된 파일을 더블 클릭하면 다음과 같이 웹 브라우저에서 실행될 것이다.

웹 브라우저 맨 위의 제목 표시줄을 보면 title이라 출력된 것을 확인할 수 있는데, 이는 5번 줄의 〈TITLE〉〈/TITLE〉 태그에 지정한 값이다. 소스의 〈BODY〉〈/BODY〉 태그에는 두 줄이 작성되어 있지만 웹 브라우저에는 "내용"만 출력되었고 "〈!-- 주석 내용 --〉"은 출력되지 않았다. 〈!-- --〉안의 내용은 주석으로 처리되는데 주석이란 프로그램 실행에 전혀 영향을 미치지 않기 때문이다.

이제 HTML 파일에 작성할 태그들을 자세히 살펴보자.

2 ▸ 제목 달기와 단락으로 묶기

웹 페이지에 제목을 달고 단락을 구분하는 태그들을 살펴보도록 하겠다.

1 〈br/〉

〈body〉 태그에 텍스트를 여러 줄로 작성하는 경우를 생각해 보자. 다음과 같이 소스에 여러 줄로 작성했다고 해서 웹 브라우저에 실행할 때에도 여러 줄로 출력되지는 않는다.

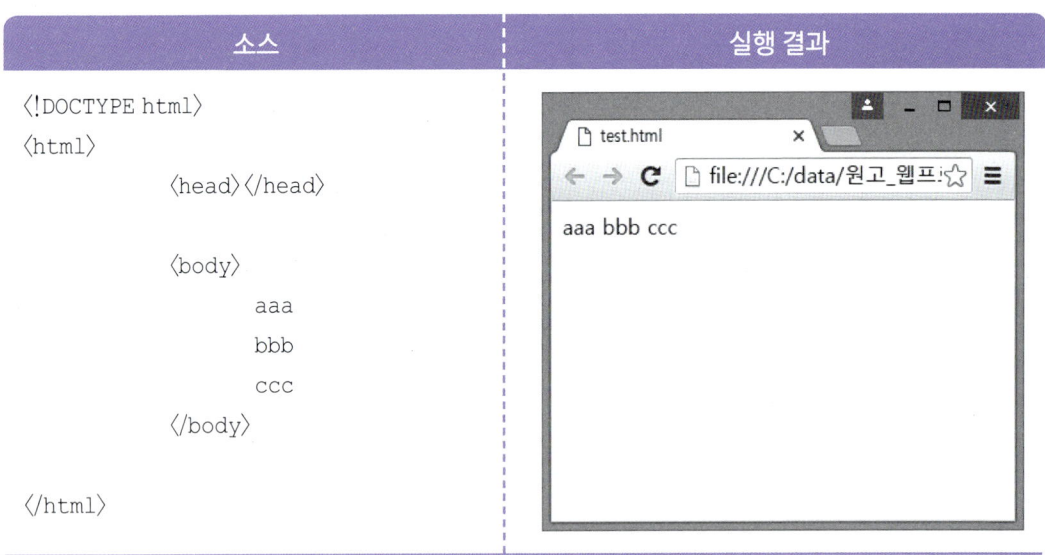

소스	실행 결과
〈!DOCTYPE html〉 〈html〉 　　〈head〉〈/head〉 　　〈body〉 　　　　aaa 　　　　bbb 　　　　ccc 　　〈/body〉 〈/html〉	aaa bbb ccc

줄을 띄우는 것도 태그를 이용해야 되는데, 이때 사용되는 태그가 〈br/〉 태그로 이 태그는 여는 태그와 닫는 태그가 하나로 사용된다. 〈br/〉 하나는 엔터(Enter) 하나와 동일하게 생각하면 이해가 쉽다. 즉, 〈br/〉〈br/〉은 엔터를 두 번 누른 것과 동일하므로 태그 뒤의 내용은 줄이 두 번 바뀌어 출력된다.

2-1.html

```
1   <!DOCTYPE html>
2   <html>
3       <head>
4           <meta charset="euc-kr">
5           <title>title</title>
6       </head>
7
8       <body>
9
10          aaa<br/>
11          bbb<br/><br/>
12          ccc<br/>
13
14      </body>
15
16  </html>
```

● 소스 분석 ●

줄 번호	설명
10 ~ 12	 마다 줄이 바뀐다.

실행 결과

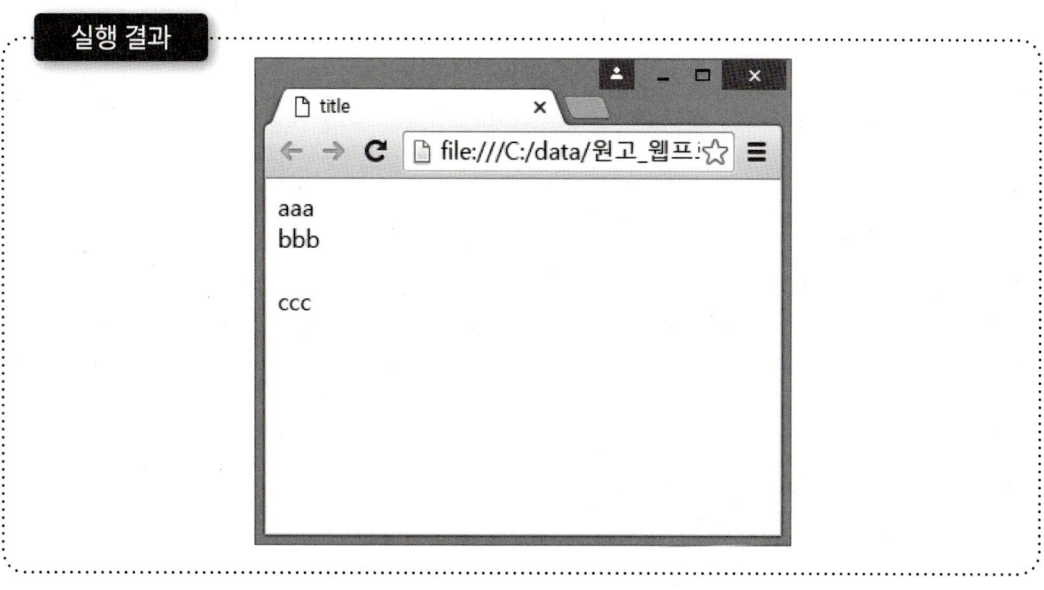

2 〈h1〉〈/h1〉 ~ 〈h6〉〈/h6〉

해당 태그는 태그 안에 작성한 내용에서 텍스트를 단락으로 구분하고 글자 크기를 제어할 수 있다. 단락을 구분한다는 것은 다른 내용과 분리되도록 태그 안의 내용을 출력할 때 위에 빈 공백 한 줄을, 뒤에 빈 공간 한 줄을 자동으로 추가한다. 다음의 예제를 보면 〈h4〉 태그의 내용인 bbb가 출력될 때 위의 내용인 aaa 사이에 빈 한 줄이 추가되었고, 아래의 ccc와의 사이에도 빈 한 줄이 추가된 것을 확인할 수 있다.

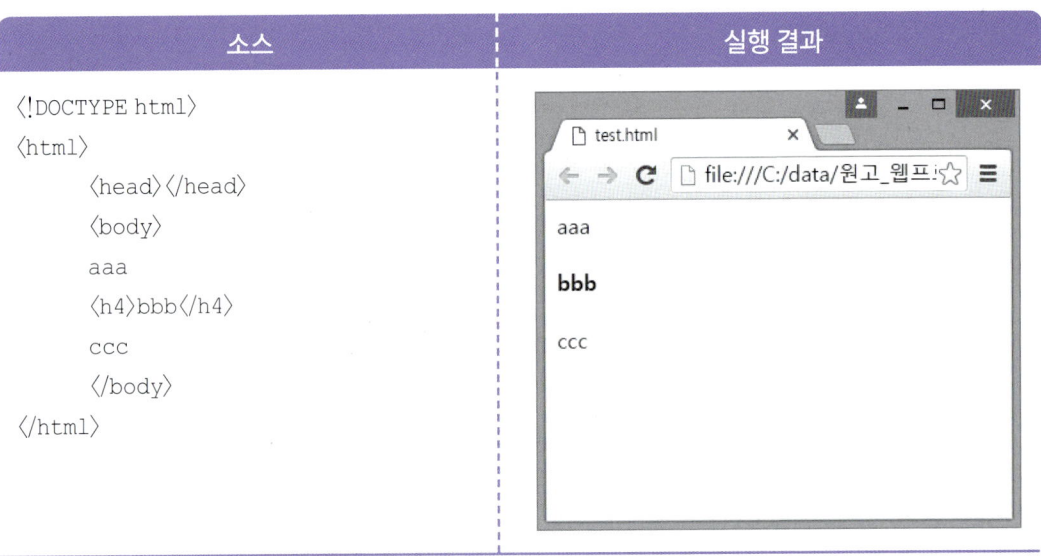

소스	실행 결과

이 태그는 단락 구분뿐만 아니라 글자의 크기도 설정하는데, 단순히 크기만 제어하는 것이 아니라 글자의 두께도 함께 변경된다. 글자의 크기는 〈h1〉이 가장 크고 〈h6〉이 가장 작다.

2-2. html

```
1   <!DOCTYPE html>
2   <html>
3       <head>
4           <meta charset="euc-kr">
5           <title>title</title>
6       </head>
7
8       <body>
9
10          일반 텍스트
11
12          <h1> h1 텍스트 </h1>
```

```
13              <h2> h2 텍스트 </h2>
14              <h3> h3 텍스트 </h3>
15              <h4> h4 텍스트 </h4>
16              <h5> h5 텍스트 </h5>
17              <h6> h6 텍스트 </h6>
18
19       </body>
20
21  </html>
```

● 소스 분석 ●

줄 번호	설명
12 ~ 17	<h1> ~ <h6>의 글자 크기를 확인할 수 있다.

실행 결과

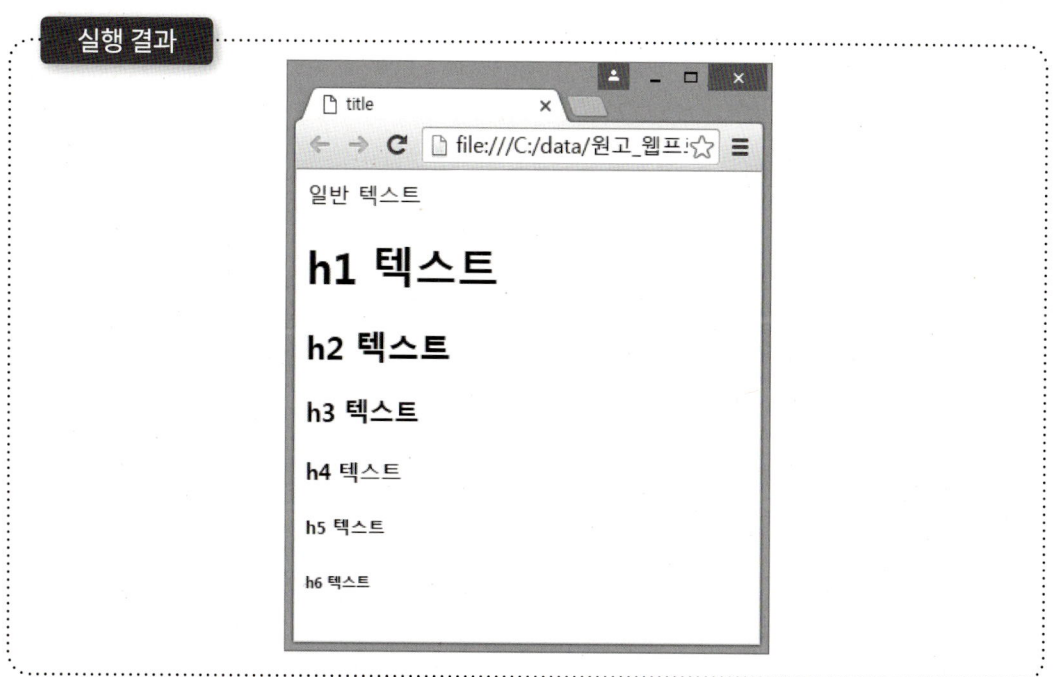

3 <hr/>

해당 태그는 특정 라인을 강조하거나 경계를 구분하기 위한 수평선을 그린다.

소스	실행 결과
| ```
<!DOCTYPE html>
<html>
    <head></head>
    <body>
            aaa<hr/>
            bbb<br/>
            ccc<br/>
    </body>
</html>
``` | 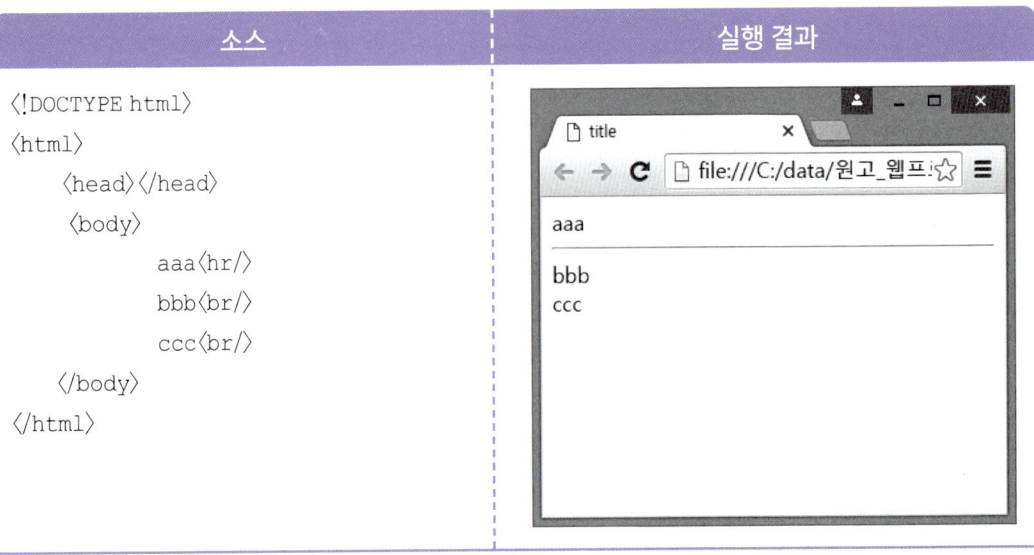 |

위의 〈body〉 첫 번째 줄에 〈hr/〉로 수평선을 그린다.

4 〈p〉〈/p〉

해당 태그는 단락을 구분한다. 〈p〉〈/p〉 사이의 내용을 단락으로 구분하기 때문에 안의 내용에서 줄이 바뀌어야 한다면 〈br/〉을 따로 써야 한다. 태그의 내용 앞에 빈 줄 하나가 추가되고, 뒤에 빈 줄 하나가 추가된다.

2-3. html

```
1   <!DOCTYPE html>
2   <html>
3       <head>
4           <meta charset="euc-kr">
5           <title>title</title>
6       </head>
7
8       <body>
9
10      제목
11          <p>
12              aaa
13              bbb
14          </p>
15
16          <p>
```
```

17	ccc</br>
18	ddd
19	</p>
20	
21	
22	</body>
23	
24	</html>

● 소스 분석 ●

줄 번호	설명
11 ~ 14	<p>로 묶여 하나의 단락으로 처리되는데 그 안의 내용은
이 없기 때문에 한 줄로 출력된다.
16 ~ 19	<p>로 묶여 하나의 단락으로 처리되는데 줄 사이에
을 추가했기 때문에 두 줄로 출력된다.

실행 결과

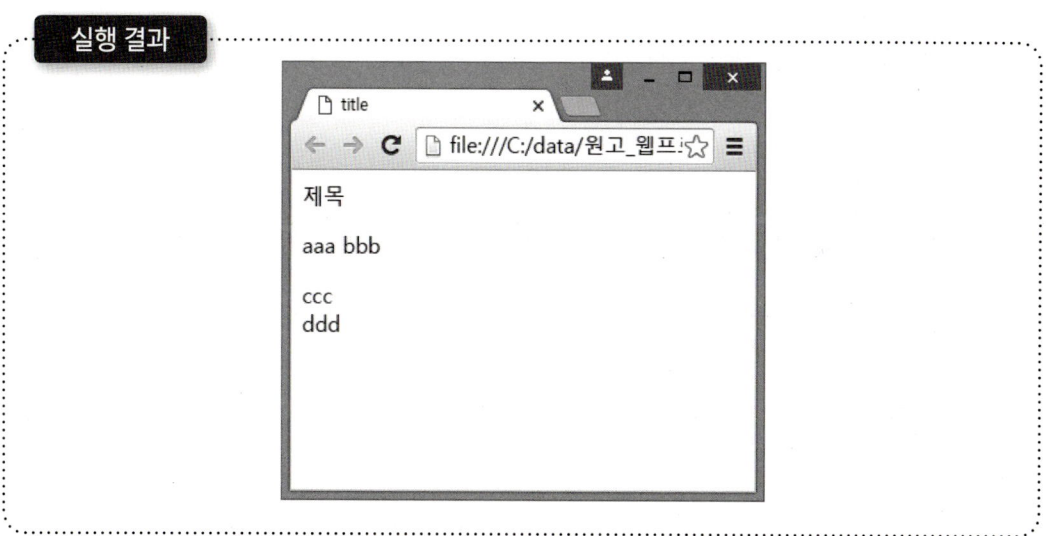

3 ▶ 스타일

앞서 단순히 텍스트를 출력하는 방법을 살펴보았는데 여기에서는 글자색, 글자체, 배경색 등 스타일을 적용할 수 있다.

1 style 속성

style 속성은 거의 대부분의 태그에서 사용 가능한데 태그의 기능이 적용되는 범위의 크기나 색상, 배경 등을 제어할 수 있다. 이 속성은 원래 CSS 속성으로 속성에 값을 작성하는 문법도 CSS 문법을 따른다. CSS에 대한 자세한 내용은 다음 장에서 다루도록 하고 여기에서는 간단한 사용법을 살펴보도록 하겠다. style 속성을 작성하는 방법은 다음과 같다.

```
style = "속성1:값;속성2:값"
```

CSS에서 사용할 수 있는 속성은 여러 가지가 있는데, 위의 코드에서 보듯이 속성명을 쓰고 그 값을 할당하는 연산자는 콜론(:)을 사용한다. 만약, 여러 개의 속성을 이어서 설정할 경우에는 속성을 구분하는 구분자로 세미콜론(;)을 사용한다. 대표적 속성은 다음과 같다.

- color – 글자색 지정
- background-color – 배경색 지정
- font-size – 글자 크기 지정
- font-family – 글자체 지정
- text-align – 텍스트 정렬 방법 지정

2-4.html

```
1   <!DOCTYPE html>
2   <html>
3       <head>
4           <meta charset="euc-kr">
5           <title>title</title>
6       </head>
7
8       <body>
9
10          <h3 style="color:red">aaa</h3>
11          <p style="background-color:yellow">
12          bbb<br/>ccc
13          </p>
14          <p style="font-size:20pt;font-family:궁서;text-align:right">
15          가나다라
16          </p>
```

```
17
18          </body>
19
20      </html>
```

● 소스 분석 ●

줄 번호	설명
10	<h3> 태그 내의 글자 색을 빨강으로 지정한다.
11 ~ 13	단락으로 두 줄을 출력하는데 이 단락의 배경 색상을 노랑으로 설정한다.
14 ~16	단락 하나를 정의하여 한 줄을 출력하는데 이 단락 내의 글자 크기를 20폰트로, 글자체를 궁서로 글자를 오른쪽으로 정렬하여 출력한다.

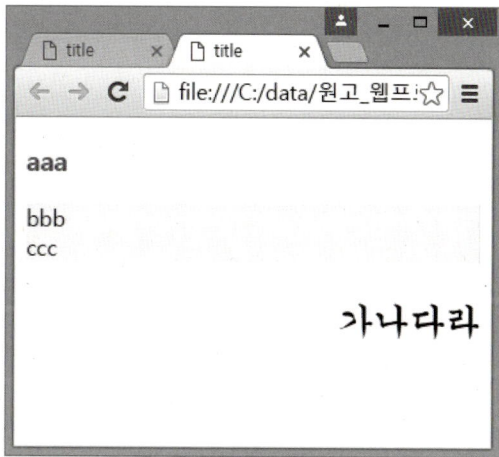

2 텍스트 스타일

텍스트에 밑 줄이나 첨자를 추가하거나 텍스트를 진하게 또는 기울여 출력하는 등 스타일을 적용할 수 있다.

2-5 . html

```
1   <!DOCTYPE html>
2   <html>
3       <head>
4           <meta charset="euc-kr">
5           <title>title</title>
6       </head>
7
8       <body>
9
10      일반 텍스트 <b>진하게</b> <em>강조</em> <i>이테릭체</i> <br/>
11      <small>작게</small> <big>크게</big> <strong>중요 텍스트</strong> <br/>
12      <sub>아래 첨자</sub> <sup>위 첨자</sup> <ins>추가 텍스트</ins> <br/>
13      <del>삭제 텍스트</del> <mark>마킹 텍스트</mark>
14
15      </body>
16
17  </html>
```

● 소스 분석 ●

줄 번호	설명
10	<b> : 진하게 출력, <em> : 강조, <i> : 이테릭체
11	<small> : 한 단계 작게 출력, <big> : 한 단계 크게, <strong> : 중요 텍스트
12	<sub> : 아래 첨자, <sup> : 위 첨자, <ins> : 추가 텍스트(밑줄)
13	<del> : 삭제 텍스트(관통하는 줄), <mark> : 마킹 텍스트

실행 결과

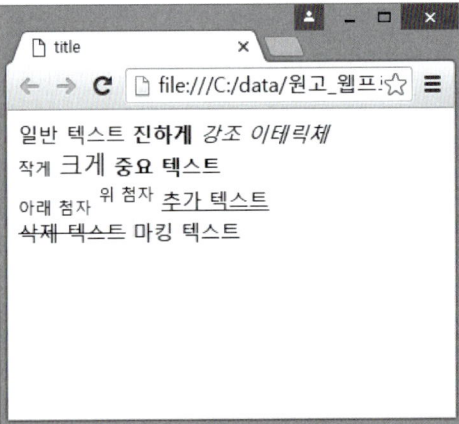

4 ▶ 페이지 이동과 이미지 출력, 리스트 출력

웹 어플리케이션은 많은 뷰 페이지로 이루어졌기 때문에 다른 페이지로 이동해야 하는 경우도 많다. 또한, 뷰 페이지는 텍스트뿐 아니라 이미지를 출력할 일이 많다. 이번에는 웹 페이지를 이동하는 방법과 이미지 출력, 리스트 출력 방법을 살펴보겠다.

1 페이지 이동

HTML에서의 페이지 이동은 하이퍼링크(Hyperlink)로 구현된다. 하이퍼링크는 텍스트나 이미지를 클릭하여 다른 페이지로 이동하는 것을 말하며, 〈a〉 태그로 링크를 구현한다. 이것을 사용하는 문법은 다음과 같다.

```
<a href="url">링크 텍스트</a>
```

속성 href는 이동할 페이지의 위치인 url을 작성한다. 위 코드를 실행하면 링크 텍스트에 링크가 설정되고 이를 클릭하면 url이 나타내는 페이지로 이동한다.

2-6.html

```
1   <!DOCTYPE html>
2   <html>
3       <head>
4           <meta charset="euc-kr">
5           <title>title</title>
6       </head>
7
8       <body>
9
10          <h3>이동한 페이지입니다.</h3>
11
12      </body>
13
14  </html>
```

2-7. html

```
1   <!DOCTYPE html>
2   <html>
3       <head>
4           <meta charset="euc-kr">
5           <title>title</title>
6       </head>
7
8       <body>
9
10          <a href="2-6.html">2-6.html로 이동</a><br/>
11          <a href="http://www.daum.net">다음으로 이동</a>
12
13      </body>
14
15  </html>
```

● 소스 분석 ●

줄 번호	설명
10	텍스트에 링크를 설정하였는데 로컬 페이지로 연결한다.
11	텍스트에 링크를 설정하였는데 외부 웹 서버(다음 사이트)로 연결한다.

실행 결과

❶ 시작 페이지

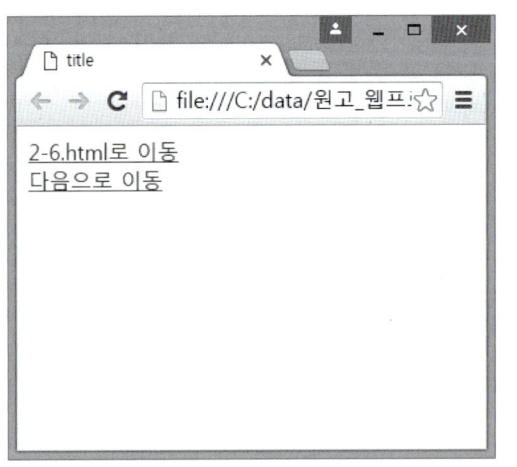

❷ 첫 번째 링크를 클릭했을 때 이동된 페이지

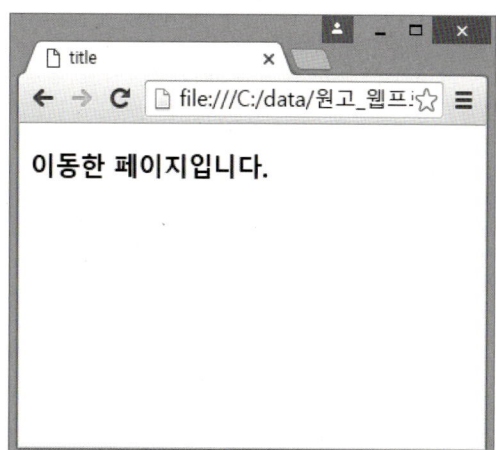

❸ 두 번째 링크를 클릭했을 때 이동된 페이지

〈a〉 태그는 target 속성도 있는데 이것은 링크 페이지를 어느 윈도우에 출력할지를 설정한다.

```
<a href="url" target="">링크 텍스트</a>
```

target 속성에 사용될 수 있는 값은 다음과 같다.

- _blank - 새 윈도우나 새 탭에서 링크 페이지 실행
- _self - 링크를 클릭한 위치와 동일한 프레임에 링크 페이지 실행(기본값)
- _parent - 부모 프레임에 링크 페이지 실행
- _top - body 전체에 링크 페이지 실행
- 프레임명 - 지정한 이름의 프레임에 링크 페이지 실행

현재는 프레임을 사용하지 않는 추세이므로 이 중 새 창에서 실행되는 _blank가 주로 사용된다.

〈a〉 태그는 id 속성을 이용해서 북마크를 생성할 수도 있다. 북마크(Bookmark)란 페이지의 내용이 많아 스크롤이 길게 생겼을 때 페이지 내에서 원하는 곳으로 이동할 수 있게 표시하는 것을 말한다.

2-8 . html

```
1   <!DOCTYPE html>
2   <html>
3       <head>
4           <meta charset="euc-kr">
5           <title>title</title>
6       </head>
7
8       <body>
9
10          <h3 id="part1">1장</h3>
11          가가가<br/><br/><br/><br/><br/><br/><br/><br/><br/><br/><br/>
12          <h3 id="part2">2장</h3>
13          나나나<br/><br/><br/><br/><br/><br/><br/><br/><br/><br/><br/>
14          <h3 id="part3">3장</h3>
15          다다다<br/><br/><br/><br/><br/><br/><br/><br/><br/><br/><br/>
16          <a href="#part1">1장으로 이동</a><br/>
17          <a href="#part2">2장으로 이동</a><br/>
18          <a href="#part3">3장으로 이동</a><br/>
19
20      </body>
21
22  </html>
```

● 소스 분석 ●

줄 번호	설명
10, 12, 14	〈h3〉 태그에 id 속성으로 "part1", "part2", "part3" 북마크를 설정한다.
16, 17, 18	〈a〉 태그의 링크 위치를 북마크로 설정했다.

실행 결과

❶ 웹 페이지를 실행한 뒤 스크롤을 가장 밑으로 이동한다.

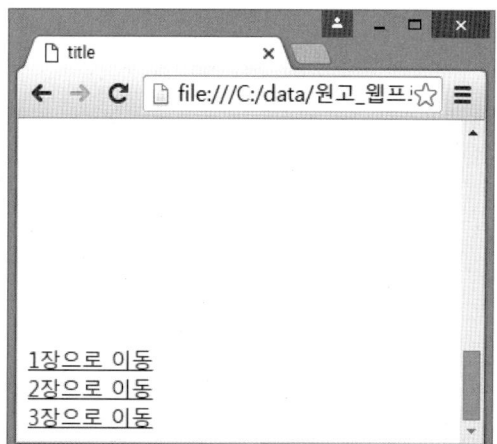

❷ 링크 "1장으로 이동"을 클릭하면 북마크 "part1"로 이동한다.

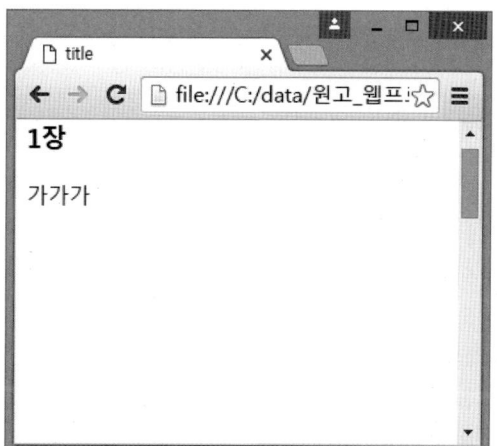

❸ 링크 "2장으로 이동"을 클릭하면 북마크 "part2"로 이동한다.

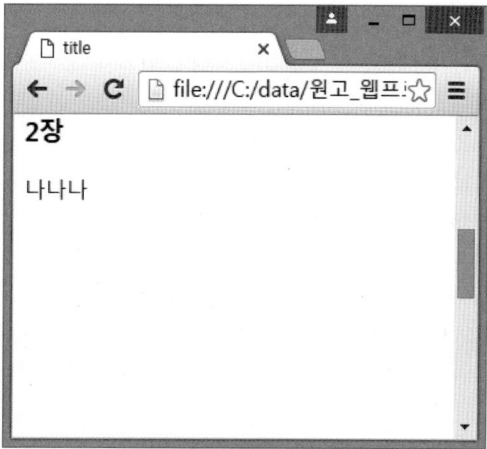

❹ 링크 "3장으로 이동"을 클릭하면 북마크 "part3"으로 이동한다.

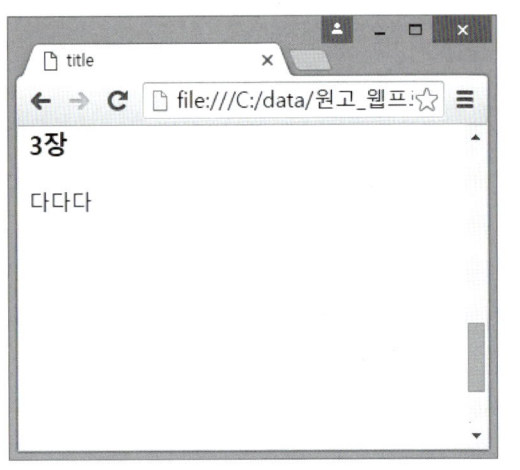

다른 페이지의 북마크로도 이동이 가능하다.

2-9.html

```
1   <!DOCTYPE html>
2   <html>
3       <head>
4           <meta charset="euc-kr">
5           <title>title</title>
6       </head>
7
8       <body>
9
10          <a href="2-8.html#part1">2-8.html의 1장으로 이동</a><br/>
11          <a href="2-8.html#part2">2-8.html의 2장으로 이동</a><br/>
12          <a href="2-8.html#part3">2-8.html의 3장으로 이동</a><br/>
13
14      </body>
15
16  </html>
```

● 소스 분석 ●

줄 번호	설명
10	2-8.html 파일의 북마크 "part1"로 링크를 설정한다.
11	2-8.html 파일의 북마크 "part2"로 링크를 설정한다.
12	2-8.html 파일의 북마크 "part3"으로 링크를 설정한다.

실행 결과

❶ 시작 페이지

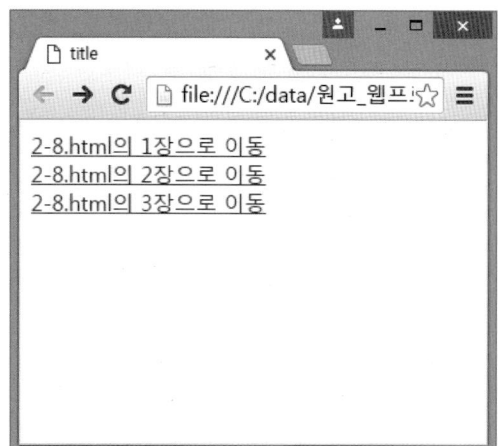

❷ 2-8.html 파일의 북마크 "part1"로 이동한다.

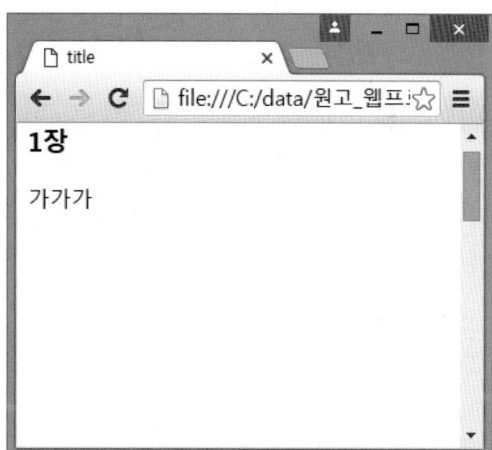

❸ 2-8.html 파일의 북마크 "part2"로 이동한다.

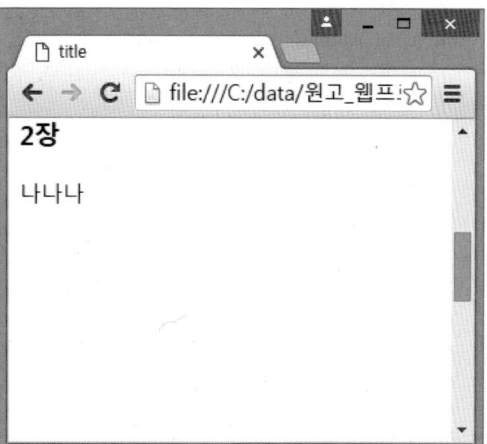

❹ 2-8.html 파일의 북마크 "part3"으로 이동한다.

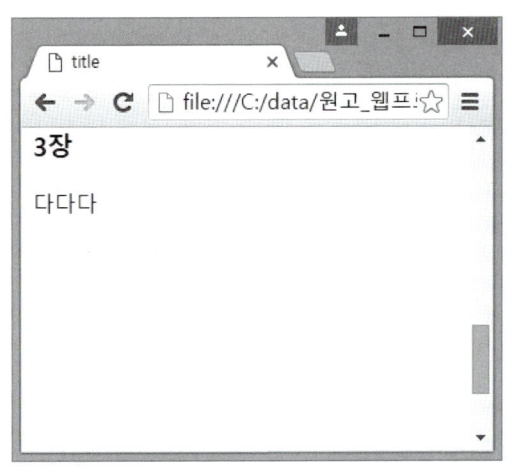

2 경로

다른 페이지로 이동하거나 웹 페이지에 이미지를 출력하려면 이들의 파일명뿐만 아니라 경로도 지정해야 올바르게 처리된다. 앞의 예제에서는 현재 페이지와 이동할 페이지가 동일한 폴더에 저장되어 있어서 파일명만 명시했지만 만약, 이 두 파일이 저장된 위치가 다르다면 파일명 앞에 경로도 작성해야 한다. 경로를 표현하는 방법에는 절대 경로와 상대 경로가 있는데 절대 경로는 루트로부터 자원이 있는 위치까지의 전체 경로를 모두 작성하는 방법이다. 상대 경로는 작성하는 웹 페이지를 기준으로 자원에 접근하는 경로로 작성한다. 상대 경로의 상위 폴더와 하위 폴더에 접근하는 방법은 다음과 같다.

상위 폴더 - ../
하위 폴더 - 폴더명

../는 한 단계 상위 폴더를 나타내므로 두 단계 위의 폴더에 접근하려면 "../../"으로 표현한다. 그리고 하위 폴더는 그냥 폴더명을 작성하면 된다. 그럼 링크로 연결해야 하는 두 HTML 페이지의 위치가 다음과 같다면 절대 경로와 상대 경로를 어떻게 표현해야 할까?

C:\data\source\ch1\1.html
C:\data\source\ch2\2.html

〈절대 경로로 접근〉

```
1.html
<a href=" C:₩data₩source₩ch2₩2.html ">2.html로 이동</a>
```

절대 경로로 접근하려면 위의 코드에서처럼 그 파일의 전체 경로를 작성한다.

〈상대 경로로 접근〉

```
1.html
<a href="../ch2/2.html ">2.html로 이동</a>
```

상대 경로로 접근하려면 현재의 소스를 기준으로 자원을 찾아간다. 현재 상황에서는 두 파일의 위치가 각각 ch1과 ch2 폴더인데 이 두 폴더는 source의 하위 폴더이다. 그래서 1.html 파일이 포함된 ch1 폴더에서 ch2 폴더에 접근하려면 한 단계 상위인 source로 이동하고, 그 하위의 ch2에 접근한다. 그래서 경로를 "../ch2/2.html"로 지정한다.

3 이미지 출력

<img> 태그는 웹 페이지에서 이미지를 정의한다. <img>는 body 없이 속성만 갖는다. 속성으로는 src와 alt가 있다.

```
<img src="url" alt="text"/>
```

src 속성은 출력하려는 이미지의 경로를 alt 속성은 이미지가 출력되지 않을 경우 보여줄 텍스트를 등록한다. 그리고 style 속성으로 이미지의 크기를 조절할 수 있다.

```
<img src="url" alt="text" style="width:50px;height:30px"/>
```

만약, 이미지의 크기를 지정하지 않으면 원본 이미지 크기대로 출력되지만 style 속성으로 크기를 지정하면 이미지는 지정한 크기로 출력된다. style 속성의 width는 가로 길이를 height는 세로 길이를 나타내며 값에는 단위를 지정해야 한다. 여기에서 px는 픽셀 단위를 pt는 포인트 단위를 의미한다.

2-10 . html

```
1   <!DOCTYPE html>
2   <html>
3       <head>
4           <meta charset="euc-kr">
5           <title>title</title>
6       </head>
7
8       <body>
9
10          <img src="a.jpg" alt="test1" style="width:150px;height:150px">
11          <img src="img/a.jpg" alt="test2" style="width:150px;height:150px">
12          <img src="aa.png" alt="test3" style="width:200px;height:150px">
13
14      </body>
15
16  </html>
```

● 소스 분석 ●

줄 번호	설명
10	현재 소스 파일과 동일한 위치의 이미지 a.jpg를 출력한다. 만약 경로가 잘못되어 이미지가 출력되지 않으면 "test1"을 출력한다.
11	현재 소스 파일이 저장된 폴더의 하위 폴더 img 안의 이미지 a.jpg를 출력한다. 가로 150px, 세로 150px 크기로 출력하고 만약 이미지가 출력되지 않으면 "test2"가 출력된다.

실행 결과

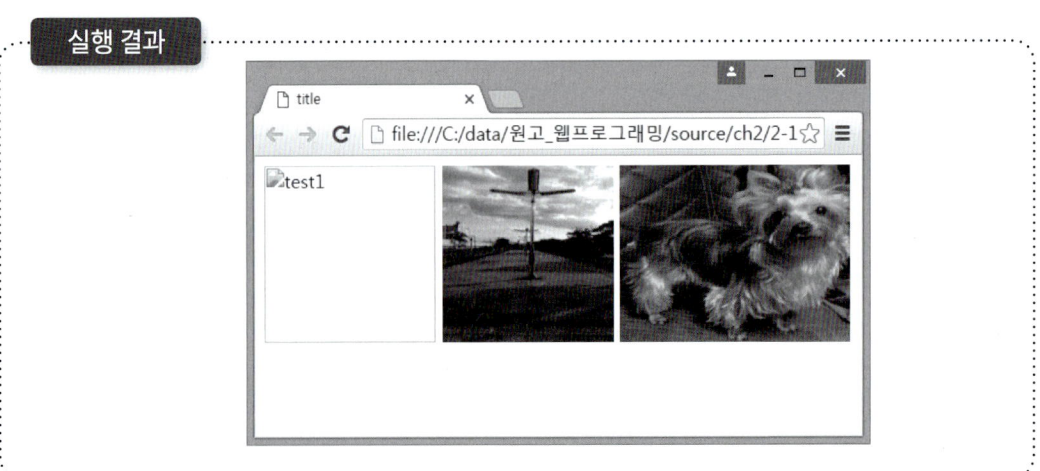

이미지에 링크를 설정할 수도 있다.

2-11.html

```
1   <!DOCTYPE html>
2   <html>
3       <head>
4           <meta charset="euc-kr">
5           <title>title</title>
6       </head>
7
8       <body>
9
10          <a href="http://www.daum.net"><img src="img/daum.png"></a>
11          <a href="http://www.naver.com"><img src="img/naver.gif"></a>
12
13      </body>
14
15  </html>
```

● 소스 분석 ●

줄 번호	설명
10	현재 소스 파일이 저장된 폴더의 하위 폴더 img의 이미지 daum.png를 출력하고, 이것에 링크를 설정한다.
11	현재 소스 파일이 저장된 폴더의 하위 폴더 img의 이미지 naver.gif를 출력하고, 이것에 링크를 설정한다.

실행 결과

❶ 실행 첫 화면

❷ daum 이미지를 클릭했을 때 이동한 페이지이다.

❸ naver 이미지를 클릭했을 때 이동한 페이지이다.

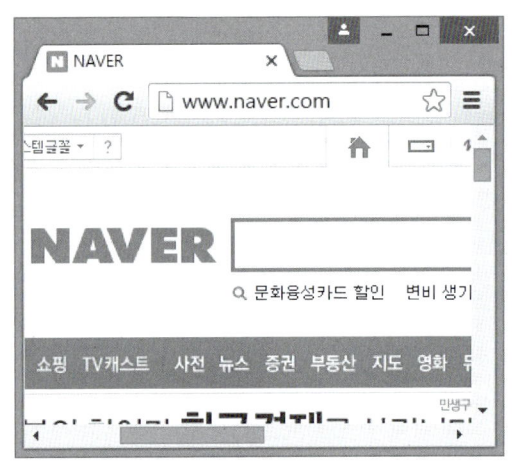

이미지의 정렬은 CSS의 float 속성으로 설정할 수 있다.

2-12 . html

```
1   <!DOCTYPE html>
2   <html>
3       <head>
4           <meta charset="euc-kr">
5           <title>title</title>
6       </head>
7
8       <body>
9
10          <p>
11              <img    src="img/daum.png"    style="float:right;width:100px;height:100">
```

```
12                   다음<br/>
13                   다음<br/>
14                   다음<br/>
15                   다음<br/>
16               </p>
17               <p>
18               <img src="img/naver.gif" style="float:left;width:100px
                    ;height:100">
19                   네이버<br/>
20                   네이버<br/>
21                   네이버<br/>
22                   네이버<br/>
23               </p>
24
25       </body>
26
27   </html>
```

● 소스 분석 ●

줄 번호	설명
11	float을 right로 설정하여 이미지가 오른쪽으로 정렬된다.
18	float을 left로 설정하여 이미지가 왼쪽으로 정렬된다.

실행 결과

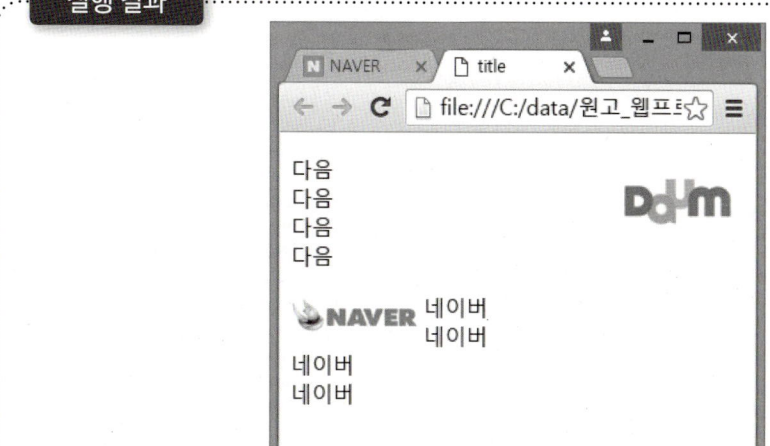

4 리스트 출력

웹 페이지에 목록을 출력하는 방법은 순서 없이 출력하는 방법과 순서 있게 출력하는 방법이 있다.

순서 있는 목록	순서 없는 목록
1. 항목1 2. 항목2 3. 항목3	• 항목 • 항목 • 항목

순서 있는 목록은 항목에 순서가 있어 이에 따라 출력하는 경우로 1, 2, 3 또는 I, II, III / A, B, C 등으로 나열할 수 있다. 순서 없는 목록은 특별히 순서에 상관없이 항목 앞에 원이나 사각형으로 출력한다.

순서 없는 목록은 〈ul〉〈/ul〉로, 순서 있는 목록은 〈ol〉〈/ol〉로 묶어주며, 각 항목은 〈li〉〈/li〉로 감싼다.

다음은 순서 없는 목록의 예이다.

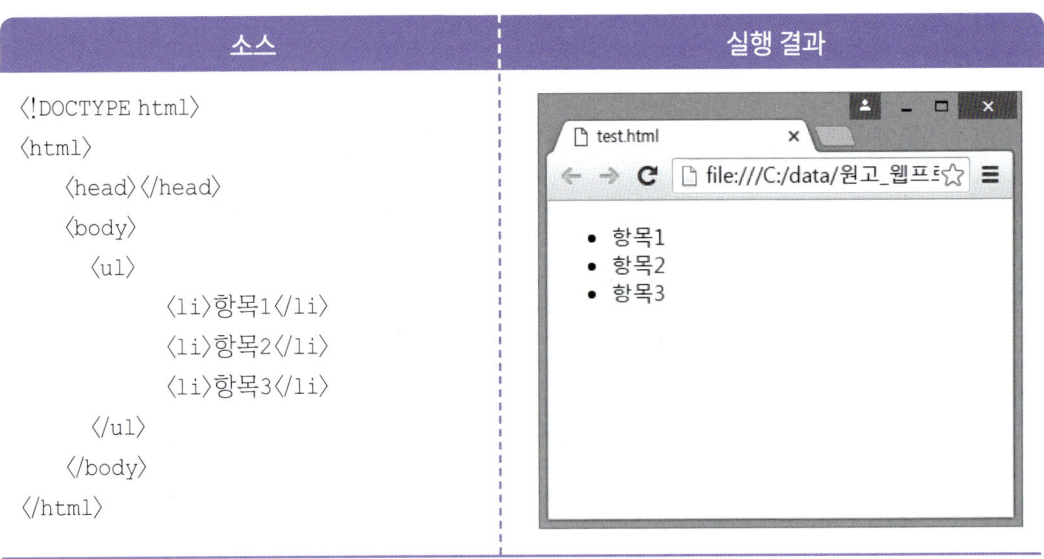

다음은 순서 있는 목록의 예이다.

소스	실행 결과

`<!DOCTYPE html>`
`<html>`
`   <head></head>`
`   <body>`
`      <ol>`
`         <li>항목1</li>`
`         <li>항목2</li>`
`         <li>항목3</li>`
`      </ol>`
`   </body>`
`</html>`
	1. 항목1
	2. 항목2
	3. 항목3

리스트 항목 앞의 마크는 원과 숫자 이외에도 여러 종류를 제공한다. 먼저 순서 없는 항목의 마크는 다음의 속성 값으로 설정할 수 있다.

- disc – 안이 채워진 원 모양(기본값)
  `<ul style="list-style-type:disc"></ul>`

- circle – 안이 빈 원 모양
  `<ul style="list-style-type:circle"></ul>`

- square – 사각형 모양
  `<ul style="list-style-type:square "></ul>`

- none – 아무 마크도 표시되지 않음
  `<ul style="list-style-type:none"></ul>`

2-13. html

```
1    <!DOCTYPE html>
2    <html>
3       <head>
4          <meta charset="euc-kr">
5          <title>title</title>
6       </head>
7
8       <body>
9
```

```
10                  <h3>순서 없는 목록</h3>
11
12                  <h4>disc</h4>
13                  <ul style="list-style-type:disc">
14                  <li>항목1</li>
15                  <li>항목2</li>
16                  <li>항목3</li>
17                  </ul>
18
19                  <h4>circle</h4>
20                  <ul style="list-style-type:circle">
21                  <li>항목1</li>
22                  <li>항목2</li>
23                  <li>항목3</li>
24                  </ul>
25
26                  <h4>square</h4>
27                  <ul style="list-style-type:square">
28                  <li>항목1</li>
29                  <li>항목2</li>
30                  <li>항목3</li>
31                  </ul>
32
33                  <h4>none</h4>
34                  <ul style="list-style-type:none">
35                  <li>항목1</li>
36                  <li>항목2</li>
37                  <li>항목3</li>
38                  </ul>
39
40      </body>
41
42      </html>
```

● 소스 분석 ●

줄 번호	설명
13 ~ 17	순서 없는 목록으로 항목 마크를 disc로 설정한다.
20 ~ 24	순서 없는 목록으로 항목 마크를 circle로 설정한다.

27 ~ 31	순서 없는 목록으로 항목 마크를 square로 설정한다.
34 ~ 38	순서 없는 목록으로 항목 마크를 none으로 설정한다.

실행 결과

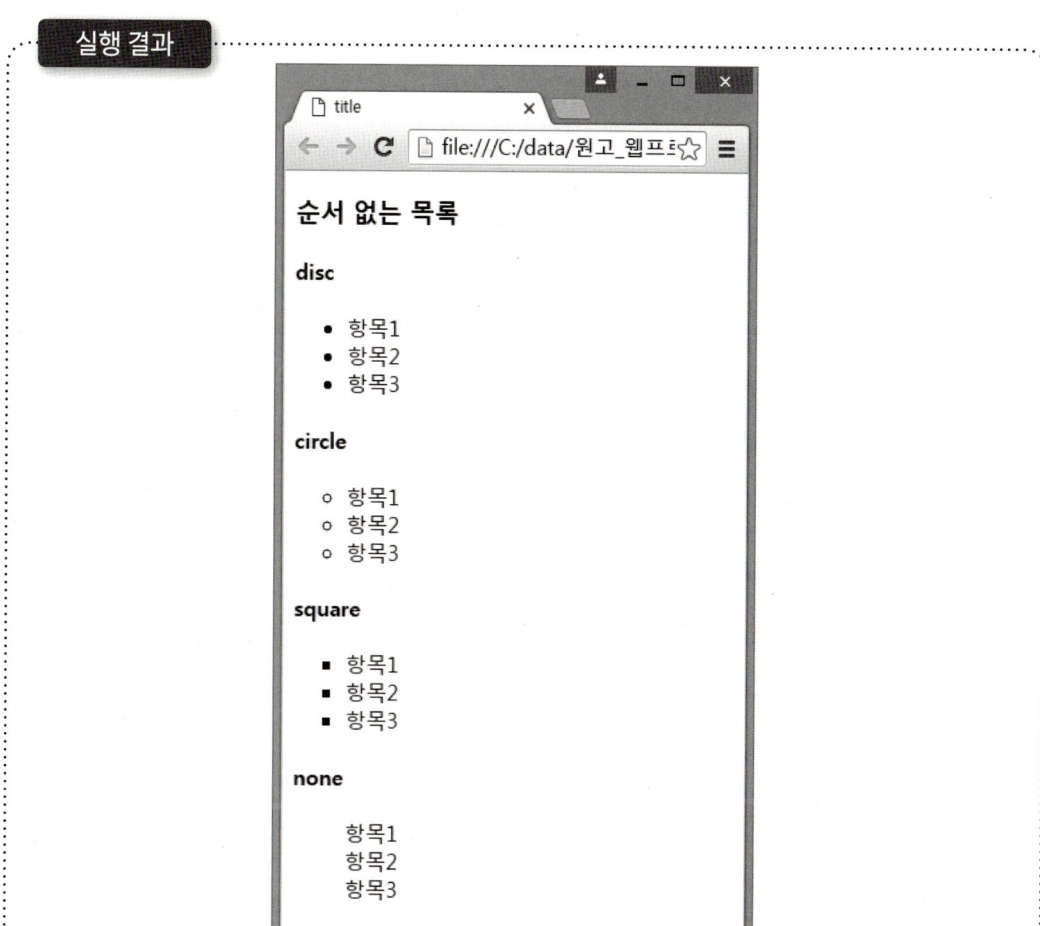

순서 있는 항목의 마크는 type 속성으로 종류를 설정하고, start 속성으로 시작 값을 지정할 수 있다.

- type = "1"
  ⟨ol type = "1"⟩⟨/ol⟩으로 설정하면 항목은 1. 2. 3.으로 출력된다.
  ⟨ol type = "1" start = "3"⟩⟨/ol⟩으로 설정하면 항목은 3. 4. 5.로 출력된다.

- type = "A"
  ⟨ol type = "A"⟩⟨/ol⟩으로 설정하면 항목은 A. B.로 출력된다.
  ⟨ol type = "A" start = "4"⟩⟨/ol⟩으로 설정하면 항목은 D. E.로 출력된다.

- type = "a"

    〈ol type = "a"〉〈/ol〉으로 설정하면 항목은 a. b. c.로 출력된다.

    〈ol type = "a" start = "2"〉〈/ol〉으로 설정하면 항목은 b. c.로 출력된다.

- type = "I"

    〈ol type = "I"〉〈/ol〉으로 설정하면 항목은 I. II. III.으로 출력된다.

    〈ol type = "I" start = "2"〉〈/ol〉으로 설정하면 항목은 II. III. IV.로 출력된다.

- type = "i"

    〈ol type = "i"〉〈/ol〉으로 설정하면 항목은 i. ii.으로 출력된다.

    〈ol type = "i" start = "2"〉〈/ol〉으로 설정하면 항목은 ii. iii.으로 출력된다.

2-14 . html

```
1   <!DOCTYPE html>
2   <html>
3       <head>
4       <meta charset="euc-kr">
5       <title>title</title>
6       </head>
7
8       <body>
9
10      <h3>순서 있는 목록</h3>
11      <h4>type = "1"</h4>
12
13      처음부터 시작
14      <ol type = "1">
15      <li>항목1</li>
16      <li>항목2</li>
17      <li>항목3</li>
18      </ol>
19
20      3부터 시작
21      <ol type = "1" start = "3">
22      <li>항목1</li>
23      <li>항목2</li>
24      <li>항목3</li>
25      </ol>
26
```

```
27      <h4>type = "A"</h4>
28
29      처음부터 시작
30      <ol type = "A">
31      <li>항목1</li>
32      <li>항목2</li>
33      <li>항목3</li>
34      </ol>
35
36      D부터 시작
37      <ol type = "A" start = "4">
38      <li>항목1</li>
39      <li>항목2</li>
40      <li>항목3</li>
41      </ol>
42
43      <h4>type = "a"</h4>
44
45      처음부터 시작
46      <ol type = "a">
47      <li>항목1</li>
48      <li>항목2</li>
49      <li>항목3</li>
50      </ol>
51
52      b부터 시작
53      <ol type = "a" start = "2">
54      <li>항목1</li>
55      <li>항목2</li>
56      <li>항목3</li>
57      </ol>
58
59      <h4>type = "I"</h4>
60
61      처음부터 시작
62      <ol type = "I">
63      <li>항목1</li>
64      <li>항목2</li>
65      <li>항목3</li>
66      </ol>
67
```

```
68              II부터 시작
69              <ol type = "I" start = "2">
70                <li>항목1</li>
71                <li>항목2</li>
72                <li>항목3</li>
73              </ol>
74
75              <h4>type = "i"</h4>
76
77              처음부터 시작
78              <ol type = "i">
79                <li>항목1</li>
80                <li>항목2</li>
81                <li>항목3</li>
82              </ol>
83
84              ii부터 시작
85              <ol type = "i" start = "2">
86                <li>항목1</li>
87                <li>항목2</li>
88                <li>항목3</li>
89              </ol>
90
91              </body>
92
93      </html>
```

● 소스 분석 ●

줄 번호	설명
14 ~ 18	순서 있는 목록으로 아라비아 숫자 타입으로 출력하고, 시작 값은 1이다.
21 ~ 25	순서 있는 목록으로 아라비아 숫자 타입으로 출력하고, 시작 값은 3이다.
30 ~ 34	순서 있는 목록으로 대문자 알파벳으로 출력하고, 시작 값은 A이다.
37 ~ 41	순서 있는 목록으로 대문자 알파벳으로 출력하고, 시작 값은 D이다.
46 ~ 50	순서 있는 목록으로 소문자 알파벳으로 출력하고, 시작 값은 a이다.
53 ~ 57	순서 있는 목록으로 소문자 알파벳으로 출력하고, 시작 값은 b이다.
62 ~ 66	순서 있는 목록으로 대문자 로마 숫자로 출력하고, 시작 값은 I이다.

69 ~ 73	순서 있는 목록으로 대문자 로마 숫자로 출력하고, 시작 값은 II이다.
78 ~ 82	순서 있는 목록으로 소문자 로마 숫자로 출력하고, 시작 값은 i이다.
85 ~ 89	순서 있는 목록으로 소문자 로마 숫자로 출력하고, 시작 값은 ii이다.

실행 결과

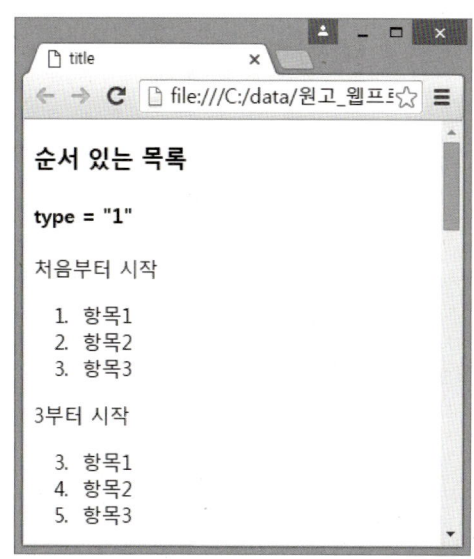
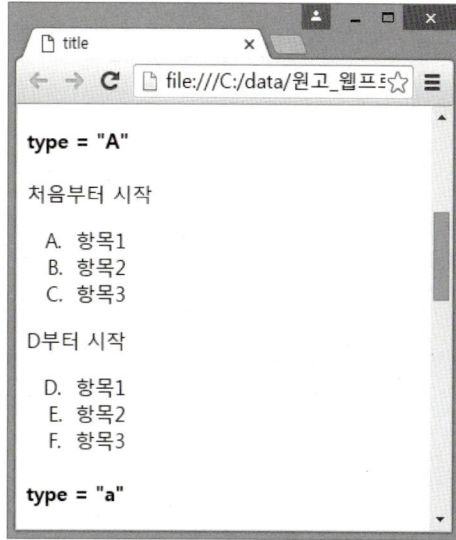
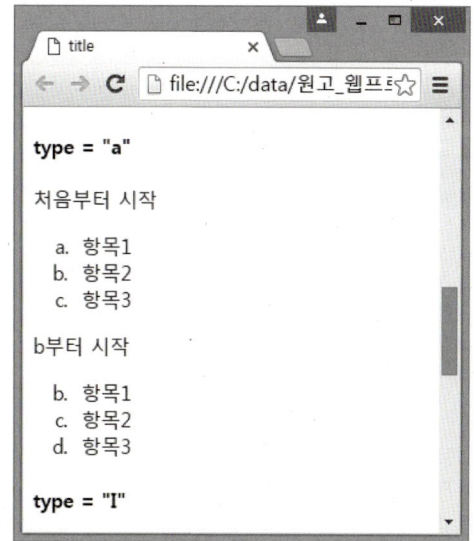
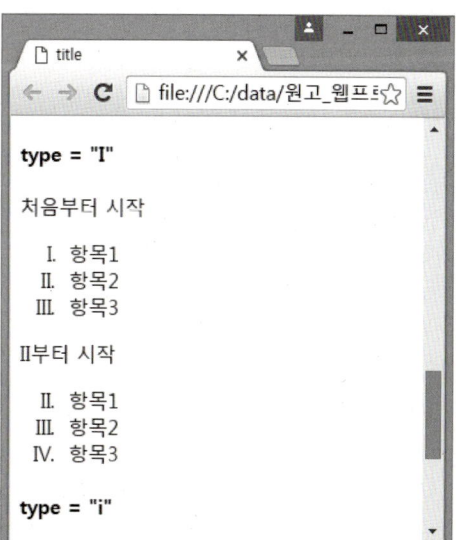

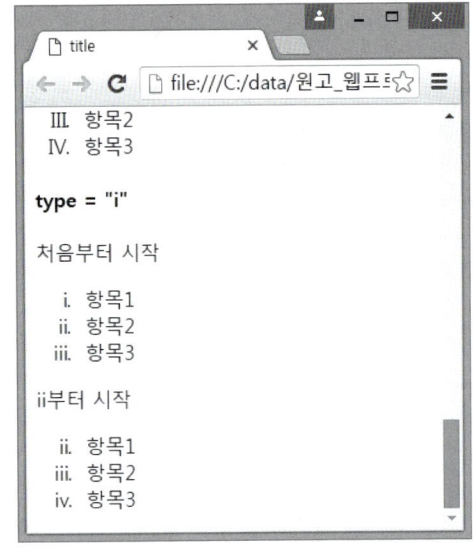

5 ▶ 테이블

테이블은 표를 출력하는 용도로도 사용되지만 화면의 레이아웃을 만드는 것으로도 많이 사용된다. 예전에는 웹 화면을 분할하기 위해서 프레임을 사용했지만 현재는 프레임은 거의 사용되지 않고, 테이블을 이용하기 때문이다. 테이블 정의는 〈table〉〈/table〉 태그를 사용한다. 테이블은 줄로 구성되고 줄은 칸으로 구성되는데 줄은 〈tr〉〈/tr〉, 칸은 〈td〉〈/td〉로 정의한다. 예로 두 줄, 세 칸의 테이블을 정의하려면 다음과 같이 작성한다.

table1.html	실행 결과

`<!DOCTYPE html>`
`<html>`
 	
`<head></head>`
 	
`<body>`
 	
`<table border="1"`
`    style="width:300px;height:200px">`
 	
`  <tr>`
`    <td>A</td><td>B</td><td>C</td>`
`  </tr>`
	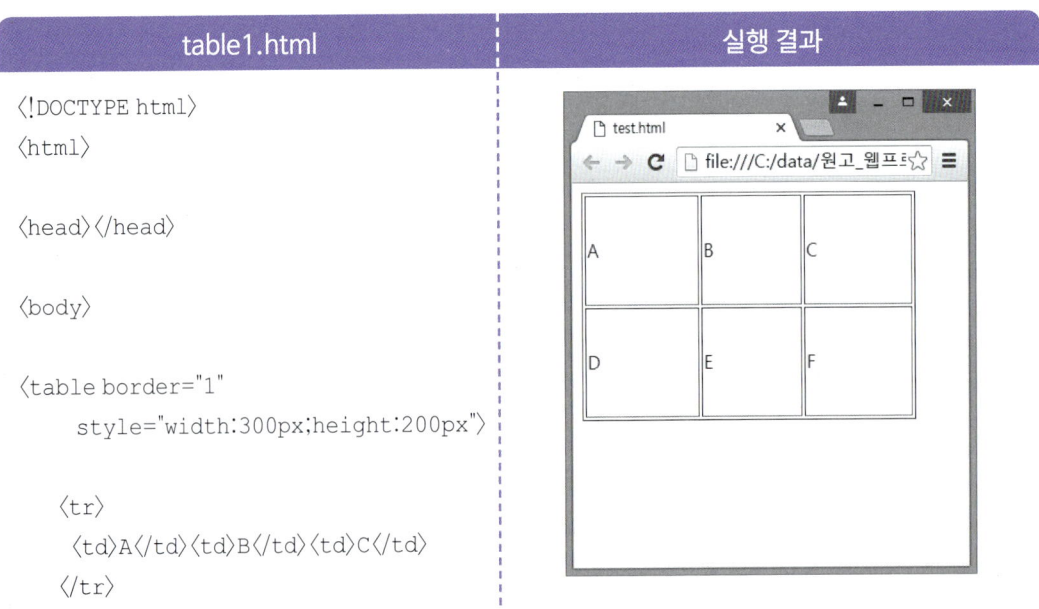

```
    <tr>
        <td>D</td><td>E</td><td>F</td>
    </tr>
</table>

</body>

</html>
```

위의 소스를 보면 먼저 <table></table> 태그로 테이블을 정의하고 그 안에 <tr></tr>로 줄을 만든다. 2줄을 만들기 위해서 이 태그를 2세트 작성하였다. 각 <tr></tr>은 그 안에 다시 <td></td>로 칸을 만든다. 칸 안에 출력할 내용은 <td> 태그의 몸체로 작성한다. 이 소스는 각 줄에 세 칸씩 만들고 그 안에 내용으로 알파벳을 작성했다. 테이블 칸의 크기는 칸 안의 내용물 크기에 따라 달라진다. 칸의 내용이 작으면 그것을 담을 만큼으로 줄고 내용이 크면 칸의 크기도 커진다. 이 소스는 <table> 태그의 style 속성으로 가로와 세로 길이를 설정하여 내용에 비해서 칸이 크게 만들어졌다. 또한, border 속성도 사용했는데 이것은 테이블 테두리의 두께를 설정한다.

1 테이블에 제목 줄과 캡션 추가하기

<th></th>는 <td></td>처럼 칸을 만들어 그 안의 내용을 출력하는데 제목을 출력하는 용도로 사용하도록 텍스트를 진하게 출력한다. 또한, <cation></cation>은 테이블에 캡션을 달아준다.

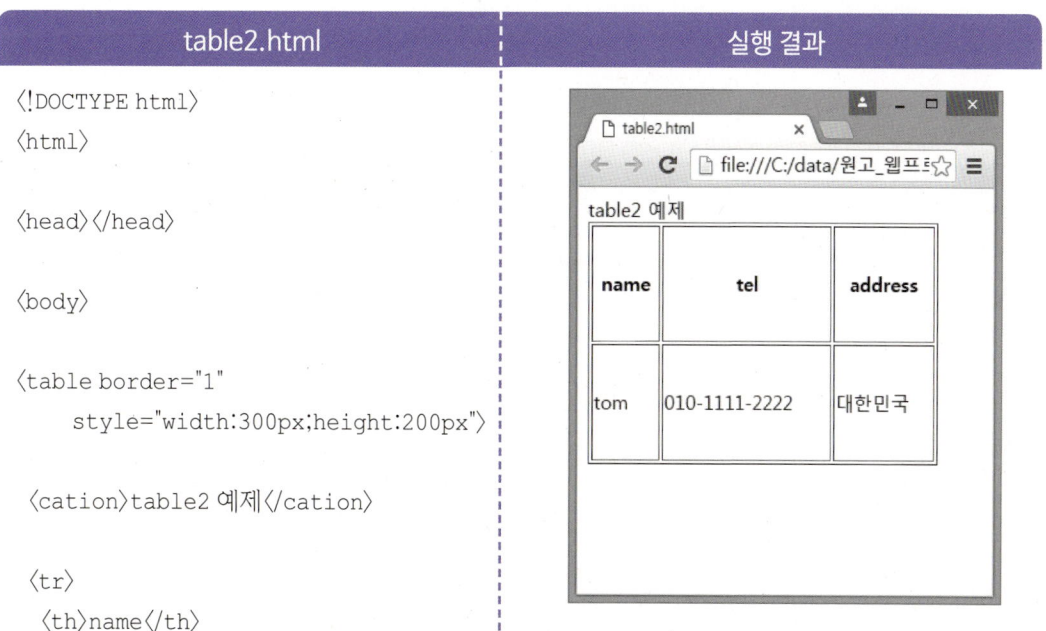

```
<!DOCTYPE html>
<html>

<head></head>

<body>

<table border="1"
    style="width:300px;height:200px">

<cation>table2 예제</cation>

<tr>
    <th>name</th>
```

```
    <th>tel</th>
    <th>address</th>
   </tr>

   <tr>
    <td>tom</td>
    <td>010-1111-2222</td>
    <td>대한민국</td>
   </tr>

 </table>

 </body>

</html>
```

위 코드의 테이블 첫 줄은 칸을 <th>로 만들었기 때문에 글자가 진하게 출력된다.

2 칸 합치기

여러 개의 칸을 하나로 합칠 수 있는데 가로로 칸을 합치려면 <td> 태그에 colspan 속성을 사용하고, 세로로 합치려면 rowspan 속성을 사용한다. 두 속성의 값은 합칠 칸의 수를 대입한다.

- 가로로 두 칸 합치기 – <td colspan="2">내용</td>

- 세로로 두 칸 합치기 – <td rowspan="2">내용</td>

table3.html	실행 결과

```
<!DOCTYPE html>
<html>

<head></head>

<body>

<table border="1"
    style="width:300px;height:200px">
<cation>가로로 합치기</cation>
```

```
      <tr>
        <td colspan="2">A</td><td>B</td>
      </tr>
      <tr>
        <td>C</td><td>D</td><td>E</td>
      </tr>
    </table>
    <br/>
    <table border="1"
           style="width:300px;height:200px">
      <cation>세로로 합치기</cation>
      <tr>
        <td rowspan="2">A</td>
        <td>B</td><td>C</td>
      </tr>
      <tr>
        <td>D</td><td>E</td>
      </tr>
    </table>

  </body>

</html>
```

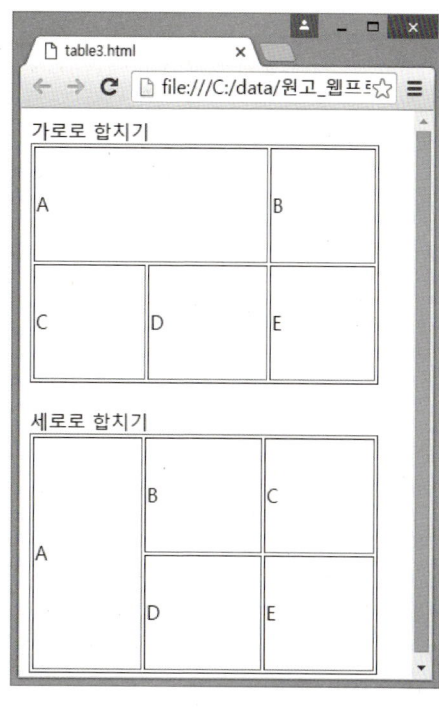

다음은 테이블 칸 안에 이미지를 출력하는 예제이다.

2-15. html

```
1   <!DOCTYPE html>
2   <html>
3   <head>
4       <meta charset="euc-kr">
5       <title>title</title>
6   </head>
7
8   <body>
9
10    <table border="1" cellspacing="0">
11      <caption>사진목록</caption>
12      <tr>
```

```
13        <th>사진1</th><th>사진2</th><th>사진3</th>
14      </tr>
15      <tr>
16        <td style="text-align:right">기차역</td>
17        <td style="text-align:center">강아지</td>
18        <td style="text-align:left">들꽃</td>
19      </tr>
20      <tr>
21        <td><img src="img/a.jpg" style="width:100px;height:100px"/></td>
22        <td><img src="img/b.png" style="width:100px;height:100px"/></td>
23        <td><img src="img/c.jpg" style="width:100px;height:100px"/></td>
24      </tr>
25    </table>
26
27  </body>
28
29  </html>
```

● 소스 분석 ●

줄 번호	설명
12 ~ 14	제목 줄을 출력한다.
16	칸 안의 텍스트를 오른쪽으로 정렬한다.
17	칸 안의 텍스트를 중앙으로 정렬한다.
18	칸 안의 텍스트를 왼쪽으로 정렬한다.
21 ~ 23	칸 안에 이미지를 출력한다.

실행 결과

6 ▶ 폼 양식 만들기

뷰 페이지는 사용자에게 요청의 결과를 보여주기도 하지만 사용자의 입력을 받기도 한다. 아이디나 패스워드, 선호 데이터 등의 입력을 필요로 하는 페이지를 만들려면 폼 양식이 필요하다. 〈form〉 태그는 사용자가 입력한 데이터를 수집하여 서버로 전송하는 역할을 담당한다. 다음은 〈form〉 태그의 문법이다.

```
<form action="url" method="전송방식">
    <input>
</form>
```

속성 action은 폼 태그가 전송한 데이터를 받을 서버 페이지의 위치를 설정하고, method는 데이터를 서버로 전송하는 방식을 지정한다. 전송 방식에는 get 방식과 post 방식이 있는데 get은 입력 데이터를 url에 연결하여 전송하므로 웹 페이지 주소와 함께 그대로 노출된다. 그렇기 때문에 보안에 민감한 데이터를 get으로 전송하면 좋지 않다. post는 패킷 안에 데이터를 담아 전송하기 때문에 정보가 외부에 보이지 않으므로 보안에 민감한 데이터를 전송할 때에는 이 방식을 사용한다. 폼 태그는 이처럼 입력 양식들을 하나의 단위로 묶어 서버로 전송하므로 내부에 여러 종류의 입력 양식을 사용할 수 있는데 이들을 하나씩 살펴보도록 하겠다.

1 텍스트 박스

한 줄 입력 박스로 작성 방법은 다음과 같다.

```
<form>
        NAME : <input type="text" name="name"><br/>
        EMAIL : <input type="text" name="email" value="aaa@test.com">
</form>
```

실행 결과

NAME : ☐
EMAIL : aaa@test.com

입력 양식 태그는 〈input〉으로 속성 type으로 종류를 지정한다. 텍스트 박스는 type="text"로 설정한다. name 속성은 현재 태그의 이름이다. 즉, 위 코드에서 이름을 입력 받는 텍스트 박스의 이름은 "name"이고, 이메일을 입력 받는 텍스트 박스의 이름은 "email"이다. value 속성은 입력 양식의 값을 의미하는데 이 값을 읽을 수도 설정할 수도 있다. value 속성에 값을 할당하면 사용자가 입력 하지 않아도 할당한 그 값이 입력 양식에 디폴트로 출력된다. 반대로 사용자가 그 값을 지우고 새 값을 입력하면 value 속성으로 읽어올 수 있다. 이에 대한 사용은 자바 스크립트에서 살펴보겠다.

입력 양식의 속성에 disabled와 readonly 속성이 있는데 disabled는 해당 입력 양식을 사용 불가로 설정하고, readonly는 디폴트 문자열이 출력될 뿐 입력 값을 수정할 수 없다.

```
<form>
    사용 불가 : <input type="text" name="name" disabled><br/>
    읽기 전용 : <input type="text" name="email" value="aaa@test.com" readonly>
</form>
```

실행 결과

사용 불가 :
읽기 전용 : aaa@test.com

2 패스워드 박스

패스워드 입력 박스로 텍스트 박스와 동일하나 입력 시에 데이터가 보이지 않는 것만 다르다. type은 password로 설정한다.

```
<form>
        PASSWORD : <input type="password" name="pwd"><br/>
</form>
```

실행 결과

PASSWORD : ••••

3 체크 박스

리스트 중에서 선호하는 것을 선택하는 입력 양식으로 여러 개를 선택하는 것이 가능하다.

```
<form>
        좋아하는 과일을 모두 고르시오<br/>
        <input type="checkbox" name="fruit" value="1">사과<br/>
        <input type="checkbox" name="fruit" value="2">바나나<br/>
        <input type="checkbox" name="fruit" value="3">포도<br/>
        <input type="checkbox" name="fruit" value="4">귤<br/>
</form>
```

실행 결과

```
좋아하는 과일을 모두 고르시오
☐ 사과
☑ 바나나
☑ 포도
☐ 귤
```

체크 박스는 type을 checkbox로 설정한다. 여러 개의 체크 박스를 하나의 그룹으로 묶으려면 name 속성 값을 동일하게 설정한다. 이 코드에서도 한 그룹으로 묶기 위해 각 체크 박스들의 name을 fruit으로 하였다. value 속성은 해당 속성을 포함한 체크 박스의 값을 나타내는데 실행 화면을 보면 이 값은 어디에도 출력되지 않았다. 오히려 화면에 출력된 것은 옆의 사과, 귤 등의 텍스트이다. 사용자에게 보이는 내용은 사과, 바나나, 포도, 귤 이지만 서버로 전송되는 값은 선택한 항목의 value 값이다. 이 코드에서는 바나나와 포도를 선택했으므로 서버에는 2, 3이 전송된다.

4 라디오 버튼

한 그룹의 리스트에서 하나만 선택할 수 있는 입력 양식이다.

```
<form>
        당신의 직업은 무엇입니까?<br/>
        <input type="radio" name="job" value="job1">연예인<br/>
        <input type="radio" name="job" value="job2">공무원<br/>
        <input type="radio" name="job" value="job3">회사원<br/>
        <input type="radio" name="job" value="job4">개인사업자<br/>
</form>
```

```
  ┌─ 실행 결과 ─────────────────────────┐
  │ 당신의 직업은 무엇입니까?            │
  │   ◯ 연예인                          │
  │   ◯ 공무원                          │
  │   ◯ 회사원                          │
  │   ◉ 개인사업자                      │
  └────────────────────────────────────┘
```

라디오 버튼은 type에 radio로 설정한다. 화면에는 연예인, 공무원 등의 텍스트가 출력되지만 서버로 전송되는 값은 선택한 라디오 버튼의 value 값이다. 체크 박스와 마찬가지로 한 그룹으로 묶으려면 name 값을 동일하게 설정한다.

5 텍스트 영역

텍스트 박스는 한 줄만 입력 가능하지만 텍스트 영역은 여러 줄을 입력할 수 있다. 텍스트 영역은 〈input〉 태그가 아니라 〈textarea〉 태그로 구현한다.

```
<form>
  <textarea name="content" rows="5" cols="30">
        content
  </textarea>
</form>
```

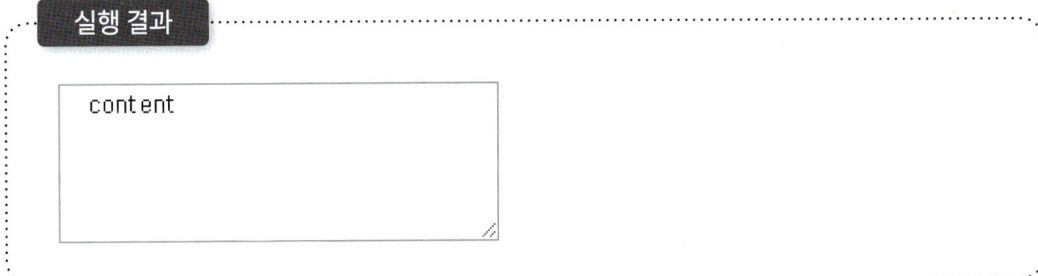

텍스트 영역에 디폴트 출력문을 설정하려면 〈textarea〉〈/textarea〉 사이에 내용을 입력한다. 위의 코드에서는 content를 기본 값으로 설정하였다. 속성 rows는 텍스트 영역의 세로 길이를 설정하는 것으로 이 코드에서는 5줄 크기로 설정하였다. cols는 가로 길이를 설정하는데 글자 수를 값으로 사용할 수 있다. 이 코드에서는 가로 길이를 글자 30칸으로 설정하였다.

6 콤보 박스

목록을 드롭 다운(Drop-Down)으로 보여주는 것으로 〈select〉로 구현한다. 전체 목록을 〈select〉〈/select〉로 묶고, 각 항목은 〈option〉〈/option〉으로 구현한다.

```
<form>
  <select name="fruit">
      <option value="apple">사과</option>
      <option value="banana">바나나</option>
      <option value="grape">포도</option>
      <option value="orange">오렌지</option>
  </select>
</form>
```

콤보 박스도 선택한 항목의 value 값이 서버로 전송된다. 항목 중 기본 선택 항목을 지정하려면 selected 속성을 설정한다.

`<option value="orange" selected>오렌지</option>`

7 히든

웹 페이지를 실행하면 화면에는 안 뜨지만 value 값은 서버로 전송된다. type 속성은 hidden으로 설정한다. 주로 사용자에게는 보여줄 필요는 없지만 서버로 전송해야 하는 데이터를 작성할 때 사용한다.

```
<form>
   <input type="hidden" name="type" value="add"/>
</form>
```

실행 결과

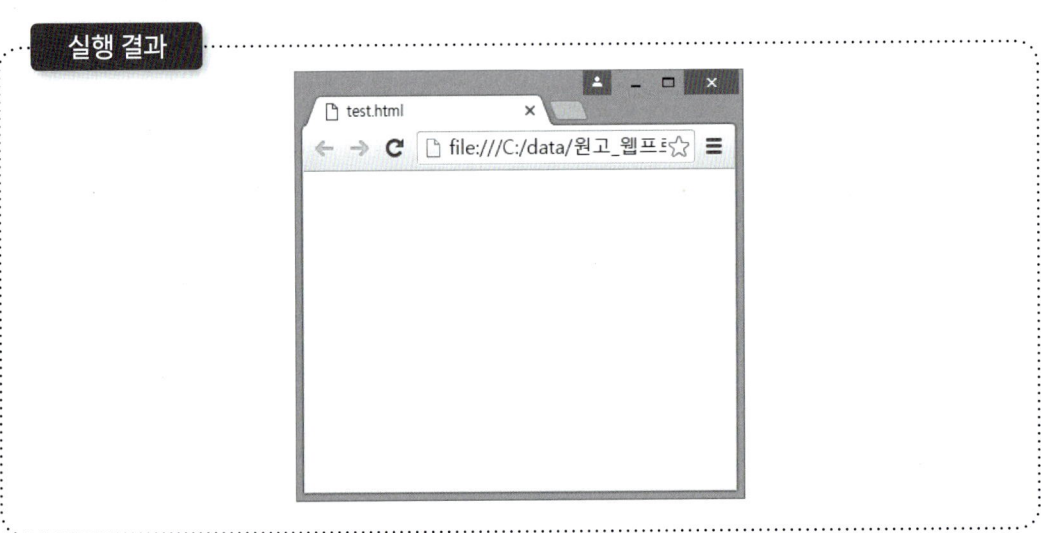

8 일반 버튼

버튼은 type을 button으로 설정하고, 버튼 표면의 텍스트는 value로 설정한다.

```
<form>
   <input type="button" value="일반버튼"/>
</form>
```

실행 결과

일반버튼

9 전송 버튼

사용자가 입력 양식에 입력한 데이터를 서버로 전송하는 버튼이다. 이 버튼을 클릭하지 않으면 입력 양식에 입력한 데이터가 서버로 전송되지 않는다. 전송 버튼을 클릭하면 action에 지정한 서버 페이지로 데이터를 전송하는데 method에 설정한 전송 방식을 따른다.

```
<form action="a.jsp" method="post">
    <input type="submit" value="가입"/>
</form>
```

실행 결과

  가입

이 코드에서는 입력 양식의 데이터를 a.jsp로 post 방식으로 전송한다. 전송 버튼도 일반 버튼과 마찬가지로 value에 설정한 텍스트가 버튼 표면에 출력된다.

10 취소 버튼

입력 양식에 입력한 데이터를 초기화하는 버튼으로 type은 reset으로 설정한다.

```
<form>
    <input type="reset" value="취소"/>
</form>
```

실행 결과

  취소

7 ▶ 블록

블록을 만드는 태그에는 <div></div>와 <span></span>이 있다. <div>는 다른 내용과 분리된 블록을 만들지만 <span>은 다른 내용과 연결된 블록을 만든다.

```
<body>
  aaa
<div style="width:100px;height:100px;text-align:right;background-color:yellow">bbb</div>
  ccc
```

```
<span style="background-color:blue">ddd</span>
  eee
</body>
```

실행 결과

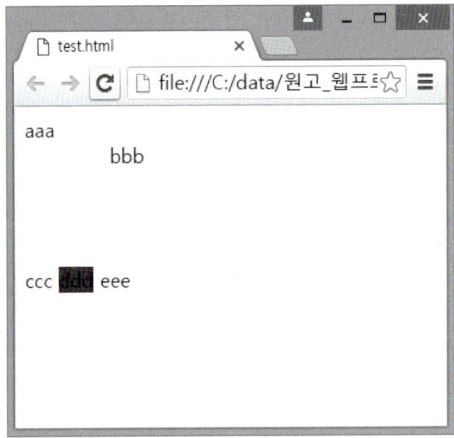

bbb는 〈div〉로 만들었기 때문에 그 앞의 aaa와 분리되고 그 뒤의 ccc와도 분리된 영역을 만든다. 하지만 ddd는 〈span〉으로 만들었기 때문에 앞의 ccc와 뒤의 eee와 연속된 영역을 만들었다. 블록은 주로 레이아웃 설정에 사용된다.

8 ▶ iframe

iframe은 한 웹 페이지에 다른 웹 페이지를 포함시킬 때 사용된다. 회원가입 페이지에서 약관 내용을 iframe에 출력한 것을 한 번쯤 보았을 것이다.

```
<iframe src="url"></iframe>
```

속성 src는 이 프레임에 출력할 웹 페이지의 위치인 url을 작성한다.

test.html

```
<!DOCTYPE html>
<html>
```

```
<head></head>
<body>
    <iframe src="iframeTest.html" style="border:1px bold
    black;width:200px;height:200px">
    </iframe>
</body>
</html>
```

iframeTest.html

```
<!DOCTYPE html>
<html>
<head></head>
<body>
iframe을 위한 텍스트<br/>
iframe을 위한 텍스트<br/>
iframe을 위한 텍스트<br/>
iframe을 위한 텍스트<br/>

</body>
```

실행 결과

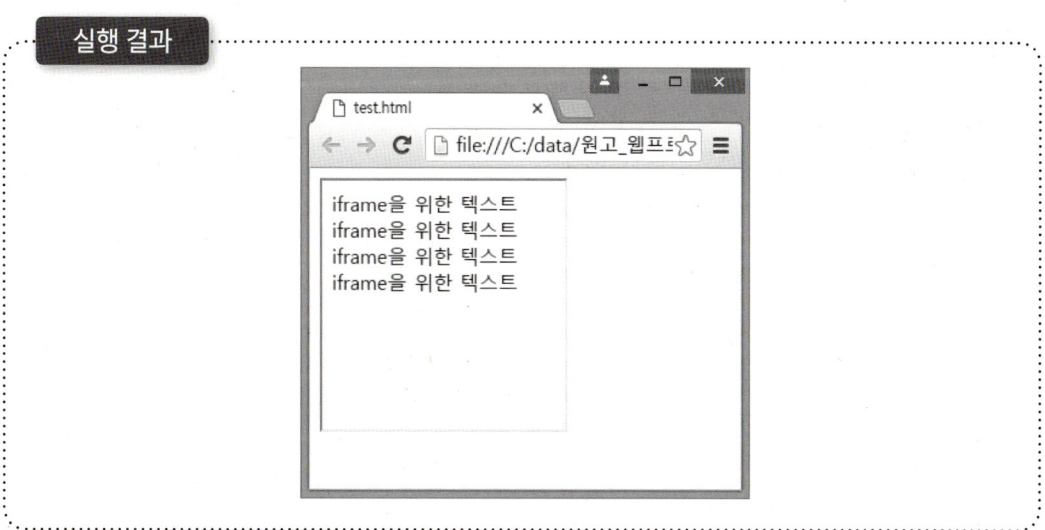

test.html은 iframe을 정의했는데 이 프레임에 출력할 웹 페이지를 iframeTest.html로 설정하였다. 그럼 여러 입력 양식을 활용한 예제를 살펴보자.

2-16 . html

```html
1   <!DOCTYPE html>
2   <html>
3   <head>
4       <meta charset="euc-kr">
5       <title>title</title>
6   </head>
7
8   <body>
9
10  <form action="join.jsp" method="post">
11  <table border="1" cellspacing="0">
12   <caption>회원가입</caption>
13   <tr>
14    <th>id</th><td><input type="text" name="id"></td>
15   </tr>
16   <tr>
17    <th>pwd</th><td><input type="password" name="pwd"></td>
18   </tr>
19   <tr>
20    <th>성별</th>
21    <td>
22     <input type="radio" name="gender" value="f">여
23     <input type="radio" name="gender" value="m">남
24    </td>
25   </tr>
26   <tr>
27    <th>취미</th>
28    <td>
29     <input type="checkbox" name="hobby" value="1">테니스
30     <input type="checkbox" name="hobby" value="2">탁구
31     <input type="checkbox" name="hobby" value="3">농구
32     <input type="checkbox" name="hobby" value="4">야구
33    </td>
34   </tr>
35   <tr>
36    <th>학년</th>
37    <td>
38     <select name="grade">
39      <option value="1">1학년</option>
```

```
40        <option value="2">2학년</option>
41        <option value="3">3학년</option>
42        <option value="4">4학년</option>
43      </select>
44    </td>
45   </tr>
46   <tr>
47    <th>가입인사</th>
48    <td><textarea rows="5" cols="30">안녕하세요</textarea></td>
49   </tr>
50   <tr>
51    <th>약관</th>
52    <td>
53 <iframe src="iframeTest.html" style="border:1px bold black; width:200px;height:200px">
54 </iframe><br/>
55      <input type="radio" name="agreement" value="y">동의함
56      <input type="radio" name="agreement" value="n">동의안함
57    </td>
58   </tr>
59   <tr>
60    <td colspan="2">
61      <input type="reset" value="초기화">
62      <input type="submit" value="가입">
63    </td>
64   </tr>
65  </table>
66  </form>
67
68  </body>
69
70  </html>
```

● 소스 분석 ●

줄 번호	설명
14	id를 입력 받을 텍스트 박스를 정의한다.
17	패스워드 입력 박스를 정의한다.
22 ~ 23	이름이 gender인 라디오 버튼 그룹을 만든다. 사용자가 "여"를 선택하면 f가 서버로 전송되고 "남"을 선택하면 m이 전송된다.

행	설명
29 ~ 32	이름이 hobby인 체크 박스 그룹을 만든다. 사용자가 선택한 항목의 value 값이 서버로 전송된다.
38 ~ 43	콤보 박스를 정의한다.
48	여러 줄 입력 박스를 정의한다.
53 ~ 54	iframe을 만들어 iframeTest.html 웹 페이지를 보여준다.
55 ~ 56	라디오 버튼 그룹을 만든다.
61	초기화 버튼을 정의한다.
62	전송 버튼을 정의한다.

실행 결과

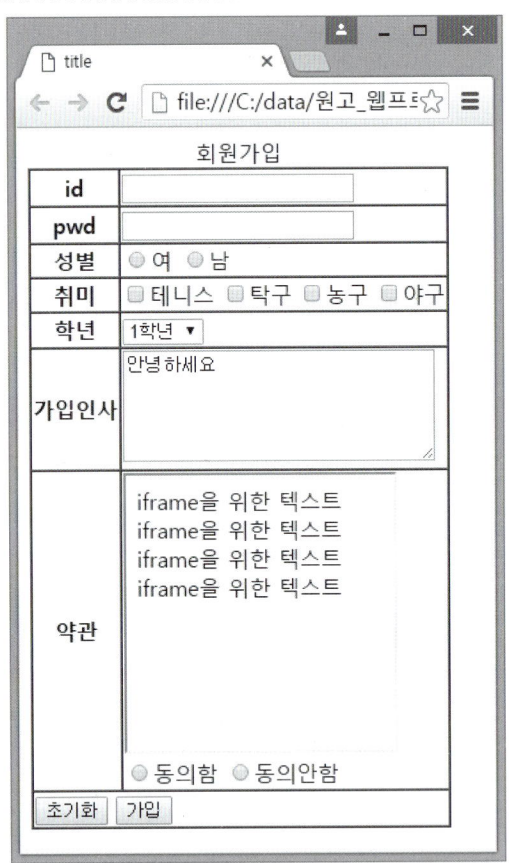

제 03 장

CSS로 웹 페이지를 예쁘게 꾸미자

제 03 장 CSS로 웹 페이지를 예쁘게 꾸미자

CSS는 Cascading Style Sheets의 약자로 HTML 요소들의 색상, 위치, 크기 등을 제어하는 스크립트 언어이다. HTML은 웹 페이지의 뼈대를 만들지만 크기나 위치를 제어하기에는 제약이 많고 세밀한 설정이 어려웠다. 그래서 현재는 웹 페이지 내의 색상이나 위치, 크기와 관련된 코드는 HTML의 속성을 사용하지 않고 거의 CSS로 구현하고 있다. 그래서 CSS는 HTML 뼈대에 스타일을 적용하기 위한 코드를 추가하는 형태로 작성한다.

1 ▶ CSS 작성 방법

CSS를 작성하는 방법에는 인라인(Inline), 인터널(Internal), 익스터널(External) 이렇게 세 가지가 있다. 이러한 세 가지 방법은 각각 작성법이나 스타일의 적용 범위가 다르므로 이에 대해서 살펴보도록 한다.

1 인라인(Inline) 방식

해당 방식으로 스타일을 적용하려면 HTML 요소에 style 속성으로 작성한다.

```
<body>
        <h3 style="color:red">이 줄의 글자는 빨간색</h3>
        <h3>이 줄의 글자는 검정색</h3>
</body>
```

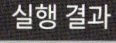

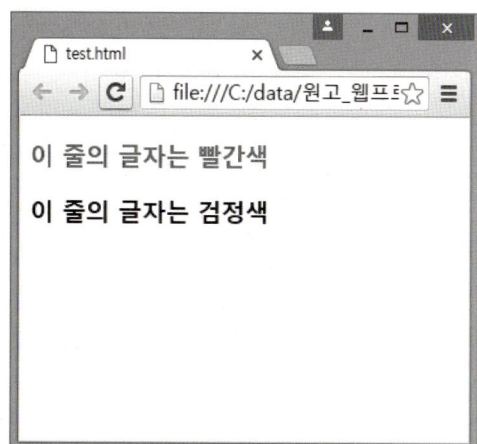

스타일을 적용하고 싶은 태그는 style 속성으로 설정하는데, 설정한 스타일은 태그가 끝날 때까지만 유효하다. 위의 코드에서 첫 번째 〈h3〉에는 CSS로 글자색을 빨강으로 설정했으나 두 번째 〈h3〉에는 CSS를 적용하지 않았다. 그래서 첫 줄만 빨간색으로 출력된다. 이처럼 인라인 방식은 주로 스타일을 한 번만 적용할 때 사용된다.

2 인터널(Internal) 방식

HTML의 〈head〉 안에 〈style〉 태그로 스타일을 정의한다. 현재 웹 페이지 내에 있는 요소들을 태그나 id, class 별로 스타일을 공통적으로 적용할 때 사용하는 방법이다.

● 태그명으로 정의

```
<!DOCTYPE html>
<html>
<head>

<style>

 body { color:red; }
 p     { color:yellow; }
 h3    { color:blue; }

</style>

</head>
```

```
<body>

    body의 텍스트
    <h3> h3의 텍스트 </h3>
    <p> p의 텍스트 </p>

</body>
</html>
```

실행 결과

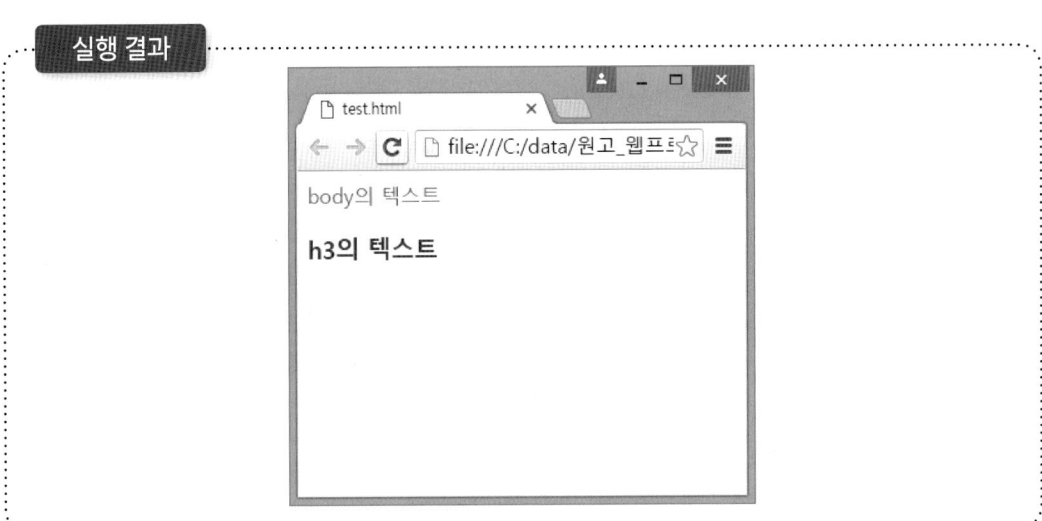

위 코드의 <head> 안을 보면 <style> 태그 안에 스타일을 태그 별로 정의한 것을 볼 수 있다. 작성하는 방법은 다음과 같다.

```
태그명{ 스타일 속성:값; 스타일 속성:값; ... }
```

스타일을 적용할 태그명을 쓰고 중괄호 안에 적용할 스타일들을 정의한다. 이렇게 <head>에 작성하면 현재 페이지 내에서 동일한 태그에 공통으로 스타일이 적용된다. 위의 코드는 <body>에 글자색을 빨강으로 설정했으므로 해당 페이지의 모든 글자는 빨간색으로 출력된다. body는 웹 페이지 전체를 나타내므로 이 태그에 정의하면 페이지 전체에 적용된다. 나머지 코드도 <p> 태그에 글자색을 노랑으로, <h3> 태그에 글자색을 파랑으로 설정하였다. <body>에 빨강으로 설정했으나 <p>에서 다시 노랑으로 설정했으므로 <p> 태그 내의 모든 글자는 노란색으로 출력되고, <h3>도 마찬가지로 파란색으로 출력된다.

● id로 정의

```html
<!DOCTYPE html>
<html>
<head>

<style>

  p{
        border:1px solid black;
        color:blue;
  }

  p#a{
        background-color:yellow;
  }

  p#b{
        background-color:red;
  }

  #c{
        color:#ff0000;
  }

</style>

</head>
<body>

<p id="a">id가 a인 블록</p>
<p>id 지정하지 않은 블록</p>
<p id="b">id가 b인 블록</p>
<font id="c">id가 c인 블록</font><br/>

</body>
</html>
```

실행 결과

위 코드의 〈style〉 부분을 보면 먼저 〈p〉 태그에 테두리 두께를 1px, 테두리 모양을 solid, 테두리 색상을 검정색으로 설정하고, 글자색은 파랑으로 설정한다. 그 아래의 p#a{ ... }는 〈p〉 태그 중 id가 a인 것만 배경색을 노란색으로 설정한다. p#b{ ... }은 〈p〉 태그 중에서 id가 b인 것만 배경색을 빨간색으로 설정한다. #c{ ... }는 태그명은 상관없이 id가 c인 것의 글자색을 #ff0000 즉 빨간색으로 설정한다.

- class로 정의

```
<!DOCTYPE html>
<html>
<head>

<style>

 tr{
        color:blue;
  }

  tr.a{
        background-color:yellow;
  }

  tr.b{
        background-color:red;
  }
```

```
            td{
                text-align:center;
                width:100px;
            }

        </style>


</head>
<body>

  <table style="border:1px solid black">
    <tr class="a">
      <td>A</td><td>B</td><td>C</td>
    </tr>
    <tr class="b">
      <td>D</td><td>E</td><td>F</td>
    </tr>
    <tr class="a">
      <td>G</td><td>H</td><td>I</td>
    </tr>
    <tr class="b">
      <td>J</td><td>K</td><td>L</td>
    </tr>
</body>
</html>
```

실행 결과

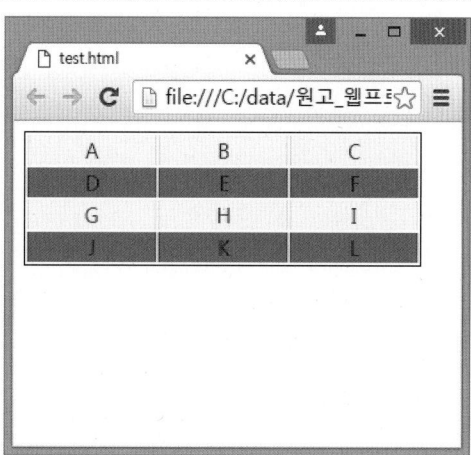

앞 코드의 〈style〉 내용에서 tr.a{ ... }는 〈tr〉 태그 중에서 class가 a로 설정된 것만 배경색을 노란색으로 설정한다. tr.b{ ... }는 〈tr〉 태그 중에서 class가 b로 설정된 것만 배경색을 빨간색으로 설정한다.

3 익스터널(External) 방식

인터널 방식과 동일하지만 CSS 코드를 외부 파일에 저장하여 HTML에서 링크한다. 하나의 웹 페이지에서만 사용하는 것이 아니라 여러 페이지에서 공용으로 사용한다.

```
<!DOCTYPE html>
<html>
<head>

 <link rel="stylesheet" href="testStyle.css">

</head>
<body>

 body의 텍스트
 <h3> h3의 텍스트 </h3>
 <p> p의 텍스트 </p>

</body>
</html>
```

testStyle.css

```
body { color:red; }
p    { color:yellow; }
h3   { color:blue; }
```

실행 결과

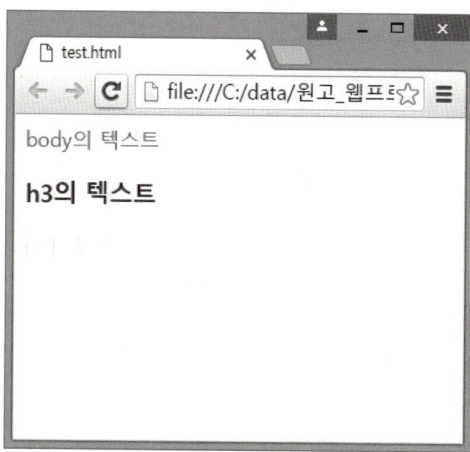

〈link rel="stylesheet" href="testStyle.css"〉는 testStyle.css 파일의 코드를 이 위치에 추가한 것과 동일하다.

2 ▶ 텍스트 제어

웹 페이지 내에서 텍스트의 색상, 글자체, 정렬, 크기 등 다양한 부분을 설정할 수 있는 속성들을 제공한다.

1 글자색

글자색은 color 속성으로 설정한다. color 속성에 할당할 수 있는 값은 컬러명이나 색상표 값, RGB 등이 있다.

```
〈컬러명으로 글자색 설정〉
p{ color:red; }

〈색상표 값으로 글자색 설정〉
p{ color:#ff0000; }

〈RGB로 글자색 설정〉
p{ color:rgb(255, 0, 0); }
```

2 폰트

CSS는 글자체, 크기, 글자 스타일 등 폰트와 관련된 속성들을 제공한다.

- font-family

글자체를 설정한다. 글자체는 컴퓨터에 설치된 폰트 중 하나를 선택하여 font-family에 할당한다.

```
<body>
  <h3 style="font-family:궁서">궁서체</h3>
  <h3 style="font-family:굴림">굴림체</h3>
  <h3 style="font-family:고딕">고딕체</h3>
</body>
```

실행 결과

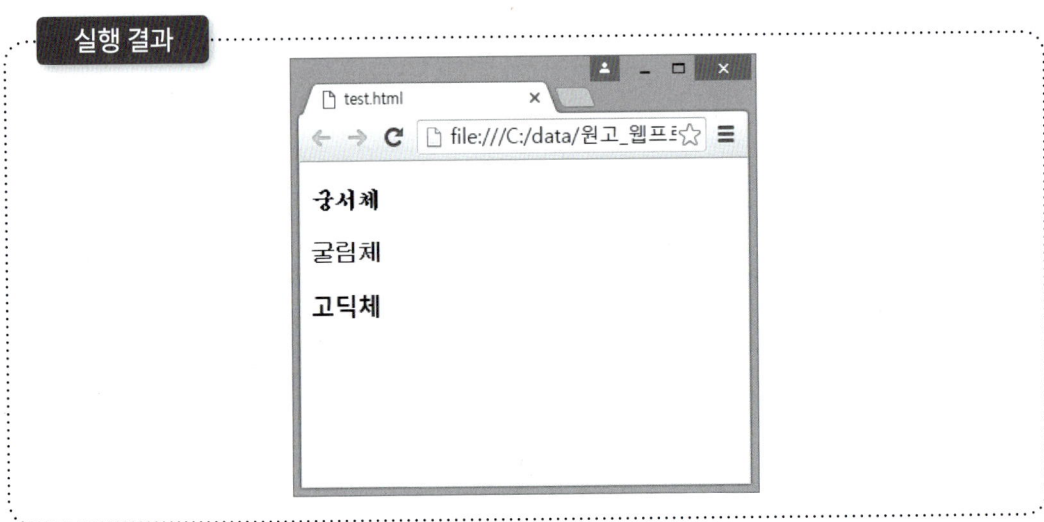

- font-size

글자 크기를 설정한다. 크기 값의 단위는 픽셀(px), 퍼센트(%), em이 있다. em은 W3C에서 권장하는 단위로 1em은 현재 폰트 사이즈와 동일한데, 웹 브라우저의 기본 폰트 사이즈는 16px이다. 그러므로 em 단위를 계산 하려면 다음의 수식을 사용할 수 있다.

픽셀/16 = em

〈픽셀 테스트〉

```
<body>
  <span style="font-size:10px">aaa</span><br/>
```

```
<span style="font-size:20px">aaa</span><br/>
<span style="font-size:30px">aaa</span><br/>
<span style="font-size:40px">aaa</span>
</body>
```

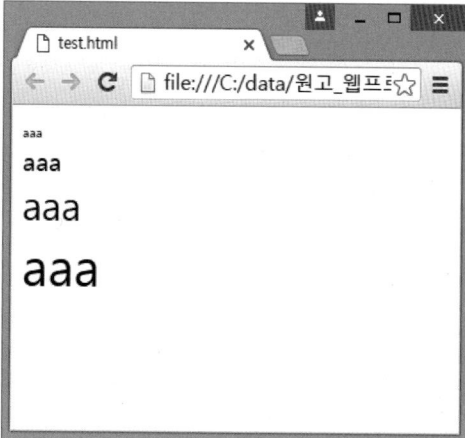

〈% 테스트〉

```
<body>
 <span style="font-size:100%">aaa</span><br/>
 <span style="font-size:200%">aaa</span><br/>
 <span style="font-size:300%">aaa</span><br/>
 <span style="font-size:400%">aaa</span>
</body>
```

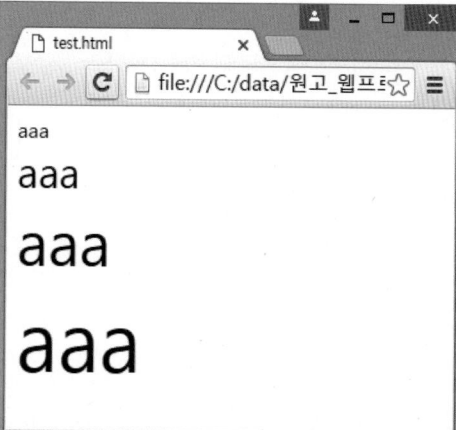

⟨em test⟩

```
<body>
 <span style="font-size:1em">aaa</span><br/>
 <span style="font-size:2em">aaa</span><br/>
 <span style="font-size:0.8em">aaa</span><br/>
 <span style="font-size:1.5em">aaa</span>
</body>
```

실행 결과

- font-style

글자에 스타일을 적용하는 속성이다.

```
<body>
 <span style="font-style:normal">일반 텍스트</span><br/>
 <span style="font-style:italic">italic 스타일이 적용된 텍스트</span><br/>
 <span style="font-style:oblique">oblique 스타일이 적용된 텍스트</span><br/>
</body>
```

실행 결과

● font-weight

글자의 두께를 제어한다.

```
<body>
 <span style="font-weight:normal">일반 텍스트</span><br/>
 <span style="font-weight:bold">bold 텍스트</span><br/>
</body>
```

실행 결과

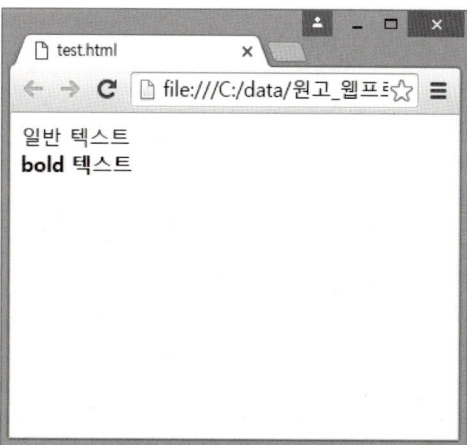

3 정렬

텍스트를 수평으로 정렬하는 옵션은 text-align이다.

- text-align:right - 오른쪽 정렬
- text-align:center - 가운데 정렬
- text-align:left - 왼쪽 정렬

```html
<body>
  <p style="text-align:right;width:300px;border:1px solid black">aaa</p>
  <p style="text-align:center;width:300px;border:1px solid black;
                            background-color:yellow">bbb</p>
  <p style="text-align:left;width:300px;border:1px solid black">ccc</p>
</body>
```

실행 결과

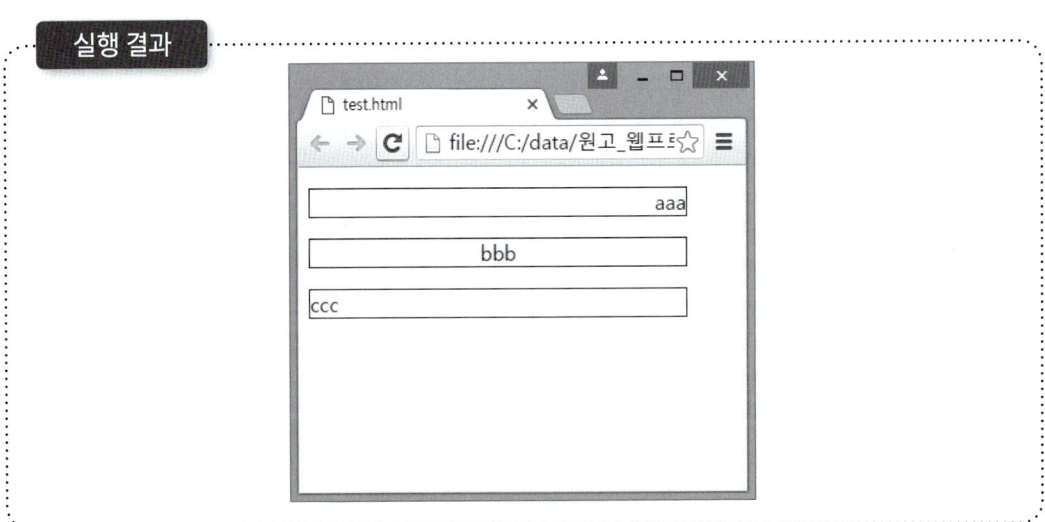

4 데코레이션

text-decoration 속성은 텍스트에 밑줄이나 관통한 줄(취소선)을 추가해 준다.

```
<body>
  <p style="text-decoration:overline">overline</p>
  <p style="text-decoration:line-through">line-through</p>
  <p style="text-decoration:underline">underline</p>
</body>
```

실행 결과

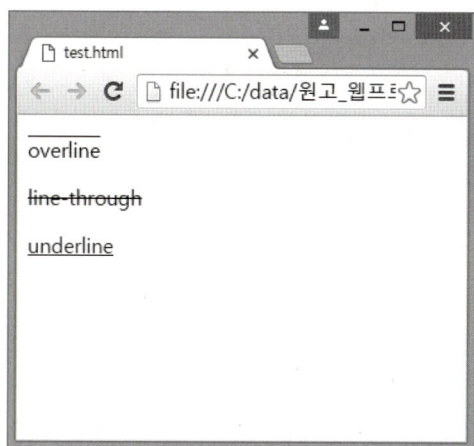

3 ▶ 크기 제어

크기는 가로와 세로로 나누어서 width와 height 속성으로 설정한다. 값의 단위는 px, cm, pt, % 등을 사용할 수 있다.

```
<body>
  <input type="button" value="px버튼" style="width:50px;height:50px"/><br>
  <input type="button" value="%버튼" style="width:50%;height:50%"/><br>
  <input type="button" value="cm버튼" style="width:2cm;height:1cm"/><br>
  <input type="button" value="pt버튼" style="width:50pt;height:50pt"/><br>
</body>
```

실행 결과

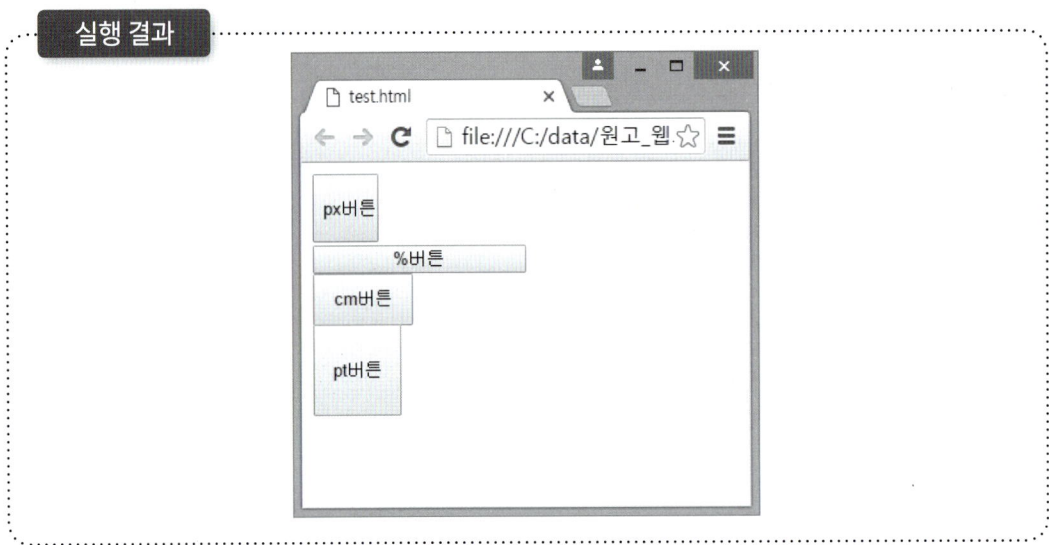

4 ▶ 위치 제어

HTML 요소의 위치는 position 속성으로 설정할 수 있다. position 속성의 값은 다음 4개 중 하나로 설정한다.

1 static

HTML 요소의 위치를 페이지 흐름대로 배치한다. HTML 요소의 위치를 특별히 지정하지 않으면 앞 요소부터 순차적으로 배치되는데, 이는 position의 기본 값이 static이기 때문이다.

```
<!DOCTYPE html>
<html>
<head>
 <style>
  h1 {
        position:static;
    }

    span.a {
        position:static;
        background-color:yellow
    }
    span.b {
```

```
            position:static;
            background-color:orange
        }
    </style>
</head>
<body>
    <h1>text1</h1>
    <span class="a">text2</span>
    <span class="b">text3</span>
</body>
</html>
```

실행 결과

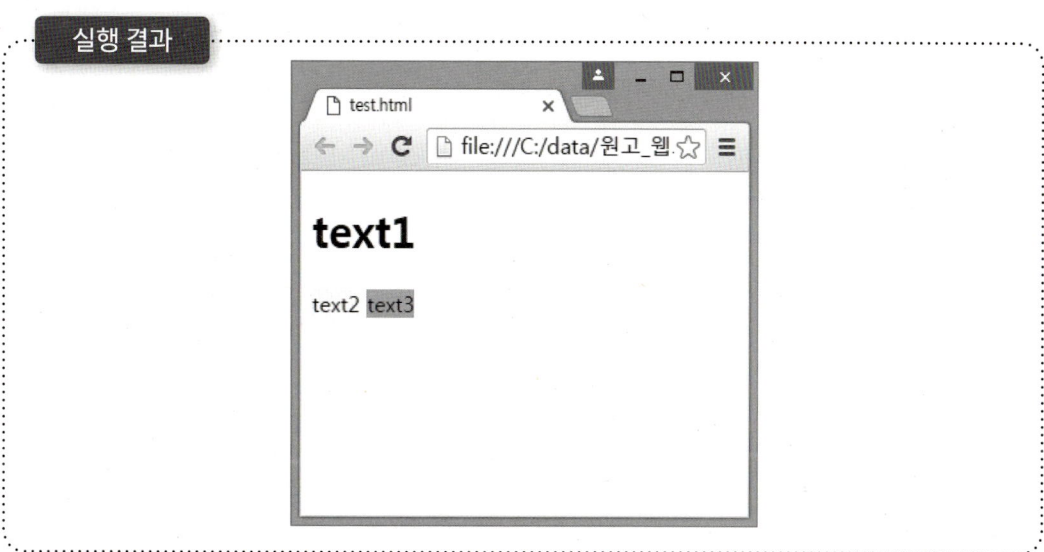

위 코드를 보면 소스에서 작성한 요소가 순서대로 출력된 것을 확인할 수 있다. 이는 position을 설정하지 않은 것과 동일하다.

2 relative

상대 위치를 설정한다. 상대 위치는 바로 앞 요소를 기준으로 한 위치를 지정한다.

```
div{
    position:relative;
    top:30px;
    left:30px
}
```

위치를 위와 같이 설정했다면 바로 앞의 HTML 요소 상단으로부터 30px, 왼쪽 경계선에서 30px 떨어진 위치에 배치한다. 이처럼 position 속성은 위치 표현 방법을 설정하고, 상단의 위치는 top, 왼쪽 경계선의 위치는 left, 오른쪽 경계선의 위치는 right, 하단의 위치는 bottom으로 설정한다. 상대 위치에서 top, left, bottom, right 속성을 설정하지 않으면 static과 동일한 효과가 적용된다.

3 absolute

절대 위치를 설정한다. 절대 위치의 기준점은 브라우저 윈도우의 가장 왼쪽 상단의 꼭지점이고 이 위치를 기준으로 top, left, bottom, right를 이용해 위치를 지정한다.

```css
div {
        position:absolute;
        top:30px;
        left:30px
}
```

4 fixed

화면이 이동되어도 항상 동일한 위치에 배치한다. 즉, 스크롤을 내려도 fixed로 설정된 요소는 같은 위치에 머물러 있다.

```html
<!DOCTYPE html>
<html>
<head>
 <style>
   div.a {
          position:relative;
          width:100px;
          height:100px;
          background-color:blue
     }

   div.b {
          position:absolute;
          top:50px;
          left:100px;
```

```
            background-color:yellow;
            width:100px;
            height:100px
        }

    div.c {
            position:relative;
            top:30px;
            left:30px;
            background-color:orange;
            width:100px;
            height:100px
        }

    div.d {
            position:fixed;
            top:0px;
            right:0px;
            background-color:green;
            width:100px
        }

 </style>
</head>
<body>
 <h1>text1</h1>
 <div class="a">text2</div>
 <div class="b">text3</div>
 <div class="c">text4</div>
 <div class="d">text5</div>
 <br/><br/><br/><br/><br/><br/><br/><br/><br/><br/><br/><br/><br/>
</body>
</html>
```

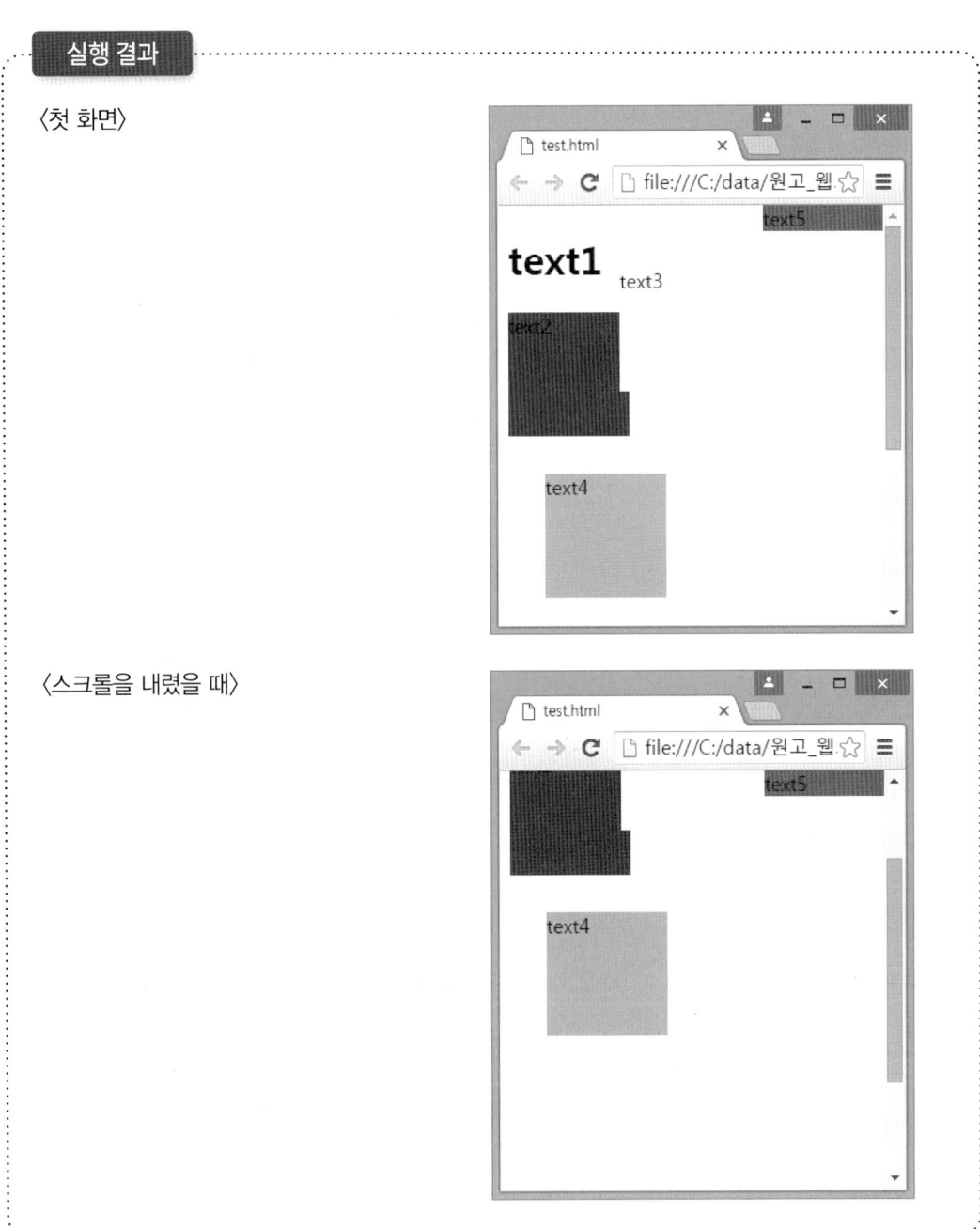

div.a의 위치는 relative인데 top, left 등의 위치를 지정하지 않았으므로 static과 동일하게 순서대로 배치된다. div.b는 absolute(절대) 위치이므로 왼쪽 상단을 기준으로 위에서 50px, 왼쪽에서 100px 떨어진 위치에 배치한다. div.c는 relative(상대) 위치로 앞 요소(div.a)를 기준으로 위에서 30px, 왼쪽에서 30px 떨어진 위치에 배치된다. div.d는 fixed(고정) 위치로 스크롤을 내려도 항상 오른쪽 상단에 배치된다.

5 z-index

위치를 제어하여 한 위치에 여러 요소가 겹치게 배치될 수도 있다. 이런 경우에 어떤 요소를 위쪽으로 어떤 요소를 아래 쪽으로 배치할 것인지 순서를 정하는 속성이 z-index이다. z-index의 값이 클수록 위로 배치된다.

```html
<!DOCTYPE html>
<html>
<head>
 <style>
  div.a {
         position:absolute;
         top:50px;
         left:100px;
         background-color:yellow ;
         width:100px;
         height:100px;
         z-index:1
    }

   div.b {
         position:absolute;
         top:60px;
         left:110px;
         background-color:green ;
         width:100px;
         height:100px;
         z-index:2
    }

 </style>
</head>
<body>

 <h1>text1</h1>
 <div class="a">text2</div>
 <div class="b">text3</div>

</body>
</html>
```

실행 결과

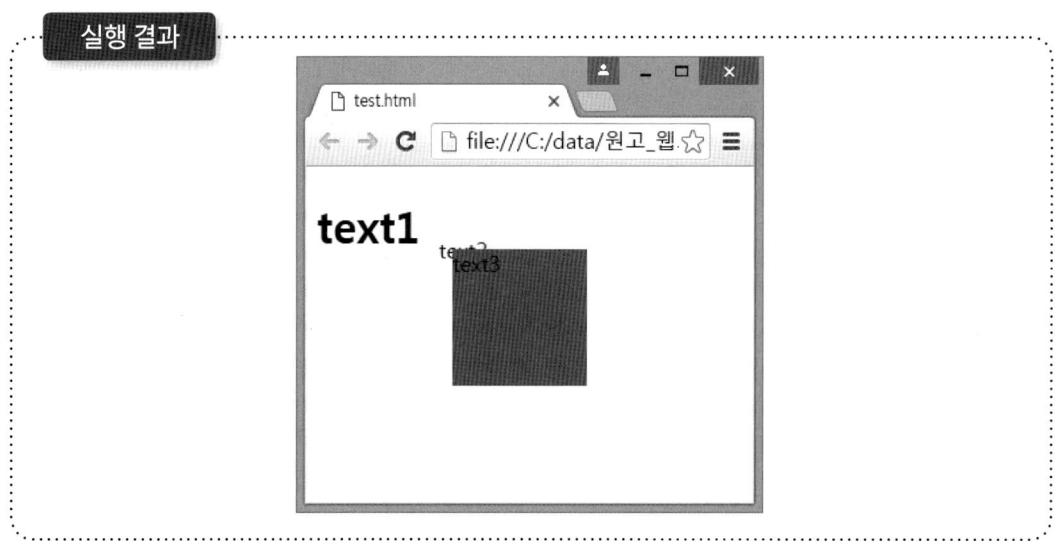

위의 코드에서 div.a의 z-index를 1로 div.b는 2로 설정하니 값이 높은 div.b가 위로 올라오고 아래 코드에서는 div.a의 z-index를 2로 div.b는 1로 설정하니 값이 높은 div.a가 위로 올라온다.

```
<!DOCTYPE html>
<html>
<head>
 <style>
 div.a {
          position:absolute;
          top:50px;
          left:100px;
          background-color:yellow;
          width:100px;
          height:100px;
          z-index:2
    }

  div.b {
          position:absolute;
          top:60px;
          left:110px;
          background-color:green;
          width:100px;
          height:100px;
          z-index:1
```

```
        }

    </style>
</head>
<body>

    <h1>text1</h1>
    <div class="a">text2</div>
    <div class="b">text3</div>

</body>
</html>
```

실행 결과

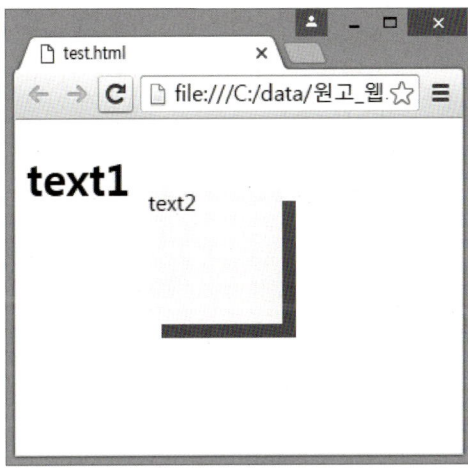

5 ▸ 배경 제어

웹 페이지의 body 또는 HTML 요소들의 배경색이나 배경 이미지를 제어한다. 배경 제어에 사용되는 속성은 다음과 같다.

1 background-color

배경색을 설정한다.

```
<body>
  <input type="button" value="버튼" style="background-color:orange;width:50px;height:50px"/>
</body>
```

실행 결과

2 background-image

배경 이미지를 설정하되 문법은 다음과 같다.

background-image: url("이미지 경로")

```
<body>
    <input type="button" value="버튼" style="background-image: url('img/yellow.jpg');
                                              width:50px;height:50px"/>
</body>
```

실행 결과

3 background-repeat

배경 이미지의 반복 출력을 제어한다. 요소에 적용할 배경 이미지의 크기가 작으면 그 요소를 채우기 위해 반복되는 것이 기본 설정이지만 반복을 안 하거나 x축으로만 반복, y축으로만 반복 등 제어가 가능하다.

- background-repeat: repeat-x
  배경 이미지를 가로로만 반복 출력한다.

- background-repeat: repeat-y
  배경 이미지를 세로로만 반복 출력한다.

- background-repeat: no-repeat
  배경 이미지를 한번만 출력한다.

〈background-repeat를 설정하지 않았을 때〉

```
<!DOCTYPE html>
<html>
<head>
 <style>
  body {
          background-image: url('img/yellow.jpg');
       }
 </style>
</head>
<body>
 <h3>배경 제어</h3>
</body>
</html>
```

실행 결과

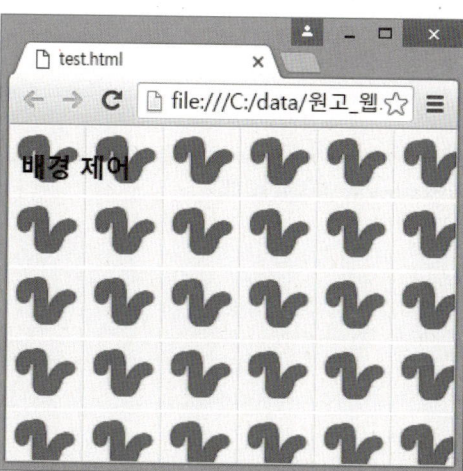

⟨background-repeat를 repeat-x로 설정했을 때⟩

```
<!DOCTYPE html>
<html>
<head>
 <style>
  body {
        background-image: url('img/yellow.jpg');
        background-repeat:repeat-x
       }
 </style>
</head>
<body>
 <h3>배경 제어</h3>
</body>
</html>
```

실행 결과

⟨background-repeat를 repeat-y로 설정했을 때⟩

```
<!DOCTYPE html>
<html>
<head>
 <style>
  body {
        background-image: url('img/yellow.jpg');
        background-repeat:repeat-y
```

```
        }
    </style>
  </head>
  <body>
    <h3>배경 제어</h3>
  </body>
</html>
```

실행 결과

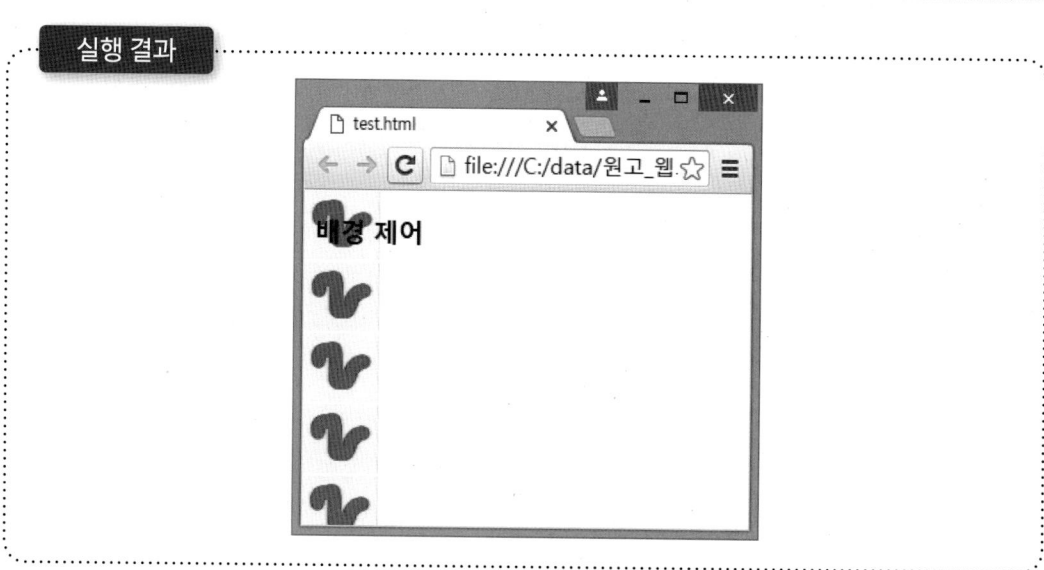

〈background-repeat를 no-repeat으로 설정했을 때〉

```
<!DOCTYPE html>
<html>
<head>
  <style>
    body {
            background-image: url('img/yellow.jpg');
            background-repeat: no-repeat
         }
    </style>
  </head>
  <body>
    <h3>배경 제어</h3>
  </body>
</html>
```

실행 결과

4 background-position

배경 이미지를 반복하지 않을 경우 배경 이미지의 위치를 설정하는 속성이다.

```
body {
        background-image: url('img/yellow.jpg');
        background-repeat: no-repeat;
        background-position: right top;
}
```

위의 코드 세 번째 줄이 배경 이미지의 위치를 설정한다. 값은 수평 위치, 수직 위치를 순서대로 작성한다.

```
<!DOCTYPE html>
<html>
<head>
 <style>
  body {
        background-image: url('img/yellow.jpg');
        background-repeat: no-repeat;
        background-position:100px 100px;
     }
 </style>
</head>
```

```
  <body>
    <h3>배경 제어</h3>
  </body>
</html>
```

실행 결과

5 background-attachment

배경 이미지의 위치를 고정하여 스크롤을 이동하여도 배경 이미지는 제자리에 출력된다.

```
<!DOCTYPE html>
<html>
<head>
  <style>
   body {
          background-image: url('img/yellow.jpg');
          background-repeat: no-repeat;
          background-position:100px 100px;
          background-attachment: fixed;
        }
  </style>
</head>
<body>
  <h3>배경 제어</h3>
</body>
</html>
```

실행 결과

〈첫 실행 화면〉

〈스크롤을 내렸을 때〉

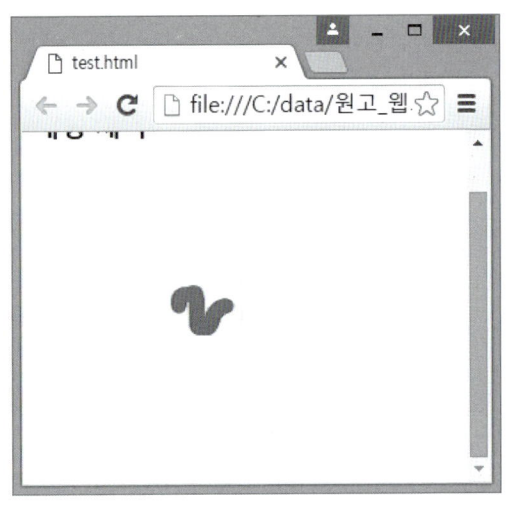

6 ▸ 테두리 제어

요소의 테두리에 스타일을 적용하여 모양이나 색상 두께 등을 제어할 수 있다.

1 테두리 모양

border-style 속성은 테두리의 모양을 설정할 수 있다. 이 속성에 사용할 수 있는 값과 각 값으로 설정했을 때의 모양은 다음과 같다.

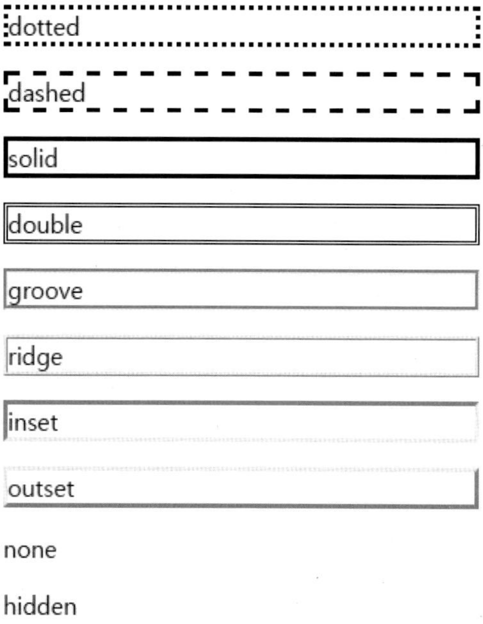

dotted

dashed

solid

double

groove

ridge

inset

outset

none

hidden

```
<!DOCTYPE html>
<html>
<head>
 <style>

   p.a{border-style:dotted}
   p.b{border-style:dashed}
   p.c{border-style:solid}
   p.d{border-style:double}
   p.e{border-style:groove}
   p.f{border-style:ridge}
   p.g{border-style:inset}
   p.h{border-style:outset}
   p.i{border-style:none }
   p.j{border-style:hidden}

 </style>
</head>
<body>
   <p class="a">dotted</p>
   <p class="b">dashed</p>
   <p class="c">solid</p>
   <p class="d">double</p>
```

```
    <p class="e">groove</p>
    <p class="f">ridge</p>
    <p class="g">inset</p>
    <p class="h">outset</p>
    <p class="i">none</p>
    <p class="j">hidden</p>
</body>

</html>
```

실행 결과

2 테두리 두께

테두리의 두께 제어는 border-width 속성으로 제어할 수 있다.

```
p.a {
        border-width: 2px;
}

p.b {
        border-width: 1px 2px 3px 4px;
}
```

p.a는 테두리 4면의 두께를 모두 2px로 설정했고, p.b는 테두리 4면의 두께를 모두 다르게 설정했다. top을 1, right를 2, bottom을 3, left를 4px로 설정한다.

3 테두리 색상

테두리 색상은 border-color 속성으로 설정한다.

```
p.a {
        border-color: red;
}
```

테두리의 모양, 두께, 색상을 한번에 설정할 수도 있다.

```
p.a {
        border: 2px solid red;
}
```

CSS(Cascading Style Sheets)란 무엇인가?

웹(Web) 문서의 일반적인 스타일을 미리 저장해 둔 스타일 시트로 다양한 HTML 요소들의 색상, 위치, 크기 등을 제어하는 일종의 스크립트 언어이다. HTML을 이용해서 웹 페이지를 제작할 경우 기본 틀에서 세세한 글꼴을 하나하나 지정해야 하지만 웹 페이지의 스타일을 미리 저장해 두면 웹 페이지의 한 가지 요소만 변경해도 관련된 전체 페이지가 한번에 변경되므로 전체 문서의 일관성을 유지할 수 있고, 작업 시간도 단축된다. 기존의 HTML은 웹 문서의 다양한 설계나 변경에 여러 가지 제약이 따르므로 이를 보완하기 위해 만들어진 것이 스타일 시트이고, 이러한 스타일 시트의 표준안이 CSS이다.

제 04 장

JavaScript로 페이지에 움직임을 불어넣어라

JAVA Web Programming

제 04 장

JavaScript로 페이지에 움직임을 불어넣어라

HTML은 텍스트나 이미지 같은 HTML 요소를 웹 화면에 순서대로 배치하고 CSS는 해당 요소들의 위치나 범위, 배경 색상 등을 제어한다. 하지만 HTML과 CSS는 정적 페이지만 만들 수 있기 때문에 페이지에 움직임을 추가할 수 없다. 웹 페이지는 정적 페이지와 동적 페이지로 나눌 수 있다. 정적 페이지는 페이지가 실행되는 동안에는 어떠한 변화를 줄 수 없지만, 동적 페이지는 페이지가 실행된 뒤에도 변경이 가능하고 페이지에 움직임을 표현할 수 있다. 즉, HTML은 화면에 버튼을 띄울 수는 있지만 버튼이 클릭됐을 때의 동작을 구현할 수는 없다. 이렇게 버튼을 클릭하거나 마우스를 움직였을 때 실행될 특정 동작을 프로그램 할 수 있는 언어가 자바스크립트(JavaScript)이다. 그래서 웹 페이지는 HTML과 CSS로 화면 모양을 잡고, 화면의 변화나 이벤트 처리는 자바스크립트로 구현한다. 그러므로 자바스크립트 코드도 HTML 파일에 추가하는 형태로 작성한다.

자바스크립트 코드는 직접 HTML 파일에 추가할 수도 있고, 순수 자바스크립트 코드로 작성한 외부 파일을 만들어 HTML에 추가할 수도 있다.

1 ▶ 기본 코드

다음의 코드는 자바스크립트 코드를 HTML 파일에 직접 작성하는 방법으로 자바스크립트 코드는 〈script〉〈/script〉 태그 사이에 작성한다. HTML에서 자바스크립트 코드가 들어갈 수 있는 위치는 〈head〉〈/head〉와 〈body〉〈/body〉 영역이다.

⟨sample.html⟩

```
1   <!DOCTYPE html>
2   <html>
3       <head>
4           <meta charset="euc-kr">
5           <title>title</title>
6           <script>
7               //자바스크립트 코드
8           </script>
9       </head>
10
11      <body>
12          내용
13          <script>
14              //자바스크립트 코드
15          </script>
16      </body>
17
18  </html>
```

자바스크립트 코드만 따로 작성하여 사용할 수도 있는데, 이러한 경우 파일 확장자는 .js로 저장한다. 자바스크립트 코드를 HTML 한 파일에서만 사용하는 것이 아니라 여러 페이지에서 사용한다면 자바스크립트 파일을 따로 저장하고, HTML 파일에서 그 파일을 불러올 수 있다. 다음의 코드는 이러한 방법을 보여준다. 먼저 JS 파일을 생성하고 HTML에서는 코드로 JS 파일을 임폴트(Import)한다.

⟨script src="자바스크립트 파일명"⟩

이는 해당 코드 위치에 자바스크립트 파일의 내용이 그대로 복사된 것과 동일한 의미이다.

⟨sample1.js⟩

```
1   //자바스크립트 코드
2
```

〈sample2.html〉

```
1    <!DOCTYPE html>
2    <html>
3        <head>
4            <meta charset="euc-kr">
5            <title>title</title>
6            <script src="sample1.js"></script>
7        </head>
8
9        <body>
10           내용
11       </body>
12
13   </html>
```

자바스크립트 코드는 이처럼 HTML 파일의 원하는 위치에 원하는 횟수만큼 포함시킬 수 있다.

2 ▶ 기본 문법

자바스크립트의 문법은 자바와 비슷한데 자바를 좀 더 쉽고 단순하게 표현한 스크립트 언어이다. 자바스크립트 프로그램은 하나 이상의 문장으로 구성되며, 각 문장은 세미콜론(;)으로 끝난다. HTML과 CSS는 대소문자를 구분하지 않지만 자바스크립트의 키워드나 변수명은 대소문자를 구분하므로 이를 반드시 지켜야 한다.

자바스크립트에서 사용할 수 있는 값에는 상수와 변수가 있는데 상수는 고정 값 즉, 리터럴을 의미하고 변수는 언제든지 변할 수 있는 값을 의미한다. 리터럴에는 10, 10.5와 같은 숫자 타입과 "ABC"와 같은 문자열이 있다. 자바스크립트의 문자열은 큰 따옴표나 작은 따옴표로 묶는다.

```
"ABC"
'ABC'
```

자바스크립트의 변수도 다른 프로그램 언어와 마찬가지로 값을 저장하기 위해 사용된다. 자바스크립트에서의 변수 선언은 변수 타입을 지정하지 않고 var 키워드를 사용한다.

```
var a;
a = 10;
```

앞 코드는 변수를 선언하고 정수를 할당한다. 해당 코드의 변수 이름은 a로 이름 명명 규칙은 자바와 동일하게 영어와 숫자, _, $의 조합으로 숫자로 시작할 수는 없다. 변수의 타입을 지정하지 않고 선언하므로 변수 타입은 값을 처음 할당할 때 결정된다. 자바스크립트의 변수가 타입을 지정하지 않고 선언한다고 해서 타입(Type)이 없는 것은 아니다. 자바스크립트에서 사용할 수 있는 타입은 정수, 실수, 문자열, 객체, 불린(Boolean), 배열 등이다.

자바스크립트의 연산자와 제어문은 자바와 동일하므로 이 책에서는 설명하지 않겠다. 자바스크립트의 주석은 //와 /* ... */로 작성하며, 주석의 내용은 프로그램 실행에 영향을 주지 않는다.

```
//한 줄 주석
/*
여러 줄 주석
여러 줄 주석
여러 줄 주석
*/
```

⟨sample.html⟩

```
1   <!DOCTYPE html>
2   <html>
3       <head>
4           <meta charset="euc-kr">
5           <title>title</title>
6       </head>
7
8       <body>
9           내용
10          <script>
11              //자바스크립트 코드
12              var a = 10;
13              var b = 1.34;
14              var c = "abc";
15              a += 20;
16              c += "def";
17          </script>
18      </body>
19
20  </html>
```

12 ~ 14번 줄은 변수 선언으로 12번 줄은 정수, 13번 줄은 실수, 14번 줄은 문자열 값을 초기값으로 할당한다. 15번 줄은 a에 20을 더한 결과를 저장하므로 30이 되고, 16번 줄은 c에 문자열 "def"를 더한 결과를 저장하므로 "abcdef"가 된다.

3 ▶ 자바스크립트 출력

자바스크립트는 웹 페이지를 제어할 수 있는 기본 객체를 포함하고 있는데 이 중 document는 웹 페이지의 출력을 담당한다. 화면에 텍스트나 이미지 등을 출력할 수 있다.

4-1 . html

```
1   <!DOCTYPE html>
2   <html>
3       <head>
4           <meta charset="euc-kr">
5           <title>title</title>
6       </head>
7
8       <body>
9
10          html body<br>
11
12          <script>
13
14              var x = 3, i = 0;
15              document.write("hello javascript<br>");
16              document.write("x = " + x +"<br>");
17
18              for(i=0 ; i<3; i++){
19                  document.write("hello<br>");
20              }
21
22          </script>
23
24      </body>
25
26  </html>
```

● 소스 분석 ●

줄 번호	설명
14	변수 x, i 선언 및 초기화 한다.
15	write( )는 document 객체의 메서드로 웹 페이지에 문자열 값을 출력한다.
16	변수 x 값을 출력한다.
18 ~ 20	for( ) 문을 사용해 문자열 "hello"를 세 번 출력한다.

실행 결과

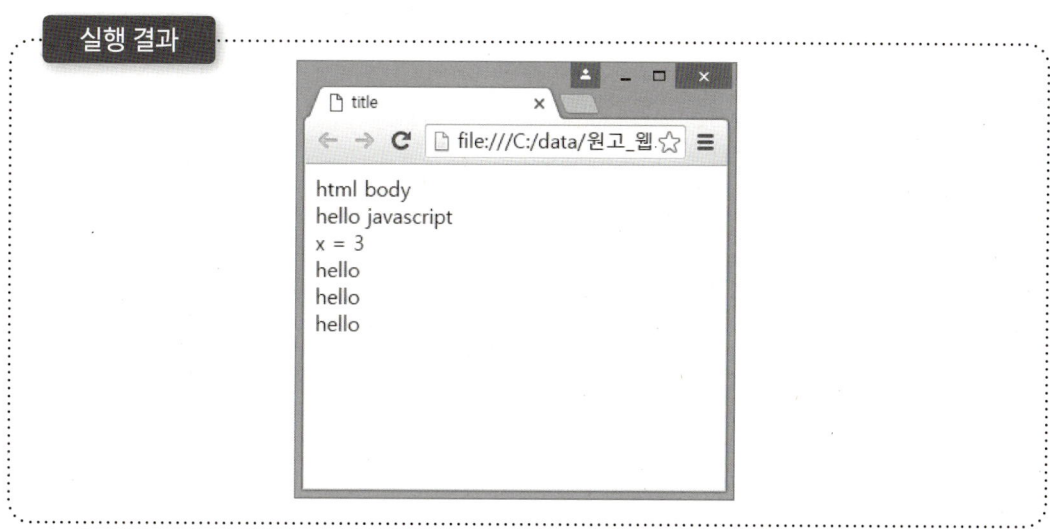

document.write( )는 화면이 아닌 html 파일에 출력한다고 생각하면 이해가 쉬울 것이다. 즉, 문자열 "hello"를 웹에 출력하기 위해 document.write( )를 꼭 사용해야 하는 것은 아니다. 그냥 HTML 의 <body> 안에 hello라고 쓰면 된다. 하지만 이를 100번 출력해야 하는 상황이라면 이를 일일이 작성하는 것은 너무 지루하고 힘들 것이다. 이렇게 프로그램 제어가 필요한 출력문을 document.write( )를 이용하면 쉽게 프로그래밍할 수 있다. 이를 활용하여 구구단 출력하기 예제를 실습해 보자.

4-2.html

```
1   <!DOCTYPE html>
2   <html>
3       <head>
4           <meta charset="euc-kr">
5           <title>title</title>
6       </head>
7
8       <body>
9
```

제4장 JavaScript로 페이지에 움직임을 불어넣어라 • **105**

```
10          <h3>구구단 출력</h3>
11          <table border="1" cellspacing="0">
12          <script>
13
14           var i = 0, j = 0, k = 0;
15
16           for(i=0 ; i<2; i++){
17           document.write("<tr>");
18             for(j=2; j<10; j++){
19             if(i==0){
20             document.write("<th>"+j+"단</th>");
21             }else{
22             document.write("<td>");
23             for(k=1; k<10; k++){
24              document.write(j+" * "+k+" = "+(j*k)+"<br>");
25             }
26             document.write("</td>");
27             }
28           }
29         document.write("</tr>");
30          }
31
32         </script>
33         </table>
34       </body>
35
36       </html>
```

● 소스 분석 ●	
줄 번호	설명
14	변수 i, j, k 선언 및 초기화 한다.
12 ~ 30	테이블에 두 줄을 만든다.
18 ~ 28	각 줄에 9칸씩 만든다. 첫 줄은 제목으로 단수를 출력하고, 두 번째 줄은 구구단 내용을 출력한다.
23 ~ 25	구구단 내용을 출력하는 코드이다.

실행 결과

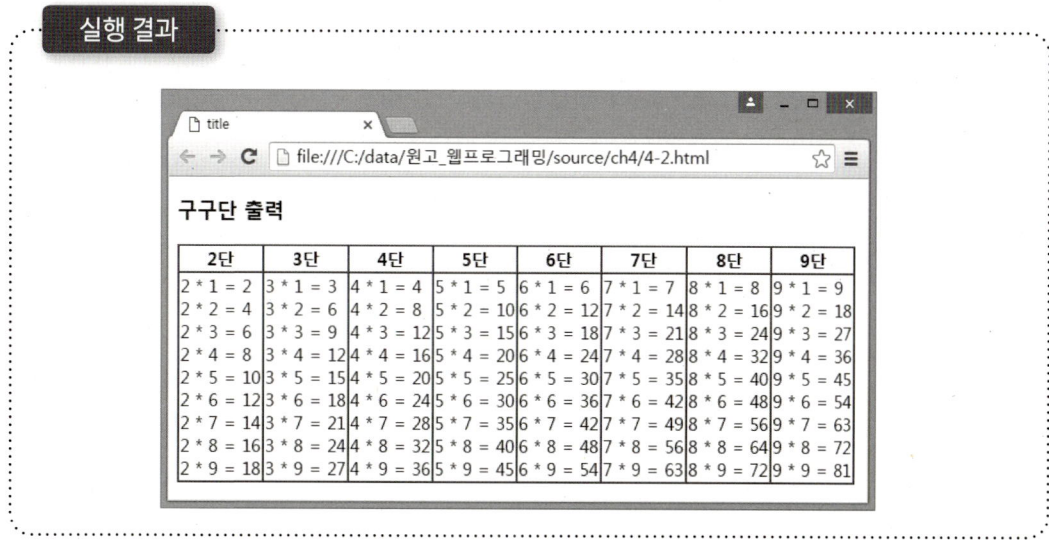

자바스크립트는 alert( ) 메서드로 화면에 작은 창을 띄워 메시지를 출력할 수 있다.

　alert("message");

해당 방법은 보통 경고나 알림창으로 많이 사용된다.

4-3. html

```
1    <!DOCTYPE html>
2    <html>
3        <head>
4            <meta charset="euc-kr">
5            <title>title</title>
6        </head>
7
8        <body>
9
10         <script>
11             alert("알림창을 실행하였습니다.");
12         </script>
13
14       </body>
15
16   </html>
```

줄 번호	설명
11	alert( ) 메서드를 호출하여 알림창을 실행한다.

실행 결과

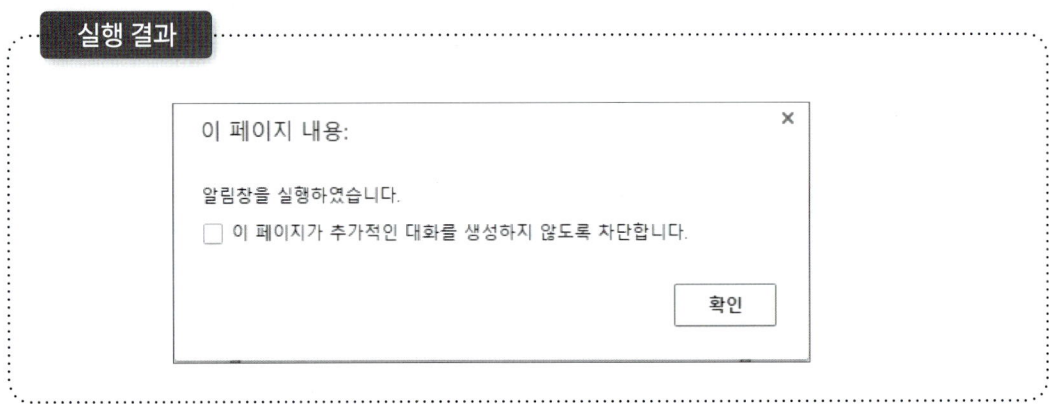

innerHTML 속성으로 원하는 HTML 요소에 출력할 수도 있다. 자바스크립트는 HTML 요소에 innerHTML 속성을 사용할 수 있는데 이 속성은 요소의 몸체를 의미한다.

```
<p>가나다</p>
```

이 코드에서 태그 <p>의 몸체는 "가나다"이므로 innerHTML 속성의 값은 "가나다"가 된다. inner-HTML은 값을 읽을 수만 있는 것이 아니라 해당 속성에 값을 쓰면 몸체의 값이 새 값으로 변경된다.

4-4 . html

```
1   <!DOCTYPE html>
2   <html>
3       <head>
4           <meta charset="euc-kr">
5           <title>title</title>
6       </head>
7
8       <body>
9
10          <p id="p1">가나다라</p>
11          <p id="p2">abcd</p>
12
13          <script>
14              var myP = document.getElementById("p2");
```

```
15              alert(myP.innerHTML);
16              myP.innerHTML = "마바사";
17         </script>
18
19      </body>
20
21  </html>
22
```

● 소스 분석 ●

줄 번호	설명
10	⟨p⟩ 태그를 정의한다. id 속성은 이 요소를 구분하는 이름으로 해당 태그의 id는 p1으로 설정했다.
11	id가 p2인 ⟨p⟩ 태그를 정의한다.
13 ~ 17	자바스크립트 코드이다.
14	document.getElementById( )는 id로 요소를 찾아 반환한다. 이 라인은 id가 "p2"인 요소를 찾아 그 객체를 반환하므로 결국 11번 줄의 ⟨p⟩ 태그를 객체로 반환하여 이를 변수 myP에 저장한다. 자바스크립트는 모든 HTML 요소를 객체화하여 다룰 수 있다.
15	myP에 저장된 객체의 몸체 즉 abcd를 알러트 창으로 출력한다.
16	myP에 저장된 객체의 몸체를 마바사로 변환한다.

실행 결과

⟨실행 첫 화면⟩

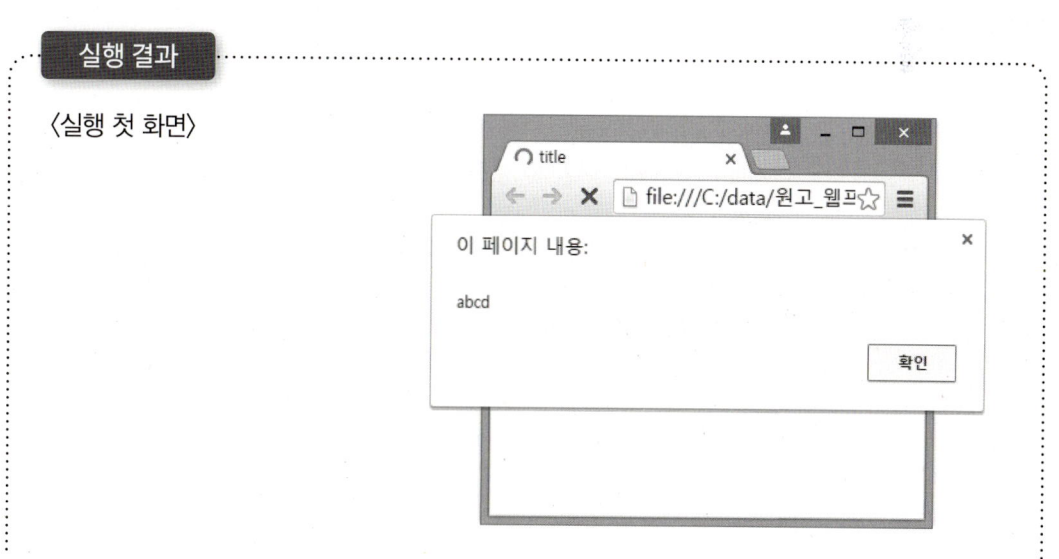

〈알러트 창을 닫았을 때〉

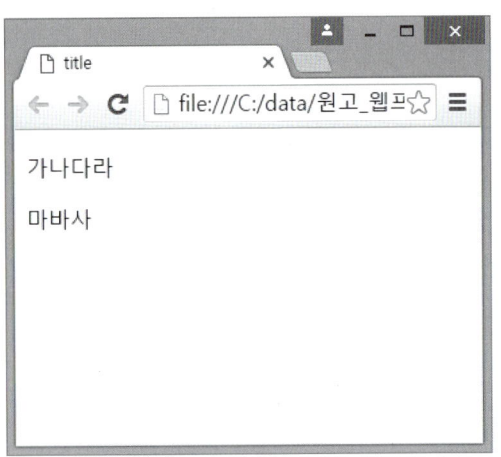

4 ▶ 메시지 박스

사용자에게 간단한 메시지를 띄우는 기능으로 앞서 알러트 창을 살펴보았다. 알러트 창은 간단히 메시지를 보여주고 이를 확인하는 버튼 하나로 구성된다. 그런데 메시지의 내용을 읽고 찬성 혹은 반대와 같은 의사를 물어봐야 하는 경우도 있다. 이는 확인창(confirm)으로 구현할 수 있다.

```
var result = confirm("동의합니까?");
```

위와 같은 코드를 실행하면 메시지 창에 "동의합니까?"라는 메시지와 〈확인〉, 〈취소〉 두 개의 버튼이 출력된다. 이 중 〈확인〉 버튼을 클릭하면 true가 〈취소〉 버튼을 클릭하면 false가 반환된다.

4-5.html

```
1  <!DOCTYPE html>
2  <html>
3      <head>
4          <meta charset="euc-kr">
5          <title>title</title>
6      </head>
7
8      <body>
9
10         <script>
11         var result = confirm("동의합니까?");
```

```
12                    if(result){
13                        document.write("동의하셨습니다.");
14                    }else{
15                        document.write("동의하지 않으셨습니다.");
16                    }
17                </script>
18
19            </body>
20
21        </html>
22
```

● 소스 분석 ●

줄 번호	설명
11	confirm( ) 메서드를 호출하여 사용자의 선택 결과를 변수 result에 저장한다.
12 ~ 13	결과가 true이면 "동의하셨습니다"를 출력한다.
14 ~ 16	결과가 false이면 "동의하지 않으셨습니다"를 출력한다.

실행 결과

〈실행 첫 화면〉

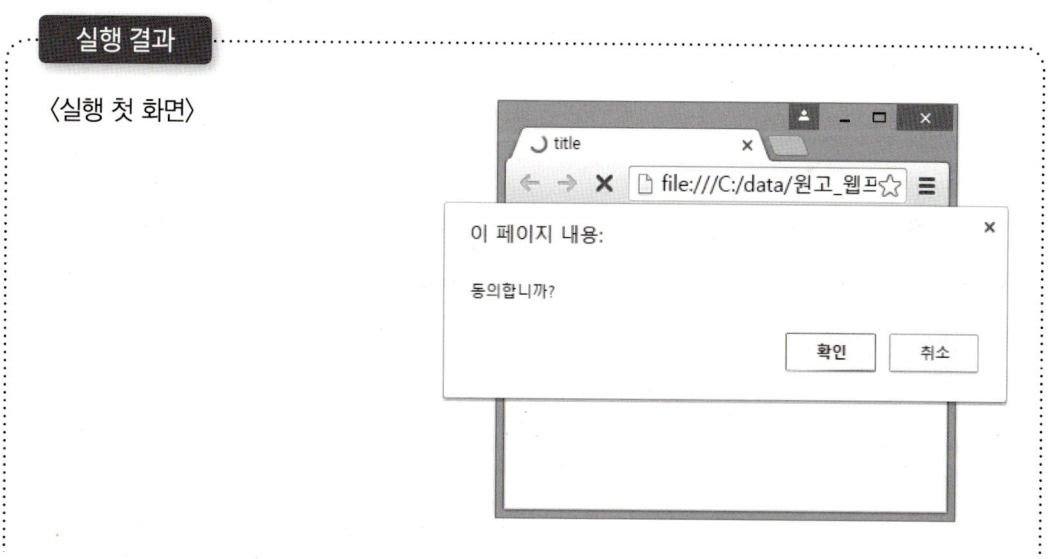

〈확인 버튼을 눌렀을 때〉

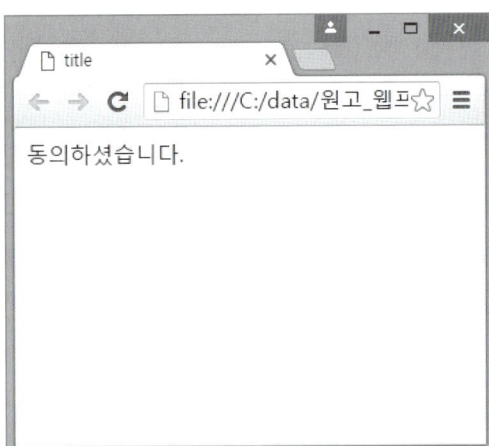

〈취소 버튼을 눌렀을 때〉

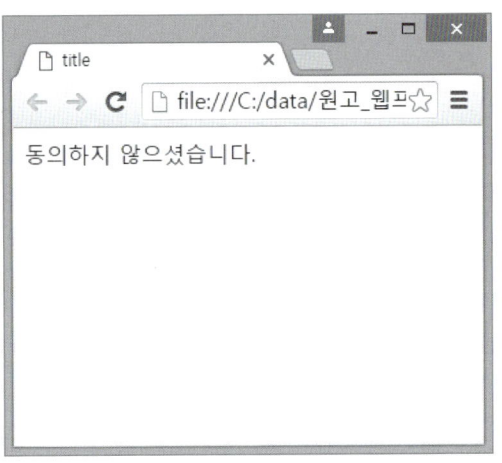

메시지 창으로 사용자의 이름이나 나이 같은 데이터를 입력 받을 수도 있다. prompt( ) 메서드는 메시지 창에 입력 박스를 포함하고 있어 사용자가 입력할 수 있는데, 이 메서드의 첫 번째 파라메터는 메시지 창에 출력할 문자열, 두 번째 파라메터는 사용자가 입력하지 않았을 때 사용할 디폴트 값이다.

```
var name = prompt("당신의 이름을 입력하시오", "아무개");
```

이 코드를 실행하면 입력 박스를 포함한 메시지 창이 실행된다. 사용자가 입력 박스에 값을 입력하면 그 값을 반환하여 변수 name에 저장한다. 만약, 사용자가 값을 입력하지 않으면 기본 값이 "아무개"가 변수에 저장된다.

4-6.html

```
1   <!DOCTYPE html>
2   <html>
3       <head>
4           <meta charset="euc-kr">
5           <title>title</title>
6       </head>
7
8       <body>
9
10      <script>
11          var name = prompt("당신의 이름을 입력하시오", "아무개");
12          document.write("반갑습니다. " + name + "님");
13      </script>
14
15      </body>
16
17  </html>
```

● 소스 분석 ●

줄 번호	설명
11	prompt( ) 메서드를 호출하여 이름을 입력 받는다. 입력 받은 이름은 변수 name에 저장된다.
12	이름을 화면에 출력한다.

실행 결과

〈실행 첫 화면〉

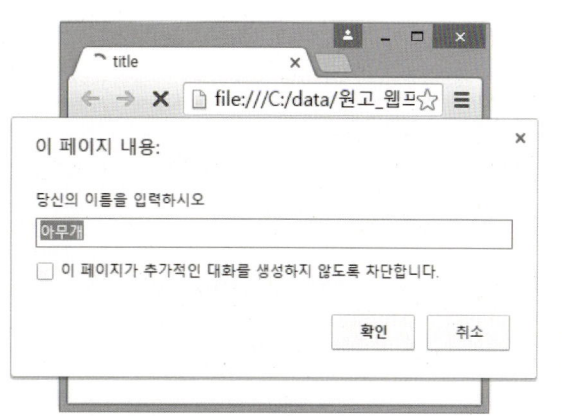

〈이름 입력 후 확인 버튼을 눌렀을 때〉

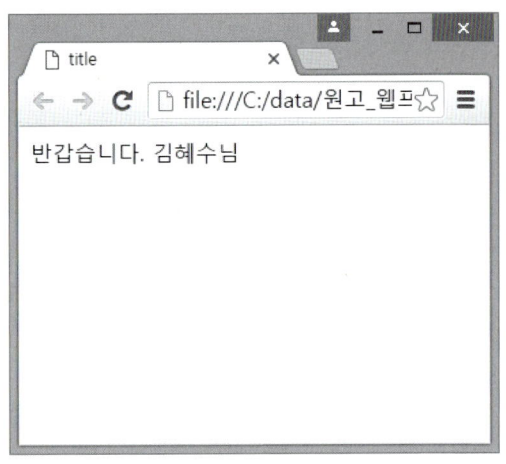

5 ▸ 함수

함수는 특정 작업을 위한 코드 블록으로 다른 프로그램 언어와 마찬가지로 함수를 이해하는 것은 매우 중요하다. 자바스크립트 함수의 형식은 다음과 같다.

〈sample.html〉

```
1   <!DOCTYPE html>
2   <html>
3       <head>
4           <meta charset="euc-kr">
5           <title>title</title>
6           <script>
7               //함수 정의
8               function add(x, y){
9                   return x + y;
10              }
11          </script>
12      </head>
13
14      <body>
15          내용
16          <script>
17              //함수호출
18              var result = add(3, 5);
```

```
19                          document.write("result=" + result);
20                       </script>
21              </body>
22
23      </html>
```

함수를 사용하기 전에 먼저 함수를 정의해야 하는데 보통 <head> 안에 정의한다. 함수 정의에는 function 키워드를 작성하고, 함수 반환 타입은 작성하지 않는다. 함수명은 이름 명명 규칙과 동일하며, 파라메터 리스트도 타입을 지정하지 않고 변수 이름만 작성한다. 위 코드의 8번 줄을 보면 function 키워드 다음에 함수명 add를 작성한 뒤 괄호 안에 파라메터 리스트를 작성했는데, 타입 없이 변수명만 2개 작성하였다. 9번 줄은 함수 구현 내용으로 해당 함수는 파라메터 x와 y를 더한 결과를 반환한다. return 명령어는 명령어 다음에 값을 지정하면 그 값을 반환하고 함수를 종료하라는 의미이고, return;과 같이 값을 지정하지 않고 세미콜론을 작성했으면 값 반환 없이 함수를 종료하라는 의미이다. 함수는 꼭 return문을 작성해야 종료하는 것은 아니고 함수에 더 이상 실행할 문장이 없으면 자동으로 종료된다. 코드 18번 줄은 함수 add( )를 호출한다. 이때, 파라메터 값 2개를 괄호 안에 넣어 호출해야 한다. 함수를 호출하면 함수로 분기하여 실행하고, 그 결과를 반환한다. 그 반환된 값을 18번 줄에서 변수 result에 저장한다. 19번 줄은 결과 result를 화면에 출력한다.

4-7 . html

```
1     <!DOCTYPE html>
2     <html>
3     <head>
4         <meta charset="euc-kr">
5         <title>title</title>
6         <script>
7           function add(x, y){
8             return x + y;
9           }
10
11          function sub(x, y){
12            return x - y;
13          }
14
15          function mul(x, y){
16            return x * y;
17          }
18
19          function div(x, y){
```

```
20        return x / y;
21      }
22    </script>
23  </head>
24
25  <body>
26
27    <script>
28      var a = prompt("정수를 입력하시오", "0");
29      var b = prompt("정수를 입력하시오", "0");
30      var c = prompt("연산자를 입력하시오", "+");
31
32      var a_int = parseInt(a);
33      var b_int = parseInt(b);
34      var result = 0
35      switch(c){
36      case "+":
37        result = add(a_int, b_int);
38        break;
39      case "-":
40        result = sub(a_int, b_int);
41        break;
42      case "*":
43        result = mul(a_int, b_int);
44        break;
45      case "/":
46        result = div(a_int, b_int);
47        break;
48      }
49      document.write("result = " + result);
50    </script>
51
52  </body>
53
54  </html>
```

● 소스 분석 ●

줄 번호	설명
7 ~ 21	함수 add( ), sub( ), mul( ), div( )를 정의한다.

28 ~ 30	prompt( )를 이용해서 계산에 필요한 두 정수와 연산자를 입력 받아 변수 a, b, c에 저장한다.
32 ~ 33	prompt( )로 입력 받은 값은 문자열 타입이므로 계산에 사용할 값인 a, b는 정수형으로 변환해야 한다. parseInt( ) 함수는 파라메터로 "123" 처럼 문자열로 된 숫자값을 넣어 주면 정수 값인 123으로 변환해 준다.
35 ~ 48	연산자에 따라 함수를 호출한다. 입력한 연산자가 "+"이면 add( ), "-"이면 sub( ), "*"이면 mul( ), "/"이면 div( )를 호출한다. 함수를 호출하여 계산 결과를 변수 result에 저장한다.
49	계산 결과 result를 화면에 출력한다.

실행 결과

〈프롬프트가 세 번 실행되므로 두 숫자와 연산자를 입력한다〉

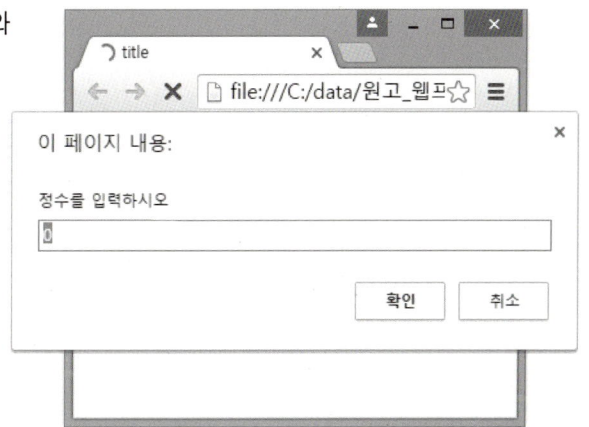

〈계산 결과 출력 화면〉

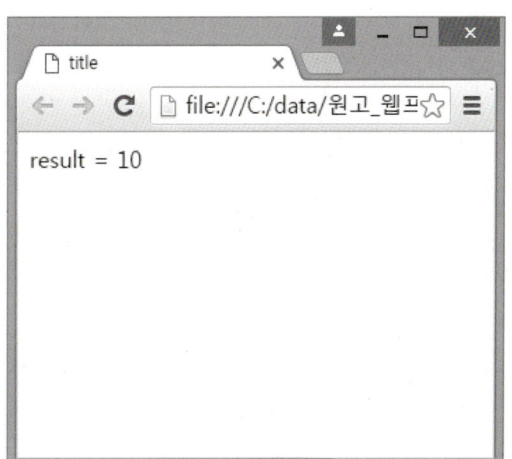

변수는 선언 위치에 따라 전역 변수와 지역 변수로 나뉜다. 지역 변수는 함수 안에서 선언한 변수를 의미하는데 함수 파라메터도 이에 속한다. 지역 변수는 선언한 함수 안에서만 사용할 수 있고, 함수가 종료한 뒤에는 사용할 수 없다. 전역 변수는 함수 밖에서 선언한 변수로 현재 파일 내에서는 어디에서나 사용이 가능하다. 만약, 전역 변수와 동일한 이름의 변수를 지역 변수로 선언한다면 변수를 선언한 함수 안에서는 지역 변수가 사용되고 밖에서는 전역 변수가 사용된다.

4-8 . html

```
1   <!DOCTYPE html>
2   <html>
3   <head>
4       <meta charset="euc-kr">
5       <title>title</title>
6
7       <script>
8         var a = 10;
9         function varTest(){
10          var a = 5;
11          b = 20;
12          alert("a = " + a);
13          alert("b = " + b);
14        }
15      </script>
16
17  </head>
18
19  <body>
20
21      <script>
22        varTest();
23        document.write("a = " + a + "<br>");
24        document.write("b = " + b);
25      </script>
26
27  </body>
28
29  </html>
```

● 소스 분석 ●

줄 번호	설명
8	전역 변수 a를 선언하고, 10으로 초기화한다.
10	함수 안에서 지역 변수 a를 선언하고, 5로 초기화한다.
11	변수 b에 20을 할당하는데, 코드 어디에도 변수 b의 선언문이 없다. 자바스크립트는 변수를 선언하지 않고 사용하는 것도 가능한데, 이렇게 선언하지 않고 초기화하면 전역 변수가 된다.
12	변수 a를 알러트 창에 출력하는데 이때, a는 지역 변수 이므로 5가 출력된다.
13	변수 b를 알러트 창에 출력하는데, b는 선언하지 않았지만 에러 없이 20이 정상적으로 출력된다.
22	함수 varTest( )를 호출한다.
23	변수 a를 출력하는데, 함수 밖이므로 전역 변수 a의 값이 출력된다.
24	전역 변수 b의 값을 출력한다.

실행 결과

〈varTest( ) 함수의 지역 변수 a 출력〉

〈전역 변수 b 출력〉

⟨전역 변수 a, b 출력⟩

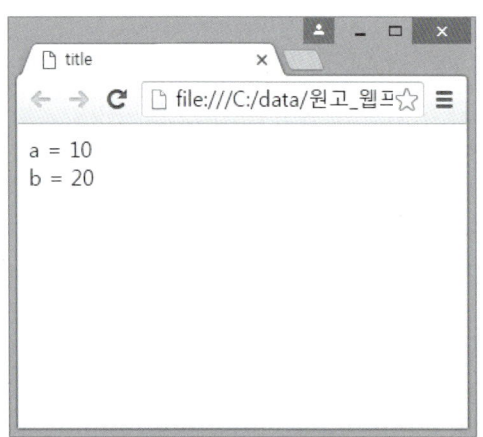

6 ▶ 이벤트 처리

이벤트란 HTML 요소에 발생한 사건을 말하는 것으로 예를 들어 버튼에 발생하는 클릭이나 특정 영역에 마우스를 올리거나 그 영역에서 마우스 위치가 빠지는 것 등을 이벤트라고 한다. 이벤트 처리는 특정 이벤트가 발생했을 때 실행하고 싶은 코드를 등록하여 이벤트 발생이 감지될 때마다 등록된 코드가 실행되도록 하는 것을 말한다.

⟨input type="button" value="click" onclick="alert('click event')"⟩

위 버튼에는 속성 onclick이 사용되었는데 이것은 클릭 이벤트를 의미한다. 이벤트가 발생하면 실행될 코드를 해당 속성에 설정한다. 이 코드에서는 알러트 함수를 호출하는 코드를 등록하였으므로 버튼을 클릭할 때마다 알러트 창을 띄워 'click event'라는 메시지를 출력한다.

⟨이벤트의 종류 – 일부⟩

이벤트	설명
onclick	HTML 요소를 클릭했을 때 발생
onchange	입력 양식의 데이터가 변경되었을 때 발생
onkeydown	키보드를 누를 때 발생
onload	페이지 로드가 완료되었을 때 발생
onmouseover	HTML 요소의 범위에서 마우스가 올라갔을 때 발생
onmousedown	HTML 요소의 범위에서 마우스가 나갔을 때 발생

앞 표의 이벤트는 자주 사용되는 이벤트만 추린 것으로 전체 이벤트는 훨씬 많다.

4-9 . html

```
1   <!DOCTYPE html>
2   <html>
3       <head>
4           <meta charset="euc-kr">
5           <title>title</title>
6
7           <script>
8               function clickTest(v){
9                   alert(v);
10              }
11          </script>
12
13      </head>
14
15      <body>
16
17          <form>
18          <input type="button" value="1" style="width:100px;height:50px"
19                              onClick="clickTest(this.value)">
20          <input type="button" value="2" style="width:100px;height:50px"
21                              onClick="clickTest(this.value)">
22          <input type="button" value="3" style="width:100px;height:50px"
23                              onClick="clickTest(this.value)">
24          </form>
25
26      </body>
27
28  </html>
```

● 소스 분석 ●

줄 번호	설명
8 ~ 10	함수를 정의한다. 파라메터로 받은 값을 알러트 창으로 출력한다.
18 ~ 19	버튼을 정의한다. 클릭 이벤트로 clickTest( ) 함수를 등록했으므로 이 버튼을 클릭할 때마다 호출되며, 함수의 파라메터로 this.value를 전달한다. this는 현재 객체를 의미하므로 현재 버튼(1번)을 의미하고, value는 버튼의 value 값을 의미하므로 결국 함수의 파라메터로 "1"이 전달된다. 나머지 두 버튼도 동일하다.

실행 결과

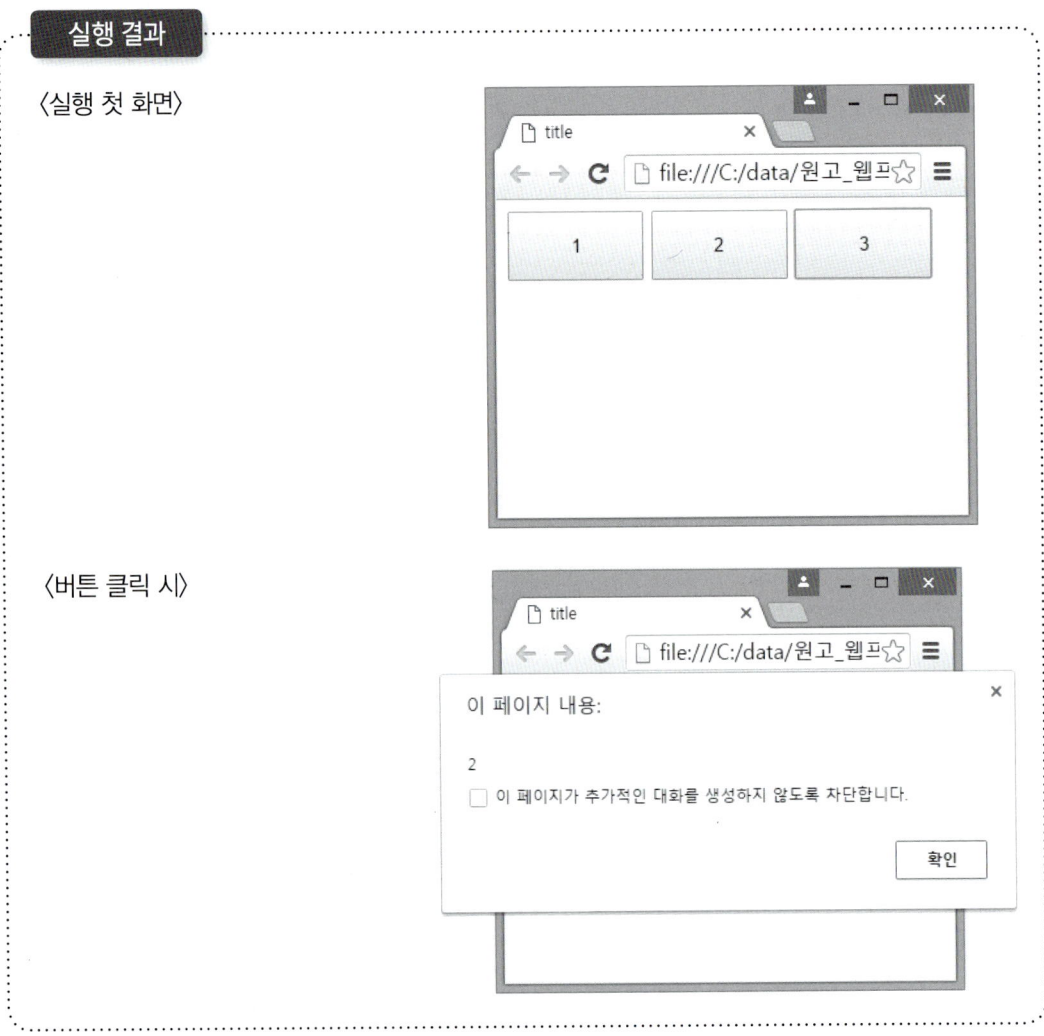

〈실행 첫 화면〉

〈버튼 클릭 시〉

onmouseover와 onmouseout 이벤트 예제를 살펴보자.

4-10.html

```
1   <!DOCTYPE html>
2   <html>
3       <head>
4           <meta charset="euc-kr">
5           <title>title</title>
6
7           <script>
8
9               function a(){
10                  var myDiv = document.getElementById("div1");
11                  myDiv.innerHTML = "마우스가 div 영역으로 들어왔습니다.";
```

```
12                              }
13
14                          function b(){
15                              var myDiv = document.getElementById("div1");
16                              myDiv.innerHTML = "마우스가 div 영역에서 나갔습니다.";
17                          }
18
19                      </script>
20
21              </head>
22
23              <body>
24
25              <div style="width:150px;height:100px;border:1px solid black"
26                              onmouseover="a()" onmouseout="b()">
27              마우스를 움직여 보세요
28              <div>
29              <div id="div1" style="position:relative;top:110px"></div>
30
31              </body>
32
33      </html>
```

● 소스 분석 ●

줄 번호	설명
9 ~ 12	함수 a( )는 id가 "div1"인 HTML 요소를 객체로 받아와 그 객체의 몸체 값으로 "마우스가 div 영역으로 들어왔습니다."를 출력한다.
14 ~ 17	함수 b( )는 id가 "div1"인 HTML 요소를 객체로 받아와 그 객체의 몸체 값으로 "마우스가 div 영역에서 나갔습니다."를 출력한다.
25 ~ 26	<div>를 150*100 크기로 정의하고, onmouseover와 onmouseout 이벤트를 처리한다. 이 영역에 마우스가 올라오면 함수 a( )가 호출되고 마우스가 나가면 b( )가 호출된다.
29	이벤트 처리 메시지가 출력될 <div> 영역을 정의한다.

실행 결과

〈실행 첫 화면〉

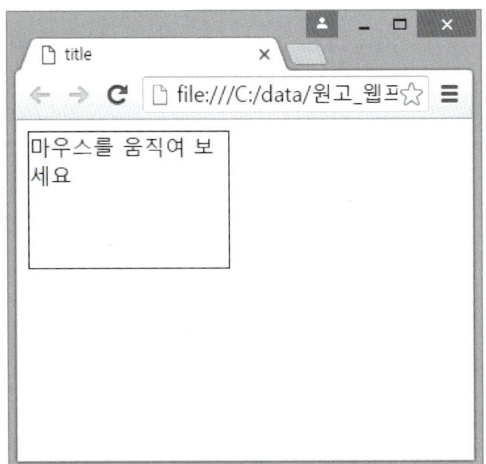

〈마우스가 박스 안에 올라갔을 때〉

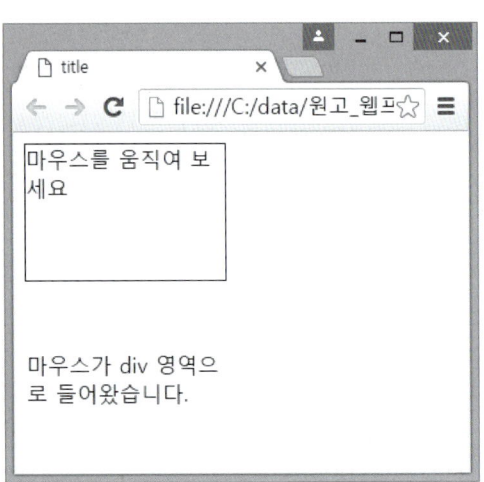

7 ▶ 폼 제어

폼 입력 양식은 사용자의 입력을 받아 서버로 전송하는 일을 담당하므로 폼 양식을 다루는 것은 매우 중요하다. 회원가입 폼에서 필수 항목을 모두 채우지 않으면 회원 가입이 안 되거나 입력 값이 적합하지 않으면 취소가 되도록 하는 기능은 자바스크립트로 구현할 수 있다. 이렇게 폼 양식을 제어하려면 먼저 폼 양식과 관련된 객체들의 계층 구조를 이해해야 한다.

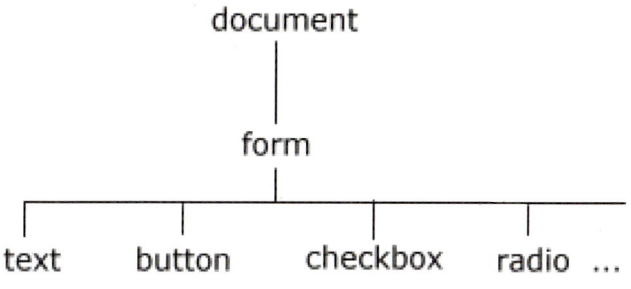

◆ 자바스크립트 폼 관련 객체들의 계층 구조

위 그림은 자바스크립트 폼(form)과 관련된 객체들의 계층 구조를 나타낸다. form은 document의 하위 객체이고 text, button 등의 입력 양식은 form의 하위 객체이다. 만약, name 속성이 "f"인 form 안에 name이 "txt"인 text의 값에 접근하려면 document.f.txt.value로 표현해야 한다.

4-11 . html

```
1   <!DOCTYPE html>
2   <html>
3       <head>
4           <meta charset="euc-kr">
5           <title>title</title>
6
7           <script>
8
9               function a(){
10                  document.f.t2.value = document.f.t1.value;
11                  document.f.t1.value = "";
12              }
13
14          </script>
15
16      </head>
17
18      <body>
19
20          <form name="f">
21              <input type="text" name="t1" value="str1">
22              <input type="button" value="이동" onclick="a()">
```

```
23                    <input type="text" name="t2">
24         </form>
25
26         </body>
27
28   </html>
```

● 소스 분석 ●

줄 번호	설명
10	document.f.t2.value는 이름이 f인 폼 안에 정의한 텍스트 박스(이름이 t2)의 값을 의미하고, document.f.t1.value는 이름이 f인 폼 안에 정의한 텍스트 박스(이름이 t1)의 값을 의미한다. 즉, t1 텍스트 박스의 value 값을 t2 텍스트 박스의 value에 저장한다.
11	t1의 값을 ""로 초기화한다.
20	폼의 이름을 "f"로 정의한다.
21	이름이 "t1"인 텍스트 박스를 정의하고, 기본값으로 "str1"을 할당한다.
22	버튼을 정의하는데, 클릭 이벤트 발생시 함수 a( )를 호출한다.
23	이름이 "t2"인 텍스트 박스를 정의한다.

실행 결과

첫 실행 화면에서 첫 번째 텍스트 박스에 텍스트를 입력하고, [이동] 버튼을 클릭한다.

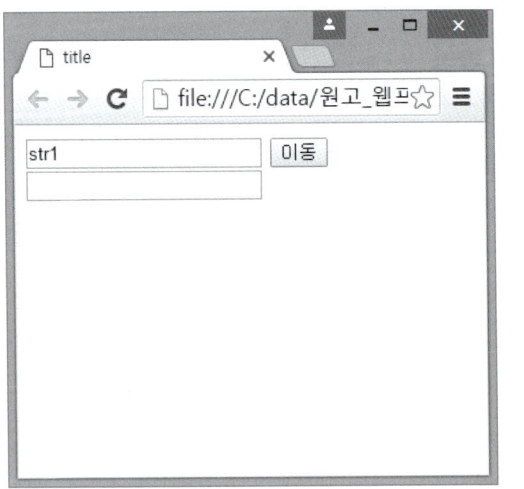

첫 번째 텍스트 박스의 내용이 두 번째 텍스트 박스로 복사된다.

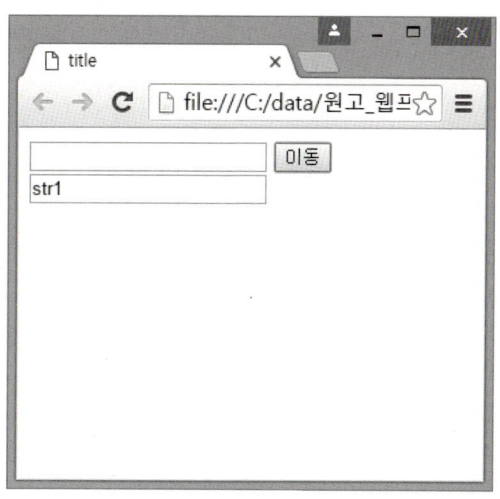

회원가입 폼을 활용한 예제를 살펴보자.

4-12 . html

```
1   <!DOCTYPE html>
2   <html>
3       <head>
4           <meta charset="euc-kr">
5           <title>title</title>
6           <script>
7   
8               function a(){
9                   if(document.f.id.value==""){
10                      alert("id는 필수");
11                      return false;
12                  }
13                  if(document.f.pwd.value==""){
14                      alert("pwd는 필수");
15                      return false;
16                  }
17                  b();
18                  return true;
19              }
20   
21              function b(){
22                  var str = "회원가입 성공\n";
```

```
23                    str += "id:"+document.f.id.value+"\n";
24                    str += "pwd:"+document.f.pwd.value+"\n";
25                    str += "gender:"+document.f.gender.value+"\n";
26                    var i;
27                    str += "좋아하는 운동\n";
28                    for(i=0; i<document.f.fav.length; i++){
29                        if(document.f.fav[i].checked){
30                            str += document.f.fav[i].value+"\n";
31                        }
32                    }
33                    var j = document.f.fruit.options.selectedIndex;
34                    var k = document.f.fruit.options[j].value;
35                    str += "좋아하는 과일:"+k+"\n";
36                    alert(str);
37
38                }
39
40        </script>
41    </head>
42
43    <body>
44
45            <form name="f" action="" onsubmit="return a()">
46                id : <input type="text" name="id"><br>
47                pwd : <input type="password" name="pwd"><br>
48                gender : <input type="radio" name="gender" value="f">여
49                <input type="radio" name="gender" value="m">남 <br>
50                좋아하는 운동 : <input type="checkbox" name="fav" value="1">농구
51                <input type="checkbox" name="fav" value="2">배구
52                <input type="checkbox" name="fav" value="3">축구
53                <input type="checkbox" name="fav" value="4">야구<br>
54                좋아하는 과일 : <select name="fruit">
55                <option value="apple">사과</option>
56                <option value="banana">바나나</option>
57                <option value="orange">오렌지</option>
58                </select>
59                <input type="submit" value="가입">
60            </form>
61
62    </body>
```

```
63
64    </html>
65
```

● 소스 분석 ●

줄 번호	설명
8 ~ 19	전송 버튼을 클릭하면 호출되는 함수 a()를 정의한다. 필수 항목인 id나 pwd를 입력하지 않으면 전송이 안 되도록 하고 있다.
9 ~ 12	id 입력 박스의 value가 ""이면 필수 항목이라고 메시지를 출력하고 false를 반환한다.
13 ~ 16	pwd 입력 박스의 value가 ""이면 필수 항목이라고 메시지를 출력하고 false를 반환한다.
17	필수 항목이 모두 입력되었으면 함수 b()를 호출한다.
23	이름이 "id"인 요소의 value 즉 사용자가 입력한 id 값을 변수 str에 연결한다.
24	이름이 "pwd"인 요소의 value 즉 사용자가 입력한 pwd 값을 변수 str에 연결한다.
25	이름이 "gender"인 요소의 value 즉 사용자가 라디오 버튼에서 선택한 성별 값을 변수 str에 연결한다. 이때 화면에는 여, 남으로 출력되지만 실제 서버로 전달되는 값은 f나 m이다.
28 ~ 32	체크 박스는 여러 개 선택이 가능하므로 체크된 항목을 처음부터 끝까지 확인해야 한다. 체크 박스는 checked라는 속성이 있어서 체크된 항목은 속성이 true, 체크되지 않은 항목은 false 값을 갖는다. 그리고 자바스크립트는 동일한 이름의 요소가 여러 개 이면 이를 배열로 처리한다. 그래서 "fav"라는 이름의 체크 박스가 여러 개이므로 이 이름의 배열로 저장되었고, 이를 하나씩 체크 상태를 확인하여 체크된 항목의 값만 str에 연결한다.
33	select 박스는 여러 개의 항목을 갖는데, 이 항목들이 저장되는 배열이 options이다. 그래서 document.f.fruit.options.selectedIndex 이 코드는 항목 중 선택한 항목의 배열에서 위치 값을 의미한다.
34	j가 선택한 항목의 위치를 나타내므로 options 배열에서 선택한 항목의 value 값을 k에 저장한다.
35	select 박스 선택 항목의 값을 변수 str에 연결한다.
36	사용자가 입력한 데이터가 모두 str에 저장되었으므로 이를 alert 창에 출력한다.
45 ~ 60	폼 양식을 정의한다. 45번 줄 폼 태그에 이벤트 onsubmit이 처리되었는데 해당 이벤트는 전송 버튼을 클릭하면 발생한다. 이벤트 처리 코드가

| 45 ~ 60 | `return a( )` |

인데 이는 a( ) 함수의 반환 값을 다시 반환하는 것으로 `return true`이면 입력 양식의 데이터가 서버로 전송되고, `return false`이면 전송이 취소된다.

실행 결과

〈입력 폼〉

〈회원가입이 성공했을 때〉

〈id나 pwd를 입력하지 않았을 때〉

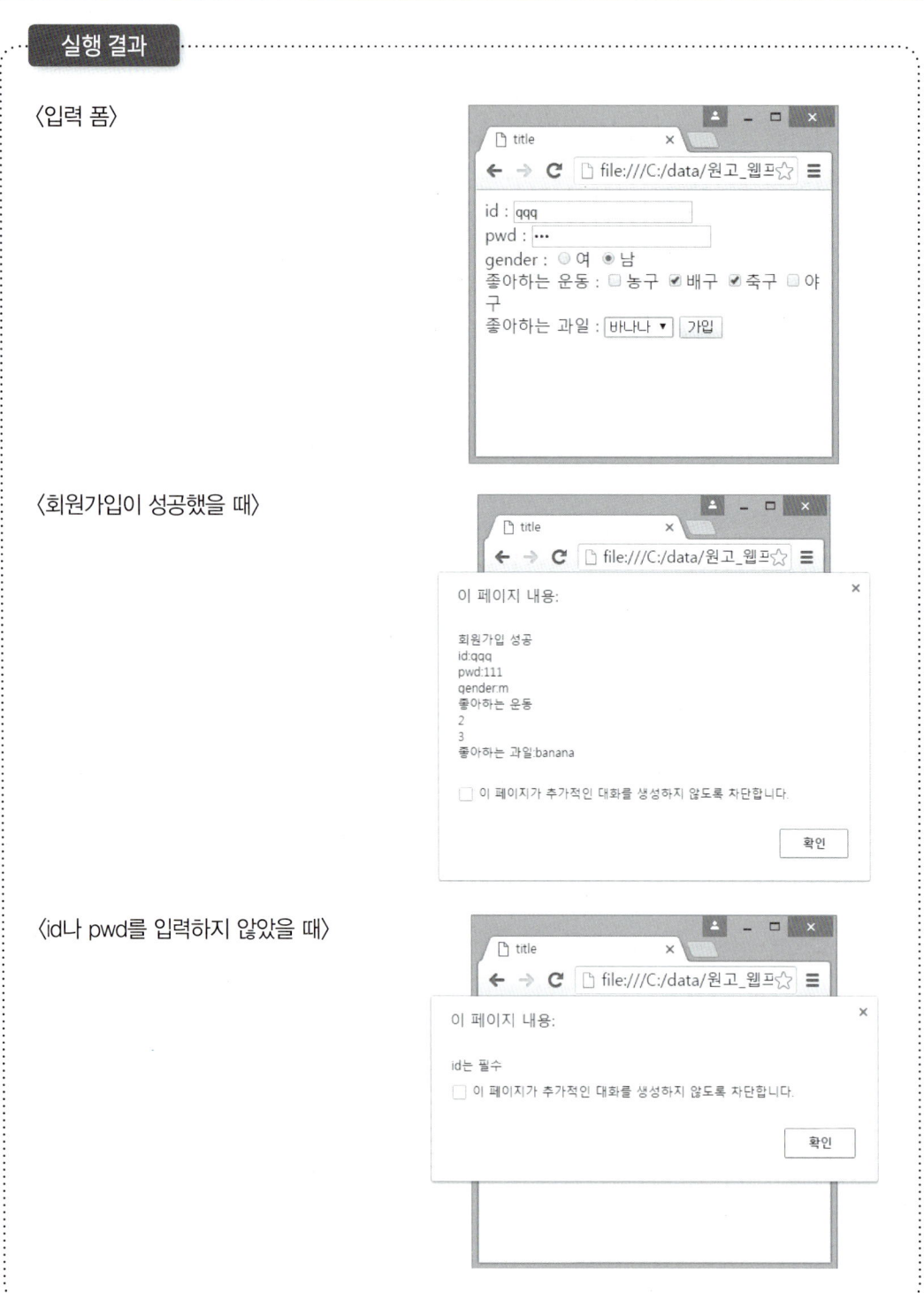

제 05 장

웹 서버 개발 환경 구축과 자바 웹 어플리케이션의 구조

제 05 장
웹 서버 개발 환경 구축과 자바 웹 어플리케이션의 구조

지금까지 살펴본 내용들은 클라이언트 단(Client Side) 개발에 관한 내용이었다. 클라이언트 단은 클라이언트에 뷰를 보여주는 일을 담당하기 때문에 웹 화면에 어떤 모양으로 어느 위치에 보여주고 사용자가 이벤트를 발생시키면 어떤 동작을 실행할지를 구현한다. 서버 단은 클라이언트의 요청 처리를 담당한다. 예를 들어 회원가입 기능을 생각해 보자. 회원가입을 하려면 첫 단계에서 회원가입 페이지를 실행한다. 이 페이지는 클라이언트 단으로 앞서 실습한 폼 양식으로 구현한다. 사용자가 자신의 정보를 입력하고 난 후 가입(전송) 버튼을 클릭하면 폼 양식의 데이터는 폼 태그의 action 속성이 지정한 서버 페이지로 전달된다. 이 서버 페이지부터 서버 단이 된다. 서버 페이지는 전달받은 회원정보를 데이터베이스에 저장한 뒤 클라이언트에 응답으로 회원가입이 잘 처리되었다고 뷰 페이지를 보내준다. 이처럼 사용자에게 입력을 받거나 결과를 보여주기 위한 페이지들을 뷰 단 또는 클라이언트 단이라고 하고 사용자의 요청을 처리하고 데이터베이스와 연동하는 작업들을 모두 서버 단이라고 한다.

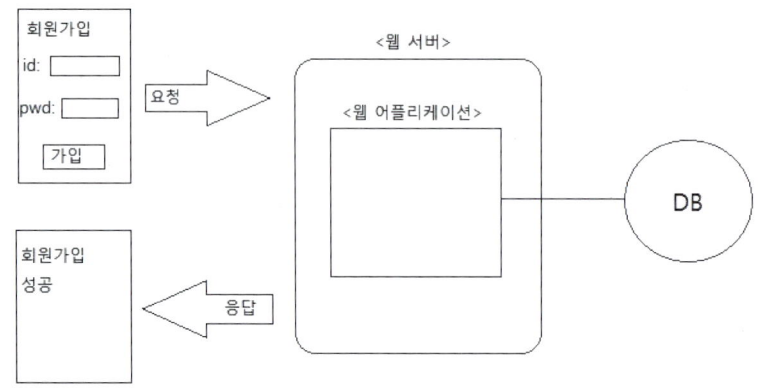

◆ 웹 서비스의 요청과 응답

위 그림의 왼쪽이 뷰 단이고 웹 서버를 포함한 오른쪽이 서버 단이다. 웹 서버에는 서버 페이지를 처리할 수 있는 웹 컨테이너가 설치되어야 한다. 또한, 웹 프로그램에서 영구히 저장해야 하는 데이터는 데이터베이스에 저장해야 하므로 데이터베이스 시스템도 설치해야 한다. 이번 장에서는 서버 단 개발을 위한 개발 환경을 구축하고, 자바 웹 어플리케이션에 대해서 살펴보도록 하겠다.

1 ▸ 자바 개발 환경 JDK 설치

자바 웹 프로그래밍은 자바를 기반하므로 자바의 개발 툴킷인 JDK를 설치해야 한다. 자바를 공부하여 이미 JDK가 설치된 상태라면 이 단계를 건너 뛰어도 된다.

❶ 오라클 사이트(http://oracle.com)의 [다운로드] 메뉴에서 JAVA SE를 선택한다. Java SE 다운로드 목록에서 다음의 버튼은 가장 최신 버전을 다운 받는 것이므로 해당 버튼을 클릭한다.

❷ 라이센스에 동의하고 아래의 목록 중 사용중인 컴퓨터 OS(운영 체제)에 맞는 것을 다운로드하여 원하는 위치에 저장한다.

Java SE Development Kit 8u73

You must accept the Oracle Binary Code License Agreement for Java SE to download this software.
Thank you for accepting the Oracle Binary Code License Agreement for Java SE; you may now download this software.

Product / File Description	File Size	Download
Linux ARM v6/v7 Hard Float ABI	77.73 MB	jdk-8u73-linux-arm32-vfp-hflt.tar.gz
Linux ARM v6/v7 Hard Float ABI	74.68 MB	jdk-8u73-linux-arm64-vfp-hflt.tar.gz
Linux x86	154.75 MB	jdk-8u73-linux-i586.rpm
Linux x86	174.91 MB	jdk-8u73-linux-i586.tar.gz
Linux x64	152.73 MB	jdk-8u73-linux-x64.rpm
Linux x64	172.91 MB	jdk-8u73-linux-x64.tar.gz
Mac OS X x64	227.25 MB	jdk-8u73-macosx-x64.dmg
Solaris SPARC 64-bit (SVR4 package)	139.7 MB	jdk-8u73-solaris-sparcv9.tar.Z
Solaris SPARC 64-bit	99.08 MB	jdk-8u73-solaris-sparcv9.tar.gz
Solaris x64 (SVR4 package)	140.36 MB	jdk-8u73-solaris-x64.tar.Z
Solaris x64	96.78 MB	jdk-8u73-solaris-x64.tar.gz
Windows x86	181.5 MB	jdk-8u73-windows-i586.exe
Windows x64	186.84 MB	jdk-8u73-windows-x64.exe

❸ 저장한 설치 파일을 더블 클릭하여 설치를 시작한다. 다음의 화면에서 [Next] 버튼을 클릭한다.

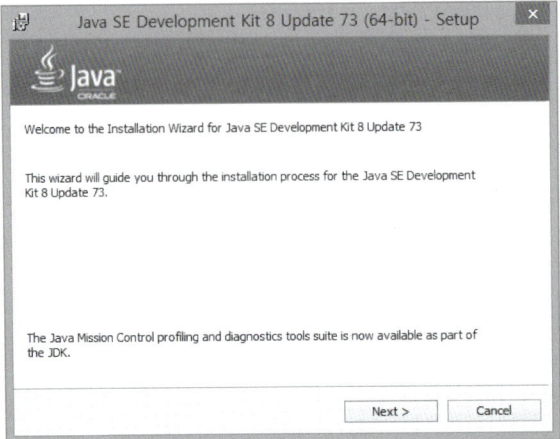

❹ 다음 화면에서 [Next] 버튼을 클릭한다.

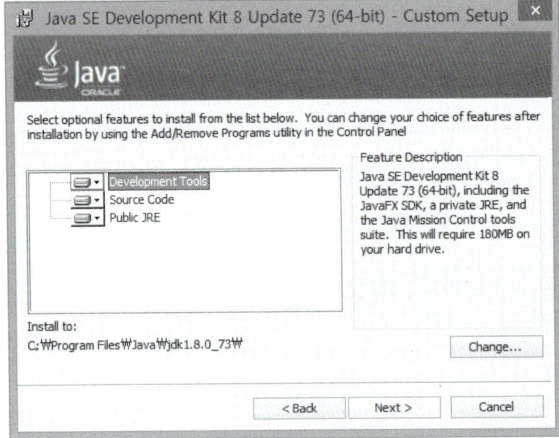

❺ 계속해서 [다음] 버튼을 클릭한다.

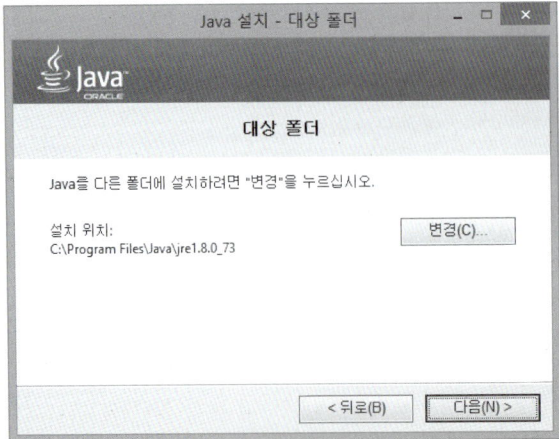

❻ 설치가 완료되면 [Close] 버튼을 클릭한다.

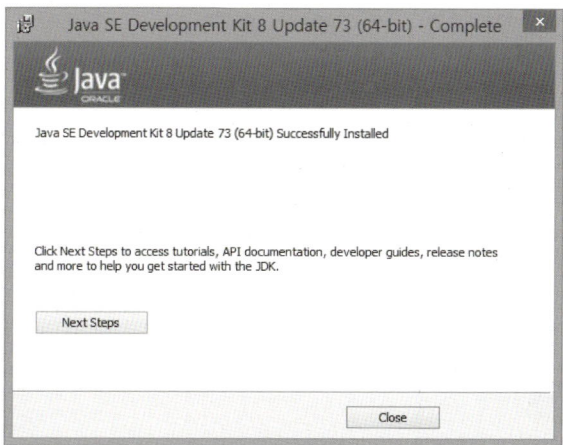

❼ 설치한 JDK의 패스를 환경 변수에 등록한다. [제어판]-[시스템]-[고급 시스템 설정]에서 [고급] 탭에 있는 [환경 변수] 버튼을 클릭한다.

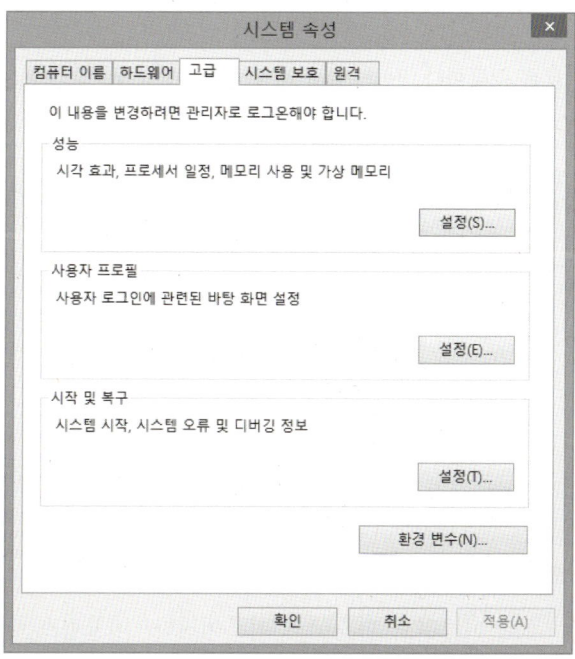

❽ 다음의 그림처럼 시스템 변수 Path를 선택하고, [편집] 버튼을 클릭한다.

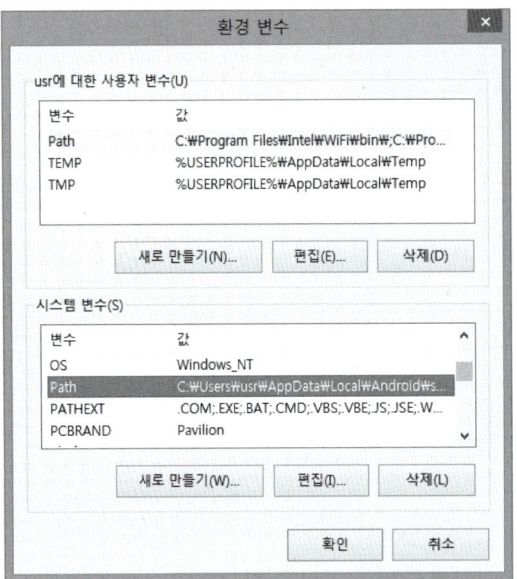

❾ 편집 창에 설치한 JDK의 bin 폴더 경로를 등록한다. 만약, 설치 시 경로를 변경하지 않고 기본 경로로 설치했다면 다음의 경로와 동일할 것이다.

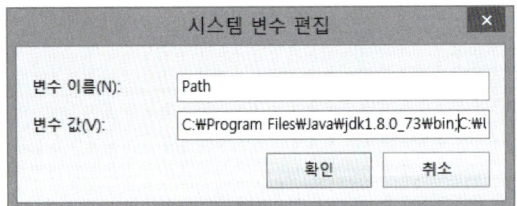

2 ▶ 소스 개발 툴 이클립스(Eclipse) 설치

자바 기반의 웹 어플리케이션 개발은 주로 이클립스 환경에서 이루어진다. 이클립스는 http://eclipse.org에서 다운로드할 수 있다. 다운로드 목록 중 Java EE용을 다운로드 한다.

이클립스를 다운로드하여 원하는 위치에 저장한 뒤 압축을 푼다. 이클립스는 압축 해제만 완료하면 설치가 종료된다.

3 ▶ 데이터베이스 시스템 오라클(Oracle) 설치

프로그램에서 데이터를 영구적으로 저장해야 한다면 데이터베이스 시스템이 필요하다. 데이터베이스 시스템이 웹 어플리케이션을 실행하는데 직접적인 관련은 없지만 회원가입이나 로그인 등의 기능을 제공하려면 데이터를 영구히 저장해야 하므로 데이터베이스 시스템이 꼭 필요하다. 데이터베이스 시스템의 종류는 많지만 이 책에서는 오라클을 사용하겠다. 오라클은 http://oracle.com에서 다운로드할 수 있다.

❶ 다운로드 목록에서 Oracle Database 11g Express Edition을 선택한다.

Database
Oracle Database
Oracle Database 11g Express Edition
MySQL
Oracle Berkeley DB
Oracle Instant Client
Oracle Application Express
See All...

❷ 라이센스에 동의하고 현재 OS에 적합한 것을 선택한 후 다운로드하여 원하는 위치에 저장한다. 다운 받은 파일은 압축 파일이므로 압축을 풀고 DISK1폴더 안의 setup.exe를 더블 클릭하여 실행한다.

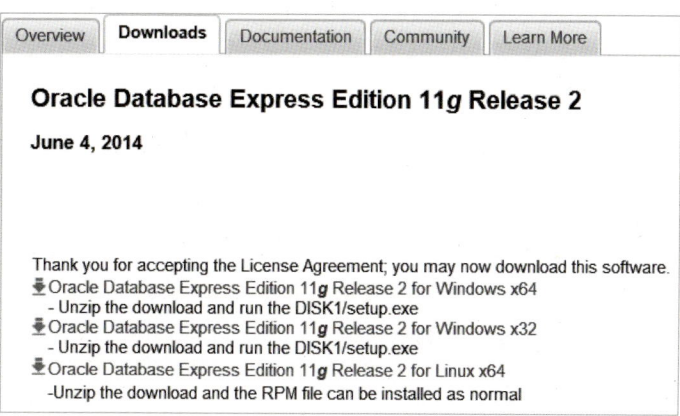

❸ [Next] 버튼을 클릭한다.

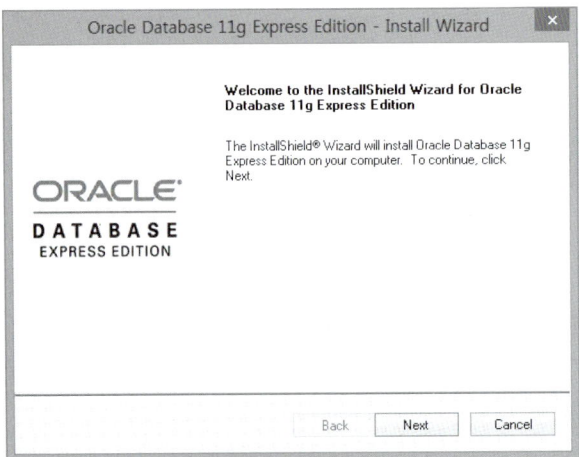

❹ 계속해서 라이센스에 동의하고 [Next] 버튼을 클릭한다.

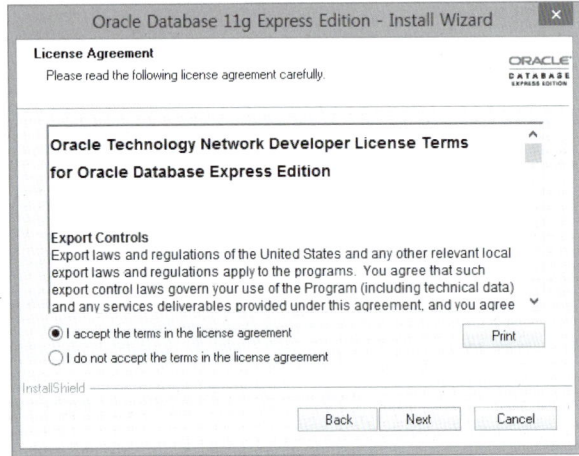

❺ 설치 경로를 설정하고 [Next] 버튼을 클릭한다(책에서처럼 기본 경로로 설치해도 무방).

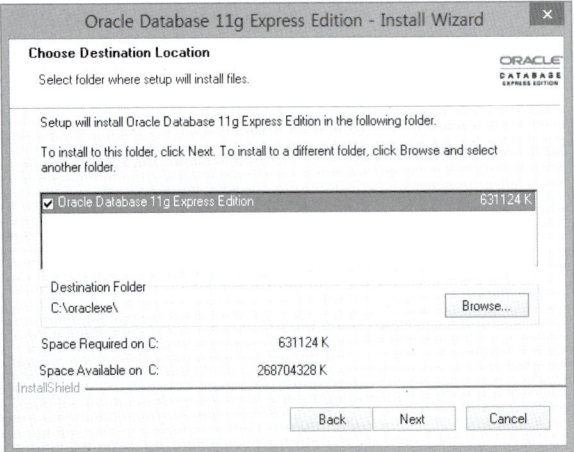

❻ 데이터베이스 시스템 관리자 계정인 SYS와 SYSTEM의 패스워드를 입력하고, [Next] 버튼을 클릭한다.

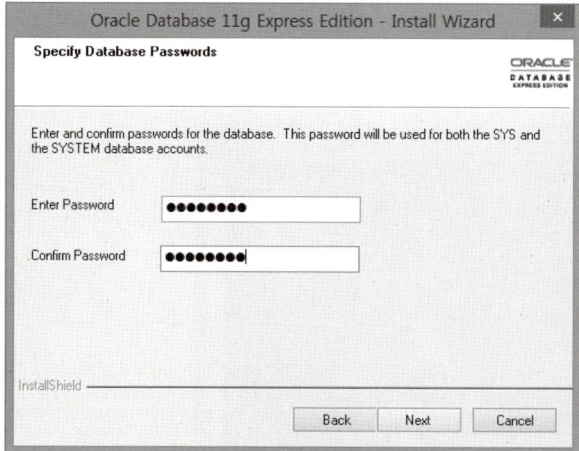

❼ [Install] 버튼을 클릭하여 설치를 진행한다.

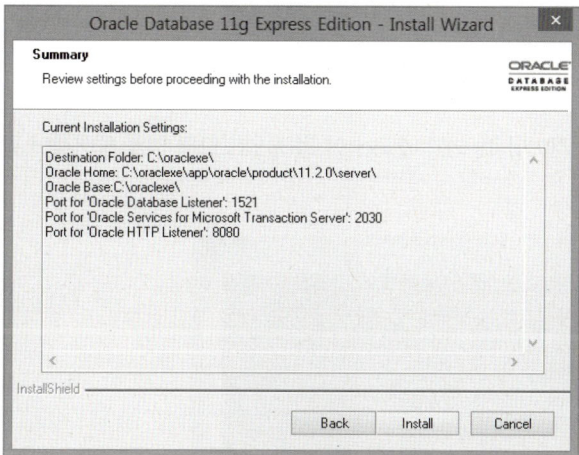

❽ [Finish] 버튼을 클릭하여 설치를 완료한다.

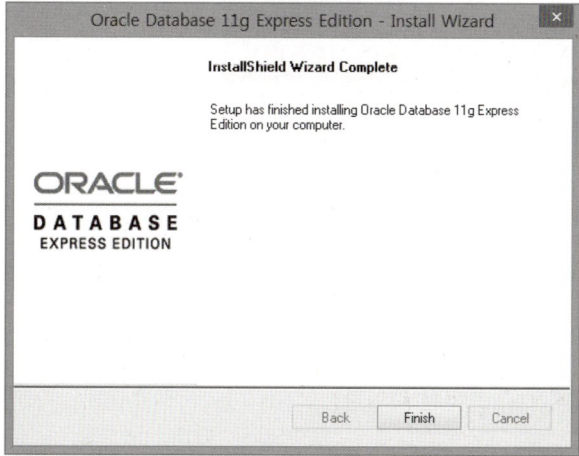

❾ 설치한 오라클이 정상으로 동작하는지 확인해 보자. 윈도우의 [시작] 메뉴에서 oracle의 Run SQL Command Line 프로그램을 실행한다. 이 프로그램은 SQL을 실행할 수 있는 콘솔 프로그램이다. 오라클은 학습용으로 hr 계정을 제공하므로 이 계정으로 로그인 해 보자.

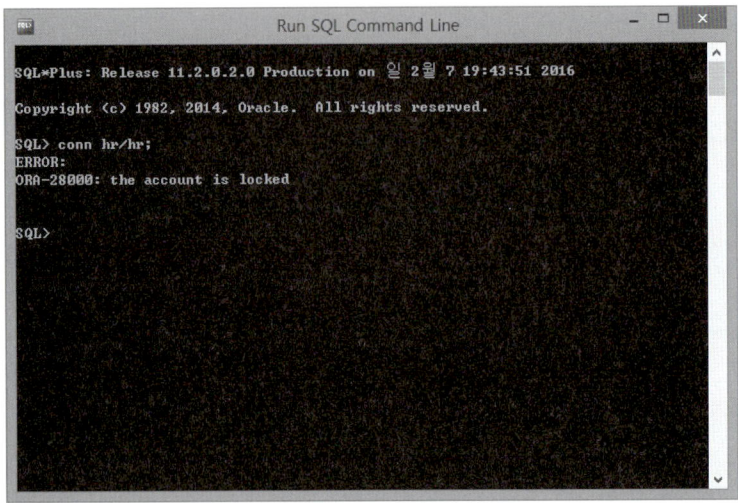

❿ 위 로그인 명령은 잘 실행되지 않을 것이다. hr 계정에 lock이 걸려 있으므로 이를 풀어줘야 한다. 다음 lock을 풀어주는 명령을 실행한다.

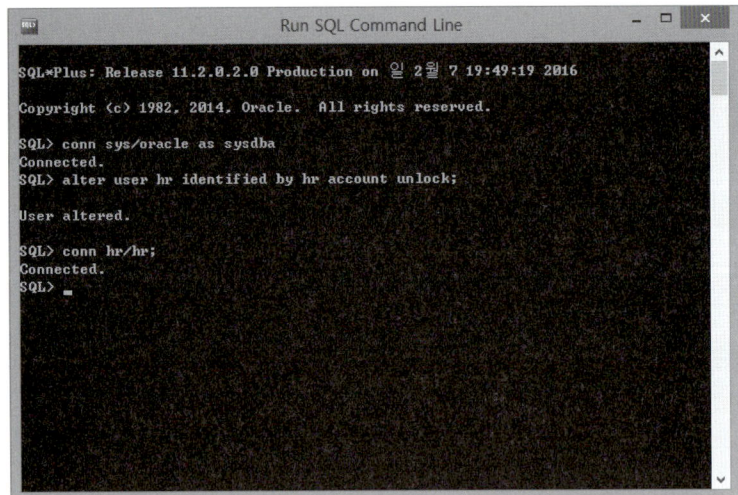

위 명령을 실행한 후

  select * from employees;

를 실행하여 검색 결과가 나오면 정상적으로 설치된 것이다.

4 ▶ 웹 컨테이너 톰캣(Tomcat) 설치

HTML, CSS, JAVASCRIPT 파일은 별다른 처리 없이 클라이언트 쪽 브라우저에서 실행될 수 있으나 서버 페이지인 JSP와 Servlet은 브라우저가 이해할 수 있는 형태로 변환되어야 한다. 서버 페이지를 컴파일하고 객체를 생성하여 실행하고, 객체의 라이프 사이클을 관리하는 일을 하는 소프트웨어를 웹 컨테이너라고 한다. 웹 컨테이너의 종류는 다양하지만 이 책에서는 톰캣을 사용하도록 하겠다. 톰캣 프로그램은 http://tomcat.apache.org 에서 다운받을 수 있다.

❶ 다운로드 목록에서 Tomcat 8.0을 선택한다.

```
Download
  Which version?
  Tomcat 9.0
  Tomcat 8.0
  Tomcat 7.0
  Tomcat 6.0
  Tomcat Connectors
  Tomcat Native
  Taglibs
  Archives
```

❷ Tomcat8.0 프로그램 유형 중에서 Core에 있는 Windows용을 선택하여 원하는 위치에 설치 파일을 저장한다.

```
Binary Distributions
  • Core:
      ○ zip (pgp, md5, sha1)
      ○ tar.gz (pgp, md5, sha1)
      ○ 32-bit Windows zip (pgp, md5, sha1)
      ○ 64-bit Windows zip (pgp, md5, sha1)
      ○ 32-bit/64-bit Windows Service Installer (pgp, md5, sha1)
  • Full documentation:
      ○ tar.gz (pgp, md5, sha1)
  • Deployer:
      ○ zip (pgp, md5, sha1)
      ○ tar.gz (pgp, md5, sha1)
  • Extras:
      ○ JMX Remote jar (pgp, md5, sha1)
      ○ Web services jar (pgp, md5, sha1)
      ○ JULI adapters jar (pgp, md5, sha1)
      ○ JULI log4j jar (pgp, md5, sha1)
  • Embedded:
      ○ tar.gz (pgp, md5, sha1)
      ○ zip (pgp, md5, sha1)
```

❸ 설치 파일을 더블 클릭하여 설치를 진행한다. 다음 화면이 뜨면 [Next] 버튼을 클릭한다.

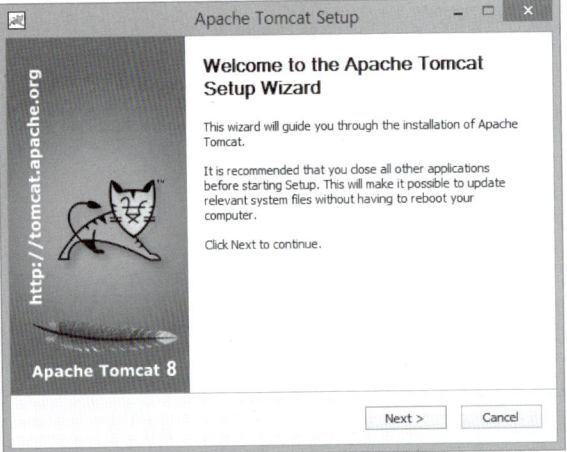

❹ 계속해서 라이센스에 [I Agree] 버튼을 클릭한다.

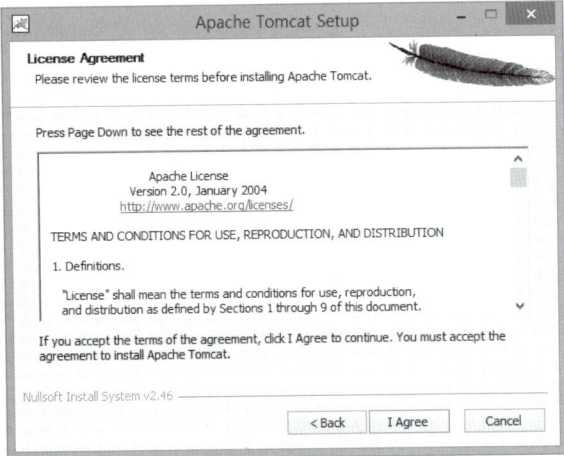

❺ 기본 설정으로 [Next] 버튼을 클릭한다.

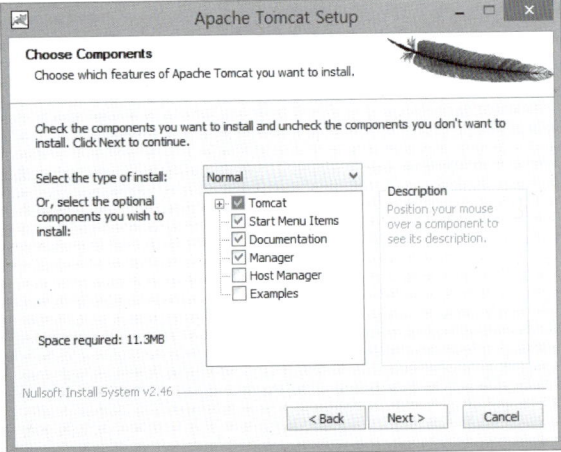

❻ 웹 컨테이너의 포트 설정으로 다른 것은 그대로 사용하고 두 번째 박스의 값만 8787로 변경한다. 원래 8080으로 설정되지만 이대로 설치한다면 오라클과 포트가 충돌되므로 8787로 변경한다.

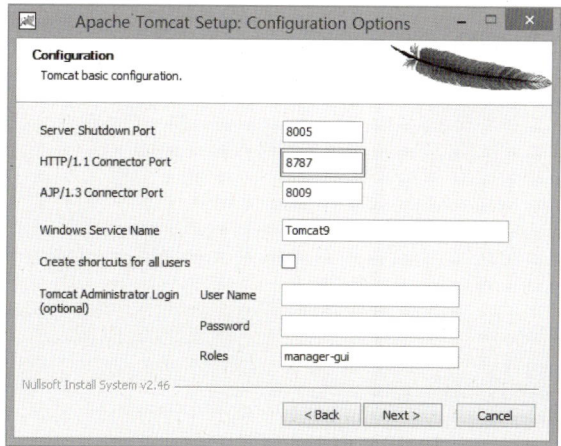

❼ jre의 위치를 설정하는 대화 상자로 기본 값 그대로 [Next] 버튼을 클릭한다.

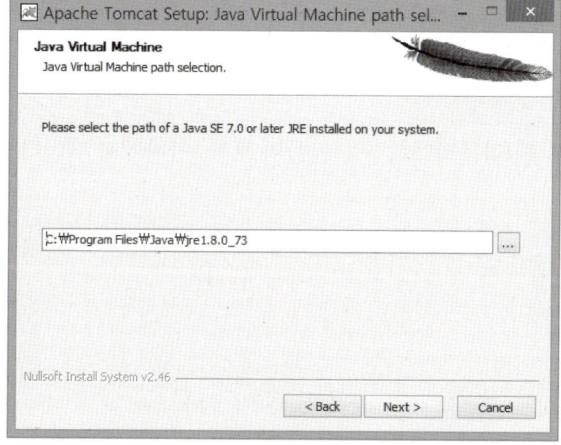

❽ 톰캣을 설치할 위치를 지정한다(기본 경로 그대로 하여도 무관). [Install] 버튼을 클릭하여 설치를 시작한다.

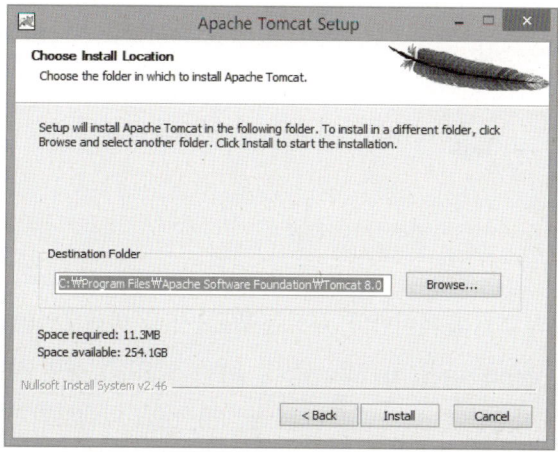

❾ 설치가 완료되면 [Finish] 버튼을 클릭한다.

5 ▶ 자바 웹 어플리케이션의 구조와 웹 프로젝트 생성

개발 환경을 모두 구축했으니 이제 간단한 웹 어플리케이션을 만들어 보자. 자바에서 제안하는 웹 어플리케이션의 구조는 다음과 같다.

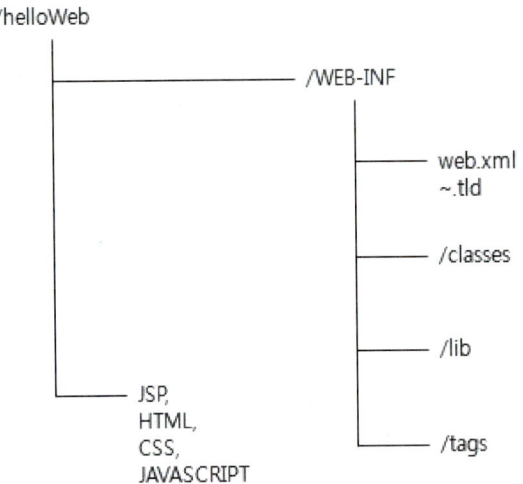

◆ 웹 어플리케이션의 구조

가장 위의 /helloWeb은 웹 어플리케이션의 루트를 의미한다. 루트는 WEB-INF 디렉토리와 뷰 페이지들로 구성되며, 뷰 페이지를 작성하는 언어로 JSP, HTML, CSS, JAVASCRIPT 등이 사용된다. WEB-INF 디렉토리 안에는 web.xml을 비롯한 설정 파일과 classes, lib, tags 디렉토리가 있다.

web.xml은 웹 컨테이너에 현재 어플리케이션에 대한 설정 내용을 알려주는 역할을 담당한다. classes 디렉토리는 자바 소스 파일의 컴파일 결과인 class 파일이 저장되는 곳이고, lib 디렉토리는 어플리케이션에 필요한 라이브러리 파일 즉, .jar 파일들이 저장되는 곳이다. tags 디렉토리는 태그 정의 파일들이 저장되는 곳이다.

그럼 이클립스에 웹 어플리케이션을 구현할 웹 프로젝트 하나를 생성하자. 이클립스를 압축 해제한 폴더에서 실행 아이콘을 더블 클릭하여 이클립스를 실행한다.

❶ 실행하면 Workspace를 원하는 경로로 선택하고, [OK] 버튼을 클릭한다.

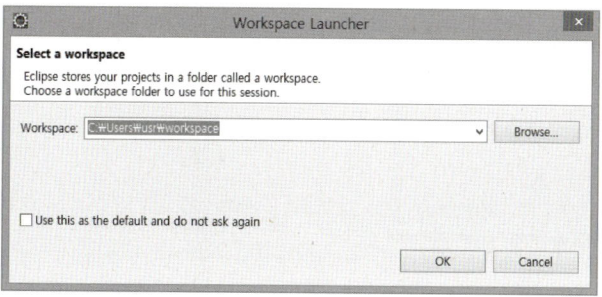

❷ 앞서 설치한 웹 컨테이너 톰캣을 이클립스에서 사용할 수 있도록 등록해야 한다. 다음 그림처럼 이클립스 메뉴에서 [Window]-[Preferences]를 선택한다.

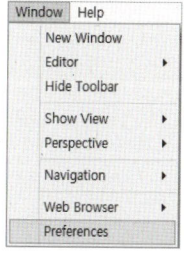

❸ 왼쪽 항목 중 [Server]-[Runtime Environment]를 선택한 후 오른쪽 창의 [Add] 버튼을 클릭한다.

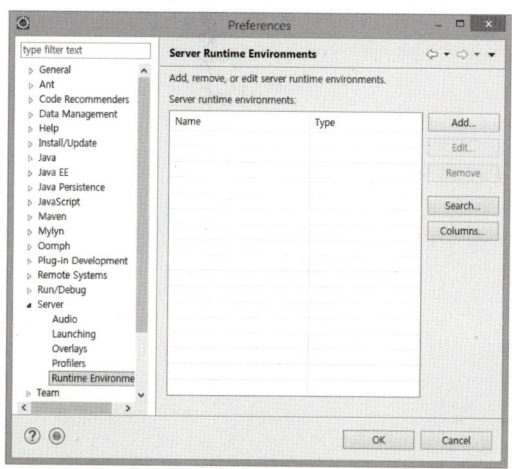

❹ 사용할 서버의 종류를 선택하는 창으로 Tomcat v8.0을 선택한 후 [Next] 버튼을 클릭한다.

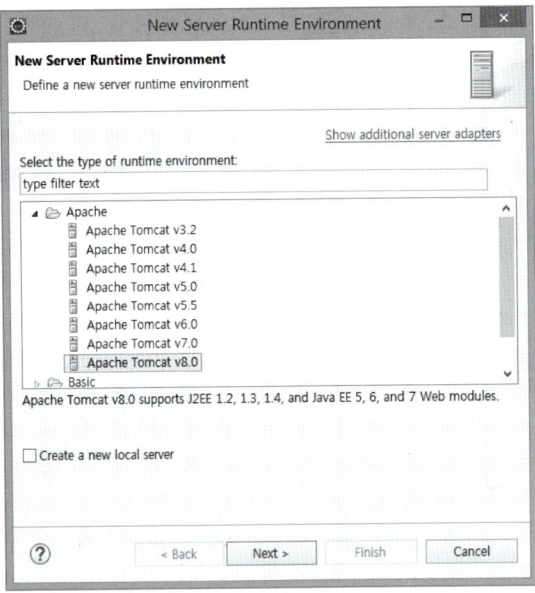

❺ 설치한 톰캣의 위치를 설정하는 대화 상자로 [Browse] 버튼을 클릭한다.

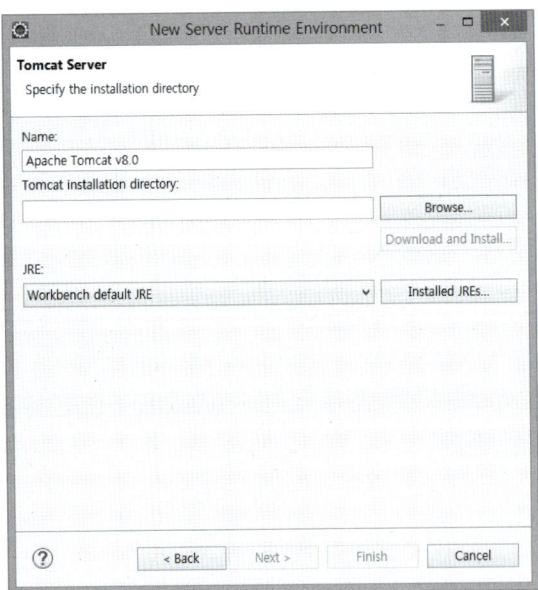

❻ 톰캣 설치한 폴더를 찾아가 Tomcat 8.0 폴더를 선택하고, [확인] 버튼을 클릭한다.

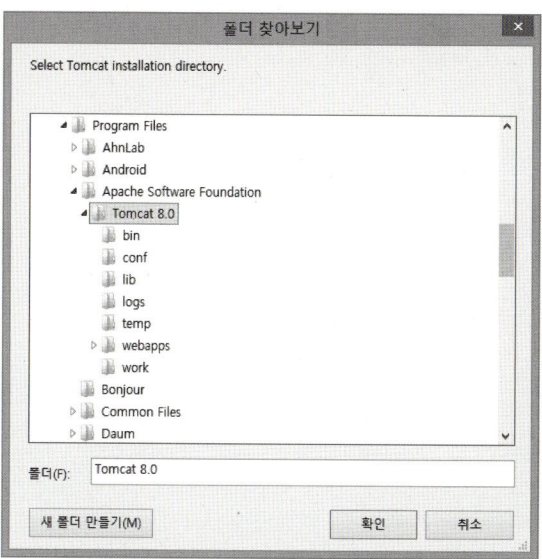

❼ 경로 등록이 완료됐으면 [Finish] 버튼을 클릭한다.

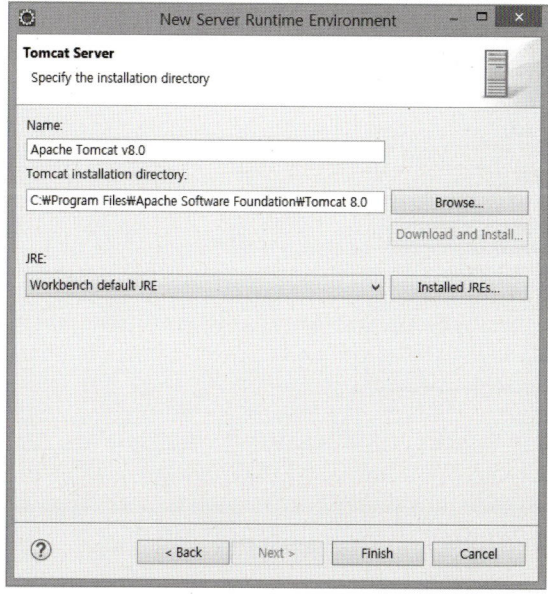

❽ 추가한 서버가 목록에 추가된 것을 확인할 수 있다. [OK] 버튼을 클릭하여 완료한다.

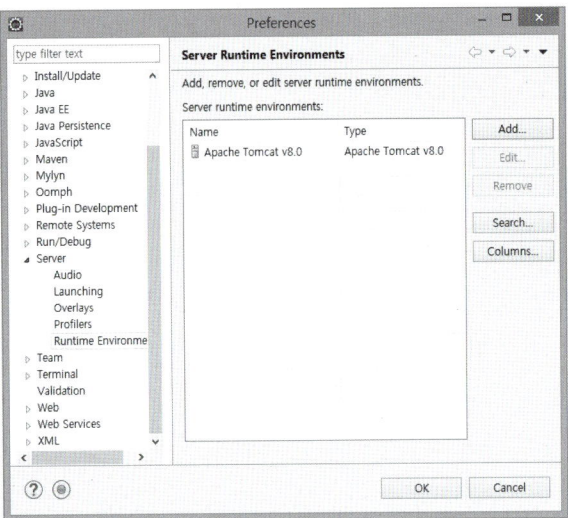

❾ 실습할 새 프로젝트를 생성하기 위하여 [File]-[New]-[Dynamic Web Project] 메뉴를 선택한다.

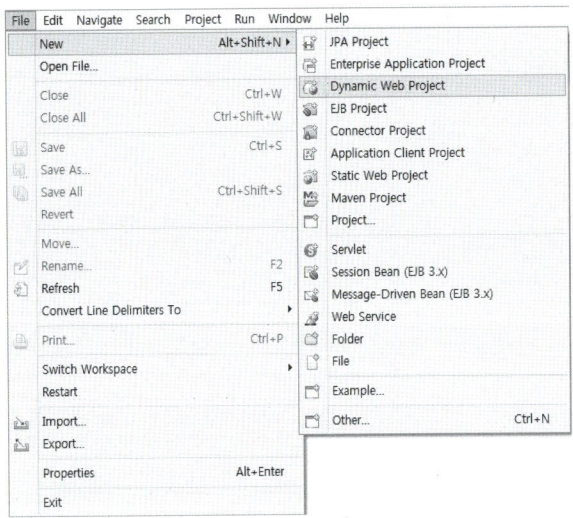

❿ Project name에 원하는 프로젝트 이름을 입력한다. 나머지는 변경하지 않고 [Finish] 버튼을 클릭한다. 다이나믹 웹 프로젝트 하나가 생성되었다. 다이나믹 웹 프로젝트는 서버 단과 뷰 단을 포함한 웹 어플리케이션을 개발할 수 있는 프로젝트이다.

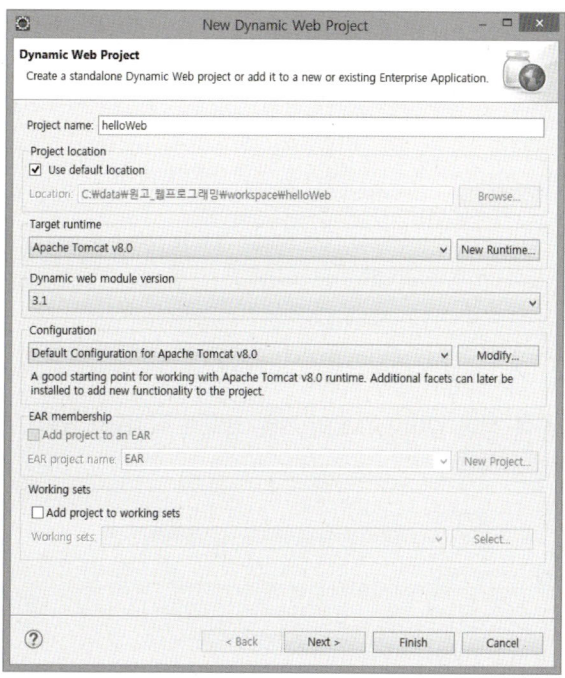

⓫ 생성된 프로젝트를 펼치면 다음의 그림처럼 내부 구조를 확인할 수 있다. 앞서 살펴 보았던 자바 웹 어플리케이션의 구조와 비슷하다. 주요 요소를 살펴보면, src는 자바 소스 파일이 저장되는 곳으로 자바 클래스와 서블릿(Servlet)이 저장된다. WebContent는 뷰 페이지가 저장되는 곳으로 JSP, HTML, JAVASCRIPT, CSS 등의 스크립트 파일들이 저장된다. 또한, 디렉토리 안에 WEB-INF 디렉토리가 있고 이 안에 lib 디렉토리가 있다. 원래 WEB-INF 디렉토리에 web.xml이 있어야 하는데 3.1 버전 프로젝트에서는 이 파일이 생략되고 설정은 어노테이션으로 대체한다.

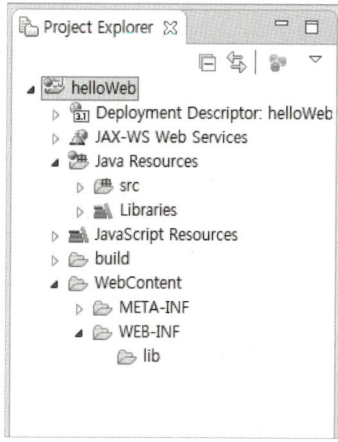

⓬ 생성된 프로젝트에 뷰 페이지를 하나 추가해 보자. WebContent에서 마우스 오른쪽 버튼을 클릭하여 하위 메뉴를 띄우고 [New]–[JSP File]을 선택한 다음 JSP 파일의 파일명을 입력하여 저장한다.

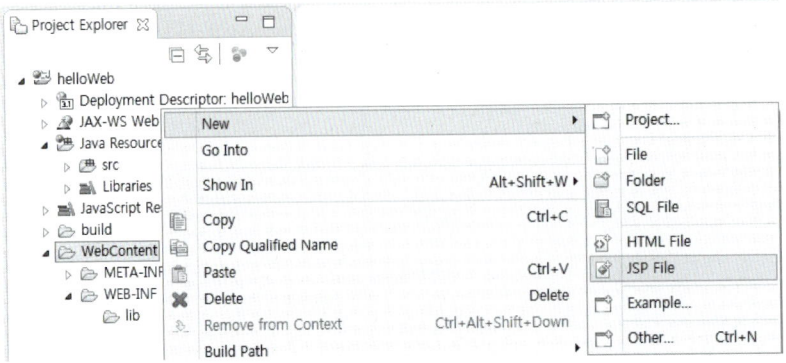

⓭ 생성된 JSP 페이지는 다음 그림의 오른쪽 창과 같이 HTML의 기본 코드가 작성되어 있다. 〈body〉에 "hello web!"을 작성하고 저장한다.

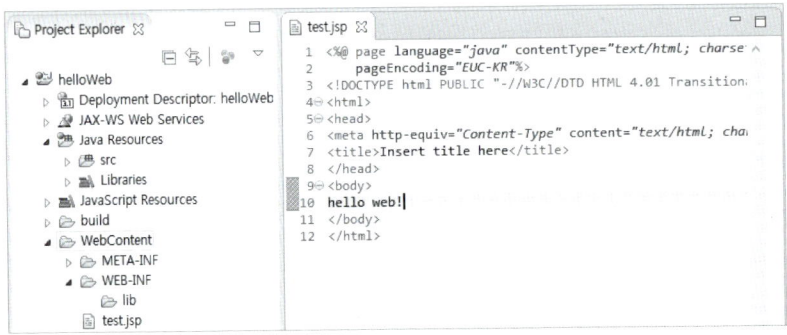

⓮ 이클립스 메뉴에서 [Run]–[Run As]–[Run on Server]를 선택한다. 이는 현재 페이지를 서버에서 실행하도록 명령한다.

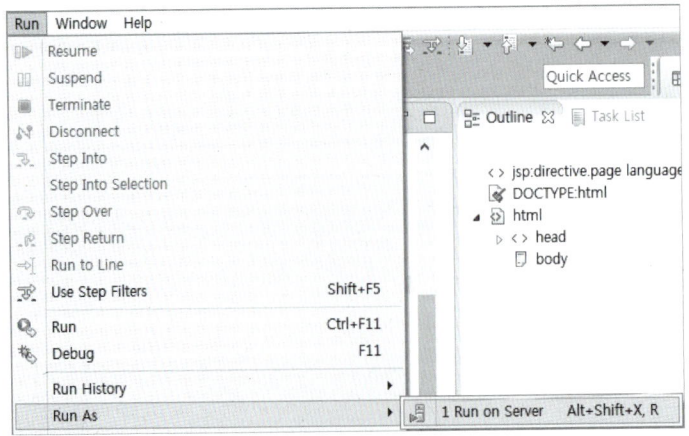

⓯ 실행할 서버를 선택한다.

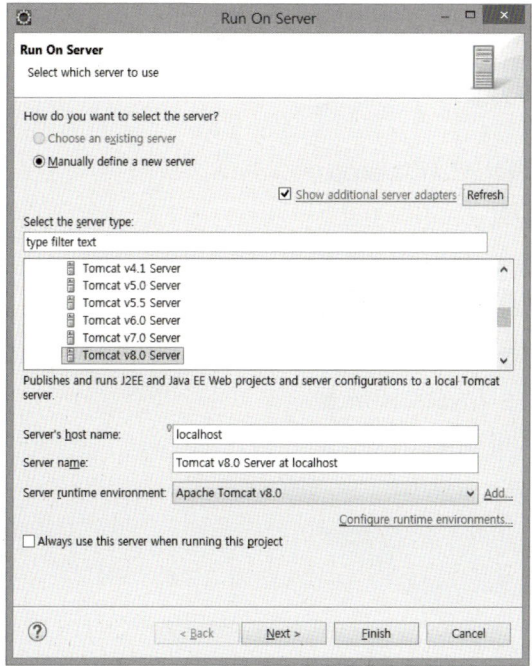

⓰ 웹 페이지가 실행된 모습이다.

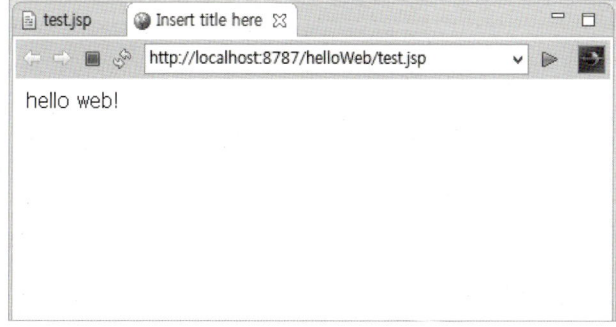

이클립스에서 웹 어플리케이션 개발 방법을 살펴보았다. 톰캣은 처음 한번만 설정하면 되므로 앞으로는 10번 이후의 과정만 수행하면 된다.

자바 스크립트(Java Script)란 무엇인가?

자바 스크립트는 넷스케이프 커뮤니케이션즈사(Netscape Communications)가 개발한 객체 기반의 스크립트 프로그래밍 언어로 웹 브라우저에서 실행하는 스크립트 언어를 사용한다. C 언어의 기본 구문을 바탕으로 다른 응용 프로그램의 내장 객체에도 접근할 수 있는 기능을 가지고 있다. 특히, HTML에 삽입되어 HTML을 확장하는 기능으로 HTML을 강력하고 편리하게 꾸밀 수 있으며, 자바 애플릿의 단점을 보완하여 웹 브라우저에서 직접 번역되고 실행된다.

자바 애플릿(Java Applet)이란 무엇인가?

자바 애플릿은 자바 바이트 코드 형태로 배포되는 애플릿으로 자바(Java) 언어로 작성된 소프트웨어이다. 자바 애플릿을 동작시킬 경우 자바 가상 머신을 내장한 웹 브라우저가 필요하며, 웹에서 사용하는 표준 데이터 형식인 HTML로 작성한 문서에 애플릿이라는 꼬리표를 써서 자바 애플릿을 지정한다.

제 06 장

자바 서블릿(JAVA Servlet)

제 06 장 자바 서블릿(JAVA Servlet)

웹 서비스는 클라이언트의 요청과 이에 대한 서버의 응답으로 구성된다. 웹 서비스의 초창기에는 클라이언트의 요청에 따라 다양한 형태의 응답을 전달하기 위해서 주요 기술인 CGI(Common Gateway Interface) 스크립트가 사용되었다. 하지만 이 방법은 플랫폼 의존성이 높고, 확장성이 떨어지는 등의 문제가 있었다. 특히, 스크립트 언어는 인터프리트 방식으로 실행되기 때문에 동시 접속자가 많다면 그 수만큼 매번 컴파일하여 실행하므로 성능이 많이 떨어질 수 밖에 없다. 이러한 문제점을 보완하여 자바에서 만든 것이 서블릿(Servlet)이다. 자바 서블릿(Java Servlet)은 플랫폼에 독립적이어서 동일한 코드는 OS가 달라도 동일하게 동작하고, 스크립트가 아닌 컴파일 방식이기 때문에 한번 컴파일된 코드는 클라이언트의 요청이 여러 번 발생해도 소스가 변경되지 않는 한 다시 컴파일 되지 않는다. 서블릿은 자바 서버 프로그래밍을 위해 만들어졌지만 실제 사용은 주로 HTTP 기반의 요청을 처리하는 용도로 사용되고 있다.

1 ▶ 서블릿 생성

앞 장에서 만들었던 프로젝트 helloWeb의 src 폴더에 서블릿을 추가한다. 다음의 그림처럼 src에서 마우스 오른쪽 버튼을 클릭하여 [New]-[Servlet] 메뉴를 선택한다.

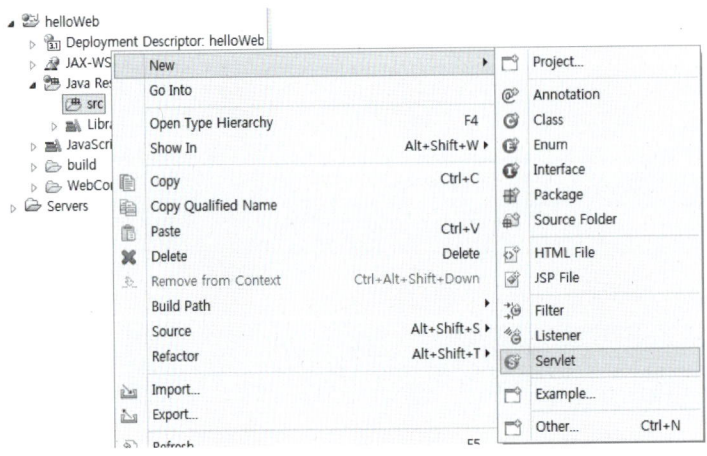

[Create Servlet] 대화 상자에서 원하는 패지명과 클래스명을 입력하고, [Finish] 버튼을 클릭한다.

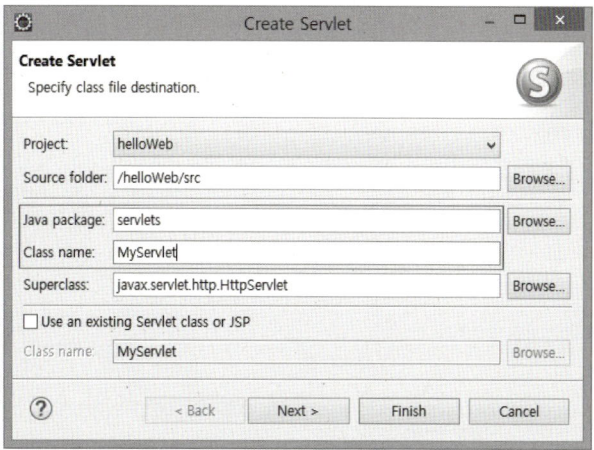

서블릿 파일이 생성되면 다음의 코드처럼 자동 생성된 코드가 길게 작성되어 있다. 코드를 보면 일반 자바 클래스와 다를 것이 없다. 단, HTTP 요청과 응답을 처리하려면 이와 관련된 API가 필요하므로 HttpServlet 클래스를 상속받는다. 그리고 클라이언트의 "get" 방식 요청을 받아서 처리할 doGet( ), "post" 방식 요청을 처리할 doPost( )를 구현하고 있다. 코드를 변경하지 않고 저장하여 실행해 보자. 실행 화면의 URL을 확인해 보면 "/MyServlet"인 것을 확인할 수 있는데 이는 아래 소스의 13번 줄에서 어노테이션으로 URL을 지정했기 때문이다.

〈servlets.MyServlet.java〉

```
1    package servlets;
2
3    import java.io.IOException;
4    import javax.servlet.ServletException;
5    import javax.servlet.annotation.WebServlet;
6    import javax.servlet.http.HttpServlet;
7    import javax.servlet.http.HttpServletRequest;
8    import javax.servlet.http.HttpServletResponse;
9
10   /**
11    * Servlet implementation class MyServlet
12    */
13   @WebServlet("/MyServlet")
14   public class MyServlet extends HttpServlet {
15        private static final long serialVersionUID = 1L;
16
17       /**
```

```
18          * @see HttpServlet#HttpServlet()
19          */
20         public MyServlet(){
21            super();
22            //TODO Auto-generated constructor stub
23         }
24
25            /**
26             * @see HttpServlet#doGet(HttpServletRequest request,
27             * HttpServletResponse response)
28             */
29         protected void doGet(HttpServletRequest request, HttpServletResponse response)
30                                                 throws ServletException, IOException {
31         //TODO Auto-generated method stub
32            response.getWriter().append("Served at: ").append(request.getContextPath());
33         }
34
35            /**
36             * @see HttpServlet#doPost(HttpServletRequest request,
37             * HttpServletResponse response)
38             */
39         protected void doPost(HttpServletRequest request, HttpServletResponse response)
40                                                 throws ServletException, IOException {
41            //TODO Auto-generated method stub
42            doGet(request, response);
43         }
44
45      }
```

● 소스 분석 ●

줄 번호	설명
13	서블릿의 URL을 설정한다. 서블릿을 웹에서 실행하려면 이에 접근할 수 있는 URL이 필요하다. 원래는 WEB-INF/web.xml에 현재 서블릿을 실행할 URL을 등록해야 하지만 최근에는 웹 설정을 XML에 하지 않고 어노테이션으로 대체하고 있다. 우리가 생성한 프로젝트도 web.xml이 없기 때문에 어노테이션으로 정의한다. 어노테이션은 @로 시작하고 @webServlet()은 현재 서블릿에 접근할 수 있는 URL을 등록한다.

| 20 ~ 23 | 생성자를 구현한다. |
| 29 ~ 33 | 서블릿은 클라이언트의 요청을 받고 이를 처리하는 용도로 사용되므로 클라이언트의 요청을 받는 것은 매우 중요하다. doGet( )은 "get" 방식의 요청을 처리하는 메서드이다. 앞서 HTML에서 폼 태그에 대해서 살펴봤는데, 폼 태그의 action은 요청을 받을 서버 페이지의 URL을 method는 전송 방식을 설정하는 속성이었다. 이때, method의 값이 "get"이면 doGet( )이 호출된다. 즉, 다음의 코드로 요청이 오면 이 메서드가 실행된다. |

`<form action="/helloWeb/MyServlet" method="get"></form>`

doGet( )의 파라미터는 HttpServletRequest와 HttpServletResponse 객체로 HttpServletRequest는 요청을 처리하고 HttpServletResponse는 응답을 처리하는 클래스이다. 32번 줄의 코드는 response 객체를 사용하는 것으로 봐서 응답을 처리하는 코드라는 것을 예측할 수 있다. 이 객체의 getWriter( )는 클라이언트에 응답으로 보낼 웹 페이지에 출력할 수 있는 출력 스트림을 반환한다. 이 출력 스트림으로 출력하면 결국 요청을 보낸 클라이언트의 응답을 작성하는 것이다. append( ) 메서드는 출력 스트림에 이어쓰기 하는 메서드이다.

| 39 ~ 43 | "post"방식의 요청이 오면 이를 처리하기 위해 호출되는 메서드로 HttpServletRequest와 HttpServletResponse 객체를 파라미터로 받아 요청과 응답을 처리한다 다음과 같은 코드로 요청이 오면 이 메서드가 호출된다. |

`<form action="/helloWeb/MyServlet" method="post"></form>`

42번 줄은 이 메서드의 처리 코드로 doGet( )을 호출한다.

실행 결과

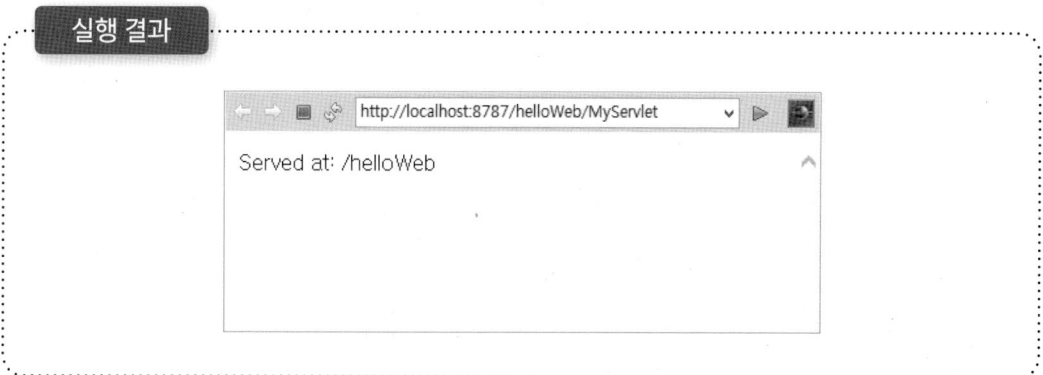

위에서 실행한 소스를 약간 수정해 보자. 먼저 클라이언트가 요청을 보낼 폼 form.jsp를 생성하자. 간단한 폼 양식을 만들려면 HTML 파일로 만들어도 상관없다. JSP는 서블릿과 마찬가지로 자바 서버 페이지를 의미하는데 주로 뷰 페이지 작성에 사용된다. JSP 파일은 HTML 기본 코드에 JSP 코드가 추가되므로 HTML의 폼 작성과 거의 동일하다. JSP에 대해서는 다음 장에서 상세히 보도록 하겠다.

프로젝트 helloWeb의 WebContent에서 마우스 오른쪽 버튼을 클릭하여 [New]-[JSP File]을 선택한다. WebContent는 HTML, JAVASCRIPT, JSP, CSS 등 뷰 페이지를 저장하는 곳이므로 클라이언트의 입력을 받는 폼이나 결과 페이지를 이 곳에 만든다.

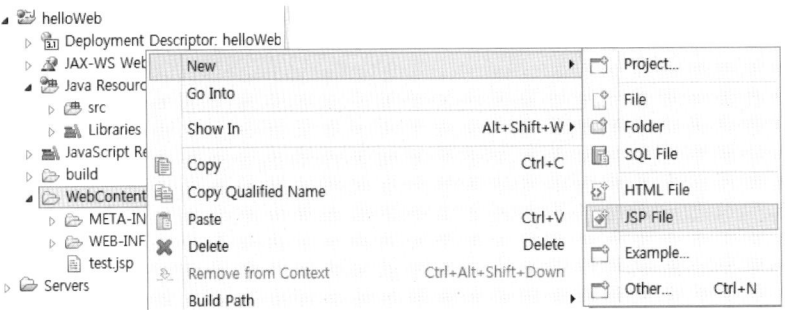

[New JSP File] 대화 상자에서 생성할 JSP 파일의 이름을 입력한다.

프로젝트에 추가된 파일은 다음과 같다.

⟨form.jsp⟩

```
1   <%@ page language="java" contentType="text/html; charset=EUC-KR"
2     pageEncoding="EUC-KR"%>
3   <!DOCTYPE html PUBLIC "-//W3C//DTD HTML 4.01 Transitional//EN"
4   "http://www.w3.org/TR/html4/loose.dtd">
5   <html>
6   <head>
7   <meta http-equiv="Content-Type" content="text/html; charset=EUC-KR">
8   <title>Insert title here</title>
9   </head>
10  <body>
11  <form action="/helloWeb/MyServlet" method="post">
12      name: <input type="text" name="name"><br>
13      <input type="submit" value="전송">
14  </form>
15  </body>
16  </html>
```

⟨servlets.MyServlet.java⟩

```
1   package servlets;
2
3   import java.io.IOException;
4   import javax.servlet.ServletException;
5   import javax.servlet.annotation.WebServlet;
6   import javax.servlet.http.HttpServlet;
7   import javax.servlet.http.HttpServletRequest;
8   import javax.servlet.http.HttpServletResponse;
9
10  /**
11   * Servlet implementation class MyServlet
12   */
13  @WebServlet("/MyServlet")
14  public class MyServlet extends HttpServlet {
15      private static final long serialVersionUID = 1L;
16
17      /**
18       * @see HttpServlet#HttpServlet()
19       */
20      public MyServlet() {
```

```
21          super();
22          //TODO Auto-generated constructor stub
23      }
24
25      /**
26       * @see HttpServlet#doGet(HttpServletRequest request,
27       * HttpServletResponse response)
28       */
29      protected void doGet(HttpServletRequest request, HttpServletResponse response)
30                                      throws ServletException, IOException {
31      //TODO Auto-generated method stub
32          PrintWriter out = response.getWriter();
33          String name = request.getParameter("name");
34          out.print("<html><body>name="+name+"</body></html>");
35      }
36
37      /**
38       * @see HttpServlet#doPost(HttpServletRequest request,
39       * HttpServletResponse response)
40       */
41      protected void doPost(HttpServletRequest request, HttpServletResponse response)
42                                      throws ServletException, IOException {
43      //TODO Auto-generated method stub
44          doGet(request, response);
45      }
46
47  }
```

● 소스 분석 ●

줄 번호	설명
32	응답 페이지를 작성할 출력 스트림을 생성한다.
33	request 객체는 요청을 담당하는데 클라이언트가 요청 전송 시 보낸 데이터도 함께 온다. form.jsp에서 텍스트 박스 nama에 입력한 데이터는 request 객체를 통해 전달 받을 수 있다. reqeust.getParameter( )는 입력 양식의 값을 하나씩 읽어올 수 있다. 파라메터로 입력 양식의 이름을 넣어주면 그 입력 양식에 입력한 하나의 데이터를 읽는다.

34 클라이언트에 보낼 응답 페이지에 name 값을 작성한다. 이 결과를 클라이언트가 결과 페이지로 받는다.

실행 결과

프로그램은 form.jsp에서 실행한다. 다음과 같이 폼에 이름을 입력한 후 [전송] 버튼을 클릭한다.

[전송] 버튼을 클릭하면 서블릿으로 이동하고 서블릿 34번 줄에서 작성한 결과를 클라이언트가 받는다.

위 예제가 실행되는 과정을 정리하면 다음과 같다.

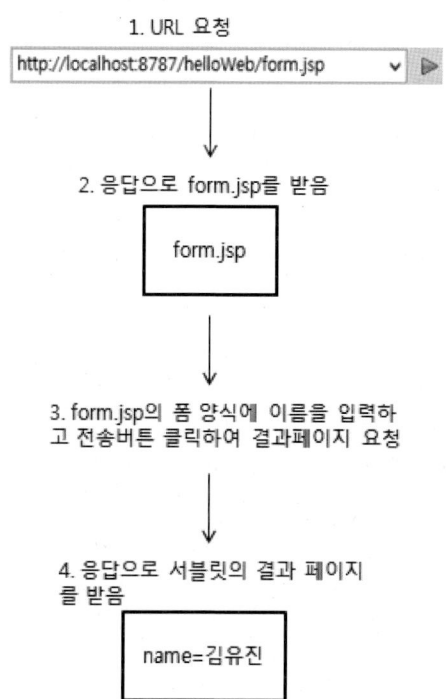

이처럼 웹 서비스는 요청과 응답의 반복으로 이루어진다.

2 ▶ 서블릿 라이프 사이클

웹 서비스 초기 기술인 CGI 스크립트 방식의 단점 중 하나가 요청이 있을 때마다 다시 컴파일 하여 실행하는 인터프리트 방식이라는 점이다. 하지만 서블릿은 자바 클래스이기 때문에 소스가 변경되지 않으면 컴파일한 결과를 반복적으로 사용할 수 있다. 다음의 그림은 서블릿이 웹 컨테이너에서 처리되는 과정이다.

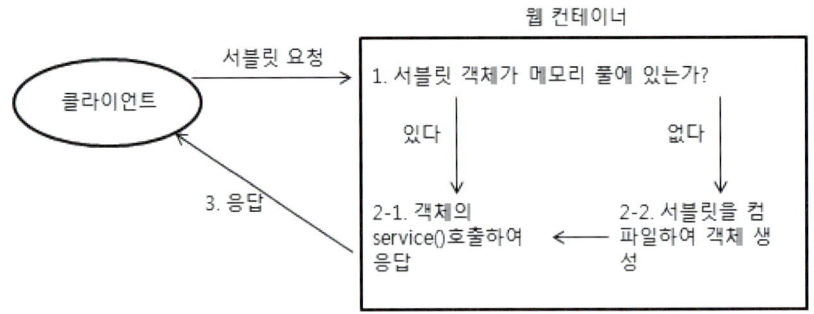

◆ 서블릿이 웹 컨테이너에서 처리되는 과정

클라이언트가 서블릿을 요청하면 서블릿 클래스의 객체가 메모리에 있는 가를 확인한다. 만약, 있다면 그 객체의 service( ) 메서드를 호출한다. 서블릿은 요청이 있을 때마다 객체를 생성하는 것이 아니라 동일한 객체의 service( ) 메서드를 요청 때마다 호출한다. service( )는 요청 처리를 담당하므로 파라메터로 request와 response 객체를 전달받는다. 이 service( ) 메서드가 다시 전송 방식에 따라 doGet( )/doPost( )를 호출한다. 이때, request와 response 객체도 파라메터로 다시 전달한다. 만약, 요청한 서블릿의 객체가 없다면 서블릿을 컴파일하여 객체를 생성한다. 객체를 생성한 뒤 service( )를 호출한다.

서블릿은 init( ), service( ), destroy( )의 생명 주기 메서드를 갖는다. init( )은 서블릿 객체 생성 시 초기화를 위해 한번 호출된다. service( )는 요청 처리를 담당하므로 요청 발생시마다 반복 호출된다. destroy( )는 컨테이너가 서블릿을 삭제할 때 객체가 소멸되기 직전에 호출된다. 주로 사용했던 자원을 반환하는 코드로 구현한다.

- init( ) - 서블릿 객체 생성 시 초기화를 위해 한번 호출
- service( ) - 요청 발생시마다 반복 호출
- destroy( ) - 객체가 소멸되기 직전에 한번 호출

serviec( )가 클라이언트의 요청을 받으면 호출되고, 그 안에서 다시 전송 방식에 따라 doGet( ), doPost( )를 호출하므로 결국 이 두 메서드를 구현하면 요청 처리를 구현하는 것이다. 해당 메서드들은 이미 구현해 보았으니 init( )과 destroy( )를 서블릿에 추가해 보자. 그림처럼 이클립스의 메뉴에서 [Source]-[Override/Implement Methods]를 선택한다.

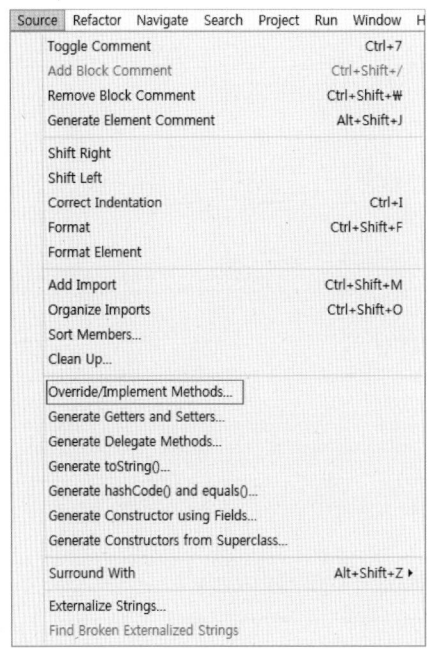

GenericServlet의 destroy( )와 init(ServletConfig)를 체크하고, [OK] 버튼을 클릭한다.

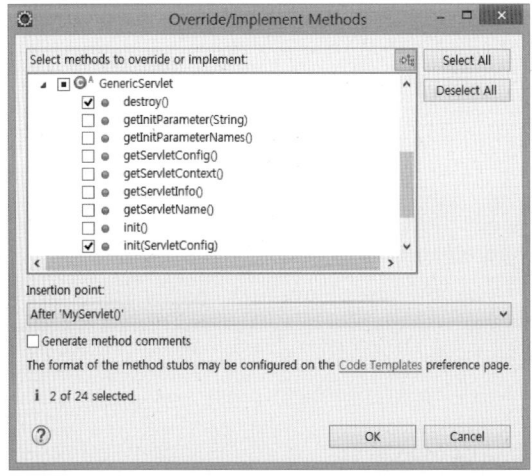

서블릿에 init( ), destroy( )가 추가되었다. init( )에 초기화 파라메터를 전달받는 코드를 추가한다. 초기화 파라메터는 WEB-INF/web.xml을 통해 서블릿 초기화에 필요한 값을 전달하는 것으로 프로젝트 3.0 이상의 버전에서는 어노테이션으로 전달한다. 다음 코드의 19 ~ 20번 줄이 어노테이션으로 초기화 파라메터를 설정한다.

⟨servlets.MyServlet.java⟩

```java
1   package servlets;
2
3   import java.io.IOException;
4   import java.io.PrintWriter;
5
6   import javax.servlet.ServletConfig;
7   import javax.servlet.ServletException;
8   import javax.servlet.annotation.WebInitParam;
9   import javax.servlet.annotation.WebServlet;
10  import javax.servlet.http.HttpServlet;
11  import javax.servlet.http.HttpServletRequest;
12  import javax.servlet.http.HttpServletResponse;
13
14  /**
15   * Servlet implementation class MyServlet
16   */
17
18  @WebServlet(name = "MyServlet", urlPatterns = { "/MyServlet" },
19      initParams = {@WebInitParam(name = "param1", value = "value1"),
20      @WebInitParam(name = "param2", value = "value2")})
21  public class MyServlet extends HttpServlet {
22      private static final long serialVersionUID = 1L;
23
24      /**
25       * @see HttpServlet#HttpServlet()
26       */
27      public MyServlet() {
28          super();
29          //TODO Auto-generated constructor stub
30      }
31
32      @Override
33      public void destroy() {
34          //TODO Auto-generated method stub
35          super.destroy();
36      }
37
38      @Override
39      public void init(ServletConfig config) throws ServletException {
```

```
40              //TODO Auto-generated method stub
41              super.init(config);
42              System.out.println(config.getInitParameter("param1"));
43              System.out.println(config.getInitParameter("param2"));
44          }
45
46      /**
47       * @see HttpServlet#doGet(HttpServletRequest request, HttpServletResponse
48       *      response)
49       */
50      protectedvoiddoGet(HttpServletRequest request,HttpServletResponse response)
51                  throws ServletException, IOException {
52              //TODO Auto-generated method stub
53              PrintWriter out = response.getWriter();
54              String name = request.getParameter("name");
55              out.print("<html><body>name=" + name + "</body></html>");
56          }
57
58      /**
59       * @see HttpServlet#doPost(HttpServletRequest request, HttpServletResponse
60       *      response)
61       */
62      protected void doPost(HttpServletRequest request, HttpServletResponse response)
63                  throws ServletException, IOException {
64              //TODO Auto-generated method stub
65              doGet(request, response);
66          }
67
68  }
```

● 소스 분석 ●

줄 번호	설명
18	서블릿을 컨테이너에 등록한다. name은 서블릿 이름, urlPatterns는 이 서블릿의 URL을 설정한다.

19 ~ 20	`initParams`는 초기화 파라메터를 설정하는 `@WebServlet`의 속성이다. 이 속성에 초기화 파라메터 리스트를 작성한다. 각 파라메터는 `@WebInitParam` 어노테이션으로 정의하고 `name`은 파라메터의 이름, `value`는 값을 나타내는 속성이다.
33 ~ 36	객체 소멸 시에 호출된다.
39 ~ 44	`init()`은 객체 생성 시 한번 호출된다. 파라메터가 없는 것을 사용해도 되고 `ServletConfig` 객체가 하나 있는 것을 사용할 수 있다. `ServletConfig` 객체는 서블릿 객체마다 하나씩 할당된다. 그래서 `ServletConfig` 객체는 현재 서블릿 파일 안에서만 사용할 정보나 초기화 파라메터를 저장하는 용도로 사용한다.
42	`ServletConfig`의 `getInitParameter()` 메서드는 초기화 파라메터를 파라메터 이름으로 검색한다. `getInitParameterNames()` 메서드는 초기화 파라메터 전체 이름을 검색하여 `Enumeration` 형태로 반환하다.

실행 결과

```
value1
value2
```

3 ▶ 서블릿의 요청 파라메터 받기와 응답 생성

서블릿 service() 메서드의 주된 동작을 정리하면 먼저 request 객체로부터 정보를 추출하고, 이 정보를 사용해서 사용자가 요청한 일을 처리한 뒤 그 결과를 response 객체로 전달한다. 즉, 서비스 작업의 첫 단계는 요청 객체인 request로부터 전달된 정보를 추출하는 것이다. request는 이러한 요청 파라메터를 추출하는 메서드를 여러 개 가지고 있다.

〈요청 파라메터 관련 메서드〉

- **String getParameter(String name)**
  한 개의 파라메터를 이름으로 검색하여 반환한다.

- **Map〈String, String[]〉 getParameterMap( )**
  request 객체에 저장된 파라메터 모두를 검색하여 맵으로 반환한다.

- **Enumeration〈String〉 getParameterNames( )**
  request 객체에 저장된 모든 파라메터의 이름을 검색하여 Enumeration으로 반환한다.

- String[ ] getParameterValues(String name)

  체크 박스처럼 한 파라미터의 값이 여러 개인 파라미터의 값을 읽어서 String[ ]으로 반환한다.

위 메서드들이 어떻게 사용되는지 예제를 살펴보겠다. 새 프로젝트를 하나 생성한다(프로젝트명 : ch6). 서블릿은 ch6_1 패키지에 MyServlet1으로 생성하고, 파라미터를 입력할 폼을 WebContent 에 ch6_1 폴더를 만들고 여기에 form.jsp를 생성한다.

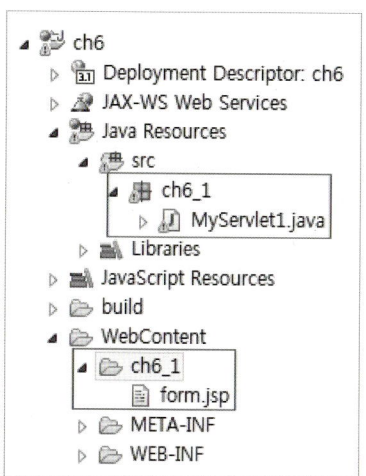

〈form.jsp〉

```
1   <%@ page language="java" contentType="text/html; charset=EUC-KR"
2       pageEncoding="EUC-KR"%>
3   <!DOCTYPE html PUBLIC "-//W3C//DTD HTML 4.01 Transitional//EN"
4   "http://www.w3.org/TR/html4/loose.dtd">
5   <html>
6   <head>
7   <meta http-equiv="Content-Type" content="text/html; charset=EUC-KR">
8   <title>Insert title here</title>
9   </head>
10  <body>
11  <form action="/ch6/MyServlet1" method="post">
12  <table border="1" cellspacing="0">
13   <caption>회원가입</caption>
14   <tr>
15    <th>id</th><td><input type="text" name="id"></td>
16   </tr>
17   <tr>
18    <th>pwd</th><td><input type="password" name="pwd"></td>
19   </tr>
20   <tr>
```

```html
21      <th>성별</th>
22      <td>
23        <input type="radio" name="gender" value="f">여
24        <input type="radio" name="gender" value="m">남
25      </td>
26    </tr>
27    <tr>
28      <th>취미</th>
29      <td>
30        <input type="checkbox" name="hobby" value="1">테니스
31        <input type="checkbox" name="hobby" value="2">탁구
32        <input type="checkbox" name="hobby" value="3">농구
33        <input type="checkbox" name="hobby" value="4">야구
34      </td>
35    </tr>
36    <tr>
37      <th>학년</th>
38      <td>
39       <select name="grade">
40         <option value="1">1학년</option>
41         <option value="2">2학년</option>
42         <option value="3">3학년</option>
43         <option value="4">4학년</option>
44       </select>
45      </td>
46    </tr>
47    <tr>
48      <th>가입인사</th>
49      <td><textarea rows="5" cols="30" name="content">안녕하세요</textarea></td>
50    </tr>
51    <tr>
52      <td colspan="2">
53        <input type="reset" value="초기화">
54        <input type="submit" value="가입">
55      </td>
56    </tr>
57  </table>
58  </form>
59
60  </body>
61
62  </html>
```

〈ch6_1.MyServlet1.java〉

```java
1   package ch6_1;
2
3   import java.io.IOException;
4   import java.io.PrintWriter;
5   import java.util.Enumeration;
6   import java.util.Iterator;
7   import java.util.Map;
8
9   import javax.servlet.ServletException;
10  import javax.servlet.annotation.WebServlet;
11  import javax.servlet.http.HttpServlet;
12  import javax.servlet.http.HttpServletRequest;
13  import javax.servlet.http.HttpServletResponse;
14
15  /**
16   * Servlet implementation class MyServlet1
17   */
18  @WebServlet("/MyServlet1")
19  public class MyServlet1 extends HttpServlet {
20      private static final long serialVersionUID = 1L;
21
22      /**
23       * @see HttpServlet#HttpServlet()
24       */
25      public MyServlet1() {
26          super();
27          //TODO Auto-generated constructor stub
28      }
29
30      /**
31       *      @see HttpServlet#doGet(HttpServletRequest request,
                HttpServletResponse
32       *  response)
33       */
34      protectedvoiddoGet(HttpServletRequest request, HttpServletResponse response)
35                      throws ServletException, IOException {
36          //TODO Auto-generated method stub
37
```

```java
                    //요청과 응답의 인코딩 설정
                    request.setCharacterEncoding("euc-kr");
                    response.setContentType("text/html; charset=EUC-KR");
                    response.setCharacterEncoding("euc-kr");

                    PrintWriter out = response.getWriter();
                    String id = request.getParameter("id");
                    String pwd = request.getParameter("pwd");
                    String gender = request.getParameter("gender");
                    String hobby[] = request.getParameterValues("hobby");
                    String grade = request.getParameter("grade");
                    String content = request.getParameter("content");

                    out.print("<html><body>");
                    out.print("<h3>파라메터 이름으로 하나씩 읽어서 출력</h3>");
                    out.print("id:" + id + "<br>");
                    out.print("pwd:" + pwd + "<br>");
                    out.print("gender:" + gender + "<br>");
                    for (int i = 0; i < hobby.length; i++) {
                            out.print("hobby:" + hobby[i] + "<br>");
                    }
                    out.print("grade:" + grade + "<br>");
                    out.print("content:" + content + "<br>");

                    out.print("<h3>이름 전체 검색</h3>");
                    Enumeration e = request.getParameterNames();
                    while (e.hasMoreElements()) {
                            String name = (String) e.nextElement();

                            if (name.equals("hobby")) {
                                String[] values = request.getParameterValues(name);
                                for (int i = 0; i < values.length; i++) {
                                        out.print(name + ":" + values[i] + "<br>");
                                }
                            } else {
                                String value = request.getParameter(name);
                                out.print(name + ":" + value + "<br>");
                            }

                    }
```

```
79                out.print("<h3>맵으로 전체 검색</h3>");
80                Map<String, String[]> map = request.getParameterMap();
81                Iterator<String> it = map.keySet().iterator();
82                while (it.hasNext()) {
83                    String name = it.next();
84                    String[] values = map.get(name);
85                    if (values.length == 1) {
86                        String value = values[0];
87                        out.print(name + ":" + value + "<br>");
88                    } else {
89                        for(int i=0;i<values.length;i++){
90                            out.print(name + ":" + values[i] + "<br>");
91                        }
92                    }
93                }
94                out.print("</body></html>");
95            }
96
97            /**
98             *  @see HttpServlet#doPost(HttpServletRequest request, HttpServletResponse
99             *  response)
100            */
101           protected void doPost(HttpServletRequest request, HttpServletResponse response)
102                   throws ServletException, IOException {
103               //TODO Auto-generated method stub
104               doGet(request, response);
105           }
106
107       }
```

● 소스 분석 ●

줄 번호	설명
18	서블릿의 URL을 설정한다.
39	요청 객체의 인코딩을 설정한다.

40	응답 페이지의 컨텐트 타입 즉 다큐먼트의 종류를 지정한다. 이 코드는 웹 페이지로 설정하고 있다.
41	response 객체의 인코딩을 설정한다.
43	응답 페이지에 출력할 출력 스트림을 생성한다.
44 ~ 49	요청 파라메터를 이름으로 검색하여 각 변수에 저장한다.
51 ~ 60	읽은 요청 파라메터를 응답 페이지에 출력한다.
63	요청 파라메터의 모든 이름을 검색한다.
65	Enumeration에서 파라메터의 이름을 하나씩 꺼내어 name에 저장한다.
67 ~ 71	파라메터의 이름이 hobby이면 값이 여러 개이므로 값을 배열에 저장한 뒤 하나씩 출력한다.
72 ~ 75	값이 하나인 파라메터들을 이름과 값을 출력한다.
80	request의 전체 파라메터를 검색하여 Map으로 반환한다.
81	맵의 키에 이터레이터를 생성한다.
82 ~ 93	이터레이터로 읽은 키 이름으로 값을 검색하여 응답 페이지에 출력한다.

실행 결과

회원가입

id	aaa
pwd	•••
성별	⦿여 ○남
취미	☐테니스 ☑탁구 ☑농구 ☑야구
학년	3학년 ▽
가입인사	안녕하세요

[초기화] [가입]

```
파라메터 이름으로 하나씩 읽어서 출력

id:aaa
pwd:111
gender:f
hobby:2
hobby:3
hobby:4
grade:3
content:안녕하세요

이름 전체 검색

id:aaa
pwd:111
gender:f
hobby:2
hobby:3
hobby:4
grade:3
content:안녕하세요

맵으로 전체 검색

id:aaa
pwd:111
gender:f
hobby:2
hobby:3
hobby:4
grade:3
content:안녕하세요
```

요청의 헤더 정보를 읽을 수 있는 API도 제공된다.

〈요청 헤더 정보 검색〉

- String getHeader(String name)
  헤더 정보를 이름으로 검색하여 반환한다.

- Enumeration〈String〉 getHeaderNames( )
  헤더 정보 전체 이름을 검색하여 반환한다.

- Enumeration〈String〉 getHeaders(String name)
  헤더 정보 전체를 검색하여 반환한다.

이를 테스트해 보자. 프로젝트 ch6/src/ch6_1에 MyServlet2를 생성한다.

⟨ch6_1.MyServlet2.java⟩

```java
1    package ch6_1;
2
3    import java.io.IOException;
4    import java.io.PrintWriter;
5    import java.util.Enumeration;
6
7    import javax.servlet.ServletException;
8    import javax.servlet.annotation.WebServlet;
9    import javax.servlet.http.HttpServlet;
10   import javax.servlet.http.HttpServletRequest;
11   import javax.servlet.http.HttpServletResponse;
12
13   /**
14    * Servlet implementation class MyServlet2
15    */
16   @WebServlet("/MyServlet2")
17   public class MyServlet2 extends HttpServlet {
18       private static final long serialVersionUID = 1L;
19
20       /**
21        * @see HttpServlet#HttpServlet()
22        */
23       public MyServlet2() {
24           super();
25           //TODO Auto-generated constructor stub
26       }
27
28       /**
29        *    @see HttpServlet#doGet(HttpServletRequest request, HttpServletResponse
30        *    response)
31        */
32       protectedvoiddoGet(HttpServletRequest request, HttpServletResponse response)
33               throws ServletException, IOException {
34           //TODO Auto-generated method stub
35
36           //요청과 응답의 인코딩 설정
37           request.setCharacterEncoding("euc-kr");
```

```
38              response.setContentType("text/html; charset=EUC-KR");
39              response.setCharacterEncoding("euc-kr");
40
41              PrintWriter out = response.getWriter();
42
43              out.print("<html><body>");
44              out.print("<h3>헤더 정보 이름으로 검색</h3>");
45
46              Enumeration e = request.getHeaderNames();
47              while (e.hasMoreElements()) {
48                      String name = (String) e.nextElement();
49                      String value = request.getHeader(name);
50                      out.print(name + ":" + value + "<br>");
51              }
52
53              out.print("</body></html>");
54
55      }
56
57      /**
58       *      @see HttpServlet#doPost(HttpServletRequest request,
                HttpServletResponse
59       *      response)
60       */
61      protected void doPost(HttpServletRequest request, HttpServletResponse response)
62              throws ServletException, IOException {
63              //TODO Auto-generated method stub
64              doGet(request, response);
65      }
66
67 }
68
```

● 소스 분석 ●

줄 번호	설명
46	요청 헤더 정보의 모든 이름을 검색하여 반환한다.
47 ~ 51	이름을 하나씩 꺼내서 헤더 정보를 이름으로 검색하여 응답 페이지에 출력한다.

> **실행 결과**
>
> 헤더 정보 이름으로 검색
>
> accept:image/jpeg, application/x-ms-application, image/gif, application/xaml+xml, image/pjpeg, application/x-ms-xbap, */*
> accept-language:ko-KR
> ua-cpu:AMD64
> accept-encoding:gzip, deflate
> user-agent:Mozilla/5.0 (compatible; MSIE 10.0; Windows NT 6.2; Win64; x64; Trident/6.0)
> host:localhost:8787
> connection:Keep-Alive
> cookie:JSESSIONID=675320E6A062D51E2A7992B1BE9F330A

4 ▶ 서블릿의 페이지 이동

웹 어플리케이션에서는 다른 페이지로 이동하거나 다른 페이지를 현재 페이지에 포함시키는 등 다른 자원을 사용해야 하는 일이 빈번하게 발생하는데 이를 구현하는 방법에 대해 알아보자. 먼저 다른 페이지를 사용하려면 접근하려는 페이지의 URL을 정확히 표현할 줄 알아야 한다. URL이란 자원의 위치를 표현하는 형식으로 웹 자원의 URL은 다음의 형식을 따른다.

http://[host]:[port]/[path]?[query]

- host : 자원이 위치한 IP나 도메인 네임
- port : 포트 번호
- path : 도메인 내에서 자원을 찾아가기 위한 경로
- query : get 방식으로 전달할 파라미터 리스트

〈예〉
http://localhost:8787/helloWeb/MyServlet?name=aaa
➡ 로컬 호스트 포트번호 8787을 사용하는 네트워크 프로그램(현재 톰캣)의 웹 어플리케이션 helloWeb의 /MyServlet의 응답을 요청하는데 파라미터로 name을 전달한다.

다른 페이지에 접근하기 위한 URL 표기법을 살펴보았으니 실제로 이동하는 방법을 알아보자. 다른 페이지를 사용하는 방법에는 다른 페이지를 현재 페이지에 포함시키거나 다른 페이지로 이동하는 방법으로 나뉜다. 또한, 다른 페이지로 이동하는 방법에도 기존의 요청을 유지해서 이동하는 방법과 새 요청으로 이동하는 방법이 있다.

다른 웹 자원을 포함시키거나 이동한다는 것은 결국 그 자원을 호출하는 것인데, 다른 자원을 호출하려면 RequestDispatcher 객체가 필요하다. RequestDispatcher는 클라이언트가 보낸 요청에 대한 다양한 형태의 응답을 정의한다. 다양한 형태의 응답이란 서블릿, JSP, HTML 형태의 응답을 말한다. 이 객체를 얻기 위해서는 다음 2개 중 한 방법을 사용할 수 있다.

- RequestDispatcher dispatcher = getServletContext( ).getRequestDispatcher("path");
- RequestDispatcher dispatcher = request.getRequestDispatcher("path");

두 메서드의 파라메터는 응답 페이지의 경로를 작성한다. 두 메서드의 차이는 경로 작성법에 있는데 첫 번째 방법은 절대 경로로만 지정할 수 있고, 두 번째 방법은 절대 경로, 상대 경로 모두 가능하다. RequestDispatcher는 다른 페이지를 사용하도록 include(ServletRequest request, ServletResponse response)와 forward(ServletRequest request, ServletResponse response)를 제공한다. include( )와 forward( ) 모두 이동한 페이지에서도 요청과 응답을 처리할 수 있도록 request와 response를 파라메터로 전달한다.

1 다른 페이지 포함시키기 – include

다른 페이지를 현재 페이지에 포함시키는 것을 include 방식이라고 한다. 예를 들어, 웹 어플리케이션의 모든 페이지 하단에 배너가 들어가야 한다면 모든 페이지는 하단에 배너를 출력하는 동일한 코드가 반복될 것이다. 페이지가 100개라면 동일한 코드를 100번 작성해야 하는데, 얼마나 비효율적인가? 그래서 배너를 출력하는 코드를 하나의 파일로 분리해서 작성한 뒤 이를 필요로 하는 페이지에 포함시킬 수 있는데 이를 include로 구현할 수 있다.

```
//RequestDispatcher 객체 획득
//getRequestDispatcher( )의 파라메터는 사용할 자원의 경로

RequestDispatcher dispatcher = request.getRequestDispatcher("/Banner");

if (dispatcher != null) {

        //include( )로 지정한 경로의 페이지를 현재 페이지에 포함시킴
        dispatcher.include(request, response);
}
```

간단히 include하는 코드를 요약한 것이고, 이제 코드를 완성하여 테스트해 보자.

⟨ch6_1.Banner.java⟩

```
1   package ch6_1;
2
3   import java.io.IOException;
4   import javax.servlet.ServletException;
5   import javax.servlet.annotation.WebServlet;
6   import javax.servlet.http.HttpServlet;
7   import javax.servlet.http.HttpServletRequest;
8   import javax.servlet.http.HttpServletResponse;
9
10  /**
11   * Servlet implementation class Banner
12   */
13  @WebServlet("/Banner")
14  public class Banner extends HttpServlet {
15      private static final long serialVersionUID = 1L;
16
17    /**
18     * @see HttpServlet#HttpServlet()
19     */
20    public Banner() {
21      super();
22      //TODO Auto-generated constructor stub
23    }
24
25      /**
26       *    @see HttpServlet#doGet(HttpServletRequest request,
             HttpServletResponse
27      *response)
28      */
29      protectedvoiddoGet(HttpServletRequest request, HttpServletResponse response)
30                                  throws ServletException, IOException {
31          //TODO Auto-generated method stub
32          response.getWriter().append("<h1>광고영역</h1>");
33      }
34
35      /**
36       *    @see HttpServlet#doPost(HttpServletRequest request,
             HttpServletResponse
```

```java
37                  *response)
38           */
39          protected void doPost(HttpServletRequest request, HttpServletResponse response)
40                                          throws ServletException, IOException {
41              //TODO Auto-generated method stub
42              doGet(request, response);
43          }
44
45   }
```

〈ch6_1.MyServlet3.java〉

```java
1    package ch6_1;
2
3    import java.io.IOException;
4    import java.io.PrintWriter;
5
6    import javax.servlet.RequestDispatcher;
7    import javax.servlet.ServletException;
8    import javax.servlet.annotation.WebServlet;
9    import javax.servlet.http.HttpServlet;
10   import javax.servlet.http.HttpServletRequest;
11   import javax.servlet.http.HttpServletResponse;
12
13   /**
14    * Servlet implementation class MyServlet3
15    */
16   @WebServlet("/MyServlet3")
17   public class MyServlet3 extends HttpServlet {
18       private static final long serialVersionUID = 1L;
19
20       /**
21        * @see HttpServlet#HttpServlet()
22        */
23       public MyServlet3() {
24           super();
25           //TODO Auto-generated constructor stub
26       }
27
28       /**
29        *      @see HttpServlet#doGet(HttpServletRequest request,
                HttpServletResponse
```

```java
30		 *	response)
31		 */
32		protected void doGet(HttpServletRequest request, HttpServletResponse response)
33				throws ServletException, IOException {
34			//TODO Auto-generated method stub
35	
36			//요청과 응답의 인코딩 설정
37			request.setCharacterEncoding("euc-kr");
38			response.setContentType("text/html; charset=EUC-KR");
39			response.setCharacterEncoding("euc-kr");
40	
41			PrintWriter out = response.getWriter();
42	
43			out.print("<html><body>");
44			out.print("<h3>body 내용</h3>");
45			out.print("내용<br>");
46			out.print("내용<br>");
47			out.print("내용<br>");
48	//		RequestDispatcher dispatcher =
49	//			getServletContext().getRequestDispatcher("/Banner");
50			RequestDispatcher dispatcher = request.getRequestDispatcher("/Banner");
51			if (dispatcher != null) {
52				dispatcher.include(request, response);
53			}
54			out.print("</body></html>");
55		}
56	
57		/**
58		 *	@see HttpServlet#doPost(HttpServletRequest request, HttpServletResponse
59		 *	response)
60		 */
61		protected void doPost(HttpServletRequest request, HttpServletResponse response)
62				throws ServletException, IOException {
63			//TODO Auto-generated method stub
64			doGet(request, response);
65		}
66	
67	}
```

● 소스 분석 ●

줄 번호	설명
	<ch6_1.Banner.java>는 배너 내용을 작성한 서블릿으로 URL 패턴을 "/Banner"로 등록하였다.
43 ~ 47	현재 페이지 내용을 작성한다.
50	RequestDispatcher 객체를 획득한다. 그리고 사용할 자원의 URL을 "/Banner"로 등록하였다.
52	"/Banner" 페이지를 현재 페이지에 포함한다.

실행 결과

/MyServlet3을 실행하면 배너 내용이 포함되어 실행된다.

body 내용

내용
내용
내용

광고영역

2 기존 요청을 유지하여 다른 페이지로 이동하기 – forward

현재 페이지의 버퍼(Buffer)를 비우고 다른 페이지로 이동하는 방식이 forward이다. 현재 페이지 작업이 끝나고 다른 페이지로 이동할 때 많이 사용되는 방법이다. 다음 코드는 forward( )로 페이지 이동하는 간단한 코드를 보여준다.

```
//RequestDispatcher 객체 획득
//getRequestDispatcher( )의 파라메티는 사용할 자원의 경로

RequestDispatcher dispatcher = request.getRequestDispatcher("/Next");

if (dispatcher != null) {

        //forward( )로 지정한 경로의 페이지로 이동
        dispatcher.forward(request, response);
}
```

위 코드를 완성하여 실습해 보자.

⟨ch6_1.Next.java⟩

```java
package ch6_1;

import java.io.IOException;
import javax.servlet.ServletException;
import javax.servlet.annotation.WebServlet;
import javax.servlet.http.HttpServlet;
import javax.servlet.http.HttpServletRequest;
import javax.servlet.http.HttpServletResponse;

/**
 * Servlet implementation class Next
 */
@WebServlet("/Next")
public class Next extends HttpServlet {
    private static final long serialVersionUID = 1L;

    /**
     * @see HttpServlet#HttpServlet()
     */
    public Next() {
        super();
        //TODO Auto-generated constructor stub
    }

        /**
         *      @see HttpServlet#doGet(HttpServletRequest request,
                HttpServletResponse
        *response)
         */
        protected void doGet(HttpServletRequest request, HttpServletResponse response)
                                            throws ServletException, IOException {
            //TODO Auto-generated method stub
            response.getWriter().append("<h3>forward로 이동한 페이지</h3>");
        }

        /**
```

```
36              *          @see HttpServlet#doPost(HttpServletRequest request,
                           HttpServletResponse
37              *response)
38              */
39             protected void doPost(HttpServletRequest request,
               HttpServletResponse response)
40                                     throws ServletException, IOException {
41                     //TODO Auto-generated method stub
42                     doGet(request, response);
43             }
44
45     }
```

〈ch6_1.MyServlet4.java〉

```
1      package ch6_1;
2
3      import java.io.IOException;
4      import java.io.PrintWriter;
5
6      import javax.servlet.RequestDispatcher;
7      import javax.servlet.ServletException;
8      import javax.servlet.annotation.WebServlet;
9      import javax.servlet.http.HttpServlet;
10     import javax.servlet.http.HttpServletRequest;
11     import javax.servlet.http.HttpServletResponse;
12
13     /**
14      * Servlet implementation class MyServlet4
15      */
16     @WebServlet("/MyServlet4")
17     public class MyServlet4 extends HttpServlet {
18             private static final long serialVersionUID = 1L;
19
20             /**
21              * @see HttpServlet#HttpServlet()
22              */
23             public MyServlet4() {
24                     super();
25                     //TODO Auto-generated constructor stub
26             }
27
```

```java
28      /**
29       *       @see HttpServlet#doGet(HttpServletRequest request,
                 HttpServletResponse
30       *      response)
31       */
32      protected void doGet(HttpServletRequest request, HttpServletResponse response)
33              throws ServletException, IOException {
34          //TODO Auto-generated method stub
35
36          //요청과 응답의 인코딩 설정
37          request.setCharacterEncoding("euc-kr");
38          response.setContentType("text/html; charset=EUC-KR");
39          response.setCharacterEncoding("euc-kr");
40
41          PrintWriter out = response.getWriter();
42
43          out.print("<html><body>");
44          out.print("<h3>이동 전</h3>");
45          out.print("</body></html>");
46
47          RequestDispatcher dispatcher = request.getRequestDispatcher("/Next");
48          if (dispatcher != null) {
49              dispatcher.forward(request, response);
50          }
51
52      }
53
54      /**
55       *       @see HttpServlet#doPost(HttpServletRequest request,
                 HttpServletResponse
56       *      response)
57       */
58      protected void doPost(HttpServletRequest request, HttpServletResponse response)
59              throws ServletException, IOException {
60          //TODO Auto-generated method stub
61          doGet(request, response);
62      }
63
64  }
```

● 소스 분석 ●

줄 번호	설명
43 ~ 45	현재 페이지의 출력 내용이지만 다른 페이지로 이동하므로 실행 시에 볼 수 없다.
47	`RequestDispatcher` 객체를 획득한다. 사용할 자원의 URL을 "/Next"로 등록하였다.
49	`forward( )` 메서드가 실행되어 현재 페이지의 버퍼를 비우고 /Next로 이동한다.

실행 결과

/MyServlet4를 실행하면 현재 버퍼를 비우고 이동하므로 현재 페이지의 내용은 전혀 출력되지 않고, 바로 /Next로 이동한다.

3 새로 요청하여 다른 페이지로 이동하기 – redirect

response 객체의 sendRedirect( ) 메서드로 페이지를 이동할 수도 있다. forward( )와 비슷하지만 forward( )는 request 객체가 유지되지만 sendRedirect( )는 새 request 객체로 요청하므로 유지되지 않는다.

⟨ch6_1. NextRedirect.java⟩

```
1   package ch6_1;
2
3   import java.io.IOException;
4   import java.io.PrintWriter;
5
6   import javax.servlet.ServletException;
7   import javax.servlet.annotation.WebServlet;
8   import javax.servlet.http.HttpServlet;
9   import javax.servlet.http.HttpServletRequest;
10  import javax.servlet.http.HttpServletResponse;
11
```

```java
12  /**
13   * Servlet implementation class NextRedirect
14   */
15  @WebServlet("/NextRedirect")
16  public class NextRedirect extends HttpServlet {
17      private static final long serialVersionUID = 1L;
18
19     /**
20      * @see HttpServlet#HttpServlet()
21      */
22     public NextRedirect() {
23        super();
24        //TODO Auto-generated constructor stub
25     }
26
27        /**
28         * @see HttpServlet#doGet(HttpServletRequest request,
            HttpServletResponse
29        *response)
30        */
31        protectedvoiddoGet(HttpServletRequest request, HttpServletResponse
           response)
32                                      throws ServletException, IOException {
33            //TODO Auto-generated method stub
34
35            //요청과 응답의 인코딩 설정
36            request.setCharacterEncoding("euc-kr");
37            response.setContentType("text/html; charset=EUC-KR");
38            response.setCharacterEncoding("euc-kr");
39
40            PrintWriter out = response.getWriter();
41            out.print("<html><body>");
42            out.print("<h3>redirect로 이동한 페이지</h3>");
43            out.print("</body></html>");
44
45        }
46
47        /**
48         * @see HttpServlet#doPost(HttpServletRequest request,
             HttpServletResponse
```

```
49          *response)
50              */
51          protected void doPost(HttpServletRequest request,
                    HttpServletResponse response)
52                                      throws ServletException, IOException {
53              //TODO Auto-generated method stub
54              doGet(request, response);
55          }
56
57      }
```

〈ch6_1.MyServlet5.java〉

```
1   package ch6_1;
2
3   import java.io.IOException;
4   import java.io.PrintWriter;
5
6   import javax.servlet.ServletException;
7   import javax.servlet.annotation.WebServlet;
8   import javax.servlet.http.HttpServlet;
9   import javax.servlet.http.HttpServletRequest;
10  import javax.servlet.http.HttpServletResponse;
11
12  /**
13   * Servlet implementation class MyServlet5
14   */
15  @WebServlet("/MyServlet5")
16  public class MyServlet5 extends HttpServlet {
17      private static final long serialVersionUID = 1L;
18
19     /**
20      * @see HttpServlet#HttpServlet()
21      */
22     public MyServlet5() {
23         super();
24         //TODO Auto-generated constructor stub
25     }
26
27        /**
```

```java
28       * @see HttpServlet#doGet(HttpServletRequest request, HttpServletResponse
29      *response)
30       */
31      protected void doGet(HttpServletRequest request, HttpServletResponse response)
32                                  throws ServletException, IOException {
33          //TODO Auto-generated method stub
34
35          //요청과 응답의 인코딩 설정
36          request.setCharacterEncoding("euc-kr");
37          response.setContentType("text/html; charset=EUC-KR");
38          response.setCharacterEncoding("euc-kr");
39
40          PrintWriter out = response.getWriter();
41
42          out.print("<html><body>");
43          out.print("<h3>이동 전</h3>");
44          out.print("</body></html>");
45
46          response.sendRedirect(request.getContextPath()+"/NextRedirect");
47      }
48
49      /**
50       * @see HttpServlet#doPost(HttpServletRequest request, HttpServletResponse
51      *response)
52       */
53      protected void doPost(HttpServletRequest request, HttpServletResponse response)
54                                  throws ServletException, IOException {
55          //TODO Auto-generated method stub
56          doGet(request, response);
57      }
58
59  }
```

● 소스 분석 ●	
줄 번호	설명
46	`response.sendRedirect( )` 메서드는 클라이언트에게 경로로 지정한 페이지를 요청하도록 시킨다. 즉, 새 요청으로 페이지가 이동되므로 이동한 페이지에서 사용하는 `request` 객체는 이전 페이지에서 사용했던 것이 아니다. 이에 비해 `forward( )`는 파라메터로 현재 페이지의 `request`와 `response`를 전달하므로 요청이 유지 된다. 이는 `request`에 정보를 저장했을 때 큰 차이가 나므로 꼭 기억해야 한다. `request.getContextPath( )` 메서드는 현재 웹 어플리케이션의 기본 경로(`Context Path`)를 반환한다. 이클립스에서는 프로젝트의 기본 경로를 프로젝트 명과 동일하게 설정한다.

실행 결과

/MyServlet5를 실행하면 /NextRedirect 페이지를 새로 요청하므로 현재 페이지의 내용은 전혀 출력되지 않고, 바로 /NextRedirect로 이동한다.

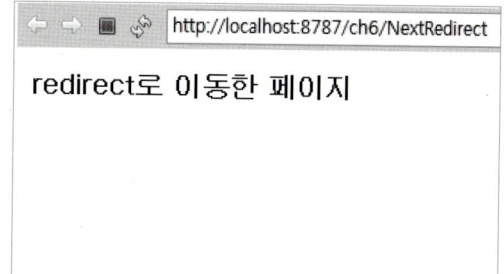

5 ▶ 스코프(Scope) 객체

일반적으로 웹 어플리케이션은 많은 웹 페이지들로 구성되기 때문에 다른 페이지로 이동하는 경우가 많다. 특히, 한 페이지에서 요청 처리를 완료하지 못하고 다른 페이지로 이어지는 경우 현재 페이지에서 사용했던 정보를 다른 페이지로 전달해야 한다. 하지만 페이지가 이동될 때마다 여러 정보를 전달하는 것은 매우 번거로우므로 정보를 공유하는 방법이 더 적합할 것이다. 그래서 자바 웹 프로그래밍에서는 정보 공유를 위한 스코프(Scope) 객체를 제공한다. 이름에서 예측할 수 있듯이 각 객체는 정보를 유지하는 범위가 다르다.

〈스코프 객체와 정보 공유 범위〉

객체명	클래스	정보 공유 범위
page	javax.servlet.jsp.JspContext	현재 페이지 내에서만 공유
request	javax.servlet.ServletRequest	요청에 대한 응답이 전달될 때까지 정보 공유
session	javax.servlet.http.HttpSession	클라이언트와 연결이 끊길 때까지 정보 공유
application	javax.servlet.ServletContext	웹 어플리케이션이 종료할 때까지 정보 공유

이 스코프 객체들은 모두 정보를 저장하거나 저장된 정보를 추출하는 메서드를 제공한다.

- void setAttribute(String name, Object value)
  스코프 객체에 정보를 저장한다. 첫 번째 파라메터는 정보의 이름, 두 번째 파라메터는 저장할 값을 할당한다. 저장할 값의 타입이 Object이므로 어떤 타입의 값도 저장이 가능하다.

- Object getAttribute(String name)
  스코프 객체에 저장한 정보를 읽는다. 파라메터는 정보의 이름을 할당하고 반환 값은 읽은 정보의 값이다. 값의 타입이 Object이므로 원래의 타입으로 다운 캐스팅하여 사용해야 한다.

〈ch6_1.MyServlet6.java〉

```
1    package ch6_1;
2
3    import java.io.IOException;
4
5    import javax.servlet.RequestDispatcher;
6    import javax.servlet.ServletContext;
7    import javax.servlet.ServletException;
8    import javax.servlet.annotation.WebServlet;
9    import javax.servlet.http.HttpServlet;
10   import javax.servlet.http.HttpServletRequest;
11   import javax.servlet.http.HttpServletResponse;
12   import javax.servlet.http.HttpSession;
13
14   /**
15    * Servlet implementation class MyServlet6
16    */
17   @WebServlet("/MyServlet6")
```

```
18  public class MyServlet6 extends HttpServlet {
19       private static final long serialVersionUID = 1L;
20
21    /**
22     * @see HttpServlet#HttpServlet()
23     */
24    public MyServlet6() {
25      super();
26      //TODO Auto-generated constructor stub
27    }
28
29       /**
30        *       @see HttpServlet#doGet(HttpServletRequest request,
              HttpServletResponse
31       *response)
32       */
33      protectedvoiddoGet(HttpServletRequest request, HttpServletResponse
        response)
34                              throws ServletException, IOException {
35              //TODO Auto-generated method stub
36
37              //request 객체에 정보 저장
38              //현재 요청에 대한 응답이 전달되기 전까지 유효
39              request.setAttribute("requestInfo", "test1");
40
41              //session 객체 획득
42              HttpSession session = request.getSession();
43
44              //session에 정보 저장
45              //클라이언트와 연결이 끊길 때까지 유효
46              session.setAttribute("sessionInfo", "test2");
47
48              //ServletContext 객체 획득. 어플리케이션 전체에 대한 정보 공유
49              ServletContext application = getServletContext();
50
51              //application 객체에 정보 저장
52              //이 어플리케이션이 종료할 때까지 모든 파일이 공유
53              application.setAttribute("applicationInfo", "test3");
54
55              RequestDispatcher dispatcher =
```

```
56                              request.getRequestDispatcher("/MyServlet7");
57                 if (dispatcher != null) {
58                     dispatcher.forward(request, response);
59                 }
60         }
61
62         /**
63          * @see HttpServlet#doPost(HttpServletRequest request,
                HttpServletResponse
64          *response)
65          */
66         protected void doPost(HttpServletRequest request,
            HttpServletResponse response)
67                               throws ServletException, IOException {
68                 //TODO Auto-generated method stub
69                 doGet(request, response);
70         }
71
72 }
```

● 소스 분석 ●

줄 번호	설명
39	request 객체에 정보를 저장한다.
42	session 객체를 획득한다. session은 new로 생성하지 말고 request 객체로부터 획득해야 현재 사용되고 있는 세션을 사용할 수 있다. 세션은 클라이언트와의 연결을 유지하는 방법이다.
46	session에 정보를 저장한다.
49	ServletContext 객체를 획득한다. 어플리케이션 전체에 대한 정보를 공유한다.
53	application 객체에 정보를 저장한다.

〈ch6_1.MyServlet7.java〉

```
1   package ch6_1;
2
3   import java.io.IOException;
4   import java.io.PrintWriter;
5
```

```
 6    import javax.servlet.ServletContext;
 7    import javax.servlet.ServletException;
 8    import javax.servlet.annotation.WebServlet;
 9    import javax.servlet.http.HttpServlet;
10    import javax.servlet.http.HttpServletRequest;
11    import javax.servlet.http.HttpServletResponse;
12    import javax.servlet.http.HttpSession;
13
14    /**
15     * Servlet implementation class MyServlet7
16     */
17    @WebServlet("/MyServlet7")
18    public class MyServlet7 extends HttpServlet {
19         private static final long serialVersionUID = 1L;
20
21         /**
22          * @see HttpServlet#HttpServlet()
23          */
24         public MyServlet7() {
25              super();
26              //TODO Auto-generated constructor stub
27         }
28
29         /**
30          *    @see HttpServlet#doGet(HttpServletRequest request, HttpServletResponse
31          *    response)
32          */
33         protectedvoiddoGet(HttpServletRequest request, HttpServletResponse response)
34                                              throws ServletException, IOException {
35              //TODO Auto-generated method stub
36
37              //요청과 응답의 인코딩 설정
38              request.setCharacterEncoding("euc-kr");
39              response.setContentType("text/html; charset=EUC-KR");
40              response.setCharacterEncoding("euc-kr");
41
42              //session 획득
43              HttpSession session = request.getSession();
44
```

```java
45              //request 객체에 저장된 정보 읽기
46              String requestInfo = (String) request.getAttribute("requestInfo");
47
48              //session 객체에 저장된 정보 읽기
49              String sessionInfo = (String) session.getAttribute("sessionInfo");
50
51              //ServletContext 객체 획득
52              ServletContext application = getServletContext();
53
54              //application 객체에 저장된 정보 읽기
55              String applicationInfo = (String) application.getAttribute("applicationInfo");
56
57              PrintWriter out = response.getWriter();
58
59              out.print("<html><body>");
60              out.print("requestInfo: " + requestInfo + "<br>");
61              out.print("sessionInfo: " + sessionInfo + "<br>");
62              out.print("applicationInfo: " + applicationInfo + "<br>");
63              out.print("</body></html>");
64          }
65
66          /**
67           * @see HttpServlet#doPost(HttpServletRequest request, HttpServletResponse
68           *      response)
69           */
70          protected void doPost(HttpServletRequest request, HttpServletResponse response)
71                  throws ServletException, IOException {
72              //TODO Auto-generated method stub
73              doGet(request, response);
74          }
75
76      }
```

● 소스 분석 ●

줄 번호	설명
46	`request` 객체에 저장된 정보를 읽는다.
49	`session` 객체에 저장된 정보를 읽는다.
55	`application` 객체에 저장된 정보를 읽는다.

실행 결과

〈실행 1〉 /MyServlet6을 실행한다.

/MyServlet6을 실행하면 다음과 같이 모든 정보가 정상적으로 출력된다. request 객체는 클라이언트에 응답을 보낼 때까지 유효하므로 이동 페이지인 /MyServlet7까지만 유효하다.

〈실행 2〉 바로 /MyServlet7을 실행한다.

request가 새 객체 이므로 저장된 정보가 없다. 아래 실행 화면을 보면 request의 정보는 null이다. 하지만 session에 저장한 정보는 연결이 끊길 때까지 유효하다. 이클립스에서 웹 페이지를 새로 시작해도 세션은 유지되므로 session 정보는 정상 출력된다. application 객체는 어플리케이션을 종료하기 전까지는 자유롭게 사용이 가능하다.

〈실행 3〉 이클립스에서 실행하지 않고 외부 웹 브라우저에서 /MyServlet7을 실행한다.

request와 session이 모두 새 객체 이므로 모두 null로 출력된다.

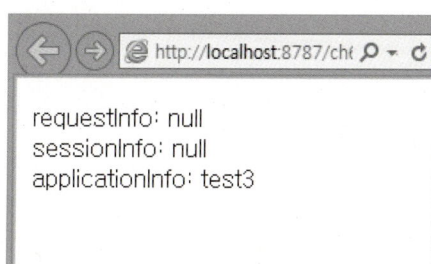

6 ▸ forward와 redirect의 차이

이번에는 redirect 방식으로 페이지를 이동하였을 때 request의 정보가 유지되는가를 확인해 보자.

〈ch6_1.MyServlet8.java〉

```java
package ch6_1;

import java.io.IOException;
import javax.servlet.ServletException;
import javax.servlet.annotation.WebServlet;
import javax.servlet.http.HttpServlet;
import javax.servlet.http.HttpServletRequest;
import javax.servlet.http.HttpServletResponse;

/**
 * Servlet implementation class MyServlet8
 */
@WebServlet("/MyServlet8")
public class MyServlet8 extends HttpServlet {
    private static final long serialVersionUID = 1L;

    /**
     * @see HttpServlet#HttpServlet()
     */
    public MyServlet8() {
        super();
        //TODO Auto-generated constructor stub
    }

    /**
     *      @see HttpServlet#doGet(HttpServletRequest request,
            HttpServletResponse
     *      response)
     */
    protected void doGet(HttpServletRequest request, HttpServletResponse response)
            throws ServletException, IOException {
        //TODO Auto-generated method stub
        request.setAttribute("redirectInfo", "test1");
```

```
33                    response.sendRedirect(request.getContextPath( ) + "/
                      MyServlet9");
34            }
35
36        /**
37         *    @see HttpServlet#doPost(HttpServletRequest request,
                  HttpServletResponse
38         * response)
39         */
40        protected void doPost(HttpServletRequest request,
              HttpServletResponse response)
41                    throws ServletException, IOException {
42            //TODO Auto-generated method stub
43            doGet(request, response);
44        }
45
46    }
```

● 소스 분석 ●

줄 번호	설명
32	request 객체에 정보를 저장한다.
33	redirect로 /MyServlet9로 이동한다.

⟨ch6_1.MyServlet9.java⟩

```
1    package ch6_1;
2
3    import java.io.IOException;
4    import java.io.PrintWriter;
5
6    import javax.servlet.ServletException;
7    import javax.servlet.annotation.WebServlet;
8    import javax.servlet.http.HttpServlet;
9    import javax.servlet.http.HttpServletRequest;
10   import javax.servlet.http.HttpServletResponse;
11
12   /**
13    * Servlet implementation class MyServlet9
```

```java
 */
@WebServlet("/MyServlet9")
public class MyServlet9 extends HttpServlet {
    private static final long serialVersionUID = 1L;

    /**
     * @see HttpServlet#HttpServlet()
     */
    public MyServlet9() {
        super();
        //TODO Auto-generated constructor stub
    }

    /**
     * @see HttpServlet#doGet(HttpServletRequest request, HttpServletResponse
     *      response)
     */
    protectedvoiddoGet(HttpServletRequest request, HttpServletResponse response)
                    throws ServletException, IOException {
        //TODO Auto-generated method stub
        //요청과 응답의 인코딩 설정
        request.setCharacterEncoding("euc-kr");
        response.setContentType("text/html; charset=EUC-KR");
        response.setCharacterEncoding("euc-kr");

        String info = (String) request.getAttribute("redirectInfo");

        PrintWriter out = response.getWriter();

        out.print("<html><body>");
        out.print("info: " + info);
        out.print("</body></html>");
    }

    /**
     * @see HttpServlet#doPost(HttpServletRequest request, HttpServletResponse
     *      response)
```

```
51          */
52          protected void doPost(HttpServletRequest request, HttpServletResponse response)
53                       throws ServletException, IOException {
54              //TODO Auto-generated method stub
55              doGet(request, response);
56          }
57
58      }
```

● 소스 분석 ●

줄 번호	설명
39	request 객체에 저장된 정보를 읽지만 redirect로 이동했기 때문에 이전 페이지에서 사용하던 request 객체가 아니라 새 request 객체이다. 그러므로 값은 null이다.

실행 결과

redirect로 이동하면 새 request 객체로 페이지를 요청하므로 이전 request에 저장한 정보는 존재하지 않는다. forward와 redirect의 차이를 그림으로 확인할 수 있다.

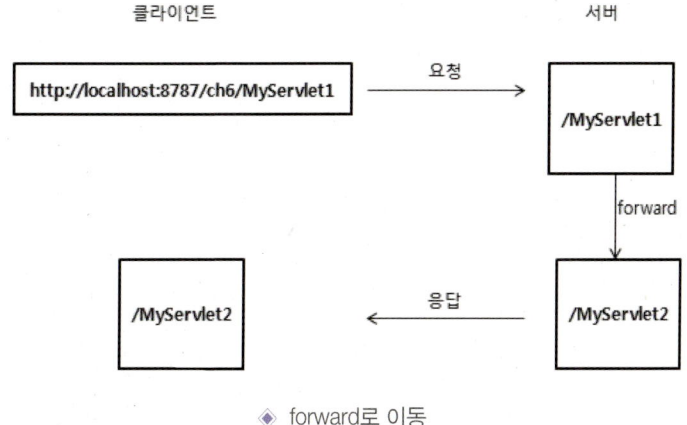

◆ forward로 이동

forward는 그림에서 보듯이 서버 내에서 페이지 이동이 실행된다.

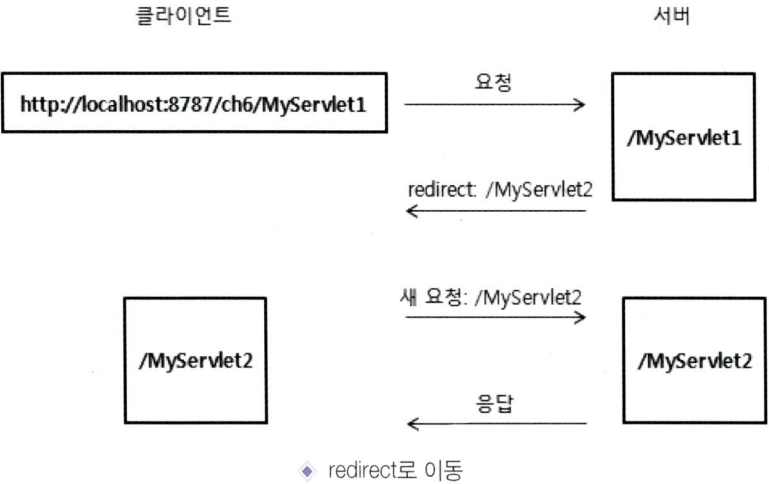

◆ redirect로 이동

redirect는 클라이언트에 이동할 페이지를 새로 요청하게 한다.

제 07 장

서블릿(Servlet)과 MVC

제 07 장 서블릿(Servlet)과 MVC

웹 서비스는 요청과 응답으로 이루어진다. 웹 서버는 다양한 종류의 요청을 받을 수 있고, 그 요청에 대응하는 다양한 응답을 전달해야 한다. 이러한 서비스가 가능 하려면 서버는 받은 요청의 종류가 무엇인가를 확인하고, 그에 적합한 응답을 생성하도록 구현해야 하는데 이에 적합한 개발 방법이 MVC 패턴이다. MVC는 Model-View-Controller의 약자로 프로그램의 구조를 다음의 세 가지 패턴으로 구현하는 방법이다.

- Model - 어플리케이션에서 사용하는 데이터
- View - 뷰, 즉 사용자와 상호 작용할 UI
- Controller - 프로그램의 흐름 제어

모델(Model)은 어플리케이션에서 사용하는 데이터를 처리하고, 비즈니스 로직(Logic)을 담당하며, 뷰(View)는 사용자로부터 입력을 받거나 처리 결과를 사용자에게 보여주는 UI를 담당한다. 컨트롤러(Controller)는 어플리케이션 전체의 흐름을 제어하므로 프로그램의 핵심 부분이라 할 수 있다. 웹 어플리케이션에서 서블릿(Servlet)은 컨트롤러를 구현하는데 사용된다. 클라이언트의 요청을 받아 그 요청이 어떤 종류인지를 확인하고, 그에 맞는 비즈니스 로직을 찾아 실행해 주는 일을 담당하는 컨트롤러를 서블릿으로 구현한다.

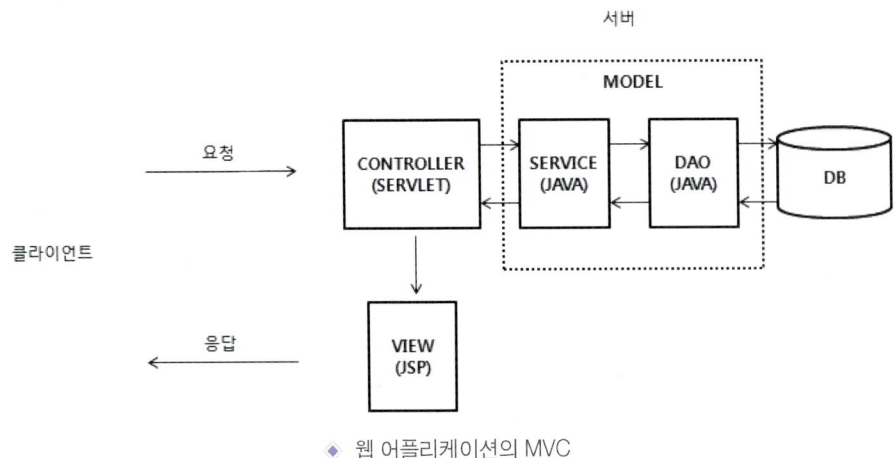

◆ 웹 어플리케이션의 MVC

앞의 그림은 웹 어플리케이션의 MVC 디자인 패턴을 나타낸다. 실제로 웹 어플리케이션을 개발하는 방법이기도 하다. 클라이언트의 요청은 컨트롤러가 받는다. 컨트롤러는 받은 요청을 어떻게 처리해야 하는가를 분석하여 요청한 기능을 실행한다. 기능은 서비스(SERVICE) 클래스가 제공한다. 서비스는 프로그램에서 제공할 기능 즉, 비즈니스 로직을 구현한다. 프로그램의 기능을 구현할 때 데이터베이스의 데이터를 사용해야 하는 경우도 많다. 데이터베이스에 접근해서 필요한 데이터를 읽고 쓰는 동작을 구현하는 클래스를 DAO(Database Access Object)라고 한다. 그래서 SERVICE에서 데이터 처리가 필요하면 DAO를 사용한다. 이렇게 컨트롤러가 요청을 받으면 요청에 따라 처리할 기능을 선택하여 SERVICE의 해당 기능을 호출하고, SERVICE에서 그 기능을 수행하는데 데이터 처리가 필요하면 DAO를 사용한다. 이러한 과정으로 요청을 처리한 뒤 결과 페이지인 뷰 페이지를 생성하여 응답으로 전송한다.

웹 어플리케이션의 컨트롤러는 서블릿으로 구현하고, 모델 즉 SERVICE와 DAO는 자바로 구현하며 뷰는 JSP, HTML, JAVA SCRIPT, CSS 등의 스크립트 언어로 구현한다. 그럼 회원가입 기능을 MVC 패턴으로 구현해 보도록 하자.

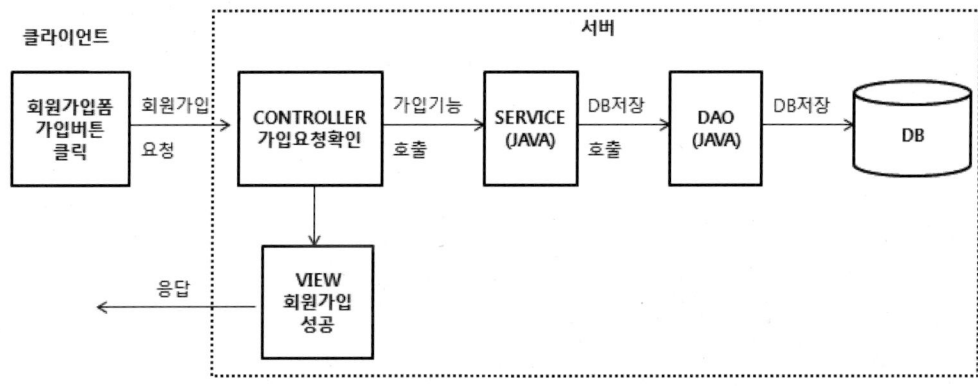

◆ MVC를 적용한 회원가입 기능 구현

회원가입을 구현하려면 위의 그림처럼 컨트롤러 역할의 서블릿, SERVICE, DAO, 뷰 페이지를 작성해야 한다. 또한, 데이터베이스에 데이터를 저장하려면 테이블을 생성해야 한다.

1 ▶ 테이블 생성하기

앞의 회원가입 단계를 설명한 그림을 보면 폼에 입력한 사용자의 정보가 컨트롤러를 통해 서비스 → DAO → DB에 순차적으로 전달되는 것을 볼 수 있다. 사용자의 정보가 마지막으로 저장되는 곳이 DB이므로 해당 정보들을 저장할 테이블을 DB에 생성해야 한다. 회원가입에 입력할 정보는 많지만 이번 예(보기)에서는 아이디, 비밀번호, 이름, 이메일만 저장하도록 하겠다. 그럼 이 정보를 저장할 테이블을 만들자. 오라클 프로그램 Run SQL Command Line을 실행하여 로그인 한 뒤 다음의 테이블 생성 명령을 실행한다.

```
create table member(
id varchar2(20) primary key,
pwd varchar2(20) not null,
name varchar2(20),
email varchar2(50)
);
```

〈명령 실행 모습〉

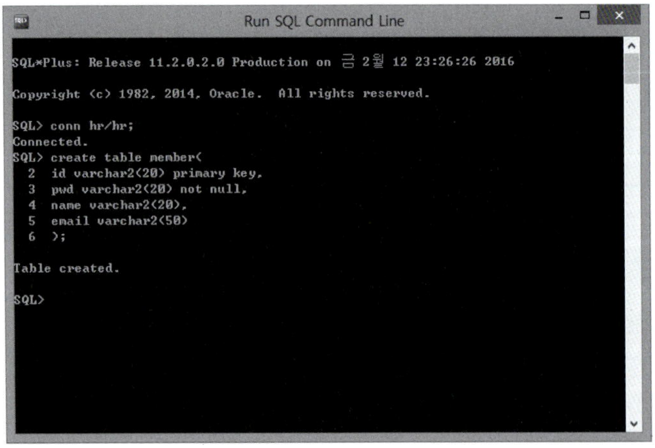

2 ▶ 프로젝트 생성하기

회원가입을 MVC로 구현하기 위한 새 프로젝트 ch7을 생성한다. 프로젝트 생성 방법이 생각나지 않는 독자는 5장의 마지막 부분을 참고한다. 새 프로젝트 내의 파일 구성은 다음 그림과 같다.

먼저, 웹 어플리케이션이 DB와 연동하려면 드라이버를 WEB-INF/lib 폴더에 저장해야 한다. 그림의 가장 아래 부분을 보면 lib 폴더에 ojdbc6.jar가 보인다. 이 파일은 오라클 설치 시 기본 경로로 설치했다면 C:₩oraclexe₩app₩oracle₩product₩11.2.0₩server₩jdbc₩lib 경로에 있으므로 lib에 복사한다. 웹 프로젝트의 src 폴더는 자바 파일이 저장되는 곳이므로 DTO, DAO, SERVICE, CONTROLLER 모두를 이 폴더에 저장한다. 그런데 프로그램 개발을 하다 보면 클래스가 많이 생성되므로 종류별로 패키지를 분리하여 저장하는 것이 바람직하다. 프로젝트 conn 패키지는 데이터베이스 연결을 수립하는 클래스 DBConnect를 포함하였고, controller 패키지에는 컨트롤러를 구현한 서블릿, dao는 데이터베이스 처리를 담당하는 DAO 클래스, service 패키지는 기능을 구현한 SERVICE 클래스, model 패키지는 DTO 클래스를 포함한다. DTO란 Data Transfer Object의 약자로 테이블의 한 줄을 구성하는 여러 컬럼 값들을 하나로 묶어주는 역할을 한다. 이 프로그램에서는 DTO로 Member 클래스를 생성하였는데 이 클래스는 member 테이블의 컬럼인 아이디, 비밀번호, 이름, 이메일을 하나로 묶는다. 프로젝트의 WebContent 폴더는 뷰 페이지인 JSP, HTML, JAVA SCRIPT, CSS 등의 스크립트 파일이 저장되는 곳으로 뷰 페이지도 많이 생성되기 때문에 기능별로 분리해서 관리하는 것이 좋다. 그래서 WebContent 안에 member 폴더를 만들고 그 안에 form.jsp와 result.jsp를 생성한다. form.jsp는 웹 어플리케이션의 시작 페이지로 회원가입 폼을 구현한 페이지이고, result.jsp는 회원가입이 완료된 뒤 이동할 결과 페이지이다.

3 ▶ DB 연결 구현하기

먼저 src에 conn 패키지를 만들고 그 안에 DBConnect 클래스를 생성한다. 이 클래스는 데이터베이스에 연결하여 커넥션 객체를 생성하는 코드로 쉽게 생각해서 데이터베이스 시스템을 사용하기 위한 로그인 과정이라고 이해할 수 있다.

〈conn.DBConnect.java〉

```java
package conn;

import java.sql.Connection;
import java.sql.DriverManager;

public class DBConnect {

    private static DBConnect db = new DBConnect();
    private Connection conn = null;

    String jdbc_driver = "oracle.jdbc.driver.OracleDriver";
    String jdbc_url = "jdbc:oracle:thin:@localhost:1521:xe";

    private DBConnect(){
        //TODO Auto-generated constructor stub

    }

    public static DBConnect getInstance(){
        return db;
    }

    public Connection getConnection(){

        try{
            Class.forName(jdbc_driver);

            //데이터베이스의 연결 정보를 이용해 Connection 인스턴스 확보
            conn = DriverManager.getConnection(jdbc_url, "hr", "hr");
        } catch (Exception e){
            e.printStackTrace();
```

```
32                    }
33
34                    return conn;
35            }
36
37    }
```

● 소스 분석 ●

줄 번호	설명
8	클래스를 싱글톤으로 생성한다. 싱글톤은 클래스 외부에서는 객체를 생성할 수 없고, 클래스 안에서 생성한 하나의 객체를 공용으로 사용하는 방법이다. 현재 객체를 static으로 생성하여 클래스 밖에서 헤딩 클래스의 객체 생성 없이 사용할 수 있게 한다.
11 ~ 12	데이터베이스 세션 연결을 위한 정보를 문자열로 저장한다.
14 ~ 17	생성자를 private으로 구현하여 클래스 밖에서는 객체를 생성할 수 없다.
19 ~ 21	싱글톤으로 생성한 객체가 private이므로 클래스 밖에서 이 객체를 획득할 수 있도록 getter를 제공한다.
23 ~ 35	데이터베이스에 연결하여 커넥션 객체를 생성한 뒤 이를 반환한다.
26	커넥션 수립의 첫 단계로 드라이버를 로드한다.
29	데이터베이스의 연결 정보를 이용해 Connection 인스턴스를 생성한다.

4 ▶ DTO 구현하기

src에 model 패키지를 생성하고, 그 안에 Member 클래스를 생성하여 다음과 같이 구현한다.

〈model.Member.java〉

```
1    package model;
2
3    public class Member {
4            private String id;
5            private String pwd;
6            private String name;
7            private String email;
8
```

```java
9      public Member(){}
10     public Member(String id, String pwd, String name, String email) {
11         this.id = id;
12         this.pwd = pwd;
13         this.name = name;
14         this.email = email;
15     }
16
17     public String getId() {
18         return id;
19     }
20     public void setId(String id) {
21         this.id = id;
22     }
23     public String getPwd() {
24         return pwd;
25     }
26     public void setPwd(String pwd) {
27         this.pwd = pwd;
28     }
29     public String getName() {
30         return name;
31     }
32     public void setName(String name) {
33         this.name = name;
34     }
35     public String getEmail() {
36         return email;
37     }
38     public void setEmail(String email) {
39         this.email = email;
40     }
41
42     @Override
43     public String toString() {
44         return "Member [id=" + id + ", pwd=" + pwd + ", name=" + name +
45             ", email=" + email + "]";
46     }
47
48 }
49
```

5 ▶ DAO 구현하기

DAO는 데이터베이스와 연동하여 데이터 처리를 담당하는데 데이터베이스 시스템을 개발한 뒤 바뀔 수도 있다. 이런 일이 발생하면 데이터베이스 시스템에 의존적인 코드는 모두 변환해야 하는데 이는 번거로울 뿐만 아니라 일부분은 수정이 누락될 수도 있다. 그래서 클래스를 부품처럼 교환할 수 있게 개발하는 방법이 인터페이스 기반으로 만드는 것이다. DAO와 SERVICE는 모두 인터페이스를 기반으로 구현한다. 이번 장에서는 회원가입 기능만 구현하므로 이와 관련된 메서드만 구현하도록 하겠다. src에 dao 패키지를 생성하고, 그 안에 인터페이스 JoinDao와 이를 구현한 JoinDaoImpl 클래스를 생성하여 다음과 같이 구현한다.

〈dao.JoinDao.java〉

```
1   package dao;
2
3   import model.Member;
4
5   public interface JoinDao {
6
7       void insert(Member m);
8
9   }
```

〈dao.JoinDaoImpl.java〉

```
1   package dao;
2
3   import java.sql.Connection;
4   import java.sql.PreparedStatement;
5   import java.sql.SQLException;
6   import conn.DBConnect;
7   import model.Member;
8
9   public class JoinDaoImpl implements JoinDao {
10      private DBConnect db;
11
12      public JoinDaoImpl() {
13          db = DBConnect.getInstance();
14      }
15
16      @Override
```

```java
17      public void insert(Member m) {
18          //TODO Auto-generated method stub
19          Connection conn = null;
20      
21          //db에 한 줄 추가하는 sql
22          String sql = "insert into member values(?, ?, ?, ?)";
23      
24          PreparedStatement pstmt = null;
25          try {
26              //커넥션 객체 획득
27              conn = db.getConnection();
28      
29              //java에서 sql을 실행하는 PreparedStatement 객체 생성
30              pstmt = conn.prepareStatement(sql);
31      
32              //sql의 ?파라메터 매칭
33              pstmt.setString(1, m.getId());
34              pstmt.setString(2, m.getPwd());
35              pstmt.setString(3, m.getName());
36              pstmt.setString(4, m.getEmail());
37      
38              //sql 실행
39              pstmt.executeUpdate();
40      
41          } catch (SQLException e) {
42              //TODO Auto-generated catch block
43              e.printStackTrace();
44          } finally {
45              try {
46                  //자원 반환
47                  pstmt.close();
48                  conn.close();
49              } catch (SQLException e) {
50                  //TODO Auto-generated catch block
51                  e.printStackTrace();
52              }
53      
54          }
55      }
56  
57  }
```

● 소스 분석 ●

줄 번호	설명
13	DBConnect 객체를 획득한다.
22	db에 한 줄을 추가하는 sql이다.
27	데이터베이스의 커넥션 객체를 획득한다.
30	java에서 sql을 실행하는 PreparedStatement 객체를 생성한다.
33 ~ 36	sql의 ?파라메터 값을 매칭한다.
39	sql을 실행한다.
47 ~ 48	자원을 반환한다.

6 ▸ SERVICE 구현하기

Src 폴더에 service 패키지를 생성하고, 인터페이스 JoinService와 이를 구현한 JoinServiceImpl 클래스를 생성한다.

⟨service.JoinService.java⟩

```
1   package service;
2
3   import model.Member;
4
5   public interface JoinService {
6
7       void join(Member m);
8
9   }
```

⟨ service.JoinServiceImpl.java⟩

```
1   package service;
2
3   import dao.JoinDao;
4   import dao.JoinDaoImpl;
5   import model.Member;
6
```

```
7    public class JoinServiceImpl implements JoinService {
8
9        private JoinDao dao;
10
11       public JoinServiceImpl() {
12           dao = new JoinDaoImpl();
13       }
14
15       @Override
16       public void join(Member m) {
17           //TODO Auto-generated method stub
18           dao.insert(m);
19       }
20
21   }
```

● 소스 분석 ●

줄 번호	설명
12	서비스에서 DB 작업에 사용할 dao 객체를 생성한다.
18	파라메터 Member 객체의 정보를 DB에 저장하기 위해 dao의 insert( )를 호출한다.

7 ▶ 컨트롤러 구현하기

〈controller.JoinController.java〉

```
1    package controller;
2
3    import java.io.IOException;
4    import javax.servlet.RequestDispatcher;
5    import javax.servlet.ServletException;
6    import javax.servlet.annotation.WebServlet;
7    import javax.servlet.http.HttpServlet;
8    import javax.servlet.http.HttpServletRequest;
9    import javax.servlet.http.HttpServletResponse;
10   import model.Member;
```

```java
11  import service.JoinService;
12  import service.JoinServiceImpl;
13
14  /**
15   * Servlet implementation class JoinController
16   */
17  @WebServlet("/JoinController")
18  public class JoinController extends HttpServlet {
19      private static final long serialVersionUID = 1L;
20
21      /**
22       * @see HttpServlet#HttpServlet()
23       */
24      public JoinController() {
25          super();
26          //TODO Auto-generated constructor stub
27      }
28
29      /**
30       * @see HttpServlet#doGet(HttpServletRequest request, HttpServletResponse
31       *      response)
32       */
33      protectedvoiddoGet(HttpServletRequest request, HttpServletResponse response)
34              throws ServletException, IOException {
35          //TODO Auto-generated method stub
36          //요청과 응답의 인코딩 설정
37          request.setCharacterEncoding("euc-kr");
38          response.setContentType("text/html; charset=EUC-KR");
39          response.setCharacterEncoding("euc-kr");
40
41          JoinService service = new JoinServiceImpl();
42
43          String id = request.getParameter("id");
44          String pwd = request.getParameter("pwd");
45          String name = request.getParameter("name");
46          String email = request.getParameter("email");
47
48          Member m = new Member(id, pwd, name, email);
49          service.join(m);
```

```
50
51                  RequestDispatcher dispatcher =
52                          request.getRequestDispatcher("/member/result.jsp");
53                  if (dispatcher != null) {
54                      dispatcher.forward(request, response);
55                  }
56
57          }
58
59          /**
60           * @see HttpServlet#doPost(HttpServletRequest request,
                  HttpServletResponse
61           *      response)
62           */
63          protected void doPost(HttpServletRequest request, HttpServletResponse response)
64                          throws ServletException, IOException {
65              //TODO Auto-generated method stub
66              doGet(request, response);
67          }
68
69      }
```

● 소스 분석 ●

줄 번호	설명
41	컨트롤러가 요청을 처리하기 위해서는 기능을 구현한 SERVICE 객체가 필요하다. 그래서 사용할 SERVICE 객체를 생성한다.
43 ~ 46	클라이언트가 폼 양식에 작성한 id, pwd, name, email 값을 읽어 변수에 저장한다.
48	읽은 요청 파라메터 값으로 Member 객체를 생성한다.
49	서비스의 회원가입 기능을 구현한 join( ) 메서드를 호출한다.
51 ~ 55	이동할 페이지 경로를 member/result.jsp로 설정하여 forward 방식으로 이동한다.

8 ▶ 뷰 페이지 구현하기

⟨/member/form.jsp⟩

```jsp
1   <%@ page language="java" contentType="text/html; charset=EUC-KR"
2       pageEncoding="EUC-KR"%>
3   <!DOCTYPE html PUBLIC "-//W3C//DTD HTML 4.01 Transitional//EN"
4   "http://www.w3.org/TR/html4/loose.dtd">
5   <html>
6   <head>
7   <meta http-equiv="Content-Type" content="text/html; charset=EUC-KR">
8   <title>Insert title here</title>
9   </head>
10  <body>
11      <h3>회원가입</h3>
12      <form action="/ch7/JoinController" method="post">
13          id: <input type="text" name="id" id="id"><br />
14          pwd:<input type="password" name="pwd"><br />
15          name:<input type="text" name="name"><br />
16          email:<input type="text"name="email"><br />
17          <input type="reset" value="취소">
18          <input type="submit" value="가입"> <br />
19      </form>
20  </body>
21  </html>
```

● 소스 분석 ●

줄 번호	설명
12	폼의 action을 컨트롤러인 서블릿으로 설정한다.

⟨/member/result.jsp⟩

```jsp
1   <%@ page language="java" contentType="text/html; charset=EUC-KR"
2       pageEncoding="EUC-KR"%>
3   <!DOCTYPE html PUBLIC "-//W3C//DTD HTML 4.01 Transitional//EN"
4   "http://www.w3.org/TR/html4/loose.dtd">
5   <html>
6   <head>
```

```
7    <meta http-equiv="Content-Type" content="text/html; charset=EUC-KR">
8    <title>Insert title here</title>
9    </head>
10   <body>
11   <h3>회원가입성공</h3>
12   </body>
13   </html>
```

9 ▶ 실행

form.jsp를 실행하여 회원가입 폼을 작성하고, [가입] 버튼을 클릭한다. 회원가입이 완료되면 가입의 성공 페이지로 이동한다.

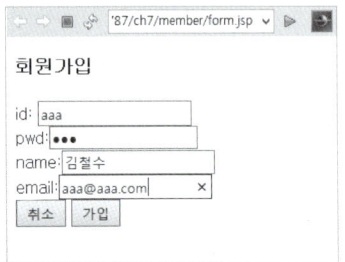

회원가입이 정상처리 되었는지 확인하기 위해서 Run SQL Command Line 프로그램을 실행하여 select 문을 실행한다. 회원가입 폼에 작성한 데이터와 동일하게 저장되었으면 정상처리 된 것이다.

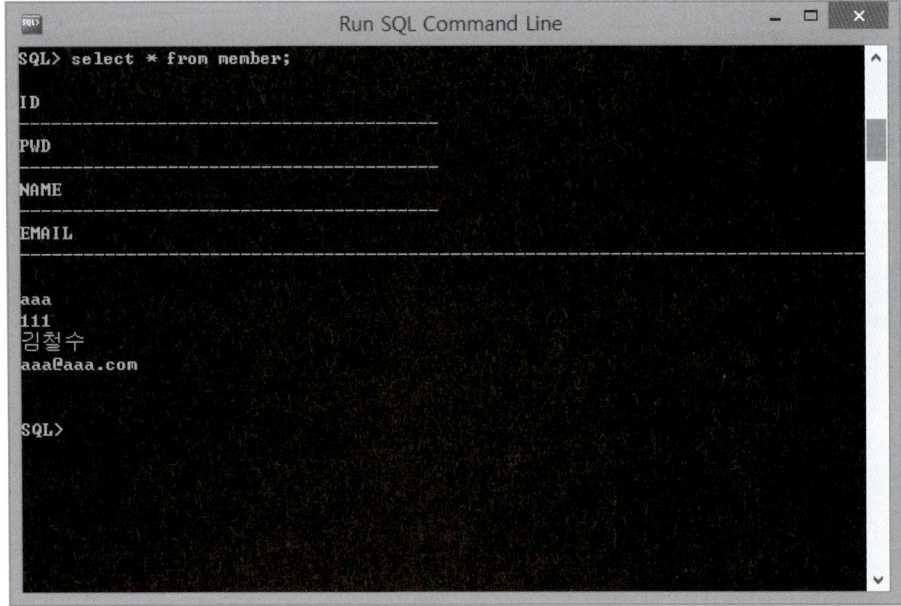

제 **08** 장

자바 서버 페이지(JSP)

제 08 장 자바 서버 페이지(JSP)

JSP는 Java Server Page를 의미하는 단어로 말 그대로 클라이언트에게 바로 전달할 수 없고, 톰캣과 같은 웹 컨테이너의 처리가 필요한 자바 기반의 서버 페이지이다. JSP는 주로 HTML, CSS, JAVA SCRIPT와 함께 뷰 페이지 작성에 사용된다. HTML, CSS, JAVA SCRIPT는 클라이언트 언어이기 때문에 해당 언어로 웹 페이지를 작성하여 클라이언트에 전달하면 웹 브라우저에서 잘 처리하여 실행한다. 하지만 JSP는 서버 언어이기 때문에 클라이언트에 이 언어로 작성된 웹 페이지를 전달하려면 웹 컨테이너가 먼저 처리한 후 페이지를 보내야 한다. 자바 웹 프로그래밍에서 사용되는 서버 언어에는 JSP와 서블릿(Servlet)이다. 서블릿은 앞 장에서 살펴보았듯이 웹 프로그램의 서버 처리 부분을 자바를 사용해서 구현하는데 서블릿은 이를 위해 많은 API를 제공한다. JSP도 서버 처리 부분을 구현하지만 순수 자바 언어가 아닌 자바 기반의 스크립트 언어로 작성한다. JSP 또한 서버 처리를 위한 다양한 API를 제공한다.

1 ▶ JSP 파일의 생성과 라이프 사이클

JSP 파일의 내용은 HTML 파일과 비슷하다. JSP도 결국 클라이언트에 보낼 웹 페이지를 작성하는 것이므로 기본 골격은 HTML로 작성하고, 서버에서 처리해야 하는 코드가 있다면 HTML 코드 사이에 JSP 코드가 추가된다. 그래서 JSP 파일에는 JSP 코드뿐만 아니라 HTML, CSS, JAVA SCRIPT 코드가 혼용되는 경우가 많다. JSP 파일의 확장자는 .jsp로 저장한다.

JSP 파일을 이클립스에서 생성하여 실행해 보자. 새 프로젝트 ch8을 생성한 후 WebContent에서 마우스 오른쪽 버튼을 클릭하고, [New]-[JSP File] 메뉴를 선택하여 JSP 파일 하나를 생성한다.

⟨hello.jsp⟩

```
1   <%@ page language="java" contentType="text/html; charset=EUC-KR"
2       pageEncoding="EUC-KR"%>
3   <!DOCTYPE html PUBLIC "-//W3C//DTD HTML 4.01 Transitional//EN"
4   "http://www.w3.org/TR/html4/loose.dtd">
5   <html>
6   <head>
7   <meta http-equiv="Content-Type" content="text/html; charset=EUC-KR">
8   <title>Insert title here</title>
9   </head>
10  <body>
11      <h3>hello jsp!</h3>
12      <!-- JSP 주석 -->
13      <%
14          //자바 주석
15          int i;
16          for (i = 1; i < 6; i++) {
17      %>
18      <h <%=i%>>hello</h<%=i%>>
19      <%
20          }
21      %>
22  </body>
23  </html>
```

● 소스 분석 ●

줄 번호	설명
1 ~ 2	<%@ %>를 페이지 디렉티브라고 하여 이 JSP 페이지에 대한 여러 종류의 설정을 할 수 있다.
12	JSP의 주석이다.
13 ~ 17	<% %> 이 안에는 자바 코드를 작성할 수 있다. 이 안에서의 주석은 14번 줄처럼 자바 주석을 사용한다.
18	<%= %> 이 안에 자바 변수를 작성하면 HTML에서 자바 변수의 값을 출력한다. 18번 줄은 자바 변수 i의 값을 출력한다. for문에 의해서 18번 줄의 문장이 6번 출력되고 이때 i가 1 ~ 6으로 변경되므로 결국 다음 코드로 컴파일 된다.

```
<h1>hello</h1>
<h2>hello</h2>
<h3>hello</h3>
<h4>hello</h4>
<h5>hello</h5>
<h6>hello</h6>
```

실행 결과

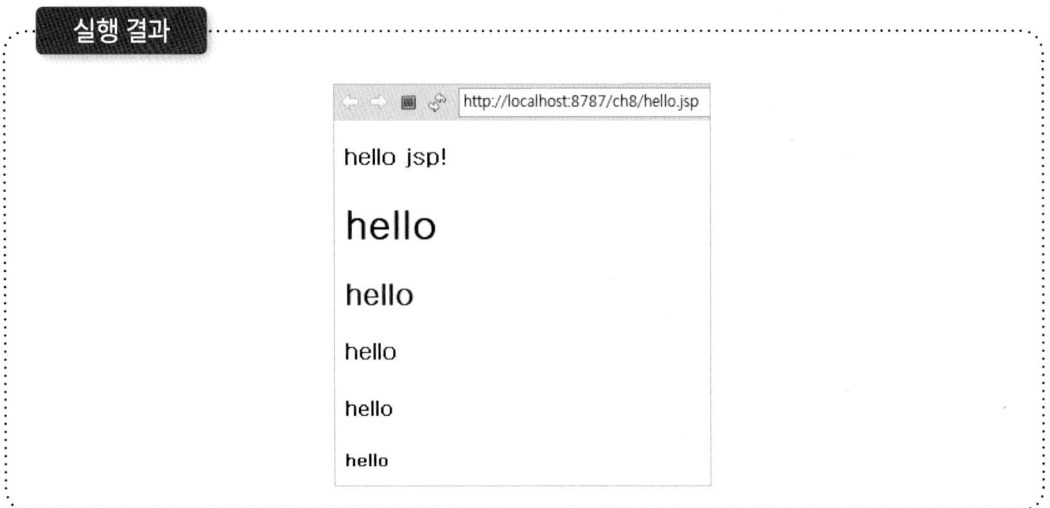

앞 코드에서 보듯이 HTML 코드 사이에 JSP 코드가 추가되는 형태로 작성된다. 그런데 클라이언트 컴퓨터에 JSP 코드를 인식할 수 있는 프로그램이 없을 것이므로 서버에서 HTML 형태로 변환해서 보내주어야 한다. 이렇게 JSP를 클라이언트의 웹 브라우저가 이해할 수 있는 형태로 변환해 주는 프로그램이 웹 컨테이너이다.

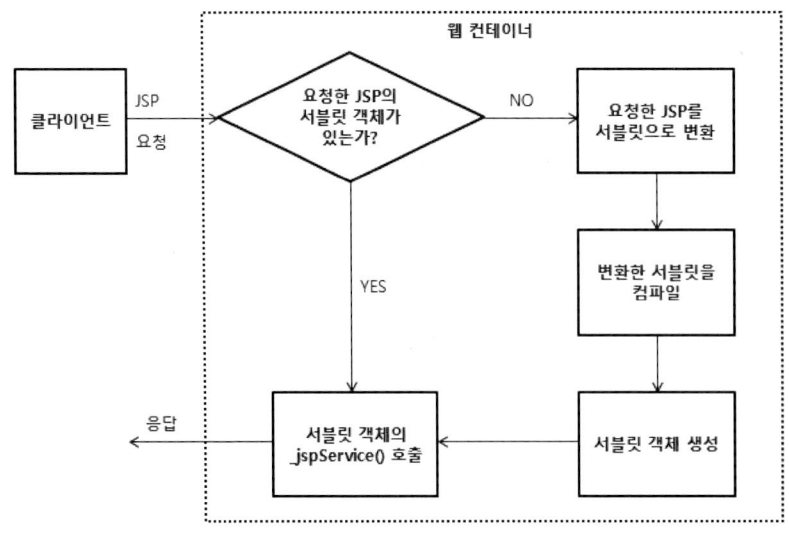

◆ JSP의 변환 과정

웹 컨테이너는 클라이언트가 JSP 파일을 요청하면 JSP를 서블릿으로 변환한다. 서블릿은 자바 코드이므로 이를 컴파일하여 .class 파일을 생성하고 해당 클래스의 객체를 생성한다. 객체가 생성되자마자 초기화 함수인 _jspInit( )이 호출된다. 만약, 요청이 처음이 아니라 이미 서블릿으로 변환되어 클래스의 객체가 있다면 이 과정은 건너뛴다. 생성된 객체의 초기화가 끝나면 클라이언트의 요청을 처리하는 _jspService( ) 메서드가 호출되어 응답을 만들어 전송한다.

JSP 페이지가 한 번이라도 실행되었다면 서블릿으로 변환된다고 했으니 변환된 파일이 있는지를 한 번 확인해 보자. 현재 사용하고 있는 이클립스에서 workspace의 위치를 기준으로 다음 경로의 폴더를 연다. 만약, workspace가 C:₩에 있다면 경로는 다음과 같다.

C:₩workspace₩.metadata₩.plugins₩org.eclipse.wst.server.core₩tmp0₩work₩Catalina₩localhost₩ch8₩org₩apache₩jsp

방금 생성하여 실행했던 hello.jsp가 변환된 서블릿과 해당 서블릿을 컴파일 한 .class 파일이 있을 것이다. 서블릿의 이름은 자동으로 JSP 파일명에 _jsp를 붙인 이름이고, class 파일명은 서블릿과 동일하다.

〈생성된 파일들〉
hello_jsp.java
hello_jsp.class

서블릿(hello_jsp.java) 파일을 열어보자. 그 안에 많은 코드들이 있지만 가장 중요한 것은 _jspInit( ), _jspService( ), _jspDestroy( ) 메서드인데 이것이 JSP 생명 주기 메서드이다.

- public void _jspInit( ) : 서블릿으로 변환되어 객체 생성 시 한 번만 호출된다.

- public void _jspDestroy( ) : 객체가 소멸되기 전 한 번만 호출된다.

- public void _jspService( ) : 클라이언트의 요청이 있을 때마다 반복적으로 호출된다.

JSP는 디렉티브(Directive), 스크립팅(Scripting) 요소, EL(Expression Language) 표현식, 액션 태그 등 여러 요소들로 구성되는데, JSP가 서블릿으로 변환될 때 요소의 종류에 따라서 처리도 달라진다. 디렉티브는 웹 컨테이너가 JSP 페이지를 어떻게 변환하고 실행해야 하는 가를 설정하고, 스크립팅 요소는 변환된 서블릿에 코드로 추가된다. EL 표현식은 JSP의 표현식 처리기에 파라메터로 전달되어 그 결과가 페이지에 적용된다.

액션 태그는 서블릿 API나 자바 빈의 메서드를 호출하도록 처리된다. 이처럼 JSP 파일은 다양한 구성 요소를 포함하고, 웹 컨테이너는 이러한 요소들을 이해하여 적합한 방법으로 처리한다. 앞으로 이러한 구성 요소들이 왜 필요하고, 어떻게 사용하는 가에 대해서 살펴볼 것이다.

2 ▶ 디렉티브(Directive)

디렉티브는 웹 컨테이너가 JSP 페이지를 어떻게 변환하고, 실행해야 하는 가를 설정하는 것으로 종류에는 page, include, taglib 이렇게 세 개의 디렉티브가 있다. page는 세션의 사용 여부나 버퍼 크기, 페이지의 마임 타입, 인코딩 등 JSP 페이지에 대한 설정을 할 수 있고, include는 현재 페이지에 다른 페이지를 포함하도록 설정할 수 있고, taglib는 태그 라이브러리나 사용자 정의 태그를 사용할 때 태그 정의 URI를 설정할 수 있다.

1 〈%@ page %〉

page 디렉티브는 JSP 한 페이지에 대한 설정을 할 수 있다. 이클립스에서 JSP 파일을 생성하면 첫 줄에 항상 다음의 코드가 작성되어 있다.

```
<%@ page language="java" contentType="text/html; charset=EUC-KR"
    pageEncoding="EUC-KR"%>
```

위 코드에서는 page 디렉티브에 language, contentType, pageEncoding 속성이 사용되었는데, language 속성은 해당 페이지에서 사용할 언어를 설정하고, contentType은 해당 페이지의 마임 타입과 인코딩을 설정한다. "text/html"은 웹 페이지를 의미하고, "euc-kr"은 한글 인코딩을 의미한다. page 디렉티브의 속성은 다음과 같다.

〈page 디렉티브 속성〉
- language=["java"]
  페이지에서 사용할 언어를 설정한다. 현재는 java만 가능하다.

- contentType=["TYPE|TYPE; charset=인코딩 종류"]
  페이지의 마임 타입과 인코딩 종류를 설정한다.

- pageEncoding=["인코딩 종류|UTF-8|EUC-KR"]
  페이지의 인코딩을 설정한다.

- extends=[상속받을 클래스명]
  상속 관계를 정의한다.

- import=["임폴트할 클래스명"]
  클래스를 사용하려면 클래스의 풀 네임을 임폴트문에 정의해야 한다.

- session=["true|false"]
  세션의 사용 여부를 설정한다. 디폴트는 true이다.

- buffer=["none|sizekb"]
  페이지의 버퍼 크기를 설정한다. 디폴트는 8kb이고, none으로 설정하면 버퍼를 사용하지 않는다. 그 이외의 크기로 설정하려면 값을 직접 입력한다.

- autoFlush=["true|false"]
  페이지의 버퍼가 가득 차면 어떻게 처리할 것인가를 설정한다. true이면 버퍼가 가득 찼을 때 버퍼를 비우고 강제로 출력한다. false로 설정하면 버퍼가 찼을 때 에러를 발생시킨다.

- errorPage=["에러 페이지 경로"]
  해당 페이지에서 에러가 발생하면 값으로 지정한 에러 페이지로 이동한다.

- isErrorPage=["true|false "]
  true이면 현재 페이지를 에러 처리 페이지로 설정한다. 일반 페이지와 에러 페이지의 차이는 에러 발생 시 예외 객체가 이 페이지로 전달된다.

- isELIgnored=["true|false"]
  페이지 내에서 EL 표현식을 처리할지 무시할지를 설정한다.

- isThreadSafe=["true|false"]
  페이지가 변환될 서블릿의 스레딩 모델을 설정한다. true이면 싱글 쓰레드 모델로 설정하고, false이면 싱글 쓰레드 모델이 아니다.

- info=["page info"]
  페이지에 대한 설명을 작성한다.

2 〈%@ include %〉

include 디렉티브는 다른 페이지를 현재 페이지에 포함하여 하나의 웹 페이지로 만든다.

〈%@ include file="a.jsp"〉

코드를 이렇게 작성하면 해당 위치에 a.jsp의 코드를 그대로 추가한다. 코드가 추가되는 시점은 현재 페이지가 서블릿으로 변환될 때 이루어져 하나의 파일로 컴파일된다. 이 방법은 주로 여러 페이지에서 반복되는 내용을 파일로 따로 작성하여 필요한 페이지마다 추가하는 용도로 사용된다.

〈header.jsp〉

```
1  <%@ page language="java" contentType="text/html; charset=EUC-KR"
2    pageEncoding="EUC-KR"%>
3  <!DOCTYPE html PUBLIC "-//W3C//DTD HTML 4.01 Transitional//EN"
4  "http://www.w3.org/TR/html4/loose.dtd">
5  <html>
6  <head>
7  <meta http-equiv="Content-Type" content="text/html; charset=EUC-KR">
8  <title>Insert title here</title>
9  </head>
10 <body>
11 <h3>header</h3>
12 </body>
13 </html>
```

〈footer.jsp〉

```
1  <%@ page language="java" contentType="text/html; charset=EUC-KR"
2    pageEncoding="EUC-KR"%>
3  <!DOCTYPE html PUBLIC "-//W3C//DTD HTML 4.01 Transitional//EN"
4  "http://www.w3.org/TR/html4/loose.dtd">
5  <html>
6  <head>
7  <meta http-equiv="Content-Type" content="text/html; charset=EUC-KR">
8  <title>Insert title here</title>
9  </head>
10 <body>
11 <h3>footer</h3>
12 </body>
13 </html>
```

⟨body.jsp⟩

```
1   <%@ page language="java" contentType="text/html; charset=EUC-KR"
2       pageEncoding="EUC-KR"%>
3   <!DOCTYPE html PUBLIC "-//W3C//DTD HTML 4.01 Transitional//EN"
4   "http://www.w3.org/TR/html4/loose.dtd">
5   <html>
6   <head>
7   <meta http-equiv="Content-Type" content="text/html; charset=EUC-KR">
8   <title>Insert title here</title>
9   </head>
10  <body>
11  <%@ include file="header.jsp" %>
12  <h3>body</h3>
13  <%@ include file="footer.jsp" %>
14  </body>
15  </html>
```

● 소스 분석 ●

줄 번호	설명
11	이 위치에 include 디렉티브로 header.jsp의 코드를 추가한다.
13	이 위치에 include 디렉티브로 footer.jsp의 코드를 추가한다.

실행 결과

body.jsp를 실행하면 한 페이지에 header.jsp, body.jsp, footer.jsp가 모두 실행된다.

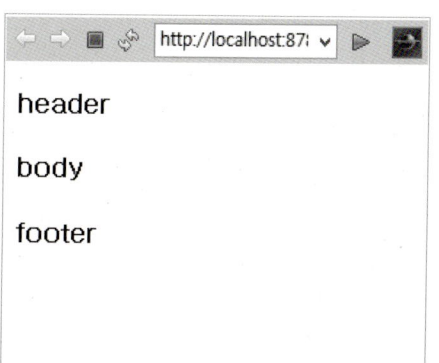

3 <%@ taglib %>

taglib는 태그 라이브러리나 사용자 정의 태그를 사용할 때 태그 정의의 URI를 설정한다. 이에 대해서는 태그 라이브러리와 사용자 정의 태그 단원에서 살펴보도록 하겠다. 다음의 코드는 taglib 디렉티브의 사용 예이다.

<%@ taglib uri="http://java.sun.com/jsp/jstl/core" prefix="c" %>

이 코드는 JSTL 코어 태그를 사용하기 위한 URI 설정이다.

3 ▶ JSP 스크립팅(Scripting) 요소

JSP는 서버 사이드 언어이므로 단순한 뷰 페이지 작성뿐만 아니라 서버에서 처리해야 하는 코드도 추가된다. HTML은 단순히 웹 페이지에 텍스트나 이미지를 출력하는 일을 하지만 JSP는 DB와 연동하여 전달 받은 객체를 인식하고, 그 멤버 변수나 메서드에 접근할 수 있어야 한다. JSP에서 객체를 처리는 코드는 자바로 구현해야 하는데, 이렇게 JSP에서 자바 프로그래밍을 가능하게 하는 것이 JSP 스크립팅 요소이다. JSP 스크립팅의 요소에는 스크립트릿(Scriptlet), 선언부, 표현식이 있다.

1 JSP 스크립트릿(Scriptlet)

스크립트릿은 스크립트 언어를 작성하는 영역으로 현재는 자바로 셋팅되어 있다. 즉, JSP 파일에서 자바 코드를 자유롭게 사용할 수 있는 영역이다. 스크립트릿의 문법은 다음과 같다.

<% 자바 코드 %>

JSP가 서블릿으로 변환될 때 스크립트릿 코드는 자바 코드 그대로 _jspService( )에 작성된다. 만약, 스크립트릿 안에서 변수를 선언하면 이 _jspService( ) 메서드의 지역 변수로 선언된다.

```
1    <body>
2    <%
3      boolean flag = true;
4      if(flag) {
5    %>
6      회원입니다.
```

```
7     <%
8         } else {
9     %>
10        비회원입니다.
11    <%
12        }
13    %>
14    </body>
```

JSP 파일에서 스크립트릿의 위치는 어느 곳이나 상관없고 사용 횟수도 제안이 없다. 앞의 코드는 스크립트릿이 2 ~ 5번 줄, 7 ~ 9번 줄, 11 ~ 13번 줄에서 3번 사용되었다. 2 ~ 5번 줄은 if문으로 변수 flag의 값이 true인가를 확인한다. 이 if문의 블록은 8번 줄에서 끝난다. 즉, 다음 스크립트릿까지 코드가 이어질 수 있음을 보여준다. 앞의 코드는 flag가 true이면 "회원입니다.", false이면 "비회원입니다."가 출력된다.

〈multi_table.jsp〉

```
1     <%@ page language="java" contentType="text/html; charset=EUC-KR"
2             pageEncoding="EUC-KR"%>
3     <!DOCTYPE html PUBLIC "-//W3C//DTD HTML 4.01 Transitional//EN"
4     "http://www.w3.org/TR/html4/loose.dtd">
5     <html>
6     <head>
7     <meta http-equiv="Content-Type" content="text/html; charset=EUC-KR">
8     <title>Insert title here</title>
9     </head>
10    <body>
11        <h3>구구단</h3>
12        <table border="1" cellspacing="0">
13            <tr>
14                <%
15                    int i, j;
16                    for (i = 2; i < 10; i++) {
17                %>
18                <td><%=i%>단</td>
19                <%
20                    }
21                %>
22            </tr>
23            <tr>
```

```
24                    <%
25                        for(i = 2; i < 10; i++) {
26                            out.print("<td>");
27                            for(j = 1; j < 10; j++) {
28                                out.print(i + " * " + j + " = " + (i * j) + "<br>");
29                            }
30                            out.print("</td>");
31                        }
32                    %>
33                </tr>
34        </table>
35    </body>
36 </html>
```

● 소스 분석 ●

줄 번호	설명
14 ~ 21	for문으로 i가 1 ~ 9까지 반복하여 제목 칸을 만들고 그 안에 단 수를 출력한다. 18번 줄이 단을 출력하는데, <%=%>을 사용했는데 이는 JSP의 표현식으로 HTML 부분에서 자바 변수 값을 출력하는 용도로 사용한다. 그래서 <%= i %>는 변수 i 값을 출력한다.
24 ~ 32	칸을 만들고 그 안에 구구단을 출력하는데, 한 칸에 한 단이 출력된다. 26번 줄의 out 객체는 서블릿의 PrintWriter 타입의 객체로 웹 페이지에 출력을 담당하는 객체이다. out.print( ) 메서드로 출력하면 HTML에 직접 텍스트를 작성한 것과 동일하다.

실행 결과

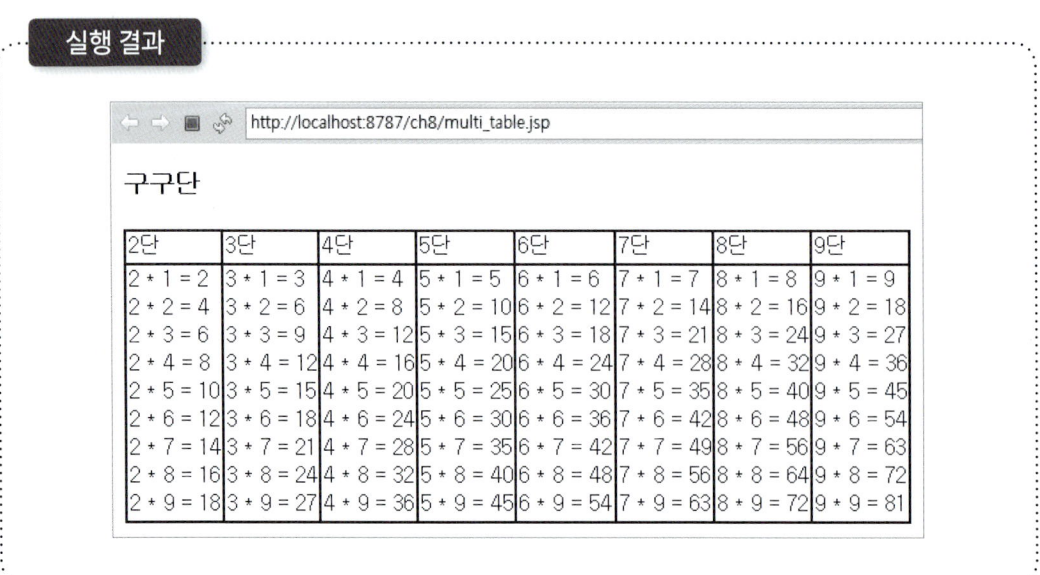

스크립트릿에서 자바 클래스의 객체도 생성할 수 있다.

〈model.Member.java〉

```
1   package model;
2
3   public class Member {
4       private String id;
5       private String pwd;
6       private String name;
7       private String email;
8
9       public Member(){ }
10      public Member(String id, String pwd, String name, String email) {
11          this.id = id;
12          this.pwd = pwd;
13          this.name = name;
14          this.email = email;
15      }
16
17      public String getId() {
18          return id;
19      }
20      public void setId(String id) {
21          this.id = id;
22      }
23      public String getPwd() {
24          return pwd;
25      }
26      public void setPwd(String pwd) {
27          this.pwd = pwd;
28      }
29      public String getName() {
30          return name;
31      }
32      public void setName(String name) {
33          this.name = name;
34      }
35      public String getEmail() {
36          return email;
37      }
```

```
38        public void setEmail(String email) {
39                this.email = email;
40        }
41
42        @Override
43        public String toString() {
44                return "Member [id=" + id + ", pwd=" + pwd + ", name=" + name +
45                        ", email=" + email + "]";
46        }
47
48    }
```

⟨form.jsp⟩

```
1   <%@ page language="java" contentType="text/html; charset=EUC-KR"
2       pageEncoding="EUC-KR"%>
3   <!DOCTYPE html PUBLIC "-//W3C//DTD HTML 4.01 Transitional//EN"
4   "http://www.w3.org/TR/html4/loose.dtd">
5   <html>
6   <head>
7   <meta http-equiv="Content-Type" content="text/html; charset=EUC-KR">
8   <title>Insert title here</title>
9   </head>
10  <body>
11      <h3>회원가입</h3>
12      <form action="MemberTest.jsp" method="post">
13          id: <input type="text" name="id" id="id"><br />
14          pwd:<input type="password" name="pwd"><br />
15          name:<input type="text" name="name"><br />
16          email:<input type="text"name="email"><br />
17          <input type="reset" value="취소">
18          <input type="submit" value="가입"> <br />
19      </form>
20  </body>
21  </html>
```

● 소스 분석 ●

줄 번호	설명
12	form 태그의 action을 MemberTest.jsp로 했으므로 가입 요청이 MemberTest.jsp로 전달된다.

⟨MemberTest.jsp⟩

```jsp
1   <%@ page language="java" contentType="text/html; charset=EUC-KR"
2       pageEncoding="EUC-KR"%>
3   <%@ page import="model.Member" %>
4   <%
5       //한글 인코딩
6       request.setCharacterEncoding("euc-kr");
7       response.setContentType("text/html; charset=EUC-KR");
8       response.setCharacterEncoding("euc-kr");
9   %>
10  <!DOCTYPE html PUBLIC "-//W3C//DTD HTML 4.01 Transitional//EN"
11  "http://www.w3.org/TR/html4/loose.dtd">
12  <html>
13  <head>
14  <meta http-equiv="Content-Type" content="text/html; charset=EUC-KR">
15  <title>Insert title here</title>
16  </head>
17  <body>
18  <%
19      //요청 파라메터 읽기
20      String id = request.getParameter("id");
21      String pwd = request.getParameter("pwd");
22      String name = request.getParameter("name");
23      String email = request.getParameter("email");
24
25      //Member 객체 생성
26      Member m = new Member(id, pwd, name, email);
27
28  %>
29  <h3>회원정보</h3>
30  <table border="1" cellspacing="0">
31      <tr><th>id</th><th>pwd</th><th>name</th><th>email</th></tr>
32      <tr>
33          <td><%=m.getId() %></td>
34          <td><%=m.getPwd() %></td>
35          <td><%=m.getName() %></td>
36          <td><%=m.getEmail() %></td>
37      </tr>
38      <tr>
39          <td><%=id %></td>
```

```
40      <td><%=pwd %></td>
41      <td><%=name %></td>
42      <td><%=email %></td>
43  </tr>
44  </table>
45  </body>
46  </html>
```

● 소스 분석 ●

줄 번호	설명
3	page 디렉티브로 import 속성을 설정한다. 자바 클래스는 프로젝트의 WebContent에 저장하는 것이 아니라 src 폴더에 패키지로 저장하므로 JSP에서 클래스를 사용하려면 import로 설정해야 한다.
4 ~ 9	request와 response 객체에 한글 인코딩을 설정한다. 웹 서비스에서 가장 중요한 것은 요청과 응답이고, JSP에서 요청을 담당하는 객체가 request, 응답을 담당하는 객체가 response이다. 웹 페이지의 텍스트는 요청으로 전달받고 이를 응답으로 출력하는 경우가 많으므로 한글 깨짐을 방지하려면 request와 response 모두 한글 인코딩을 설정해야 한다.
20 ~ 23	요청 파라메터의 값을 변수에 저장한다.
26	요청 파라메터의 값으로 Member 객체를 생성한다.
33 ~ 36	JSP 표현식으로 Member 객체의 멤버 변수 값을 출력한다. 멤버 변수가 모두 private이므로 getter( )로 값을 읽어야 한다. 이처럼 JSP 표현식에서 메서드를 호출하는 것도 가능하다.
39 ~ 41	JSP 표현식으로 자바 변수 값을 출력한다.

실행 결과

form.jsp를 실행하여 입력 양식에 정보를 입력한 뒤 [가입] 버튼을 클릭한다.

입력한 정보가 MemberTest.jsp로 전달되어 테이블에 출력한다.

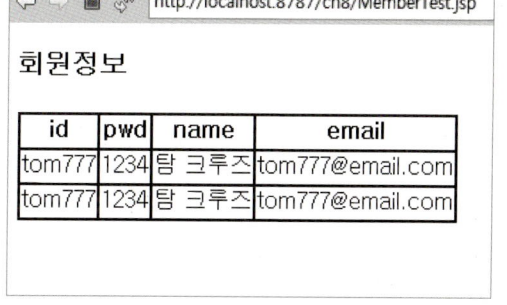

서블릿에서 요청 파라메터를 읽는 API는 JSP에서도 동일하게 사용할 수 있다.

〈form2.jsp〉

```
1   <%@ page language="java" contentType="text/html; charset=EUC-KR"
2     pageEncoding="EUC-KR"%>
3   <!DOCTYPE html PUBLIC "-//W3C//DTD HTML 4.01 Transitional//EN"
4   "http://www.w3.org/TR/html4/loose.dtd">
5   <html>
6   <head>
7   <meta http-equiv="Content-Type" content="text/html; charset=EUC-KR">
8   <title>Insert title here</title>
9   </head>
10  <body>
11  <form action="data.jsp" method="post">
12  <table border="1" cellspacing="0">
13   <caption>회원가입</caption>
14   <tr>
15    <th>id</th><td><input type="text" name="id"></td>
16   </tr>
17   <tr>
18    <th>pwd</th><td><input type="password" name="pwd"></td>
19   </tr>
20   <tr>
21    <th>성별</th>
22    <td>
23     <input type="radio" name="gender" value="f">여
24     <input type="radio" name="gender" value="m">남
25    </td>
26   </tr>
```

```html
27  <tr>
28    <th>취미</th>
29    <td>
30      <input type="checkbox" name="hobby" value="1">테니스
31      <input type="checkbox" name="hobby" value="2">탁구
32      <input type="checkbox" name="hobby" value="3">농구
33      <input type="checkbox" name="hobby" value="4">야구
34    </td>
35  </tr>
36  <tr>
37    <th>학년</th>
38    <td>
39      <select name="grade">
40        <option value="1">1학년</option>
41        <option value="2">2학년</option>
42        <option value="3">3학년</option>
43        <option value="4">4학년</option>
44      </select>
45    </td>
46  </tr>
47  <tr>
48    <th>가입인사</th>
49    <td><textarea rows="5" cols="30" name="content">안녕하세요</textarea></td>
50  </tr>
51  <tr>
52    <td colspan="2">
53      <input type="reset" value="초기화">
54      <input type="submit" value="가입">
55    </td>
56  </tr>
57 </table>
58 </form>
59
60 </body>
61
62 </html>
```

● 소스 분석 ●

줄 번호	설명
12	form 태그의 action을 data.jsp로 했으므로 가입 요청이 MemberTest.jsp로 전달된다.

〈data.jsp〉

```jsp
1   <%@ page language="java" contentType="text/html; charset=EUC-KR"
2     pageEncoding="EUC-KR"%>
3   <%@ page import="java.util.Enumeration" %>
4   <%@ page import="java.util.Map" %>
5   <%@ page import="java.util.Iterator" %>
6   <!DOCTYPE html PUBLIC "-//W3C//DTD HTML 4.01 Transitional//EN"
7   "http://www.w3.org/TR/html4/loose.dtd">
8   <html>
9   <head>
10  <meta http-equiv="Content-Type" content="text/html; charset=EUC-KR">
11  <title>Insert title here</title>
12  </head>
13  <body>
14  <%
15          request.setCharacterEncoding("euc-kr");
16          response.setContentType("text/html; charset=EUC-KR");
17          response.setCharacterEncoding("euc-kr");
18
19          String id = request.getParameter("id");
20          String pwd = request.getParameter("pwd");
21          String gender = request.getParameter("gender");
22          String hobby[] = request.getParameterValues("hobby");
23          String grade = request.getParameter("grade");
24          String content = request.getParameter("content");
25
26          out.print("<h3>파라미터 이름으로 하나씩 읽어서 출력</h3>");
27          out.print("id:" + id + "<br>");
28          out.print("pwd:" + pwd + "<br>");
29          out.print("gender:" + gender + "<br>");
30          for (int i = 0; i < hobby.length; i++) {
31                  out.print("hobby:" + hobby[i] + "<br>");
32          }
33          out.print("grade:" + grade + "<br>");
```

```jsp
34              out.print("content:" + content + "<br>");
35
36              out.print("<h3>이름 전체 검색</h3>");
37              Enumeration e = request.getParameterNames();
38              while (e.hasMoreElements()) {
39                      String name = (String) e.nextElement();
40
41                      if (name.equals("hobby")) {
42                          String[] values = request.getParameterValues(name);
43                          for (int i = 0; i < values.length; i++) {
44                                  out.print(name + ":" + values[i] + "<br>");
45                          }
46                      } else {
47                          String value = request.getParameter(name);
48                          out.print(name + ":" + value + "<br>");
49                      }
50
51              }
52
53              out.print("<h3>맵으로 전체 검색</h3>");
54              Map<String, String[]> map = request.getParameterMap();
55              Iterator<String> it = map.keySet().iterator();
56              while (it.hasNext()) {
57                      String name = it.next();
58                      String[] values = map.get(name);
59                      if (values.length == 1) {
60                          String value = values[0];
61                          out.print(name + ":" + value + "<br>");
62                      } else {
63                          for(int i=0;i<values.length;i++){
64                                  out.print(name + ":" + values[i] + "<br>");
65                          }
66                      }
67              }
68      %>
69      </body>
70      </html>
```

● 소스 분석 ●

줄 번호	설명
15 ~ 17	요청과 응답 객체의 인코딩을 설정한다.
19 ~ 24	요청 파라메터를 이름으로 검색하여 각 변수에 저장한다.
26 ~ 34	읽은 요청 파라메터를 응답 페이지에 출력한다.
39	요청 파라메터의 모든 이름을 검색한다.
38 ~ 51	Enumeration에서 파라메터의 이름을 하나씩 꺼내어 name에 저장한다.
41 ~ 46	파라메터의 이름이 hobby이면 값이 여러 개이므로 값을 배열에 저장한 뒤 하나씩 출력한다.
47 ~ 49	값이 하나인 파라메터들의 이름과 값을 출력한다.
54	request의 전체 파라메터를 검색하여 Map으로 반환한다.
55	맵의 키에 이터레이터를 생성한다.
56 ~ 67	이터레이터로 읽은 키 이름으로 값을 검색하여 응답 페이지에 출력한다.

실행 결과

form2.jsp를 실행하여 입력 양식에 정보를 입력한 뒤 [가입] 버튼을 클릭한다.

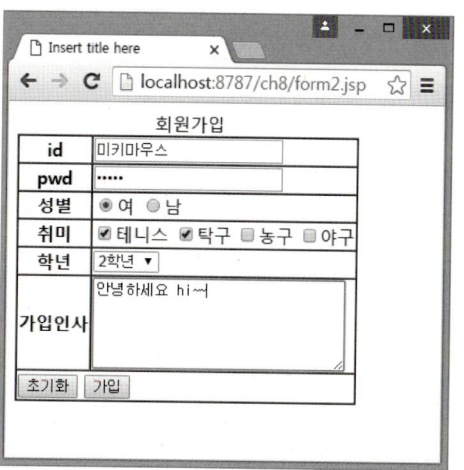

입력한 정보가 data.jsp로 전달되어 출력한다.

2 JSP 선언부(Declarations)

JSP 선언부는 변수나 메서드를 선언할 수 있으며, 문법은 다음과 같다.

〈%! 선언문 %〉

변수는 스크립트릿에서도 선언할 수 있지만 어디에 선언하느냐에 따라 특성이 다르다. 선언부에 변수를 선언하면 JSP가 변환될 서블릿의 멤버 변수가 되고, 스크립트릿에 변수를 선언하면 _JspService( ) 메서드의 지역 변수가 된다. 그러므로 서블릿 전체에서 사용할 변수라면 선언부에 선언하여 멤버 변수로 선언하고, _JspService( ) 메서드 안에서만 사용할 변수라면 스크립트릿에 선언한다. 또한, 선언부에서 JSP의 생명 주기 메서드인 _jspInit( ), _jspDestroy( )를 재정의하여 JSP 페이지의 초기화나 소멸 전 처리를 할 수 있다.

⟨decl.jsp⟩

```jsp
1   <%@ page language="java" contentType="text/html; charset=EUC-KR"
2       pageEncoding="EUC-KR"%>
3   <%@ page import="model.Member"%>
4   <!DOCTYPE html PUBLIC "-//W3C//DTD HTML 4.01 Transitional//EN"
5   "http://www.w3.org/TR/html4/loose.dtd">
6   <html>
7   <head>
8   <meta http-equiv="Content-Type" content="text/html; charset=EUC-KR">
9   <title>Insert title here</title>
10  </head>
11  <body>
12      <%!
13              public void jspInit(){
14                  Member m = new Member("id1", "pwd2", "name1", "email1");
15                  ServletContext context = getServletContext();
16                  context.setAttribute("m", m);
17              }
18      %>
19      <h3>jspInit() 메서드에서 생성한 객체</h3>
20      <%
21              Member m = (Member) application.getAttribute("m");
22              out.print("id:" + m.getId() + "<br>");
23              out.print("pwd:" + m.getPwd() + "<br>");
24              out.print("name:" + m.getName() + "<br>");
25              out.print("email:" + m.getEmail() + "<br>");
26      %>
27  </body>
28  </html>
```

● 소스 분석 ●

줄 번호	설명
3	Member 클래스를 사용하기 위해서 import한다.
12 ~ 18	선언부를 구현한다.
13 ~ 17	JSP 페이지의 초기화를 수행하는 jspInit() 메서드를 재정의한다. 이 메서드에 작성한 코드는 해당 페이지의 서블릿 객체가 생성될 때 한 번만 실행된다.

14 ~ 16	웹 어플리케이션에서 공유할 정보를 `Member` 객체로 생성하여 `ServletContext` 객체에 저장한다.
20 ~ 26	스크립트릿 영역이다.
21	JSP 페이지의 서블릿은 `jspService()`에서 웹 작업에 필요한 객체를 자동으로 생성한다. 그 중 하나가 `application`이다. 이 객체는 `ServletContext` 클래스의 객체로 현재 어플리케이션의 모든 페이지가 해당 객체를 공유한다. 그래서 `jspInit()` 메서드에서 저장한 객체 m을 `application`에서 꺼낸다.
22 ~ 25	객체 m의 멤버 변수 값을 출력한다.

실행 결과

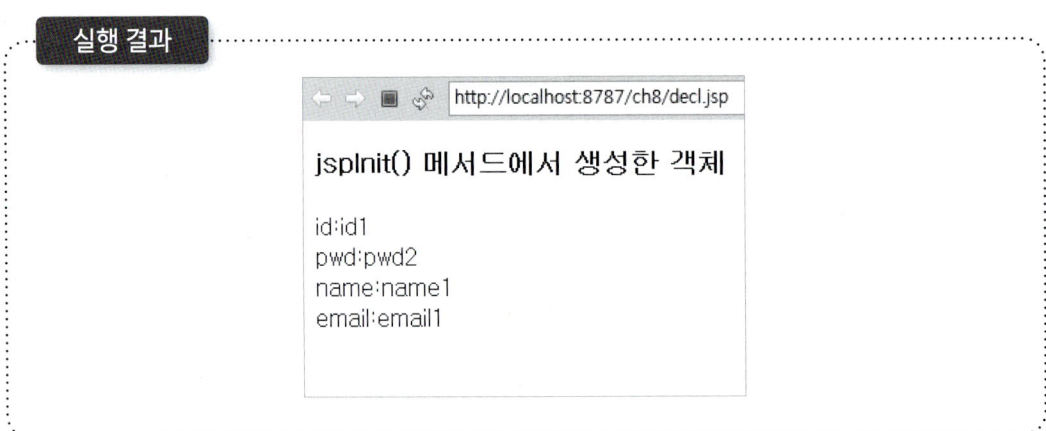

3 JSP 표현식(Expression)

JSP 표현식은 자바 언어에서 사용한 값을 웹 페이지에 문자열로 출력한다. 문법은 다음과 같다.

〈%= 자바 언어의 값 %〉

주의할 것은 JSP 표현식에서 세미콜론(;)은 사용해서는 안 된다. 표현식은 HTML 속성 값으로 자바 변수의 값을 할당할 때 유용하다.

〈expr.jsp〉

```
1   <%@ page language="java" contentType="text/html; charset=EUC-KR"
2       pageEncoding="EUC-KR"%>
3   <%@ page import="model.Member"%>
4   <!DOCTYPE html PUBLIC "-//W3C//DTD HTML 4.01 Transitional//EN"
5   "http://www.w3.org/TR/html4/loose.dtd">
6   <html>
7   <head>
```

```jsp
8   <meta http-equiv="Content-Type" content="text/html; charset=EUC-KR">
9   <title>Insert title here</title>
10  </head>
11  <body>
12      <%!
13              public void jspInit(){
14                      Member m = new Member("id1", "pwd2", "name1", "email1");
15                      ServletContext context = getServletContext();
16                      context.setAttribute("m", m);
17              }
18      %>
19      <h3>jspInit() 메서드에서 생성한 객체를 폼에 출력</h3>
20      <%
21              Member m = (Member) application.getAttribute("m");
22      %>
23
24  <form>
25      <table border="1" cellspacing="0">
26        <tr>
27              <th>id</th>
28              <td><input type="text" name="id" value="<%=m.getId()%>"></td>
29        </tr>
30        <tr>
31              <th>pwd</th>
32              <td><input type="text" name="pwd" value="<%=m.getPwd()%>"></td>
33        </tr>
34        <tr>
35              <th>name</th>
36          <td><input type="text" name="name" value="<%=m.getName()%>"></td>
37        </tr>
38        <tr>
39              <th>email</th>
40          <td><input type="text" name="email"
41                  value="<%=m.getEmail()%>"></td>
42        </tr>
43      </table>
44  </form>
45  </body>
46  </html>
```

● 소스 분석 ●

줄 번호	설명
3	Member 클래스를 사용하기 위해서 import한다.
12 ~ 18	선언부를 구현한다.
13 ~ 17	JSP 페이지의 초기화를 수행하는 jspInit() 메서드를 재정의한다. 이 메서드에 작성한 코드는 해당 페이지의 서블릿 객체가 생성될 때 한 번만 실행된다.
14 ~ 16	웹 어플리케이션에서 공유할 정보를 Member 객체로 생성하여 ServletContext 객체에 저장한다.
20 ~ 22	스크립트릿 영역으로 이 곳에서 변수를 선언하면 jspService() 메서드의 지역 변수이므로 해당 메서드에서만 사용이 가능하다.
21	jspInit() 메서드에서 저장한 객체 m을 application에서 꺼내어 지역 변수 m에 저장한다.
28	입력 양식 텍스트 박스를 정의한다. 텍스트 박스의 value 속성은 입력 양식의 값을 나타내므로 해당 코드는 JSP 표현식으로 객체 m의 멤버 변수 값을 텍스트 박스의 value에 출력한다.
32, 36, 40	28줄과 동일하다.

실행 결과

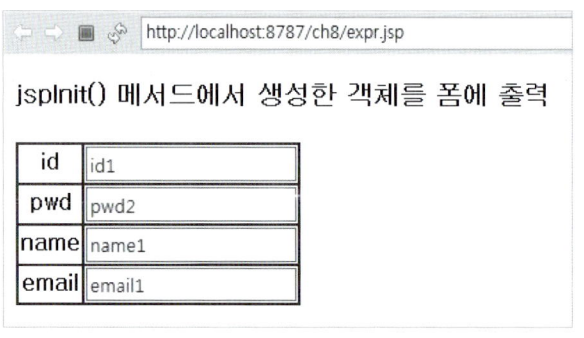

4 ▶ JSP의 기본 객체

JSP 페이지가 서블릿으로 변환되면 생명 주기 메서드가 자동으로 추가되고, 그 중 사용자의 요청마다 호출되는 메서드가 jspService( )이다. 메서드는 반복적으로 사용자의 요청을 처리해야 하므로 이를 위한 객체들이 필요하다. 그래서 JSP가 변환된 서블릿 파일을 열어보면 jspService( ) 메서드의 시작 부분은 요청 처리에 필요한 기본 객체들을 생성하는 코드로 구현되어 있다. 우선 요청과 응답을 처리하기 위해서 가장 중요한 객체가 request와 response인데, 이것은 jspService( ) 메서드의 파라메터로 받는다. 또한, 그 이외에도 필요한 객체를 jspService( ) 메서드에서 생성하는데, JSP 페이지가 기본으로 제공하는 객체에는 어떤 것이 있는지 알아보자.

1 request

request는 javax.servlet.HttpServletRequest 타입의 객체로 요청을 담당한다. request는 주로 요청 파라메터 처리에 사용된다. 다음은 request가 제공하는 메서드 중 유용한 메서드이다.

- **String getHeader(String arg)**
  요청의 헤더에 저장된 파라메터 정보를 읽는다. 파라메터는 정보의 이름을 지정한다.

- **Enumeration⟨String⟩ getHeaderNames( )**
  요청 헤더에 저장된 모든 정보의 이름을 Enumeration 형태로 반환한다.

- **String getMethod( )**
  요청의 전송 방식(get/post)을 반환한다.

- **String getParameter(String arg)**
  요청 파라메터의 정보 하나를 읽는다.

- **Map⟨String, String[ ]⟩ getParameterMap( )**
  요청 파라메터의 전체 정보를 맵 형태로 반환한다.

- **Enumeration⟨String⟩ getParameterNames( )**
  요청 파라메터의 모든 정보 이름을 Enumeration 형태로 반환한다.

- **String[ ] getParameterValues(String arg)**
  요청 파라메터의 모든 값을 문자열 배열로 반환한다.

request의 요청 파라메터 처리 예제는 앞에서 학습했으므로 그 외의 메서드들을 테스트해 보자.

〈reqTest.jsp〉

```jsp
1   <%@ page language="java" contentType="text/html; charset=EUC-KR"
2       pageEncoding="EUC-KR"%>
3   <%@ page import="java.util.Enumeration"%>
4   <!DOCTYPE html PUBLIC "-//W3C//DTD HTML 4.01 Transitional//EN"
5   "http://www.w3.org/TR/html4/loose.dtd">
6   <html>
7   <head>
8   <meta http-equiv="Content-Type" content="text/html; charset=EUC-KR">
9   <title>Insert title here</title>
10  </head>
11  <body>
12      <%
13          String method = request.getMethod();
14          out.print("전송방식:" + method + "<br>");
15          Enumeration<String> e = request.getHeaderNames();
16          while (e.hasMoreElements()) {
17              String name = e.nextElement();
18              String value = request.getHeader(name);
19              out.print("name:" + name + ", value:" + value + "<br>");
20          }
21      %>
22  </body>
23  </html>
```

● 소스 분석 ●

줄 번호	설명
13	요청을 전송한 방식을 읽는다.
15	요청 헤더의 모든 정보 이름을 읽는다.
18	정보 이름으로 헤더 정보의 값을 읽는다.

실행 결과

2 response

javax.servlet.HttpServletResponse 타입의 객체로 응답 처리를 담당한다. 응답 페이지 생성과 관련된 설정이나 정보를 추가할 수 있다. 다음은 responser가 제공하는 메서드 중 유용한 메서드이다.

- void addHeader(String arg1, String arg2)
  response 헤더에 정보를 추가한다.

- void setHeader(String arg1, String arg2)
  response 헤더의 정보를 수정한다.

- void setContentType(String arg)
  응답 페이지의 마임 타입을 설정한다.

- void setCharacterEncoding(String arg)
  응답 페이지의 인코딩을 설정한다.

- void sendRedirect(String arg)
  파라메터의 URL로 리다이렉트 방식으로 이동한다.

- String encodeRedirectURL(String arg)
  리다이렉트 URL을 인코딩한다.

- void flushBuffer( )

    페이지의 버퍼를 비우고 강제 출력한다.

- int getBufferSize( )

    버퍼의 크기를 반환한다.

- void resetBuffer( )

    버퍼를 초기화한다.

- void setBufferSize(int arg)

    버퍼 크기를 설정한다.

〈resTest.jsp〉

```
1   <%@ page language="java" contentType="text/html; charset=EUC-KR"
2       pageEncoding="EUC-KR"%>
3   <!DOCTYPE html PUBLIC "-//W3C//DTD HTML 4.01 Transitional//EN"
4   "http://www.w3.org/TR/html4/loose.dtd">
5   <html>
6   <head>
7   <meta http-equiv="Content-Type" content="text/html; charset=EUC-KR">
8   <title>Insert title here</title>
9   </head>
10  <body>
11      <h3>시작페이지</h3>
12      <%
13          request.setAttribute("age", 23);
14          response.sendRedirect("resTest2.jsp?name=김유진");
15      %>
16  </body>
17  </html>
```

● 소스 분석 ●

줄 번호	설명
13	request 객체에 age이름으로 숫자 23을 저장한다.
14	리다이렉트로 페이지를 이동한다. 이때 get 방식으로 name 정보를 전달한다.

⟨resTest2.jsp⟩

```jsp
1   <%@ page language="java" contentType="text/html; charset=EUC-KR"
2       pageEncoding="EUC-KR"%>
3   <!DOCTYPE html PUBLIC "-//W3C//DTD HTML 4.01 Transitional//EN"
4   "http://www.w3.org/TR/html4/loose.dtd">
5   <html>
6   <head>
7   <meta http-equiv="Content-Type" content="text/html; charset=EUC-KR">
8   <title>Insert title here</title>
9   </head>
10  <body>
11      <h3>리다이렉트로 이동한 페이지</h3>
12      <%
13          int age = 0;
14          String name = request.getParameter("name");
15          String age_s = (String) request.getAttribute("age");
16          if (age_s != null && !age_s.equals(" ")) {
17              age = Integer.parseInt(age_s);
18          }
19      %>
20      name:<%=name%>
21      age:<%=age%>
22  </body>
23  </html>
```

● 소스 분석 ●

줄 번호	설명
14	요청 파라메터 name값을 읽는다.
15	request에 저장했던 정보 age를 읽는다. 하지만 리다이렉트는 클라이언트가 이동할 페이지를 새로 요청하므로 이전 request 객체는 사용할 수 없다. 그래서 age 정보는 없기 때문에 16 ~ 18번 줄은 실행되지 않는다.
20	이름을 출력한다.
21	age는 못 읽으므로 초기값 0이 출력된다.

> **실행 결과**

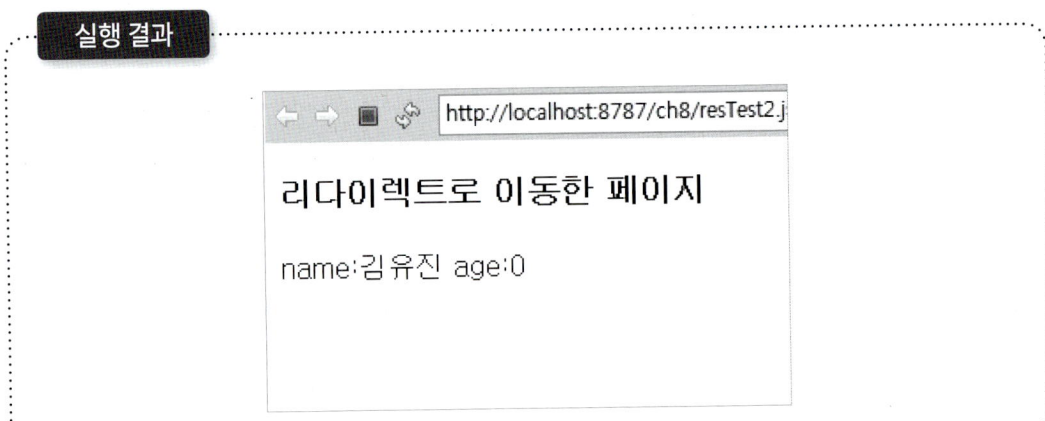

3 pageContext

javax.servlet.jsp.PageContext의 객체로 JSP 페이지의 전체 정보를 갖는다. JSP가 서블릿으로 변환될 때 jspService( ) 메서드에서 제일 먼저 생성되는 객체가 pageContext이고, 이 객체로부터 session, out, application, config 등 기본 객체들이 파생된다. 그래서 해당 객체는 대부분 현재 페이지의 컨텍스트 관련 객체를 반환하는 메서드들을 제공한다.

- ServletRequest getRequest( )
  페이지의 request 객체를 반환한다.

- ServletResponse getResponse( )
  페이지의 response 객체를 반환한다.

- ServletConfig getServletConfig( )
  페이지의 config 객체를 반환한다.

- ServletContext getServletContext( )
  페이지의 application 객체를 반환한다.

- JspWriter getOut( )
  페이지의 out 객체를 반환한다.

- HttpSession getSession( )
  session 객체를 반환한다.

- Exception getException( )
  페이지에서 발생한 예외 객체를 반환한다.

4 session

javax.servlet.http.HttpSession의 객체로 클라이언트와의 연결 유지를 위한 객체이다. HTTP 프로토콜은 비연결 지향적이어서 클라이언트와 관련된 정보를 유지하기 위해서 세션이나 쿠키 기술이 필요한데, 이 중 세션은 서버와 연결한 클라이언트를 기억하기 위해 세션 아이디를 발급하여 관리한다. 세션과 쿠키에 대한 자세한 내용은 다음 장에서 살펴보기로 하겠다.

5 application

javax.servlet.ServletContext의 객체로 어플리케이션 전체에 대한 정보를 갖는다. 이 객체의 정보는 어플리케이션 내의 모든 페이지들이 공유하고, 어플리케이션이 종료할 때까지 유지된다. 다음은 application 객체가 제공하는 메서드 중 유용한 메서드이다.

- String getInitParameter(String arg)
  ServletContext의 초기화 파라메터 값을 읽는다.

- Enumeration〈String〉 getInitParameterNames( )
  ServletContext의 초기화 파라메터에서 모든 이름을 반환한다.

- boolean setInitParameter(String arg1, String arg2)
  ServletContext에 초기화 파라메터를 저장한다.

application 객체는 web.xml에 저장한 context-param 값을 읽을 수 있다. web.xml은 웹 프로젝트 마다 WEB-INF 폴더에 하나씩 있는데, 현재 웹 프로젝트의 설정이나 초기화 파라메터들을 웹 컨테이너에 알려주는 역할을 한다. 그래서 웹 어플리케이션의 모든 파일들이 공유해야 하거나 공통적인 초기화 파라메터가 필요하다면 web.xml에 설정하여 사용할 수 있다. 하지만 우리가 만든 이클립스 프로젝트 버전(3.0이상)에서는 web.xml이 자동으로 생성되지 않으므로 직접 web.xml을 추가하도록 하자. 프로젝트 ch8에서 WebContent 폴더의 WEB-INF 폴더에서 마우스 오른쪽 버튼을 클릭하여 다음과 같이 [New]-[Other] 메뉴를 선택한다.

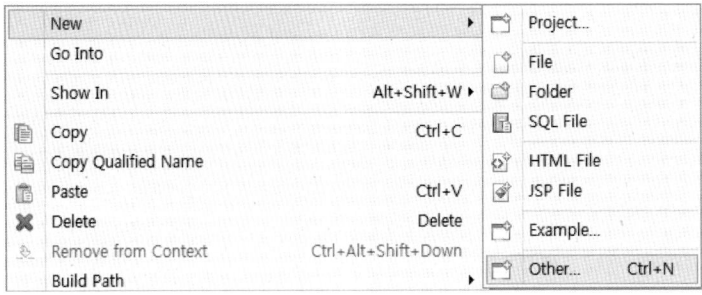

XML 폴더에서 XML File을 선택하고, [Next] 버튼을 클릭한다.

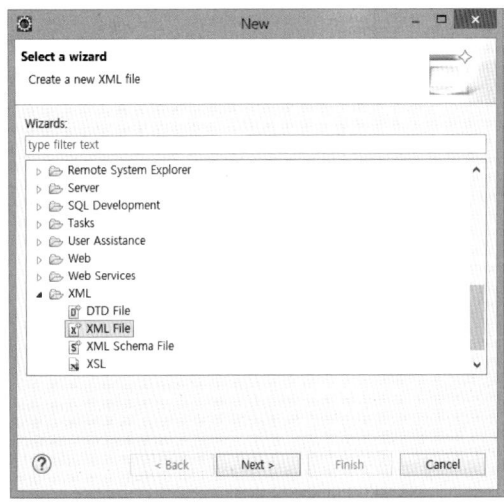

파일명을 web.xml로 입력하고, [Finish] 버튼을 클릭하면 WEB-INF에 web.xml이 생성된다.

생성된 web.xml에 다음의 코드를 작성하고, jsp 파일에서 테스트해 보자.

〈WEB-INF/web.xml〉

```
1   <?xml version="1.0" encoding="UTF-8"?>
2   <web-app xmlns:xsi="http://www.w3.org/2001/XMLSchema-instance"
3       xmlns="http://java.sun.com/xml/ns/javaee"
4       xsi:schemaLocation="http://java.sun.com/xml/ns/javaee
5       http://java.sun.com/xml/ns/javaee/web-app_2_5.xsd"
6       id="WebApp_ID" version="2.5">
7
8       <welcome-file-list>
9           <welcome-file>index.html</welcome-file>
10          <welcome-file>index.htm</welcome-file>
11          <welcome-file>index.jsp</welcome-file>
12          <welcome-file>default.html</welcome-file>
13          <welcome-file>default.htm</welcome-file>
14          <welcome-file>default.jsp</welcome-file>
15      </welcome-file-list>
16
17      <context-param>
18          <param-name>name1</param-name>
19          <param-value>value1</param-value>
20      </context-param>
21
22      <context-param>
23          <param-name>name2</param-name>
24          <param-value>value2</param-value>
25      </context-param>
26  </web-app>
```

● 소스 분석 ●

줄 번호	설명
17 ~ 20	context-param을 설정한다. 이것은 컨텍스트에 어플리케이션 객체의 정보를 전달하는데, 어플리케이션 객체는 모든 파일에서 접근이 가능하므로 해당 프로그램의 모든 파일에서 이 정보를 사용할 수 있다. 정보의 이름은 "name1"이고, 값은 "value1"이다.

⟨paramTest.jsp⟩

```jsp
1   <%@ page language="java" contentType="text/html; charset=EUC-KR"
2       pageEncoding="EUC-KR"%>
3   <!DOCTYPE html PUBLIC "-//W3C//DTD HTML 4.01 Transitional//EN"
4   "http://www.w3.org/TR/html4/loose.dtd">
5   <html>
6   <head>
7   <meta http-equiv="Content-Type" content="text/html; charset=EUC-KR">
8   <title>Insert title here</title>
9   </head>
10  <body>
11      <%
12          String value = application.getInitParameter("name1");
13          out.print("name1:" + value + "<br>");
14          String value2 = application.getInitParameter("name2");
15          out.print("name2:" + value2 + "<br>");
16      %>
17  </body>
18  </html>
```

● 소스 분석 ●

줄 번호	설명
12	web.xml에 "name1"으로 저장한 context-param의 값을 읽는다.
13	읽은 값을 출력한다.
14	web.xml에 "name2"으로 저장한 context-param의 값을 읽는다.
15	읽은 값을 출력한다.

실행 결과

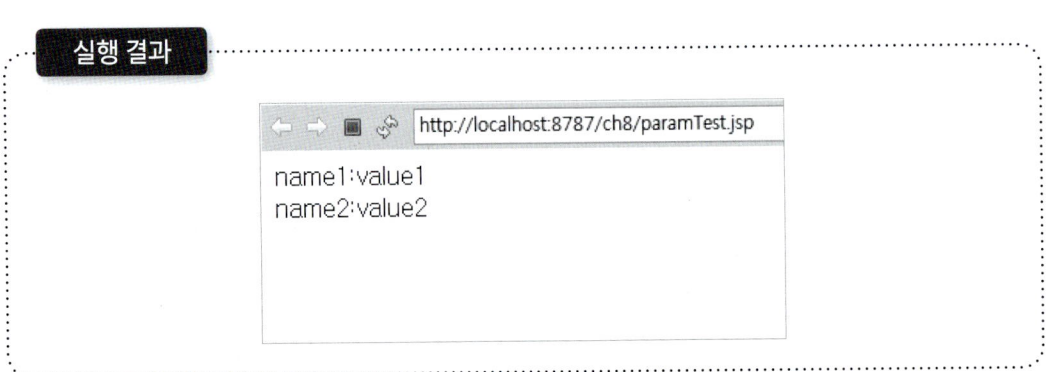

6 config

javax.servlet.ServletConfig의 객체로 JSP의 초기화 정보를 전달한다.

- String getInitParameter(String arg)
  초기화 정보를 읽는다.

- Enumeration〈String〉 getInitParameterNames( )
  초기화 파라메터의 모든 이름을 읽는다.

- String getServletName( )
  서블릿 이름을 반환한다.

특정 JSP 파일에 초기화 파라메터를 설정하므로 어플리케이션 전체에 전달하는 것이 아니라 특정 URI의 파일에만 전달한다. 이 초기화 파라메터도 WEB-INF/web.xml에 작성한다.

〈WEB-INF/web.xml〉

```
1   <?xml version="1.0" encoding="UTF-8"?>
2   <web-app xmlns:xsi="http://www.w3.org/2001/XMLSchema-instance"
3       xmlns="http://java.sun.com/xml/ns/javaee"
4       xsi:schemaLocation="http://java.sun.com/xml/ns/javaee
5   http://java.sun.com/xml/ns/javaee/web-app_2_5.xsd"
6       id="WebApp_ID" version="2.5">
7
8       <welcome-file-list>
9           <welcome-file>index.html</welcome-file>
10          <welcome-file>index.htm</welcome-file>
11          <welcome-file>index.jsp</welcome-file>
12          <welcome-file>default.html</welcome-file>
13          <welcome-file>default.htm</welcome-file>
14          <welcome-file>default.jsp</welcome-file>
15      </welcome-file-list>
16
17      <servlet>
18          <servlet-name>jsp</servlet-name>
19          <servlet-class>org.apache.jasper.servlet.JspServlet</serv-
            let-class>
20
```

```
21              <init-param>
22                      <param-name>initParam1</param-name>
23                      <param-value>initParam1Value</param-value>
24              </init-param>
25
26              <init-param>
27                      <param-name>initParam2</param-name>
28                      <param-value>initParam2value</param-value>
29              </init-param>
30
31          </servlet>
32
33          <servlet-mapping>
34              <servlet-name>jsp</servlet-name>
35              <url-pattern>/initParam.jsp</url-pattern>
36          </servlet-mapping>
37
38      </web-app>
```

● 소스 분석 ●

줄 번호	설명
18	web.xml에서 부의 서블릿 이름을 설정한다. 이 파일 내에는 17 ~ 31번 줄까지의 내용으로 등록한 서블릿을 jsp라고 부를 것이다.
19	서블릿의 클래스를 지정한다.
22 ~ 30	등록한 서블릿에 전달할 초기화 파라미터를 작성한다. 초기화 파라미터는 2개를 등록하였으며, 파라미터의 이름은 "initParam1"이고, 값은 "initParam1Value"이다. 또 다른 파라미터의 이름은 "initParam2"이고, 값은 "initParam2Value"이다.
34 ~ 37	위에서 적용한 서블릿 설정이 적용될 URI 패턴을 등록한다. 35번 줄에서 URI 패턴을 "/initParam.jsp"로 등록하였으므로 이 초기화 파라미터는 /initParam.jsp 파일에만 전달된다.

〈initParam.jsp〉

```
1   <%@ page language="java" contentType="text/html; charset=EUC-KR"
2       pageEncoding="EUC-KR"%>
3   <%@ page import="java.util.Enumeration"%>
4   <!DOCTYPE html PUBLIC "-//W3C//DTD HTML 4.01 Transitional//EN"
5       "http://www.w3.org/TR/html4/loose.dtd">
```

```
6    <html>
7    <head>
8    <meta http-equiv="Content-Type" content="text/html; charset=EUC-KR">
9    <title>Insert title here</title>
10   </head>
11   <body>
12       <h3>초기화 파라메터 읽기</h3>
13       <%
14           Enumeration<String> e = config.getInitParameterNames();
15           while (e.hasMoreElements()) {
16               String name = e.nextElement();
17               String value = config.getInitParameter(name);
18               out.print(name + ":" + value + "<br>");
19           }
20       %>
21   </body>
22   </html>
23
```

● 소스 분석 ●

줄 번호	설명
14	config 객체로 이 파일의 초기화 파라메터의 이름들을 읽는다.
15 ~ 19	이름의 개수만큼 반복하여 16번 줄에서 이름 하나를 꺼내고, 17번 줄에서 그 이름을 갖는 파라메터의 값을 읽는다. 19번 줄에서 읽은 값을 출력한다.

실행 결과

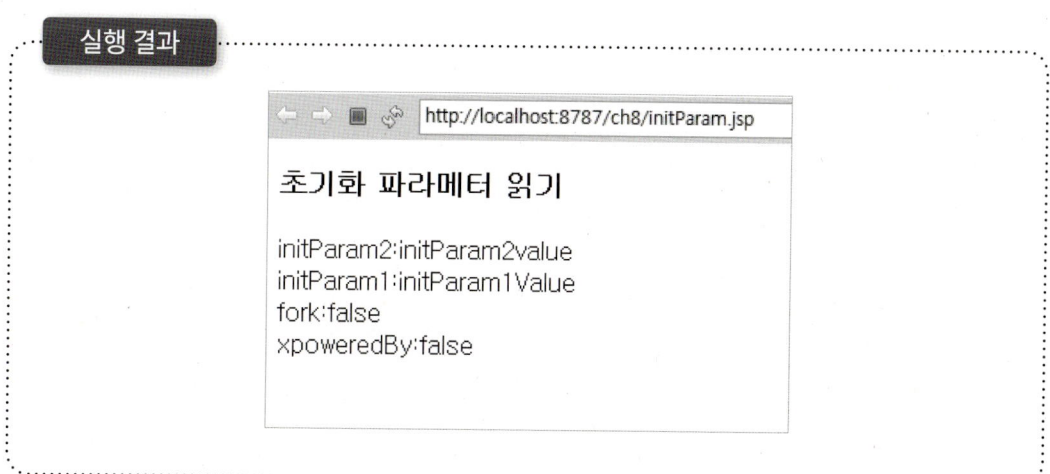

7 out

javax.servlet.jsp.JspWriter 타입의 객체로 응답의 출력을 담당한다.

- **void print( )**
  파라메터 값을 응답 페이지에 출력한다. 파라메터 타입별로 오버로딩 되었으므로 모든 타입의 출력이 가능하다.

- **Writer append( )**
  파라메터 값을 출력 스트림에 이어쓴다.

- **void flush( )**
  출력 버퍼를 비우고, 강제 출력한다.

- **int getBufferSize( )**
  출력 버퍼의 크기를 반환한다.

8 page

java.lang.Object 타입의 객체로 이 페이지의 서블릿 객체를 할당 받는다. 서블릿의 메서드를 호출할 수 있다.

5 ▶ 정보 공유와 스코프(Scope) 객체

웹 어플리케이션의 페이지들이 정보를 공유할 수 있도록 스코프 객체가 제공된다고 서블릿에서 살펴보았다. 이 스코프 객체는 JSP에서도 동일하게 적용된다. 스코프 객체는 JSP 기본 객체 중 pageContext, request, session, application이다.

〈스코프 객체와 정보 공유 범위〉

객체명	정보 공유 범위
pageContext	현재 페이지 내에서만 공유
request	요청에 대한 응답이 전달될 때까지 정보 공유
session	클라이언트와 연결이 끊길 때까지 정보 공유
application	웹 어플리케이션이 종료할 때까지 정보 공유

이 스코프 객체들은 모두 정보를 저장하거나 저장된 정보를 추출하는 메서드를 제공한다.

- void setAttribute(String name, Object value)
  스코프 객체에 정보를 저장한다. 첫 파라미터는 정보의 이름, 두 번째 파라미터는 저장할 값을 할당한다. 저장할 값의 타입이 Object이므로 어떤 타입의 값도 저장이 가능하다.

- Object getAttribute(String name)
  스코프 객체에 저장한 정보를 읽는다. 파라미터는 정보의 이름을 할당하고, 반환 값은 읽은 정보의 값이다. 값의 타입을 Object하고, 원래의 타입으로 다운 캐스팅하여 사용해야 한다.

- void removeAttribute(String arg)
  스코프 객체에서 정보를 삭제한다.

다음의 예제는 4개의 스코프 객체인 pageContext, request, session, application에 정보를 저장하고, 페이지 이동 없이 현재 페이지에서 저장한 값들을 읽는 소스이다.

⟨scopeTest.jsp⟩

```jsp
1   <%@ page language="java" contentType="text/html; charset=EUC-KR"
2       pageEncoding="EUC-KR"%>
3   <!DOCTYPE html PUBLIC "-//W3C//DTD HTML 4.01 Transitional//EN"
4   "http://www.w3.org/TR/html4/loose.dtd">
5   <html>
6   <head>
7   <meta http-equiv="Content-Type" content="text/html; charset=EUC-KR">
8   <title>Insert title here</title>
9   </head>
10  <body>
11      <%
12          pageContext.setAttribute("pageScope", "page data");
13          request.setAttribute("requestScope", "request data");
14          session.setAttribute("sessionScope", "session data");
15          application.setAttribute("applicationScope", "application data");
16
17          String myPage = (String) pageContext.getAttribute("pageScope");
18          String myRequest = (String) request.getAttribute("request-Scope");
19          String mySession = (String) session.getAttribute("session-Scope");
```

```
20            String myApplication = (String) application.getAttribute("appli-
              cationScope");
21       %>
22
23       pageScope =        <%=myPage%><br>
24       requestScope =     <%=myRequest%><br>
25       sessionScope =     <%=mySession%><br>
26       applicationScope =      <%=myApplication%><br>
27
28   </body>
29   </html>
```

● 소스 분석 ●

줄 번호	설명
12	pageContext 객체에 이름이 "pageScope"이고, 값이 "page data"인 attribute를 저장한다.
13	request 객체에 이름이 "requestScope"이고, 값이 "request data"인 attribute를 저장한다.
14	session 객체에 이름이 "sessionScope"이고, 값이 "session data"인 attribute를 저장한다.
15	application 객체에 이름이 "applicationScope"이고, 값이 "application data"인 attribute를 저장한다.
17	pageContext 객체에서 이름이 "pageScope"인 attribute를 읽는다.
18	request 객체에서 이름이 "requestScope"인 attribute를 읽는다.
19	session 객체에서 이름이 "sessionScope"인 attribute를 읽는다.
20	application 객체에서 이름이 "applicationScope"인 attribute를 읽는다.
23 ~ 26	읽은 값을 JSP 표현식으로 출력한다.

> **실행 결과**
>
> attribute를 저장한 페이지에서는 4개의 정보가 모두 정상적으로 출력된다.
>
>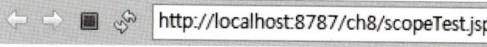
> ```
> pageScope = page data
> requestScope = request data
> sessionScope = session data
> applicationScope = application data
> ```

이번에는 위의 코드로 페이지를 이동하면서 정보가 살아있는지 확인해 보자.

〈scopeTest1.jsp〉

```jsp
1  <%@ page language="java" contentType="text/html; charset=EUC-KR"
2      pageEncoding="EUC-KR"%>
3  <!DOCTYPE html PUBLIC "-//W3C//DTD HTML 4.01 Transitional//EN"
4   "http://www.w3.org/TR/html4/loose.dtd">
5  <html>
6  <head>
7  <meta http-equiv="Content-Type" content="text/html; charset=EUC-KR">
8  <title>Insert title here</title>
9  </head>
10 <body>
11     <h3>scopeTest1</h3>
12
13     <%
14         pageContext.setAttribute("pageScope", "page data");
15         request.setAttribute("requestScope", "request data");
16         session.setAttribute("sessionScope", "session data");
17         application.setAttribute("applicationScope", "application data");
18
19         String myPage = (String) pageContext.getAttribute("pageScope");
20         String myRequest = (String) request.getAttribute("requestScope");
21         String mySession = (String) session.getAttribute("sessionScope");
22         String myApplication = (String) application.getAttribute("applicationScope");
```

```
23
24                  pageContext.forward("scopeTest2.jsp");
25          %>
26
27   </body>
28   </html>
```

● 소스 분석 ●

줄 번호	설명
24	앞의 scopeTest.jsp와 동일하다. forward로 scopeTest2.jsp로 이동한다. forward로 이동하기 때문에 현재 페이지의 내용은 출력되지 않고 바로 scopeTest2.jsp로 이동한다.

⟨scopeTest2.jsp⟩

```
1   <%@ page language="java" contentType="text/html; charset=EUC-KR"
2     pageEncoding="EUC-KR"%>
3   <!DOCTYPE html PUBLIC "-//W3C//DTD HTML 4.01 Transitional//EN"
4   "http://www.w3.org/TR/html4/loose.dtd">
5   <html>
6   <head>
7   <meta http-equiv="Content-Type" content="text/html; charset=EUC-KR">
8   <title>Insert title here</title>
9   </head>
10  <body>
11      <h3>scopeTest2</h3>
12
13      <%
14          String myPage = (String) pageContext.getAttribute("pageScope");
15          String myRequest = (String) request.getAttribute("requestScope");
16          String mySession = (String) session.getAttribute("sessionScope");
17          String myApplication = (String) application.getAttribute("applicationScope");
18      %>
19
20      pageScope = <%=myPage %><br>
```

```
21        requestScope = <%=myRequest %><br>
22        sessionScope = <%=mySession %><br>
23        applicationScope = <%=myApplication %><br>
24
25        <a href="scopeTest3.jsp">다음 페이지로 이동</a>
26    </body>
27    </html>
```

● 소스 분석 ●

줄 번호	설명
14 ~ 17	pageContext, request, session, application에 저장했던 정보를 읽는다.
20 ~ 23	스코프 객체에서 읽은 정보를 출력한다. 페이지가 이동했으므로 pageContext의 정보는 읽을 수 없다.
25	다른 페이지로 이동하도록 링크를 설정했다. 현재 페이지가 출력되었다는 것은 이미 클라이언트에 응답이 갔다는 의미이다. 그러므로 링크를 클릭하여 이동하며, 그 페이지를 새롭게 요청하는 것이므로 이전 request에 저장한 정보는 더 이상 읽을 수 없다.

〈scopeTest2.jsp〉

```
1   <%@ page language="java" contentType="text/html; charset=EUC-KR"
2       pageEncoding="EUC-KR"%>
3   <!DOCTYPE html PUBLIC "-//W3C//DTD HTML 4.01 Transitional//EN"
4   "http://www.w3.org/TR/html4/loose.dtd">
5   <html>
6   <head>
7   <meta http-equiv="Content-Type" content="text/html; charset=EUC-KR">
8   <title>Insert title here</title>
9   </head>
10  <body>
11      <h3>scopeTest3</h3>
12
13      <%
14          String myPage = (String) pageContext.getAttribute("pageScope");
15          String myRequest = (String) request.getAttribute("request-
            Scope");
16          String mySession = (String) session.getAttribute("session-
            Scope");
```

```
17              String myApplication = (String) application.getAttribute("appli-
                    cationScope");
18          %>
19
20          pageScope = <%=myPage %><br>
21          requestScope = <%=myRequest %><br>
22          sessionScope = <%=mySession %><br>
23          applicationScope = <%=myApplication %><br>
24
25          <a href="scopeTest4.jsp">다음 페이지로 이동</a>
26      </body>
27      </html>
```

● 소스 분석 ●

줄 번호	설명
14 ~ 17	pageContext, request, session, application에 저장했던 정보를 읽는다.
20 ~ 23	스코프 객체에서 읽은 정보를 출력한다. 새 요청으로 이동했으므로 이전 request의 정보와 이전 페이지의 pageContext의 정보는 읽을 수 없다.
25	다른 페이지로 이동하도록 링크를 설정했다.

⟨scopeTest4.jsp⟩

```
1   <%@ page language="java" contentType="text/html; charset=EUC-KR"
2       pageEncoding="EUC-KR"%>
3   <!DOCTYPE html PUBLIC "-//W3C//DTD HTML 4.01 Transitional//EN"
4   "http://www.w3.org/TR/html4/loose.dtd">
5   <html>
6   <head>
7   <meta http-equiv="Content-Type" content="text/html; charset=EUC-KR">
8   <title>Insert title here</title>
9   </head>
10  <body>
11      <h3>scopeTest4</h3>
12
13      <%
14          //세션 정보 삭제
15          session.removeAttribute("sessionScope");
16          String myPage = (String) pageContext.getAttribute("pageScope");
```

```
17              String myRequest = (String) request.getAttribute("request-
                    Scope");
18              String mySession = (String) session.getAttribute("session-
                    Scope");
19              String myApplication = (String) application.getAttribute("ap-
                    plicationScope");
20          %>
21
22          pageScope = <%=myPage %><br>
23          requestScope = <%=myRequest %><br>
24          sessionScope = <%=mySession %><br>
25          applicationScope = <%=myApplication %><br>
26      </body>
27      </html>
```

● 소스 분석 ●

줄 번호	설명
15	세션에 저장했던 attribute를 삭제한다.
22 ~ 25	세션의 정보도 삭제했으므로 application의 attribute만 출력된다.

실행 결과

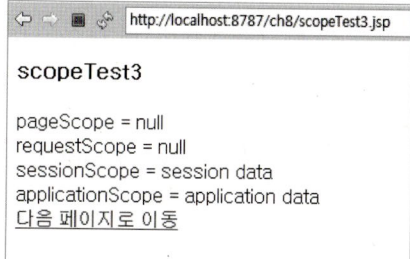

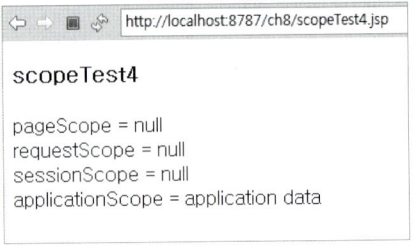

6 ▶ 페이지 흐름 제어

웹 어플리케이션은 많은 웹 페이지로 구성되기 때문에 웹 페이지의 흐름을 제어할 수 있어야 한다. JSP는 페이지 흐름을 제어하기 위해서 include 방식과 forward 방식을 제공한다.

1 include 방식

include는 페이지를 재 사용하는 방법으로 include 디렉티브나 pageContext의 include( ) 메서드, 〈jsp:include〉 태그로 구현할 수 있다.

- 〈%@ include %〉
  include 디렉티브는 앞서 살펴 보았듯이 현재 페이지에 다른 페이지를 포함시키는 방법으로 다른 페이지의 코드를 현재 페이지에 복사하여 하나의 서블릿으로 만들고 컴파일하여 웹 페이지를 생성한다. 즉, include한 파일을 현재 페이지가 서블릿으로 변환될 때 포함시킨다.

- pageContext.include( )
  pageContext의 include( ) 메서드도 다른 페이지를 현재 페이지에 포함시키는 방식이지만, 합치는 시기가 실행 타임이다. 즉, 두 파일은 각각 서로 다른 서블릿으로 변환되어 컴파일된 뒤 실행 시에 합쳐진다. 그러므로 각 파일은 코드의 의존성 없이 독립적으로 컴파일이 가능해야 한다.

- 〈jsp:include〉
  pageContext의 include( ) 메서드와 동일하게 동작한다. 다른 페이지를 실행 시에 포함시켜 하나의 웹 페이지로 만든다.

다음은 include 디렉티브로 페이지를 재사용하는 예를 보여준다. include 디렉티브는 코드가 하나로 합쳐진 뒤 컴파일하므로 한 파일에서 선언한 변수를 다른 파일에서도 사용이 가능하다.

⟨include1.jsp⟩

```
1   <%@ page language="java" contentType="text/html; charset=EUC-KR"
2       pageEncoding="EUC-KR"%>
3   <!DOCTYPE html PUBLIC "-//W3C//DTD HTML 4.01 Transitional//EN"
4   "http://www.w3.org/TR/html4/loose.dtd">
5   <html>
6   <head>
7   <meta http-equiv="Content-Type" content="text/html; charset=EUC-KR">
8   <title>Insert title here</title>
9   </head>
10  <body>
11      <h3>include로 포함되는 페이지</h3>
12      age = <%=age %> <br>
13      <%
14          out.print("name:" + (String) request.getAttribute("name") +
            "<br>");
15          request.setAttribute("name", "bbb");
16      %>
17
18  </body>
19  </html>
```

● 소스 분석 ●

줄 번호	설명
12	age 변수의 값을 출력하지만 이 파일에서 해당 변수를 선언한 부분은 없다. 그래서 파일을 작성하면 에러 표시가 뜨지만 페이지가 합체되면 정상적으로 실행된다.
14	request에 저장된 "name" 이름의 attribute를 읽어서 출력한다.
15	request "name" 속성의 값을 "bbb"로 수정한다.

⟨include3.jsp⟩

```
1   <%@ page language="java" contentType="text/html; charset=EUC-KR"
2       pageEncoding="EUC-KR"%>
3   <!DOCTYPE html PUBLIC "-//W3C//DTD HTML 4.01 Transitional//EN"
4   "http://www.w3.org/TR/html4/loose.dtd">
5   <html>
6   <head>
7   <meta http-equiv="Content-Type" content="text/html; charset=EUC-KR">
```

```
8       <title>Insert title here</title>
9       </head>
10      <body>
11          <h3>include 예제</h3>
12          <%
13              int age = 12;
14              request.setAttribute("name", "aaa");
15          %>
16          <%@ include file="include1.jsp"%>
17          <h3>footer</h3>
18          <%
19              out.print("age:" + age + "<br>");
20              out.print("name:" + (String) request.getAttribute("name") + "<br>");
21          %>
22      </body>
23      </html>
```

● 소스 분석 ●

줄 번호	설명
13	변수 age를 선언하고, 초기화 한다.
14	request에 "name" 속성을 저장한다. 값은 "aaa"이다.
16	include 디렉티브로 "include1.jsp" 파일을 포함시키므로 이 위치에 "include1.jsp" 파일의 코드가 추가된다.
19	변수 age를 출력하는데 이 파일 위에서 선언했으므로 정상적으로 출력된다.
20	request의 "name" 속성을 출력한다. 이 파일의 중간 부분에 include1.jsp의 코드가 추가되므로 14번 줄에서 넣어준 "aaa"가 아닌 include1.jsp에서 변경한 "bbb"가 출력된다.

실행 결과

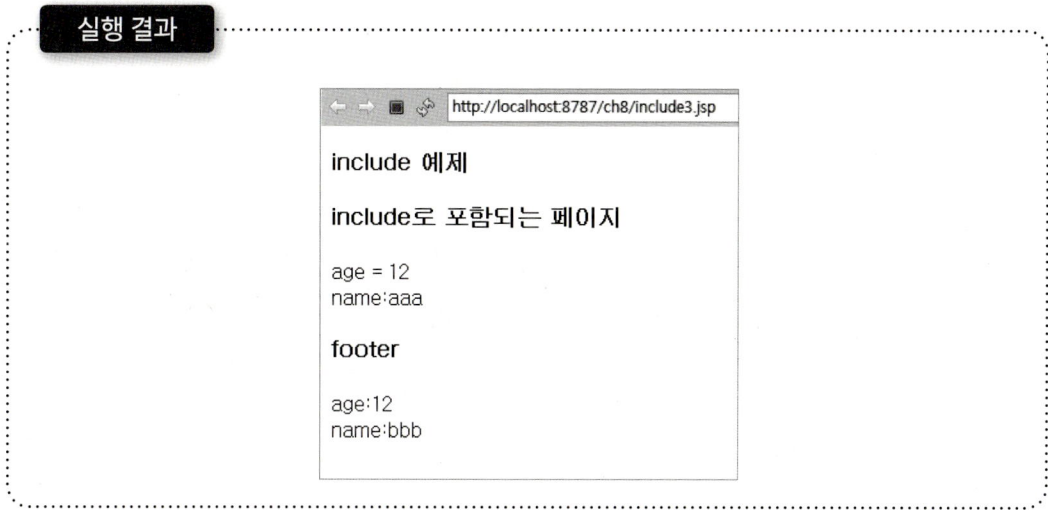

다음은 pageContext.include( ) 메서드로 페이지를 재사용하는 예를 보여준다. include( ) 메서드는 두 파일을 따로 컴파일 한 뒤 실행 시에 request와 response를 가지고 include한 페이지로 이동했다가 다시 request와 response를 가지고 원래의 페이지로 돌아오므로 한 페이지에서 선언한 변수를 공유할 수 없다. 하지만 request에 저장한 속성(Attribute)은 공유할 수 있다.

⟨include1.jsp⟩

```
1  <%@ page language="java" contentType="text/html; charset=EUC-KR"
2       pageEncoding="EUC-KR"%>
3  <!DOCTYPE html PUBLIC "-//W3C//DTD HTML 4.01 Transitional//EN"
4   "http://www.w3.org/TR/html4/loose.dtd">
5  <html>
6  <head>
7  <meta http-equiv="Content-Type" content="text/html; charset=EUC-KR">
8  <title>Insert title here</title>
9  </head>
10 <body>
11     <h3>include로 포함되는 페이지</h3>
12     <%-- age = <%=age %> --%>
13     <%
14         out.print("name:" + (String) request.getAttribute("name") +
                "<br>");
15         request.setAttribute("name", "bbb");
16     %>
17
18 </body>
19 </html>
```

● 소스 분석 ●

줄 번호	설명
12	이 줄을 주석 처리하지 않으면 컴파일이 안 된다. pageContext.include( )는 두 파일을 따로 컴파일한 뒤 실행 시에 합체되므로 각 파일이 정상적으로 컴파일 되어야 한다. 이 줄은 선언하지 않은 변수 age를 출력하므로 에러가 발생한다.

⟨include2.jsp⟩

```
1   <%@ page language="java" contentType="text/html; charset=EUC-KR"
2       pageEncoding="EUC-KR"%>
3   <!DOCTYPE html PUBLIC "-//W3C//DTD HTML 4.01 Transitional//EN"
4   "http://www.w3.org/TR/html4/loose.dtd">
5   <html>
6   <head>
7   <meta http-equiv="Content-Type" content="text/html; charset=EUC-KR">
8   <title>Insert title here</title>
9   </head>
10  <body>
11      <h3>include 예제</h3>
12      <%
13          int age = 12;
14          request.setAttribute("name", "aaa");
15          pageContext.include("include1.jsp");
16      %>
17
18      <h3>footer</h3>
19      <%
20          out.print("age:" + age + "<br>");
21          out.print("name:" + (String) request.getAttribute("name") + "<br>");
22      %>
23  </body>
24  </html>
```

● 소스 분석 ●

줄 번호	설명
13	변수 age를 선언하고, 초기화 한다.
14	request에 "name" 속성을 저장한다. 값은 "aaa"이다.
15	pageContext.include( ) "include1.jsp" 파일을 include한다. 즉, 이 줄에서 "include1.jsp" 페이지로 이동하고, 그 페이지를 모두 실행한 뒤 다시 되돌아와 18번 줄부터 이어서 실행한다.
20	변수 age를 출력하는데 이 파일 위에서 선언했으므로 정상적으로 출력된다.
21	request의 "name" 속성을 출력한다. 이동했던 페이지 include1.jsp에서 값을 "bbb"로 변경했으므로 "bbb"가 출력된다.

실행 결과

2 forward 방식

forward는 페이지의 제어권이 다른 페이지로 넘기는 방법으로 pageContext의 forward( ) 메서드나 〈jsp:forward〉 태그로 구현할 수 있다. forward는 다른 페이지로 이동하는데, 이동할 페이지에 request와 response를 전달한다.

- pageContext.forward( )

  파라미터로 이동할 페이지의 URL을 작성하면 그 페이지로 이동하는데, 현재 페이지의 request와 response를 가지고 이동한다. 그러므로 페이지가 이동하더라도 요청은 그대로 유지되므로 request에 저장한 데이터를 계속 사용할 수 있다.

- **〈jsp:forward〉**

    pageContext.forward( )와 동일하게 동작한다.

다음은 pageContext.forward( )로 페이지 이동하는 예제이다.

〈forward1.jsp〉

```
1   <%@ page language="java" contentType="text/html; charset=EUC-KR"
2       pageEncoding="EUC-KR"%>
3   <!DOCTYPE html PUBLIC "-//W3C//DTD HTML 4.01 Transitional//EN"
4   "http://www.w3.org/TR/html4/loose.dtd">
5   <html>
6   <head>
7   <meta http-equiv="Content-Type" content="text/html; charset=EUC-KR">
8   <title>Insert title here</title>
9   </head>
10  <body>
11      <%
12          request.setAttribute("name", "aaa");
13          pageContext.forward("next.jsp");
14      %>
15  </body>
16  </html>
```

● 소스 분석 ●

줄 번호	설명
12	request에 속성 "name"을 저장한다.
13	forward로 페이지를 이동한다. 이때, request와 response를 가지고 이동하기 때문에 request에 저장한 속성은 이동한 페이지에서도 사용이 가능하다.

〈next.jsp〉

```
1   <%@ page language="java" contentType="text/html; charset=EUC-KR"
2       pageEncoding="EUC-KR"%>
3   <!DOCTYPE html PUBLIC "-//W3C//DTD HTML 4.01 Transitional//EN"
4   "http://www.w3.org/TR/html4/loose.dtd">
5   <html>
6   <head>
7   <meta http-equiv="Content-Type" content="text/html; charset=EUC-KR">
```

```
8       <title>Insert title here</title>
9       </head>
10      <body>
11          name :
12          <%
13              out.print((String) request.getAttribute("name"));
14          %>
15      </body>
16      </html>
```

● 소스 분석 ●

줄 번호	설명
13	request에 저장한 속성을 읽어서 출력한다.

실행 결과

다음은 redirect로 페이지 이동하는 예로 이러한 경우는 새 요청으로 페이지가 이동되기 때문에 request에 저장한 속성은 새 페이지에서 읽을 수 없다.

〈redirect1.jsp〉

```
1   <%@ page language="java" contentType="text/html; charset=EUC-KR"
2      pageEncoding="EUC-KR"%>
3   <!DOCTYPE html PUBLIC "-//W3C//DTD HTML 4.01 Transitional//EN"
4   "http://www.w3.org/TR/html4/loose.dtd">
5   <html>
6   <head>
7   <meta http-equiv="Content-Type" content="text/html; charset=EUC-KR">
8   <title>Insert title here</title>
9   </head>
10  <body>
11      <%
12          request.setAttribute("name", "aaa");
```

제8장 자바 서버 페이지(JSP) ● **271**

```
13              response.sendRedirect("next.jsp");
14          %>
15    </body>
16    </html>
```

● 소스 분석 ●

줄 번호	설명
12	request에 속성 "name"을 저장한다.
13	redirect로 페이지를 이동한다. 이때, 새 요청으로 페이지를 이동하기 때문에 request에 저장한 속성은 이동한 페이지에서 사용이 불가능하다.

〈next.jsp〉

```
1     <%@ page language="java" contentType="text/html; charset=EUC-KR"
2         pageEncoding="EUC-KR"%>
3     <!DOCTYPE html PUBLIC "-//W3C//DTD HTML 4.01 Transitional//EN"
4     "http://www.w3.org/TR/html4/loose.dtd">
5     <html>
6     <head>
7     <meta http-equiv="Content-Type" content="text/html; charset=EUC-KR">
8     <title>Insert title here</title>
9     </head>
10    <body>
11        name :
12        <%
13            out.print((String) request.getAttribute("name"));
14        %>
15    </body>
16    </html>
```

● 소스 분석 ●

줄 번호	설명
13	새 request 객체에 "name"이라는 속성은 없다.

실행 결과

3 페이지 이동 시 파라메터 전달

⟨jsp:include⟩나 ⟨jsp:forward⟩로 페이지를 이동할 때 원래 페이지의 request 객체는 그대로 전달된다. 그래서 원래의 request에 저장된 데이터도 그대로 유지되는데, 여기에 정보를 더 추가하여 전달하고 싶다면 ⟨jsp:param⟩을 사용할 수 있다. 다음은 파라메터 태그의 문법을 보여준다.

⟨jsp:include⟩에서 파라메터 전달

```
⟨jsp:include page="..."⟩
   ⟨jsp:param name="n1" value="v1"/⟩
⟨/jsp:include⟩
```

⟨jsp:forward⟩에서 파라메터 전달

```
⟨jsp: forward page="..."⟩
   ⟨jsp:param name="n1" value="v1"/⟩
⟨/jsp: forward⟩
```

다음은 ⟨jsp:include⟩에서 파라메터 전달하는 예제이다.

⟨jsp_include.jsp⟩

```
1   <%@ page language="java" contentType="text/html; charset=EUC-KR"
2           pageEncoding="EUC-KR"%>
3   <!DOCTYPE html PUBLIC "-//W3C//DTD HTML 4.01 Transitional//EN
4   "http://www.w3.org/TR/html4/loose.dtd">
5   ⟨html⟩
6   ⟨head⟩
```

```
7    <meta http-equiv="Content-Type" content="text/html; charset=EUC-KR">
8    <title>Insert title here</title>
9    </head>
10   <body>
11       <h3>jsp:include</h3>
12       <jsp:include page="next2.jsp">
13           <jsp:param name="data" value="my data" />
14       </jsp:include>
15   </body>
16   </html>
```

● 소스 분석 ●

줄 번호	설명
12 ~ 14	<p>로 include 액션 태그는 page 속성에 포함시킬 페이지의 경로를 작성한다. 이 태그는 include 방식 중 pageContext.include( )와 동일하게 동작하므로 "next2.jsp"로 이동했다가 되돌아온다.
13	"next2.jsp"로 이동할 때 파라메터 "data"를 전달한다.

⟨next2.jsp⟩

```
1    <%@ page language="java" contentType="text/html; charset=EUC-KR"
2            pageEncoding="EUC-KR"%>
3    <!DOCTYPE html PUBLIC "-//W3C//DTD HTML 4.01 Transitional//EN"
4    "http://www.w3.org/TR/html4/loose.dtd">
5    <html>
6    <head>
7    <meta http-equiv="Content-Type" content="text/html; charset=EUC-KR">
8    <title>Insert title here</title>
9    </head>
10   <body>
11       <h3>include 페이지</h3>
12       <%
13           String data = request.getParameter("data");
14           out.print("data:" + data);
15       %>
16   </body>
17   </html>
```

● 소스 분석 ●

줄 번호	설명
13	〈jsp:param〉으로 보낸 파라메터를 읽는다.
14	읽은 값을 출력한다.

실행 결과

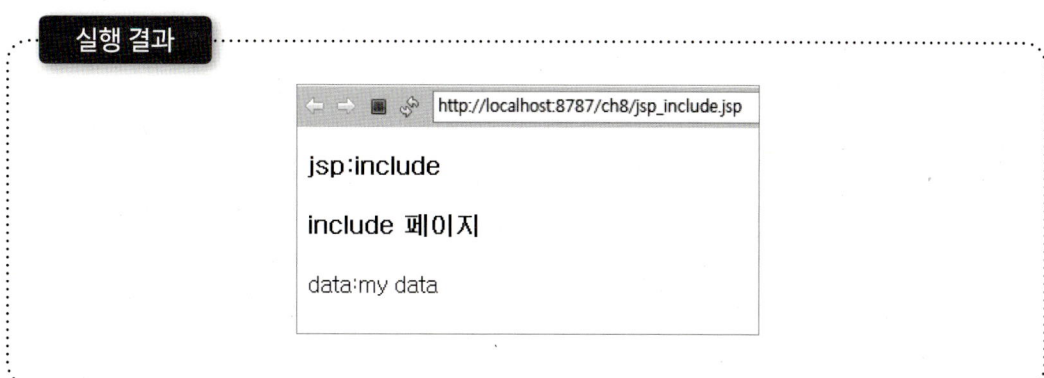

다음은 〈jsp:forward〉에서 파라메터에 전달하는 예제이다.

〈jsp_forward.jsp〉

```
1   <%@ page language="java" contentType="text/html; charset=EUC-KR"
2       pageEncoding="EUC-KR"%>
3   <!DOCTYPE html PUBLIC "-//W3C//DTD HTML 4.01 Transitional//EN"
4   "http://www.w3.org/TR/html4/loose.dtd">
5   <html>
6   <head>
7   <meta http-equiv="Content-Type" content="text/html; charset=EUC-KR">
8   <title>Insert title here</title>
9   </head>
10  <body>
11      <h3>jsp:forward</h3>
12      <jsp:forward page="next3.jsp?data=aaa">
13          <jsp:param name="data" value="my data" />
14      </jsp:forward>
15  </body>
16  </html>
```

제8장 자바 서버 페이지(JSP) ● **275**

● 소스 분석 ●

줄 번호	설명
12 ~ 14	forward로 페이지를 이동한다. next3.jsp에 get 방식으로 data 파라메터를 전달한다.
13	파람 태그로 파라메터를 전달하는데, 이 파라메터의 이름이 12번 줄의 파라메터 이름과 동일하다. 이럴 경우 data라는 이름으로 파라메터 값 2개가 전달된다. 그러므로 값을 읽을 때에 복수로 읽어야 한다.

⟨next3.jsp⟩

```
1   <%@ page language="java" contentType="text/html; charset=EUC-KR"
2       pageEncoding="EUC-KR"%>
3   <!DOCTYPE html PUBLIC "-//W3C//DTD HTML 4.01 Transitional//EN"
4   "http://www.w3.org/TR/html4/loose.dtd">
5   <html>
6   <head>
7   <meta http-equiv="Content-Type" content="text/html; charset=EUC-KR">
8   <title>Insert title here</title>
9   </head>
10  <body>
11      <h3>forward 페이지</h3>
12      <%
13          String[] data = request.getParameterValues("data");
14          for (int i = 0; i < data.length; i++) {
15              out.print("data:" + data[i] + "<br>");
16          }
17      %>
18  </body>
19  </html>
```

● 소스 분석 ●

줄 번호	설명
13	"data" 이름의 파라메터를 읽는데 전달된 값이 복수이므로 getParameterValues()를 사용해야 하고, 저장도 배열에 해야 한다.
14 ~ 16	배열에 저장된 값을 출력한다.

실행 결과

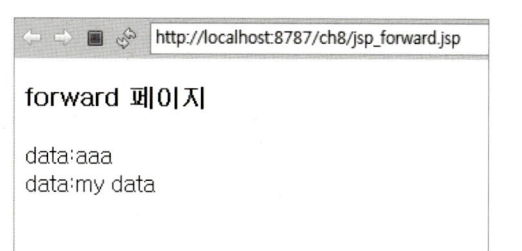

7 ▶ 예외 처리

프로그램에서 예외란 비정상적인 사건을 말하는 것으로 해당 사건이 발생하면 보통 프로그램이 중단된다. 예를 들어 사용자가 숫자를 입력해야 하는데 문자를 입력하여 프로그램에서 숫자 변환에 문제가 생기거나 나누기 연산에서 0으로 나누는 일이 발생하면 프로그램은 중단된다. 이처럼 프로그램이 제대로 실행되다가 갑자기 에러 메시지가 출력되면서 중단된다면 일반 사용자들은 많이 당황스러울 것이므로 이를 방지하기 위해 예외 처리를 해야 한다. JSP에서 예외 처리는 다음과 같이 구현한다.

- 예외가 발생할 페이지의 페이지 디렉티브의 errorPage 속성에 에러 처리 페이지의 URL을 작성한다. 이렇게 설정하면 현재 페이지에서 예외가 발생하면 에러 페이지가 지정한 곳으로 자동 이동되며, 생성된 예외 객체가 에러 페이지에 전달된다.
  `<%@ page errorPage="errorpage.jsp"%>`

- 에러 페이지는 페이지 디렉티브의 isErrorPage 속성에 true로 설정한다. 이 속성을 true로 설정해야 발생한 예외 객체를 받아올 수 있다.
  `<%@ page isErrorPage="true" %>`

먼저, 예외 처리를 하지 않았을 때 예외가 발생하면 어떻게 처리되는지 테스트해 보자.

⟨throwError.jsp⟩

```
1  <%@ page language="java" contentType="text/html; charset=EUC-KR"
2      pageEncoding="EUC-KR"%>
3  <!DOCTYPE html PUBLIC "-//W3C//DTD HTML 4.01 Transitional//EN"
4  "http://www.w3.org/TR/html4/loose.dtd">
5  <html>
```

```
6    <head>
7    <meta http-equiv="Content-Type" content="text/html; charset=EUC-KR">
8    <title>Insert title here</title>
9    </head>
10   <body>
11       <%
12           int x = 3 / 0;
13       %>
14   </body>
15   </html>
```

● 소스 분석 ●

줄 번호	설명
12	0으로 나누는 수식으로 예외가 발생한다. 예외 처리를 하지 않았으므로 다음의 실행 결과와 같이 긴 에러 메시지가 출력된다.

실행 결과

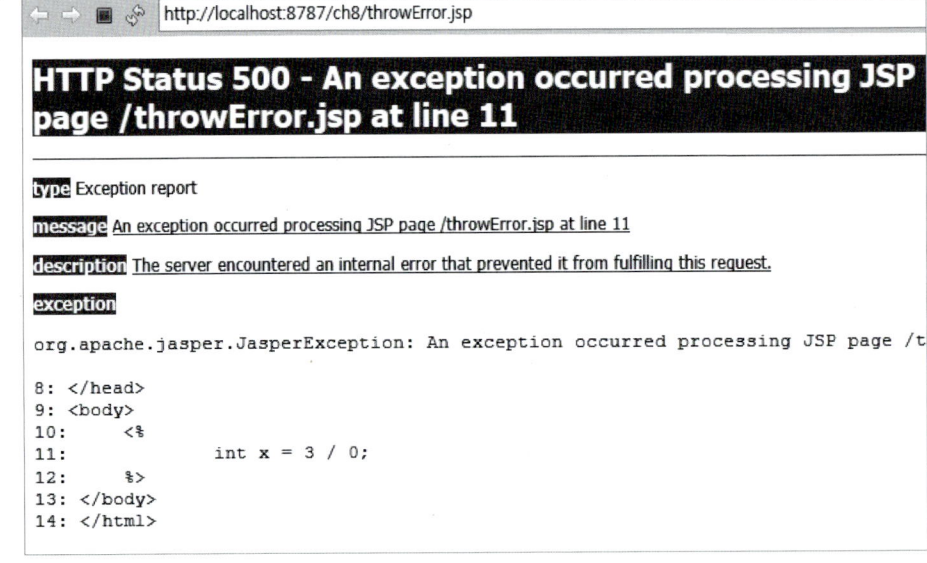

다음은 page 디렉티브의 errorPage와 isErrorPage 속성으로 예외 처리를 한 예이다.

〈throwError.jsp〉

```
1   <%@ page language="java" contentType="text/html; charset=EUC-KR"
2       pageEncoding="EUC-KR"%>
3   <%@ page errorPage="error.jsp"%>
4   <!DOCTYPE html PUBLIC "-//W3C//DTD HTML 4.01 Transitional//EN"
5   "http://www.w3.org/TR/html4/loose.dtd">
6   <html>
7   <head>
8   <meta http-equiv="Content-Type" content="text/html; charset=EUC-KR">
9   <title>Insert title here</title>
10  </head>
11  <body>
12      <%
13          int x = 3 / 0;
14      %>
15  </body>
16  </html>
```

● 소스 분석 ●

줄 번호	설명
3	예외 페이지를 설정한다. 현재 페이지에서 예외가 발생하면 error.jsp로 이동하라는 의미가 된다.
13	예외 발생 → error.jsp로 이동

⟨error.jsp⟩

```
1   <%@ page language="java" contentType="text/html; charset=EUC-KR"
2       pageEncoding="EUC-KR"%>
3   <%@ page isErrorPage="true"%>
4   <!DOCTYPE html PUBLIC "-//W3C//DTD HTML 4.01 Transitional//EN"
5   "http://www.w3.org/TR/html4/loose.dtd">
6   <html>
7   <head>
8   <meta http-equiv="Content-Type" content="text/html; charset=EUC-KR">
9   <title>Insert title here</title>
10  </head>
11  <body>
12      <h3>error page</h3>
13      <%=exception%>
14  </body>
15  </html>
```

● 소스 분석 ●

줄 번호	설명
3	현재 페이지가 예외를 처리하는 페이지임을 설정한다. 이렇게 설정해야 다른 페이지에서 발생한 예외 객체를 받아올 수 있다.
13	전달된 예외 객체를 출력한다.

실행 결과

이 프로그램을 그냥 실행하면 우리가 만든 예외 처리 페이지로 이동하지 않고, 웹 브라우저에 설정된 예외 페이지로 이동할 수도 있다. 그럴 경우 [인터넷 옵션] 대화 상자에서 다음 그림과 같이 'HTTP 오류 메시지 표시' 항목의 체크를 해제한다.

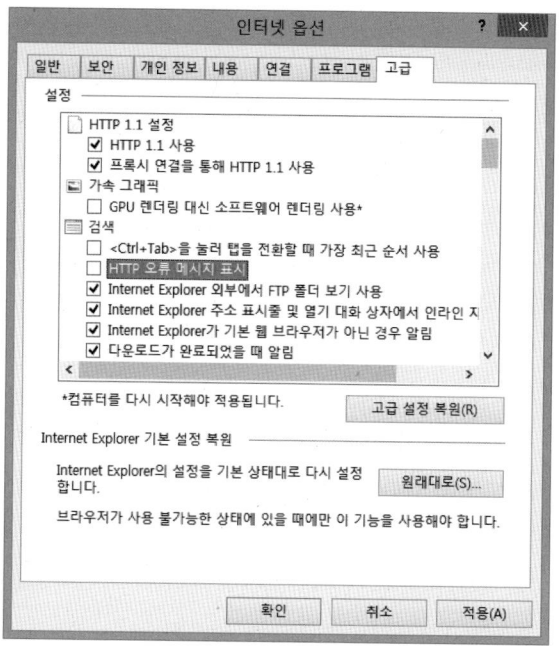

프로그램을 다시 실행하면 우리가 작성한 에러 페이지가 실행된다.

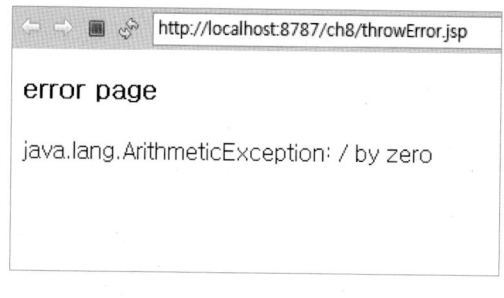

이러한 방법은 특정 페이지에서 예외가 발생하는 것을 처리할 수는 있지만 많은 페이지에 공통적으로 설정하기에는 불편하다. 에러 처리 페이지를 어플리케이션 전체에 적용하려면 WEB-INF/web.xml에 등록해야 한다.

⟨WEB-INF/web.xml⟩

```xml
1   <?xml version="1.0" encoding="UTF-8"?>
2   <web-app xmlns:xsi="http://www.w3.org/2001/XMLSchema-instance"
3       xmlns="http://java.sun.com/xml/ns/javaee"
4       xsi:schemaLocation="http://java.sun.com/xml/ns/javaee
5   http://java.sun.com/xml/ns/javaee/web-app_2_5.xsd"
6       id="WebApp_ID" version="2.5">
7
8       <welcome-file-list>
9           <welcome-file>index.html</welcome-file>
10          <welcome-file>index.htm</welcome-file>
11          <welcome-file>index.jsp</welcome-file>
12          <welcome-file>default.html</welcome-file>
13          <welcome-file>default.htm</welcome-file>
14          <welcome-file>default.jsp</welcome-file>
15      </welcome-file-list>
16
17      <error-page>
18          <error-code>404</error-code>
19          <location>/error2.jsp</location>
20      </error-page>
21
22      <error-page>
23          <error-code>500</error-code>
24          <location>/error.jsp</location>
25      </error-page>
26
27  </web-app>
```

● 소스 분석 ●

줄 번호	설명
17 ~ 20	에러 페이지를 등록한다. 18번 줄은 예외 코드를 설정하고, 19번 줄은 지정한 예외가 발생하면 이동할 에러 페이지를 설정한다. 즉, 해당 어플리케이션에서 404 에러가 발생하면 /error2.jsp로 이동하도록 설정한다.
22 ~ 25	500 에러가 발생하면 /error.jsp로 이동하도록 에러 페이지를 등록한다.

⟨throwError.jsp⟩

```
1   <%@ page language="java" contentType="text/html; charset=EUC-KR"
2       pageEncoding="EUC-KR"%>
3   <%-- <%@ page errorPage="error.jsp"%> --%>
4   <!DOCTYPE html PUBLIC "-//W3C//DTD HTML 4.01 Transitional//EN"
5   "http://www.w3.org/TR/html4/loose.dtd">
6   <html>
7   <head>
8   <meta http-equiv="Content-Type" content="text/html; charset=EUC-KR">
9   <title>Insert title here</title>
10  </head>
11  <body>
12      <%
13          int x = 3 / 0;
14      %>
15  </body>
16  </html>
```

● 소스 분석 ●

줄 번호	설명
3	이미 web.xml에서 에러 페이지를 등록했으므로 이 줄은 더 이상 필요가 없다.
13	500 에러 발생으로 /error.jsp로 이동한다.

⟨error.jsp⟩

```
1   <%@ page language="java" contentType="text/html; charset=EUC-KR"
2       pageEncoding="EUC-KR"%>
3   <%@ page isErrorPage="true"%>
4   <!DOCTYPE html PUBLIC "-//W3C//DTD HTML 4.01 Transitional//EN"
5   "http://www.w3.org/TR/html4/loose.dtd">
6   <html>
7   <head>
8   <meta http-equiv="Content-Type" content="text/html; charset=EUC-KR">
9   <title>Insert title here</title>
10  </head>
11  <body>
12      <h3>error page</h3>
13      <%=exception%>
14  </body>
15  </html>
```

● 소스 분석 ●

줄 번호	설명
3	isErrorPage="true"를 설정해야 예외 객체를 받아올 수 있다.
13	예외 객체를 출력한다.

실행 결과

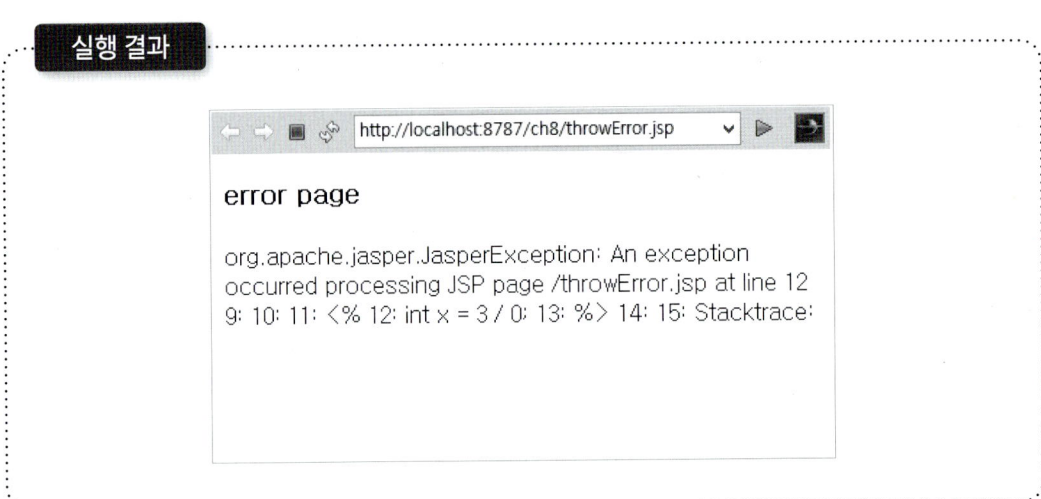

어플리케이션에 공통적으로 에러 페이지를 등록할 때 에러 코드 별로 등록할 수 있지만 에러의 종류 별로 등록할 수도 있다.

〈WEB-INF/web.xml〉

```
1  <?xml version="1.0" encoding="UTF-8"?>
2  <web-app xmlns:xsi="http://www.w3.org/2001/XMLSchema-instance"
3      xmlns="http://java.sun.com/xml/ns/javaee"
4      xsi:schemaLocation="http://java.sun.com/xml/ns/javaee
5  http://java.sun.com/xml/ns/javaee/web-app_2_5.xsd"
6      id="WebApp_ID" version="2.5">
7
8      <welcome-file-list>
9          <welcome-file>index.html</welcome-file>
10         <welcome-file>index.htm</welcome-file>
11         <welcome-file>index.jsp</welcome-file>
12         <welcome-file>default.html</welcome-file>
13         <welcome-file>default.htm</welcome-file>
14         <welcome-file>default.jsp</welcome-file>
15     </welcome-file-list>
16
```

```
17          <error-page>
18                  <error-code>404</error-code>
19                  <location>/error2.jsp</location>
20          </error-page>
21
22          <error-page>
23                  <error-code>500</error-code>
24                  <location>/error.jsp</location>
25          </error-page>
26
27          <error-page>
28                  <exception-type>NullPointerException</exception-type>
29                  <location>/nullError.jsp</location>
30          </error-page>
31
32  </web-app>
33
```

● 소스 분석 ●

줄 번호	설명
27 ~ 30	에러의 종류에 따른 에러 페이지를 등록한다. 28번 줄에서 에러의 종류를 설정하고, 29번 줄에서 설정한 에러가 발생했을 때 이동할 에러 페이지 경로를 설정한다. 이 코드는 NullPointerException 에러가 발생하면 /nullError.jsp로 이동한다.

〈throwError2.jsp〉

```
1   <%@ page language="java" contentType="text/html; charset=EUC-KR"
2       pageEncoding="EUC-KR"%>
3   <!DOCTYPE html PUBLIC "-//W3C//DTD HTML 4.01 Transitional//EN"
4   "http://www.w3.org/TR/html4/loose.dtd">
5   <html>
6   <head>
7   <meta http-equiv="Content-Type" content="text/html; charset=EUC-KR">
8   <title>Insert title here</title>
9   </head>
10  <body>
11      <%=str%>
12  </body>
13  </html>
```

● 소스 분석 ●

줄 번호	설명
11	선언하지 않은 변수를 출력한다. NullPointerException이 발생하여 /nullError.jsp로 이동한다.

⟨nullError.jsp⟩

```
1   <%@ page language="java" contentType="text/html; charset=EUC-KR"
2       pageEncoding="EUC-KR"%>
3   <%@ page isErrorPage="true"%>
4   <!DOCTYPE html PUBLIC "-//W3C//DTD HTML 4.01 Transitional//EN"
5   "http://www.w3.org/TR/html4/loose.dtd">
6   <html>
7   <head>
8   <meta http-equiv="Content-Type" content="text/html; charset=EUC-KR">
9   <title>Insert title here</title>
10  </head>
11  <body>
12      <%=exception%>
13  </body>
14  </html>
```

● 소스 분석 ●

줄 번호	설명
3	에러 페이지임을 설정한다.
12	예외 객체를 출력한다.

실행 결과

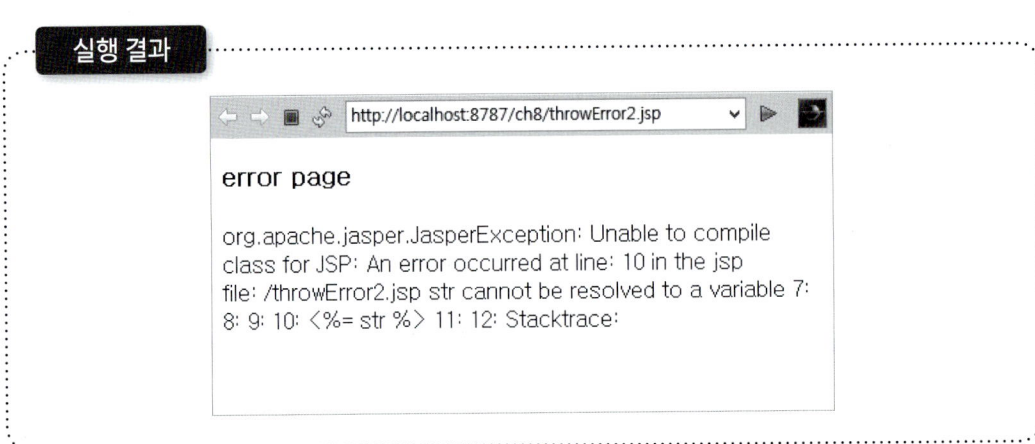

제 09 장

세션과 쿠키로 사용자를 기억하라

JAVA Web Programming

제 09 장
세션과 쿠키로 사용자를 기억하라

십여 년 전 재미있게 본 영화 중 하나가 마이너리티 리포트였다. 그 영화에서 인상 깊었던 장면은 주인공이 옷 가게에 들어서니 입구 센서가 손님의 홍채를 인식하여 그 사람의 소비 패턴을 분석하고 맞춤 안내를 하는 장면이었다. 그리고 현재는 이 기술의 구현은 가능하지만 사람들이 개인의 사적인 정보를 수집하는 것에 대한 거부감으로 상용화되지 못하고 있다. 하지만 이것은 서비스를 제공하는 입장에서는 무척 효과적이고 매력적인 방법이다. 웹 서비스에서도 마찬가지로 사용자들의 서비스 이용 패턴을 이해한다면 보다 더 질 좋은 서비스를 제공할 수 있다. 그러려면 사용자의 행동을 기억하고 있어야 하지만 사실 HTTP 프로토콜은 아무것도 기억하지 못한다. 좀 더 기술적으로 말한다면 HTTP 프로토콜은 비연결 지향적이기 때문에 하나의 요청에 대한 응답을 보내주면 연결을 바로 끊는다. 그리고 새 요청을 보내면 다시 새로운 연결로 응답을 보낸다. 그래서 로그인 기능을 구현해도 아이디, 비밀번호를 확인하고, 로그인 성공 페이지를 출력한 뒤에는 로그인 했다는 사실도, 그 사람의 아이디도 기억하지 못한다. 즉, 로그인 한 후에 또 넌 누구냐를 물어보는 것과 같다. 그래서 필요한 것이 세션과 쿠키이다. 세션과 쿠키는 사용자의 정보를 기억하여 연결이 유지되는 것처럼 보이도록 하는 기술로 로그인, 장바구니 등을 구현할 수 있다.

1 ▶ 세션(Session)

세션은 클라이언트를 기억하기 위해서 ID를 발급한다. 즉, 클라이언트가 서버에 요청을 보내면 서버는 요청 객체인 Request의 헤더에 세션 ID를 확인한다. 만약, 세션 ID가 없다면 이 요청은 새 연결을 통해 온 요청이므로 새로운 세션 ID를 생성하여 Response의 헤더에 담아 응답을 보낸다. 세션 ID는 각 연결을 구분하기 위해서 서버가 생성하는 16진수의 유일한 값이다. 클라이언트는 발급받은 세션 ID를 요청을 보낼 때마다 요청 헤더에 담아서 보낸다. 그럼 서버는 해당 ID를 보고 각 연결을 구분할 수 있다.

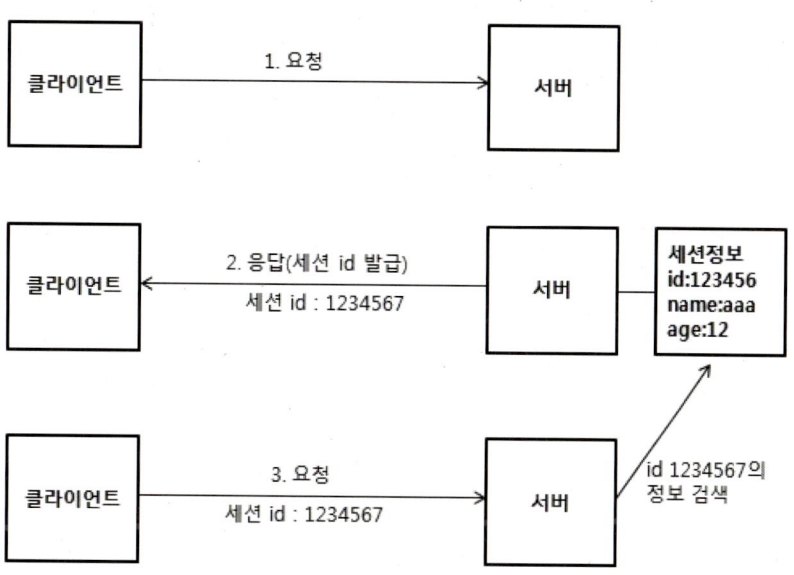

또한, 세션은 setAttribute( ), getAttribute( ) 메서드를 제공하여 정보를 저장하고, 읽을 수 있기 때문에 로그인한 클라이언트의 정보를 유지하거나 사용자가 클릭했던 항목을 기억하는 기능도 구현할 수 있다. 즉, 클라이언트의 정보를 서버에서 유지할 수 있다.

1 세션 사용

서블릿에서 세션은 HttpSession 타입의 객체로 구현하며, 현재 연결의 세션을 획득하려면 request 객체의 getSession( ) 메서드를 사용한다. 만약, 현재 세션이 없는 상황에서 getSession( )을 호출하면 세션 객체를 새로 생성하여 반환한다. JSP 페이지는 생명 주기 메서드 _jspService( )에서 session 객체를 비롯한 pageContext, application, out 등 기본 객체를 생성하므로 특별히 세션을 획득하거나 생성하는 코드는 필요하지 않다. JSP 페이지에서는 그냥 session 객체를 이용하여 세션을 사용할 수 있다.

page 디렉티브의 session 속성을 false로 설정하면 세션 사용 안 함으로 설정되므로 세션을 사용할 수 없다.

다음은 서블릿에서 세션을 생성하는 방법을 보여준다.

〈test1.MyServlet1.java〉

```java
package test1;

import java.io.IOException;

import javax.servlet.ServletException;
import javax.servlet.annotation.WebServlet;
import javax.servlet.http.HttpServlet;
import javax.servlet.http.HttpServletRequest;
import javax.servlet.http.HttpServletResponse;
import javax.servlet.http.HttpSession;

/**
 * Servlet implementation class MyServlet1
 */
@WebServlet("/MyServlet1")
public class MyServlet1 extends HttpServlet {
    private static final long serialVersionUID = 1L;

    /**
     * @see HttpServlet#HttpServlet()
     */
    public MyServlet1() {
        super();
        //TODO Auto-generated constructor stub
    }

    /**
     * @see HttpServlet#doGet(HttpServletRequest request, HttpServletResponse
     *      response)
     */
    protected void doGet(HttpServletRequest request, HttpServletResponse response)
            throws ServletException, IOException {
```

```
33                    //TODO Auto-generated method stub
34                    HttpSession session = request.getSession();
35                    response.getWriter().append("session id: " + session.getId());
36            }
37
38            /**
39             * @see HttpServlet#doPost(HttpServletRequest request, HttpServletResponse
40             *      response)
41             */
42            protected void doPost(HttpServletRequest request, HttpServletResponse response)
43                    throws ServletException, IOException {
44                    //TODO Auto-generated method stub
45                    doGet(request, response);
46            }
47
48    }
```

● 소스 분석 ●

줄 번호	설명
34	request 객체로부터 현재 사용되는 세션 객체를 얻는다.
35	session.getId( ) 메서드는 세션 id를 반환한다. 반환된 값은 긴 32자리의 16진수 값으로 이것은 세션을 구분할 값이므로 중복되지 않고 세션 마다 고유한 값을 갖는다.

실행 결과

다음은 JSP에서 세션을 사용하는 방법을 보여준다.

⟨sessionTest1.jsp⟩

```
1   <%@ page language="java" contentType="text/html; charset=EUC-KR"
2       pageEncoding="EUC-KR"%>
3   <!DOCTYPE html PUBLIC "-//W3C//DTD HTML 4.01 Transitional//EN"
4   "http://www.w3.org/TR/html4/loose.dtd">
5   <html>
6   <head>
7   <meta http-equiv="Content-Type" content="text/html; charset=EUC-KR">
8   <title>Insert title here</title>
9   </head>
10  <body>
11      <%
12          out.print("session id:" + session.getId());
13      %>
14  </body>
15  </html>
```

● 소스 분석 ●

줄 번호	설명
12	session.getId( ) 메서드로 세션 id를 읽어 출력한다.

실행 결과

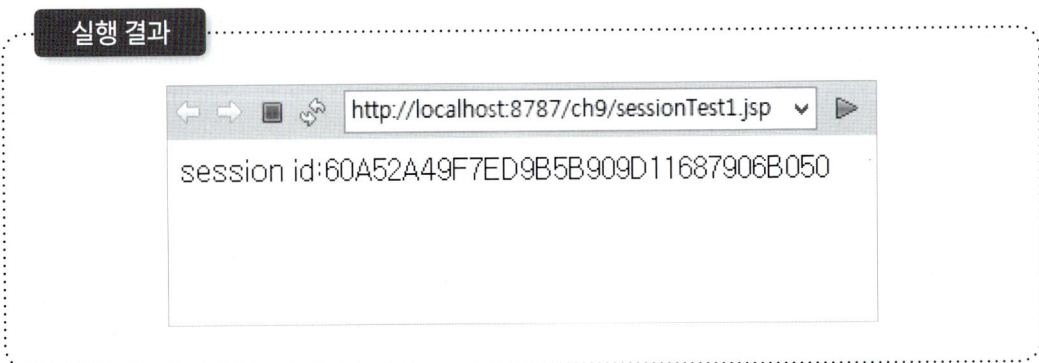

만약, JSP의 page 디렉티브 session 속성을 "false"로 설정하면 세션을 사용할 수 없다.

⟨sessionTest1.jsp⟩

```
1   <%@ page language="java" contentType="text/html; charset=EUC-KR"
2       pageEncoding="EUC-KR"%>
3   <%@ page session="false" %>
4   <!DOCTYPE html PUBLIC "-//W3C//DTD HTML 4.01 Transitional//EN"
5   "http://www.w3.org/TR/html4/loose.dtd">
6   <html>
7   <head>
8   <meta http-equiv="Content-Type" content="text/html; charset=EUC-KR">
9   <title>Insert title here</title>
10  </head>
11  <body>
12      <%
13              out.print("session id:" + session.getId());
14      %>
15  </body>
16  </html>
```

● 소스 분석 ●

줄 번호	설명
13	session.getId( ) 메서드로 세션 id를 읽어 출력한다.

실행 결과

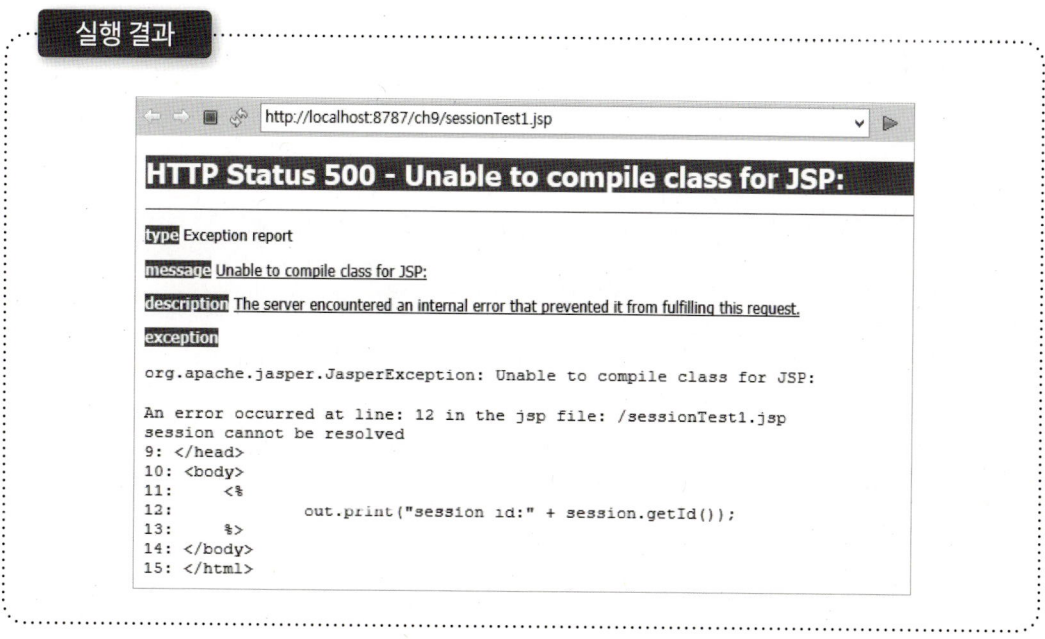

제9장 세션과 쿠키로 사용자를 기억하라 ● 293

2 세션에 정보 저장

세션 객체는 스코프 객체 중 하나로 setAttribute( )와 getAttribute( ) 메서드를 갖는다. 이 메서드로 세션에 정보를 저장하거나 읽을 수 있으며, 세션이 유효할 때까지 어플리케이션의 모든 파일에서 해당 정보를 읽을 수 있다. 그러므로 세션에 저장한 정보는 페이지 이동 시 전달할 필요 없이 어느 페이지에서나 읽을 수 있다.

⟨loginForm.jsp⟩

```
1   <%@ page language="java" contentType="text/html; charset=EUC-KR"
2       pageEncoding="EUC-KR"%>
3   <!DOCTYPE html PUBLIC "-//W3C//DTD HTML 4.01 Transitional//EN"
4   "http://www.w3.org/TR/html4/loose.dtd">
5   <html>
6   <head>
7   <meta http-equiv="Content-Type" content="text/html; charset=EUC-KR">
8   <title>Insert title here</title>
9   </head>
10  <body>
11      <h3>login</h3>
12      <form action="<%=request.getContextPath()%>/MyServlet2"
        method="post">
13          id:<input type="text" name="id"><br>
14          pwd:<input type="text" name="pwd"><br>
15          <input type="submit" value="로그인"><br>
16      </form>
17  </body>
18  </html>
```

● 소스 분석 ●

줄 번호	설명
12	로그인 폼의 데이터는 /MyServlet2로 전송된다.

⟨test1.MyServlet2.java⟩-서블릿으로 생성

```java
1   package test1;
2
3   import java.io.IOException;
4
5   import javax.servlet.RequestDispatcher;
6   import javax.servlet.ServletException;
7   import javax.servlet.annotation.WebServlet;
8   import javax.servlet.http.HttpServlet;
9   import javax.servlet.http.HttpServletRequest;
10  import javax.servlet.http.HttpServletResponse;
11  import javax.servlet.http.HttpSession;
12
13  /**
14   * Servlet implementation class MyServlet2
15   */
16  @WebServlet("/MyServlet2")
17  public class MyServlet2 extends HttpServlet {
18      private static final long serialVersionUID = 1L;
19
20      /**
21       * @see HttpServlet#HttpServlet()
22       */
23      public MyServlet2() {
24          super();
25          //TODO Auto-generated constructor stub
26      }
27
28      /**
29       *    @see HttpServlet#doGet(HttpServletRequest request,
             HttpServletResponse
30       *    response)
31       */
32      protected void doGet(HttpServletRequest request, HttpServletResponse
         response)
33              throws ServletException, IOException {
34          //TODO Auto-generated method stub
35
36          String id = request.getParameter("id");
37          String pwd = request.getParameter("pwd");
```

```
38
39                    HttpSession session = request.getSession(false);
40                    boolean result = false;
41
42                    if (id.equals("aaa") && pwd.equals("123")) {
43                            result = true;
44                            session.setAttribute("id", id);
45                    }
46
47                    session.setAttribute("result", result);
48
49                    RequestDispatcher dispatcher =
50                            request.getRequestDispatcher("/loginResult.jsp");
51                    if (dispatcher != null) {
52                            dispatcher.forward(request, response);
53                    }
54            }
55
56            /**
57             * @see HttpServlet#doPost(HttpServletRequest request,
                   HttpServletResponse
58             *      response)
59             */
60            protected void doPost(HttpServletRequest request, HttpServletResponse response)
61                            throws ServletException, IOException {
62                    //TODO Auto-generated method stub
63                    doGet(request, response);
64            }
65
66    }
```

● 소스 분석 ●

줄 번호	설명
36 ~ 37	요청 파라메터 id, pwd를 읽는다.
39	세션 객체를 획득한다. getSession()의 파라메터를 false로 설정하면 현재 세션이 있으면 이를 반환하고, 없으면 null을 반환한다. 만약, 파라메터가 없거나 true이면 세션이 없을 때 새로 생성한 세션 객체를 반환한다.

42 ~ 45	`<p>`로 묶요청 파라메터의 `id`와 `pwd`가 "aaa", "123"이면 로그인이 성공하여 `result` 변수에 `true`를 저장하고, 세션에 `id`를 저장한다.
47	세션에 로그인 결과인 `result` 값을 저장한다. 로그인이 성공했으면 `true`, 실패했으면 `false`를 저장한다.
49 ~ 50	페이지 이동을 실행할 `dispatcher` 객체를 생성한다. 이동할 페이지는 "/loginResult.jsp"로 설정했다.
51 ~ 52	`dispatcher` 객체가 `null`이 아니면 `forward`로 이동한다.

〈loginResult.jsp〉

```
1   <%@ page language="java" contentType="text/html; charset=EUC-KR"
2       pageEncoding="EUC-KR"%>
3   <!DOCTYPE html PUBLIC "-//W3C//DTD HTML 4.01 Transitional//EN"
4   "http://www.w3.org/TR/html4/loose.dtd">
5   <html>
6   <head>
7   <meta http-equiv="Content-Type" content="text/html; charset=EUC-KR">
8   <title>Insert title here</title>
9   </head>
10  <body>
11      <%
12          boolean result = (boolean) session.getAttribute("result");
13          String id = "";
14          if (result) {
15              out.print("로그인 성공<br>");
16              id = (String) session.getAttribute("id");
17              out.print(id + "님 반갑습니다.");
18          } else {
19              out.print("로그인 실패<br>");
20          }
21      %>
22  </body>
23  </html>
24
```

● 소스 분석 ●

줄 번호	설명
12	세션 객체에 저장한 속성 result 값을 읽는다.
14 ~ 18	result가 true이면 페이지에 로그인 성공 메시지를 출력하고, 세션에 저장된 id를 읽어서 출력한다.
19	result가 false이면 로그인 실패 메시지를 출력한다.

실행 결과

loginForm.jsp를 실행하면 다음과 같이 로그인 폼 페이지가 실행된다. id, pwd를 입력하고 [로그인] 버튼을 클릭한다.

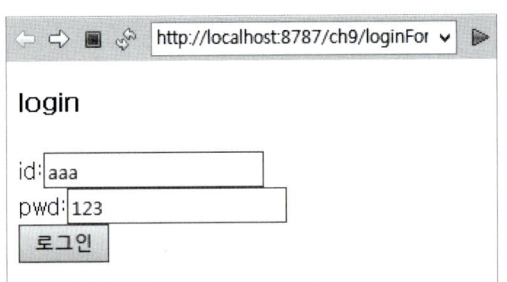

id, pwd를 "aaa", "123"을 입력하면 로그인 성공 메시지가 출력된다.

id, pwd를 다른 값을 입력하면 로그인 실패 메시지가 출력된다.

세션 객체는 정보를 저장하거나 읽을 수 있도록 다음의 메서드들을 제공한다.

- void setAttribute(String name, Object value)
  세션 객체에 속성을 저장한다.

- Object getAttribute(String name)

  세션 객체에 저장된 속성 하나를 읽는다.

- Enumeration getAttributeNames( )

  세션 객체에 저장된 모든 속성의 이름을 Enumeration 타입으로 반환한다.

- void removeAttribute(String name)

  세션에 저장된 속성 중 파라메터와 이름이 동일한 속성을 삭제한다.

3 세션 제어

서블릿은 세션을 제어할 수 있도록 다양한 API를 제공한다. 세션에서 생성한 시간을 읽거나 세션의 유효 시간을 설정하거나 무효화하는 등 다양한 설정을 하거나 설정 값을 읽을 수 있다.

- String getId( )

  세션 ID를 반환한다.

- long getCreationTime( )

  세션이 생성된 시간을 반환한다.

- long getLastAccessedTime( )

  세션에 마지막 접근한 시간을 반환한다.

- boolean isNew( )

  세션이 새로 생성된 것인지를 true/false로 반환한다.

- void setMaxInactiveInterval(int arg)

  세션의 최대 허용 시간을 설정한다.

- int getMaxInactiveInterval( )

  세션에 설정된 최대 허용 시간 값을 반환한다.

- void invalidate( )

  세션을 무효화한다.

⟨sessionTest2.jsp⟩

```jsp
1   <%@ page language="java" contentType="text/html; charset=EUC-KR"
2       pageEncoding="EUC-KR"%>
3   <!DOCTYPE html PUBLIC "-//W3C//DTD HTML 4.01 Transitional//EN"
4   "http://www.w3.org/TR/html4/loose.dtd">
5   <html>
6   <head>
7   <meta http-equiv="Content-Type" content="text/html; charset=EUC-KR">
8   <title>Insert title here</title>
9   </head>
10  <body>
11      <%
12          out.print("session id:" + session.getId() + "<br>");
13          out.print("session creation time:" + session.getCreationTime() + "<br>");
14          out.print("session last accessed time:" + session.getLastAc-
            cessedTime() +
15                                                                  "<br>");
16          out.print("session is new?:" + session.isNew() + "<br>");
17          out.print("session max inactivie interval:" + session.getMax-
            InactiveInterval()
18                                                                  + "<br>");
19      %>
20  </body>
21  </html>
```

● 소스 분석 ●

줄 번호	설명
12	세션 id를 읽어 출력한다.
13	세션 생성 시간을 읽어 출력한다.
14 ~ 15	세션 마지막 접근 시간을 읽어 출력한다.
16	새로 생성된 세션인가를 true/false로 출력한다.
17 ~ 18	세션의 최대 유효 시간을 출력한다.

실행 결과

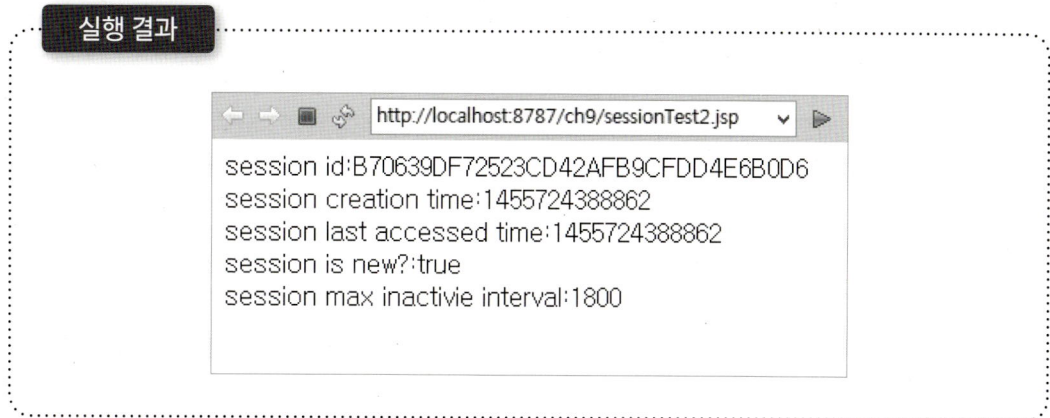

invalidate( ) 메서드는 세션을 무효화하는 메서드로 로그아웃 구현에 사용된다.

⟨loginForm.jsp⟩

```
1   <%@ page language="java" contentType="text/html; charset=EUC-KR"
2       pageEncoding="EUC-KR"%>
3   <!DOCTYPE html PUBLIC "-//W3C//DTD HTML 4.01 Transitional//EN"
4    "http://www.w3.org/TR/html4/loose.dtd">
5   <html>
6   <head>
7   <meta http-equiv="Content-Type" content="text/html; charset=EUC-KR">
8   <title>Insert title here</title>
9   </head>
10  <body>
11      <h3>login</h3>
12      <form action="<%=request.getContextPath()%>/MyServlet2" method="post">
13          id:<input type="text" name="id"><br>
14          pwd:<input type="text" name="pwd"><br>
15          <input type="submit" value="로그인"><br>
16      </form>
17  </body>
18  </html>
```

● 소스 분석 ●

줄 번호	설명
12	로그인 폼의 데이터는 /MyServlet2로 전송된다.

⟨test1.MyServlet2.java⟩-서블릿으로 생성

```java
package test1;

import java.io.IOException;

import javax.servlet.RequestDispatcher;
import javax.servlet.ServletException;
import javax.servlet.annotation.WebServlet;
import javax.servlet.http.HttpServlet;
import javax.servlet.http.HttpServletRequest;
import javax.servlet.http.HttpServletResponse;
import javax.servlet.http.HttpSession;

/**
 * Servlet implementation class MyServlet2
 */
@WebServlet("/MyServlet2")
public class MyServlet2 extends HttpServlet {
    private static final long serialVersionUID = 1L;

    /**
     * @see HttpServlet#HttpServlet()
     */
    public MyServlet2() {
        super();
        //TODO Auto-generated constructor stub
    }

    /**
     * @see HttpServlet#doGet(HttpServletRequest request, HttpServletResponse
     *      response)
     */
    protectedvoiddoGet(HttpServletRequest request, HttpServletResponse response)
            throws ServletException, IOException {
        //TODO Auto-generated method stub

        String id = request.getParameter("id");
        String pwd = request.getParameter("pwd");
```

```
38
39                    HttpSession session = request.getSession(false);
40                    boolean result = false;
41
42                    if (id.equals("aaa") && pwd.equals("123")) {
43                            result = true;
44                            session.setAttribute("id", id);
45                    }
46
47                    session.setAttribute("result", result);
48
49                    RequestDispatcher dispatcher =
50                            request.getRequestDispatcher("/loginResult.jsp");
51                    if (dispatcher != null) {
52                            dispatcher.forward(request, response);
53                    }
54            }
55
56            /**
57             * @see HttpServlet#doPost(HttpServletRequest request, HttpServletResponse
58             *      response)
59             */
60            protected void doPost(HttpServletRequest request, HttpServletResponse response)
61                            throws ServletException, IOException {
62                    //TODO Auto-generated method stub
63                    doGet(request, response);
64            }
65
66    }
```

● 소스 분석 ●

줄 번호	설명
36 ~ 37	요청 파라미터 id, pwd를 읽는다.
39	세션 객체를 획득한다. getSession()의 파라미터를 false로 설정할 경우 현재 세션이 있으면 이를 반환하고, 없으면 null을 반환한다. 만약, 파라미터가 없거나 true이면 세션이 없을 때 새로 생성한 세션 객체를 반환한다.

42 ~ 45	요청 파라메터의 id와 pwd가 "aaa", "123"이면 로그인이 성공하여 result 변수에 true를 저장하고, 세션에 id를 저장한다.
47	세션에 로그인 결과인 result 값을 저장한다. 로그인이 성공했으면 true, 실패했으면 false를 저장한다.
49 ~ 50	페이지 이동을 실행할 dispatcher 객체를 생성한다. 이동할 페이지는 "/loginResult.jsp"로 설정했다.
51 ~ 52	dispatcher 객체가 null이 아니면 forward로 이동한다.

〈loginResult.jsp〉

```
1   <%@ page language="java" contentType="text/html; charset=EUC-KR"
2       pageEncoding="EUC-KR"%>
3   <!DOCTYPE html PUBLIC "-//W3C//DTD HTML 4.01 Transitional//EN"
4   "http://www.w3.org/TR/html4/loose.dtd">
5   <html>
6   <head>
7   <meta http-equiv="Content-Type" content="text/html; charset=EUC-KR">
8   <title>Insert title here</title>
9
10  </head>
11  <body>
12      <%
13              boolean result = false;
14              if (!session.isNew()) {
15                      result = (boolean) session.getAttribute("result");
16              }
17              String id = "";
18              if (result) {
19                      id = (String) session.getAttribute("id");
20      %>
21                      로그인 성공<br>
22                      <%=id%>님 반갑습니다.<br>
23                      <a href="logout.jsp">로그아웃</a>
24      <%
25              } else {
26      %>
27                      로그인 실패<br>
28                      <a href="loginForm.jsp">로그인 폼</a>
```

```
29              <%
30                      }
31              %>
32
33      </body>
34      </html>
```

● 소스 분석 ●

줄 번호	설명
14 ~ 16	세션 객체가 새것이 아니면 로그인의 결과가 result 속성으로 저장되어 있으므로 이 값을 읽는다. 만약, 세션이 새것이면 result 속성이 없다.
18 ~ 25	result가 true이면 페이지에 로그인 성공 메시지를 출력하고, 세션에 저장된 id를 읽어서 출력한다. 23번 줄은 로그아웃 페이지로 이동할 수 있도록 링크를 만들었다. 만약, 세션이 새것이라면 result는 13번 줄에서 false로 초기화했으므로 false이다.
26 ~ 31	result가 false이면 로그인 실패 메시지를 출력한다. 로그인 할 수 있는 폼으로 이동할 수 있는 링크를 구현했다.

⟨logout.jsp⟩

```
1   <%@ page language="java" contentType="text/html; charset=EUC-KR"
2           pageEncoding="EUC-KR"%>
3   <!DOCTYPE html PUBLIC "-//W3C//DTD HTML 4.01 Transitional//EN"
4   "http://www.w3.org/TR/html4/loose.dtd">
5   <html>
6   <head>
7   <meta http-equiv="Content-Type" content="text/html; charset=EUC-KR">
8   <title>Insert title here</title>
9   </head>
10  <body>
11          <h3>로그아웃 되었습니다.</h3>
12          <%
13                  session.removeAttribute("result");
14                  session.removeAttribute("id");
15                  session.invalidate();
16          %>
17          <a href="loginResult.jsp">loginResult.jsp로 이동</a>
18  </body>
19  </html>
```

● 소스 분석 ●

줄 번호	설명
13 ~ 14	세션에 저장했던 속성 result, id를 삭제한다.
15	세션을 무효화하여 로그아웃 처리한다.
17	로그인 결과 페이지로 이동할 수 있게 링크를 만들었다. 링크를 클릭하면 로그아웃을 이미 했기 때문에 로그인 실패로 처리된다.

실행 결과

loginForm.jsp를 실행하면 다음과 같이 로그인 폼 페이지가 실행된다. id, pwd를 입력하고 [로그인] 버튼을 클릭한다.

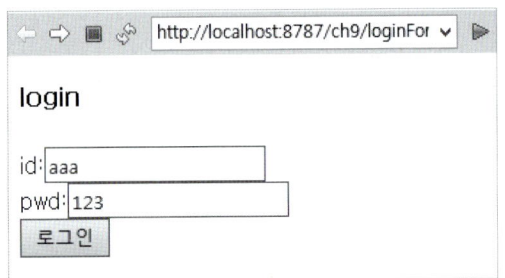

id, pwd에서 "aaa", "123"을 입력하면 로그인 성공 메시지가 출력되고, 로그아웃 링크가 추가되었다.

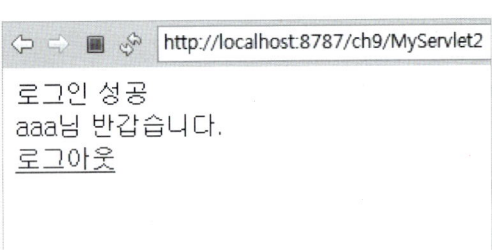

로그아웃이 처리된 실행 모습이다.

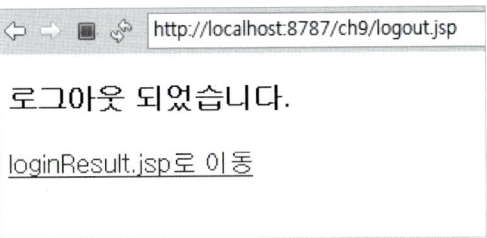

로그아웃 뒤 loginResult.jsp 페이지로 이동한 모습이다.

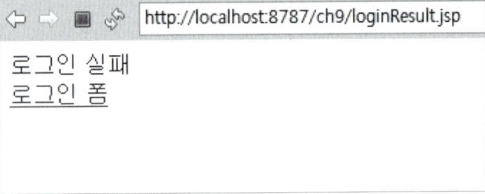

로그인 폼 링크를 클릭한 실행 모습이다.

2 ▶ 쿠키(Cookie)

쿠키도 세션과 함께 HTTP 프로토콜의 비연결 지향적인 특성을 보완하여 연결이 유지되는 것처럼 보이기 위해서 사용된다. 쿠키는 연결 유지를 위한 클라이언트 관련 정보를 서버가 아닌 클라이언트 컴퓨터에 저장하며, 데이터는 텍스트 타입으로 저장된다. 서버가 필요한 정보를 쿠키 객체로 생성하여 Response 객체에 담아 클라이언트에게 보내면 클라이언트의 웹 브라우저는 이 쿠키를 컴퓨터의 쿠키 저장소에 txt 파일로 저장한다. 그 이후부터는 클라이언트가 요청을 보낼 때마다 요청에 쿠키를 담아서 보낸다. 이렇게 하여 서버는 요청에 담긴 쿠키 정보로 클라이언트를 구분할 수 있다.

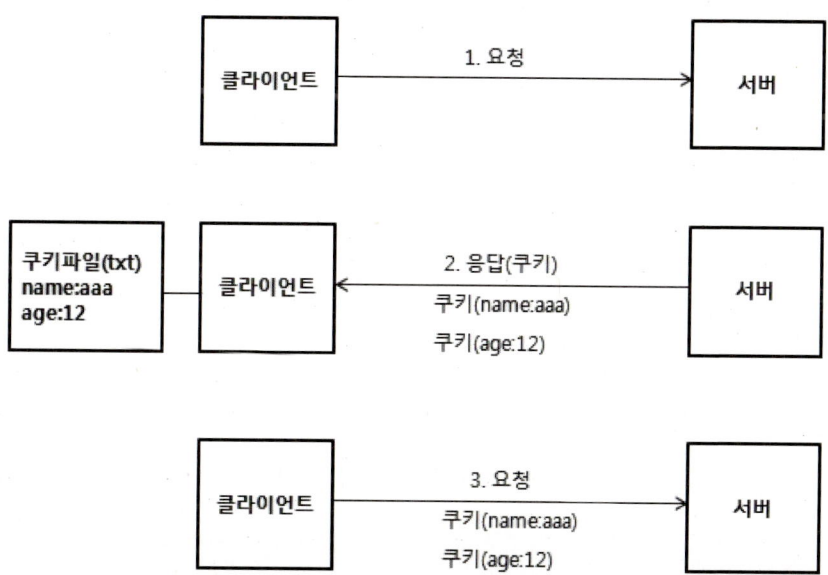

이처럼 세션과 쿠키는 비슷하지만 다른 점도 많다. 세션은 클라이언트를 구분하기 위해서 ID를 발급하고, 클라이언트와 관련된 정보를 세션 객체에 저장하는 등 클라이언트 정보를 서버에 Object 타입으로 저장한다. 쿠키는 클라이언트 정보를 서버가 아닌 클라이언트 컴퓨터에 텍스트 타입으로 저장한다.

세션에 저장할 수 있는 데이터 크기의 제한이 없지만 쿠키는 최대 4KB까지 저장할 수 있고 세션의 정보는 유효 시간을 설정할 수 없지만 쿠키는 유효 시간을 설정할 수 있다.

1 쿠키 생성 및 읽기

쿠키는 서블릿에서 Cookie 객체로 구현한다. 쿠키 하나는 정보 하나로 (이름:값)의 형태로 정의한다. 생성한 쿠키 객체는 response.addCookie( ) 메서드로 response 객체에 담아 클라이언트에 전송한다. 그럼 쿠키를 생성하여 클라이언트에 전송하고 이를 다시 읽는 간단한 예제를 살펴보자.

〈cookieTest1.jsp〉

```jsp
1  <%@ page language="java" contentType="text/html; charset=EUC-KR"
2      pageEncoding="EUC-KR"%>
3  <!DOCTYPE html PUBLIC "-//W3C//DTD HTML 4.01 Transitional//EN"
4  "http://www.w3.org/TR/html4/loose.dtd">
5  <html>
6  <head>
7  <meta http-equiv="Content-Type" content="text/html; charset=EUC-KR">
8  <title>Insert title here</title>
9  </head>
10 <body>
11     <h3>쿠키 생성</h3>
12     <%
13         Cookie cookie1 = new Cookie("name", "aaa");
14         Cookie cookie2 = new Cookie("age", "12");
15
16         response.addCookie(cookie1);
17         response.addCookie(cookie2);
18     %>
19
20     <a href="readCookie.jsp">쿠키값 읽기</a>
21 </body>
22 </html>
```

● 소스 분석 ●

줄 번호	설명
13 ~ 14	쿠키를 생성한다.
16 ~ 17	생성한 2개의 쿠키를 response 객체에 담는다. response가 응답 객체이므로 쿠키가 클라이언트에 전달된다.

⟨readCookie.jsp⟩

```
1   <%@ page language="java" contentType="text/html; charset=EUC-KR"
2       pageEncoding="EUC-KR"%>
3   <!DOCTYPE html PUBLIC "-//W3C//DTD HTML 4.01 Transitional//EN"
4   "http://www.w3.org/TR/html4/loose.dtd">
5   <html>
6   <head>
7   <meta http-equiv="Content-Type" content="text/html; charset=EUC-KR">
8   <title>Insert title here</title>
9   </head>
10  <body>
11      <h3>쿠키 읽기</h3>
12      <%
13          Cookie[] cookies = request.getCookies();
14          for (int i = 0; i < cookies.length; i++) {
15              String name = cookies[i].getName();
16              String value = cookies[i].getValue();
17              out.print(name + ":" + value + "<br>");
18          }
19      %>
20  </body>
21  </html>
```

● 소스 분석 ●

줄 번호	설명
13	request에서 모든 쿠키를 읽어서 배열 cookies에 저장한다.
14 ~ 18	cookies 배열의 크기만큼 즉, 쿠키의 개수만큼 반복한다.
15	i번째 쿠키의 이름을 읽는다.
16	i번째 쿠키의 값을 읽는다.
17	읽은 쿠키 이름과 값을 출력한다.

실행 결과

쿠키 생성 페이지를 실행한다.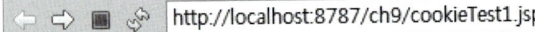

쿠키 생성

쿠기값 읽기

쿠키 읽기 페이지를 실행한다.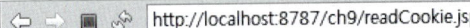

쿠키 읽기

JSESSIONID:43B8F680C7CB6015A37251519BB5143A
name:aaa
age:12

2 쿠키 수정/삭제

저장한 쿠키를 수정하거나 삭제하는 것도 가능하다. 수정은 이전의 키 이름과 수정할 새 값으로 쿠키를 만들어 응답으로 전송하면 되는데, 이렇게 하면 이전의 쿠키 이름에 새 값이 저장된다. 삭제는 setMaxAge( ) 메서드로 쿠키의 유효 시간을 0으로 설정하면 되는데, 이렇게 하면 더 이상 이 쿠키를 사용할 수 없으므로 삭제와 동일하다.

⟨editCookie.jsp⟩

```
1   <%@ page language="java" contentType="text/html; charset=EUC-KR"
2       pageEncoding="EUC-KR"%>
3   <!DOCTYPE html PUBLIC "-//W3C//DTD HTML 4.01 Transitional//EN"
4   "http://www.w3.org/TR/html4/loose.dtd">
5   <html>
6   <head>
7   <meta http-equiv="Content-Type" content="text/html; charset=EUC-KR">
8   <title>Insert title here</title>
9   </head>
10  <body>
11      <h3>쿠키 수정</h3>
12      <%
```

```
13              Cookie cookie1 = new Cookie("name", "bbb");
14              Cookie cookie2 = new Cookie("age", "23");
15
16              response.addCookie(cookie1);
17              response.addCookie(cookie2);
18          %>
19
20          <a href="readCookie.jsp">쿠키값 읽기</a>
21
22  </body>
23  </html>
```

● 소스 분석 ●

줄 번호	설명
13 ~ 14	쿠키를 수정한다. 앞 예제에서 쿠키 "name"은 "aaa", "age"는 "12"로 저장한 것을 "bbb"와 "23"으로 수정한다.
16 ~ 17	수정한 2개의 쿠키를 response 객체에 담는다. response가 응답 객체이므로 쿠키가 클라이언트에 전달된다.

<readCookie.jsp>

```
1   <%@ page language="java" contentType="text/html; charset=EUC-KR"
2       pageEncoding="EUC-KR"%>
3   <!DOCTYPE html PUBLIC "-//W3C//DTD HTML 4.01 Transitional//EN"
4   "http://www.w3.org/TR/html4/loose.dtd">
5   <html>
6   <head>
7   <meta http-equiv="Content-Type" content="text/html; charset=EUC-KR">
8   <title>Insert title here</title>
9   </head>
10  <body>
11      <h3>쿠키 읽기</h3>
12      <%
13          Cookie[] cookies = request.getCookies();
14          for (int i = 0; i < cookies.length; i++) {
15              String name = cookies[i].getName();
16              String value = cookies[i].getValue();
17              out.print(name + ":" + value + "<br>");
```

```
18              }
19          %>
20          <a href="delCookie.jsp">쿠키 삭제</a>
21    </body>
22    </html>
```

● 소스 분석 ●

줄 번호	설명
13	request에서 모든 쿠키를 읽어서 배열 cookies에 저장한다.
14 ~ 18	cookies 배열의 크기만큼 즉, 쿠키의 개수만큼 반복한다.
15	i번째 쿠키의 이름을 읽는다.
16	i번째 쿠키의 값을 읽는다.
17	읽은 쿠키 이름과 값을 출력한다.

〈delCookie.jsp〉

```
1   <%@ page language="java" contentType="text/html; charset=EUC-KR"
2       pageEncoding="EUC-KR"%>
3   <!DOCTYPE html PUBLIC "-//W3C//DTD HTML 4.01 Transitional//EN"
4   "http://www.w3.org/TR/html4/loose.dtd">
5   <html>
6   <head>
7   <meta http-equiv="Content-Type" content="text/html; charset=EUC-KR">
8   <title>Insert title here</title>
9   </head>
10  <body>
11      <h3>쿠키 삭제</h3>
12      <%
13          Cookie[] cookies = request.getCookies();
14          for (int i = 0; i < cookies.length; i++) {
15              if (cookies[i].getName().equals("name") ||
16                      cookies[i].getName().equals("age")) {
17                  cookies[i].setMaxAge(0);
18                  response.addCookie(cookies[i]);
19              }
20          }
21      %>
```

```
22        <a href="readCookie.jsp">쿠기 읽기</a>
23    </body>
24  </html>
```

● 소스 분석 ●

줄 번호	설명
13	request로 쿠키 전체를 읽어서 cookies 배열에 저장한다.
15 ~ 19	쿠키의 이름이 "name"이거나 "age"이면 17번 줄에서 쿠키의 유효 시간을 0으로 설정한다. 이는 쿠키 삭제를 구현한다. 18번 줄은 이러한 설정을 클라이언트 컴퓨터에 저장된 쿠키에 반영하도록 response에 담아 전송한다.

실행 결과

수정 페이지를 실행한다.

http://localhost:8787/ch9/editCookie.jsp

쿠키 수정

쿠키값 읽기

읽기 페이지를 실행한다.

http://localhost:8787/ch9/readCookie.jsp

쿠키 읽기

JSESSIONID:643CDD786C0A6B1F1A16688F9607B635
name:bbb
age:23
쿠키 삭제

삭제 페이지를 실행한다.

http://localhost:8787/ch9/delCookie.jsp

쿠키 삭제

쿠기 읽기

삭제 후 읽기 페이지를 실행하면 "name"과 "age" 쿠키가 삭제되었음을 확인할 수 있다.

http://localhost:8787/ch9/readCookie.jsp

쿠키 읽기

JSESSIONID:643CDD786C0A6B1F1A16688F9607B635
쿠키 삭제

3 쿠키 제어

쿠키의 생성, 읽기, 수정, 삭제 이외에도 쿠키의 파기 시간을 설정하거나 쿠키에 접근할 수 있는 URL을 한정하는 등의 제어를 할 수 있다. 다음은 Cookie 클래스의 주요 메서드 목록이다.

- void setDomain(String domain)
  쿠키를 사용할 도메인을 설정한다.

- String getDomain( )
  쿠키를 사용할 도메인을 반환한다.

- void setPath(String uri)
  쿠키를 사용할 페이지의 경로를 설정한다.

- String getPath( )
  쿠키를 사용할 페이지의 경로를 반환한다.

- void setMaxAge(int exp)
  쿠키의 유효 시간을 설정한다.

- int getMaxAge( )
  쿠키에 설정된 유효 시간을 반환한다.

⟨cookieTest2.jsp⟩

```
1   <%@ page language="java" contentType="text/html; charset=EUC-KR"
2       pageEncoding="EUC-KR"%>
3   <!DOCTYPE html PUBLIC "-//W3C//DTD HTML 4.01 Transitional//EN"
4   "http://www.w3.org/TR/html4/loose.dtd">
5   <html>
6   <head>
7   <meta http-equiv="Content-Type" content="text/html; charset=EUC-KR">
8   <title>Insert title here</title>
9   </head>
10  <body>
11      <h3>쿠키에 path와 유효 시간 설정</h3>
12      <%
13          Cookie cookie1 = new Cookie("c1", "v1");
```

```
14                  Cookie cookie2 = new Cookie("c2", "v2");
15
16                  cookie1.setPath("/");
17                  cookie1.setMaxAge(60 * 60);
18
19                  cookie2.setPath("/ch9/cookieTest");
20                  cookie2.setMaxAge(60 * 60 * 24);
21
22                  response.addCookie(cookie1);
23                  response.addCookie(cookie2);
24         %>
25                  cookie1 name: <%= cookie1.getName() %><br>
26                  cookie1 value: <%= cookie1.getValue() %><br>
27                  cookie1 path: <%= cookie1.getPath() %><br>
28                  cookie1 max age: <%= cookie1.getMaxAge() %><br><br>
29
30                  cookie2 name: <%= cookie2.getName() %><br>
31                  cookie2 value: <%= cookie2.getValue() %><br>
32                  cookie2 path: <%= cookie2.getPath() %><br>
33                  cookie2 max age: <%= cookie2.getMaxAge() %><br>
34
35     </body>
36     </html>
```

● 소스 분석 ●

줄 번호	설명
13 ~ 14	쿠키를 생성한다.
16	cookie1를 사용할 수 있는 페이지의 경로를 "/"로 설정하여 현재 도메인의 모든 페이지에서 접근이 가능하다.
17	cookie1의 유효 시간을 1시간(60초 * 60)으로 설정한다. 이 쿠키는 한 시간이 지나면 사용할 수 없다.
19	cookie2를 사용할 수 있는 페이지의 경로를 "/ch9/cookieTest"로 설정하여 현재 도메인에서 경로가 /ch9/cookieTest로 시작하는 모든 페이지에서 접근이 가능하다. 즉, ch9 프로젝트에서 WebContent 폴더에 있는 cookieTest 폴더 안의 모든 파일이 사용 가능하다.
20	cookie2의 유효 시간을 하루(24시간)으로 설정한다. 이 쿠키는 하루가 지나면 사용할 수 없다.

줄 번호	설명
22 ~ 23	생성한 쿠키 객체를 response에 담는다.
25	cookie1 객체의 쿠키 이름을 읽는다.
26	cookie1 객체의 쿠키 값을 읽는다.
27	cookie1 객체의 쿠키에 설정된 path를 읽는다.
28	cookie1 객체의 유효 시간을 읽는다.

〈b.jsp〉

```
1   <%@ page language="java" contentType="text/html; charset=EUC-KR"
2       pageEncoding="EUC-KR"%>
3   <!DOCTYPE html PUBLIC "-//W3C//DTD HTML 4.01 Transitional//EN"
4   "http://www.w3.org/TR/html4/loose.dtd">
5   <html>
6   <head>
7   <meta http-equiv="Content-Type" content="text/html; charset=EUC-KR">
8   <title>Insert title here</title>
9   </head>
10  <body>
11      <h3>쿠키 읽기</h3>
12      <%
13          Cookie[] cookies = request.getCookies();
14          for (int i = 0; i < cookies.length; i++) {
15              String name = cookies[i].getName();
16              String value = cookies[i].getValue();
17              out.print(name + ":" + value + "<br>");
18          }
19      %>
20  </body>
21  </html>
```

● 소스 분석 ●

줄 번호	설명
	해당 파일에서 쿠키를 읽으면 c1은 읽을 수 있지만 c2는 읽을 수 없다. 쿠키 c2에 접근할 수 있는 경로를 /ch9/cookieTest로 설정했으므로 이 폴더 안의 파일에서만 사용이 가능하다.

⟨cookieTest/a.jsp⟩

```jsp
1   <%@ page language="java" contentType="text/html; charset=EUC-KR"
2       pageEncoding="EUC-KR"%>
3   <!DOCTYPE html PUBLIC "-//W3C//DTD HTML 4.01 Transitional//EN"
4   "http://www.w3.org/TR/html4/loose.dtd">
5   <html>
6   <head>
7   <meta http-equiv="Content-Type" content="text/html; charset=EUC-KR">
8   <title>Insert title here</title>
9   </head>
10  <body>
11          <h3>쿠키 읽기</h3>
12          <%
13                  Cookie[] cookies = request.getCookies();
14                  for (int i = 0; i < cookies.length; i++) {
15                          String name = cookies[i].getName();
16                          String value = cookies[i].getValue();
17                          out.print(name + ":" + value + "<br>");
18                  }
19          %>
20  </body>
21  </html>
```

● 소스 분석 ●

줄 번호	설명
	해당 파일은 쿠키 c2에 설정된 /ch9/cookieTest에 생성했으므로 c1, c2 모두 읽을 수 있다.

실행 결과

cookieTest2.jsp를 실행한다.

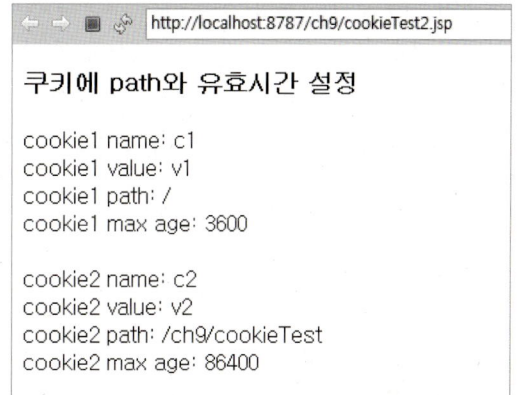

b.jsp를 실행한다.

cookieTest/a.jsp를 실행한다.

3 ▶ 세션 트래킹(Session Tracking)

세션은 각 클라이언트를 구분하기 위해서 세션 ID를 발급하고 클라이언트는 발급받은 세션 ID를 요청을 보낼 때마다 서버에 제시해야 한다고 했었는데 이것을 세션 트래킹이라고 한다. 그런데 세션 트래킹이 가능 하려면 클라이언트는 세션 ID를 기억하고 있어야 한다. 클라이언트가 세션 ID를 기억하는 일반적인 방법에는 URL Rewrite 방법과 쿠키를 사용하는 방법이 있다. URL Rewrite 방법은 페이지가 이동할 때마다 세션 ID를 URL에 연결하여 전달하는 방법인데, 매번 작성하는 것이 불편하기도 하고 보안상 안전한 방법은 아니기 때문에 잘 사용되지 않는다. 대부분의 웹 컨테이너에서 사용되는 방법은 쿠키를 활용하는 것이다. 쿠키 예제를 하면서 의문점이 있었을 것이다. 쿠키 값을 읽을 때마다 우리가 저장하지도 않은 JSESSIONID라는 쿠키 값이 출력되는 것이 이상했을 것이다. 이것이 바로 세션 ID이다. 서버가 세션 ID를 주면 클라이언트는 이를 쿠키에 저장하고, 요청이 있을 때마다 쿠키를 통해서 서버에 세션 ID를 전달하는 것이다. 이처럼 HTTP 프로토콜의 연결 상태를 유지하기 위해서 세션과 쿠키가 함께 사용되는 경우가 많다.

⟨loginForm.jsp⟩

```
1   <%@ page language="java" contentType="text/html; charset=EUC-KR"
2       pageEncoding="EUC-KR"%>
3   <!DOCTYPE html PUBLIC "-//W3C//DTD HTML 4.01 Transitional//EN"
4   "http://www.w3.org/TR/html4/loose.dtd">
5   <html>
6   <head>
7   <meta http-equiv="Content-Type" content="text/html; charset=EUC-KR">
8   <title>Insert title here</title>
9   </head>
10  <body>
11      <h3>login</h3>
12      <form  action="<%=request.getContextPath(  )%>/LoginController" method="post">
13          id:<input type="text" name="id"><br>
14          pwd:<input type="text" name="pwd"><br>
15          <input type="submit" value="로그인"><br>
16      </form>
17  </body>
18  </html>
```

● 소스 분석 ●

줄 번호	설명
12	로그인 폼의 데이터는 /LoginController(서블릿)로 전송된다.

⟨test1.LoginController.java⟩-서블릿으로 생성

```
1   package test1;
2
3   import java.io.IOException;
4
5   import javax.servlet.RequestDispatcher;
6   import javax.servlet.ServletException;
7   import javax.servlet.annotation.WebServlet;
8   import javax.servlet.http.HttpServlet;
9   import javax.servlet.http.HttpServletRequest;
10  import javax.servlet.http.HttpServletResponse;
11  import javax.servlet.http.HttpSession;
12
```

```java
/**
 * Servlet implementation class LoginController
 */
@WebServlet("/LoginController")
public class LoginController extends HttpServlet {
    private static final long serialVersionUID = 1L;

    /**
     * @see HttpServlet#HttpServlet()
     */
    public LoginController() {
        super();
        //TODO Auto-generated constructor stub
    }

    /**
     * @see HttpServlet#doGet(HttpServletRequest request,
       HttpServletResponse
     *     response)
     */
    protected void doGet(HttpServletRequest request, HttpServletResponse response)
            throws ServletException, IOException {
        //TODO Auto-generated method stub
        String resultPage = "/loginForm.jsp";
        String id = request.getParameter("id");
        String pwd = request.getParameter("pwd");

        HttpSession session = request.getSession(false);
        boolean result = false;

        if (id.equals("aaa") && pwd.equals("123")) {
            result = true;
            session.setAttribute("id", id);
            resultPage = "/loginResult2.jsp";
        }

        session.setAttribute("result", result);

        RequestDispatcher dispatcher = request.getRequestDispatcher(resultPage);
```

```
51                    if (dispatcher != null) {
52                            dispatcher.forward(request, response);
53                    }
54            }
55
56            /**
57             * @see HttpServlet#doPost(HttpServletRequest request,
                    HttpServletResponse
58             *      response)
59             */
60            protected void doPost(HttpServletRequest request, HttpServletResponse response)
61                            throws ServletException, IOException {
62                    //TODO Auto-generated method stub
63                    doGet(request, response);
64            }
65
66    }
```

● 소스 분석 ●

줄 번호	설명
35	이 서블릿에서 처리가 끝나면 이동할 뷰 페이지의 경로를 변수 resultPage에 저장한다.
36 ~ 37	요청 파라메터 id, pwd를 읽는다.
39	세션 객체를 획득한다. getSession()의 파라메터를 false로 설정할 경우 현재 세션이 있으면 이를 반환하고, 없으면 null을 반환한다. 만약, 파라메터가 없거나 true이면 세션이 없을 때 새로 생성한 세션 객체를 반환한다.
42 ~ 46	요청 파라메터의 id와 pwd가 "aaa", "123"이면 로그인이 성공하여 result 변수에 true를 저장하고, 세션에 id를 저장한다. 서블릿이 완료되면 이동할 페이지의 경로는 "/loginResult2.jsp"이다.
48	세션에 로그인 결과인 result 값을 저장한다. 로그인이 성공했으면 true, 실패했으면 false를 저장한다.
50	페이지 이동을 실행할 dispatcher 객체를 생성한다. 이동할 페이지의 경로는 변수 resultPage의 값으로 설정했다. 그래서 로그인에 성공하면 "/loginResult2.jsp"로, 실패하면 "/loginForm.jsp"로 설정된다.
51 ~ 53	dispatcher 객체가 null이 아니면 forward로 이동한다.

〈loginResult2.jsp〉

```jsp
1   <%@ page language="java" contentType="text/html; charset=EUC-KR"
2       pageEncoding="EUC-KR"%>
3   <!DOCTYPE html PUBLIC "-//W3C//DTD HTML 4.01 Transitional//EN"
4   "http://www.w3.org/TR/html4/loose.dtd">
5   <html>
6   <head>
7   <meta http-equiv="Content-Type" content="text/html; charset=EUC-KR">
8   <title>Insert title here</title>
9   </head>
10  <body>
11      <%=session.getAttribute("id")%>님 로그인 중
12      <br>
13      <h3>쿠키 읽기</h3>
14      <%
15          String hobby = null;
16          Cookie[] cookies = request.getCookies();
17          for (int i = 0; i < cookies.length; i++) {
18              if (cookies[i].getName().equals("hobby")) {
19                  hobby = cookies[i].getValue();
20              }
21          }
22          if (hobby != null) {
23          switch (hobby) {
24          case "1":
25              out.print("<h3>농구는 좋은 취미로...<br> 농구 소식...</h3>");
26              break;
27          case "2":
28              out.print("<h3>배구는 좋은 취미로...<br> 배구 소식...</h3>");
29              break;
30          case "3":
31              out.print("<h3>야구는 좋은 취미로...<br> 야구 소식...</h3>");
32              break;
33              }
34          } else {
35      %>
36
37      <a href="hobby.jsp">취미 등록</a>
38      <%
39          }
```

```
40            %>
41       </body>
42       </html>
```

● 소스 분석 ●

줄 번호	설명
11	세션에 저장한 id를 읽어 출력한다.
16	쿠키들을 읽어 배열에 저장한다.
17 ~ 21	배열에 저장된 쿠키 중에서 이름이 "hobby"인 것의 값을 변수 hobby에 저장한다.
22	hobby가 null인지를 확인한다. hobby가 null이라면 취미 정보 쿠키가 없는 것이므로 null이 아닐 때에만 다음의 코드를 실행한다.
23 ~ 34	hobby의 값에 따라 다른 메시지를 출력한다. "1"일 때는 농구, "2"일 때는 배구, "3"일 때는 야구를 출력한다.
34 ~ 39	hobby가 null이면 취미 등록 페이지로 이동하도록 링크를 만들었다.

〈hobby.jsp〉

```
1   <%@ page language="java" contentType="text/html; charset=EUC-KR"
2       pageEncoding="EUC-KR"%>
3   <!DOCTYPE html PUBLIC "-//W3C//DTD HTML 4.01 Transitional//EN"
4   "http://www.w3.org/TR/html4/loose.dtd">
5   <html>
6   <head>
7   <meta http-equiv="Content-Type" content="text/html; charset=EUC-KR">
8   <title>Insert title here</title>
9   </head>
10  <body>
11         <h3>취미 등록</h3>
12         <form action="<%=request.getContextPath()%>/HobbyController"
13         method="post">
14             <input type="radio" name="ho" value="1">농구<br>
15             <input type="radio" name="ho" value="2">배구<br>
16             <input type="radio" name="ho" value="3">야구<br>
17             <input type="submit" value="전송"><br>
18         </form>
19
20  </body>
21  </html>
```

● 소스 분석 ●

줄 번호	설명
12	[전송] 버튼을 클릭하면 `HobbyController`로 이동한다.
14 ~ 17	라디오 버튼 그룹으로 사용자가 항목을 선택하면 "1", "2", "3" 중 하나의 값이 서블릿으로 전송된다.

〈test1.HobbyController.java〉- 서블릿으로 생성

```java
package test1;

import java.io.IOException;

import javax.servlet.RequestDispatcher;
import javax.servlet.ServletException;
import javax.servlet.annotation.WebServlet;
import javax.servlet.http.Cookie;
import javax.servlet.http.HttpServlet;
import javax.servlet.http.HttpServletRequest;
import javax.servlet.http.HttpServletResponse;

/**
 * Servlet implementation class HobbyController
 */
@WebServlet("/HobbyController")
public class HobbyController extends HttpServlet {
    private static final long serialVersionUID = 1L;

    /**
     * @see HttpServlet#HttpServlet()
     */
    public HobbyController() {
        super();
        //TODO Auto-generated constructor stub
    }

    /**
     * @see HttpServlet#doGet(HttpServletRequest request,
       HttpServletResponse
```

```
30            *       response)
31            */
32           protected void doGet(HttpServletRequest request, HttpServletResponse response)
33                           throws ServletException, IOException {
34               //TODO Auto-generated method stub
35               String resultPage = request.getContextPath() + "/loginResult2.jsp";
36               String hobby = request.getParameter("ho");
37
38               Cookie cookie = new Cookie("hobby", hobby);
39               response.addCookie(cookie);
40
41               response.sendRedirect(resultPage);
42           }
43
44           /**
45            * @see HttpServlet#doPost(HttpServletRequest request, HttpServletResponse
46            *      response)
47            */
48           protected void doPost(HttpServletRequest request, HttpServletResponse response)
49                           throws ServletException, IOException {
50               //TODO Auto-generated method stub
51               doGet(request, response);
52           }
53
54       }
```

● 소스 분석 ●

줄 번호	설명
35	서블릿의 처리 완료 후 이동할 뷰 페이지 경로를 변수에 저장한다.
36	전송된 라디오 버튼의 값을 읽어 변수 hobby에 저장한다.
38	전송된 라디오 버튼의 값으로 쿠키를 생성한다.
39	생성한 쿠키를 response에 담는다.
41	redirect로 35번 줄에서 설정한 뷰 페이지 "/loginResult2.jsp"로 이동한다.

> **실행 결과**

loginForm.jsp를 실행하면 다음과 같이 로그인 폼 페이지가 실행된다. id, pwd를 입력하고 [로그인] 버튼을 클릭한다.

로그인에 성공했다면 로그인 중이라는 메시지를 출력한다. 그리고 취미 등록 쿠키가 있는지를 확인하여 있으면 쿠키에 저장된 취미에 적합한 메시지를 출력하고, 쿠키가 없다면 취미 등록 링크를 출력한다.

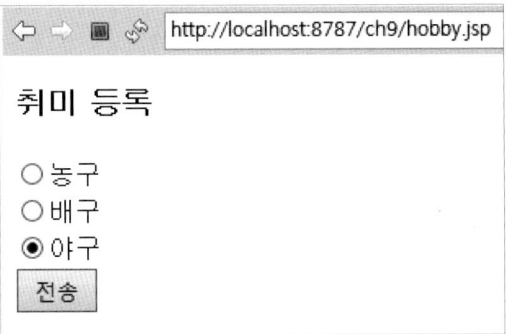

취미 등록 페이지를 실행한다.

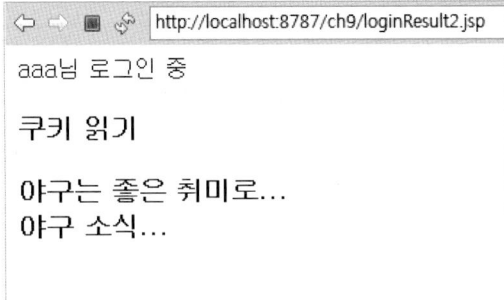

[전송] 버튼을 클릭하여 쿠키 등록 후 결과 페이지 loginResult2.jsp로 이동한 모습이다.

세션을 끊고 다시 로그인 해 본다.

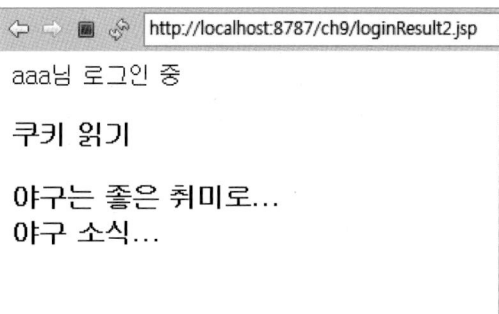

로그인이 성공하면 쿠키에 취미가 등록되었으므로 더 이상 취미 등록을 요구하지 않고, 등록된 취미와 관련된 정보를 보여준다.

세션(Session)이란 무엇인가?

네트워크(Network) 망 환경에서 사용자와 사용자 또는 컴퓨터와 컴퓨터 사이의 대화를 논리적으로 연결하는 것으로 프로세스들 사이에 통신을 수행하기 위해서 메시지 교환을 통해 서로를 인식하고, 통신을 종료할 때까지 걸리는 기간이다.

쿠키(Cookie)란 무엇인가?

웹 사이트의 방문 기록 등을 저장한 정보 파일로 특정 웹 사이트를 접속할 때 서버가 방문자의 컴퓨터에 저장하는 ID, PW, 사이트 정보 등을 의미한다. 즉, 방문자가 웹 사이트를 재방문할 때 ID와 PW를 입력하지 않고도 바로 접속할 수 있는데 이는 웹 서버가 웹 브라우저에게 정보를 보냈다가 서버의 부가적인 요청이 있을 때 다시 서버로 보내 주기 때문이다.

제 10 장

회원관리 프로그램 구현하기

JAVA Web Programming

제10장 회원관리 프로그램 구현하기

지금까지 배운 내용으로 회원관리 프로그램을 MVC 패턴으로 구현해 보자. 회원관리 프로그램의 기능은 회원가입, 로그인, 사용자 정보 검색, 사용자 정보 수정, 로그아웃, 탈퇴로 구현할 것이다. 회원관리 프로그램은 누구나 한 번쯤 사용해봤을 것이므로 기능에 대한 상세한 설명은 생략하겠다. 해당 프로그램에서 사용할 데이터베이스 테이블은 7장에서 사용했던 member를 그대로 사용하겠다. 테이블을 생성하지 않았다면 이를 먼저 생성하자.

```
create table member(
id varchar2(20) primary key,
pwd varchar2(20) not null,
name varchar2(20),
email varchar2(50)
);
```

프로그램의 기본 뼈대는 7장에서 만들었던 소스와 거의 비슷하다. 먼저 사용자의 요청을 받아서 적절한 처리를 하는 컨트롤러를 다음의 그림처럼 기능별로 구현한다.

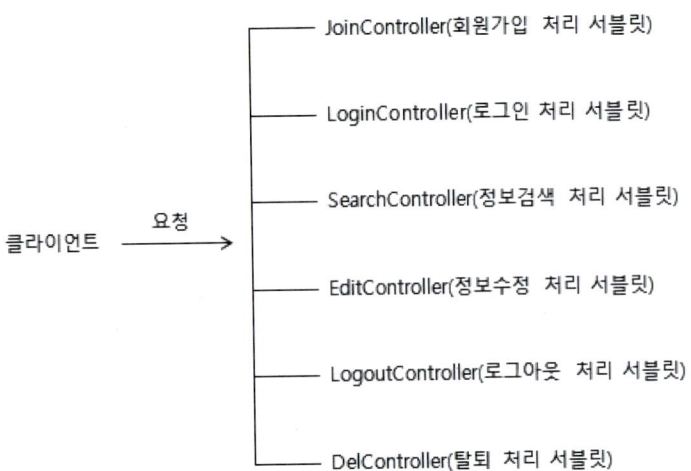

클라이언트가 회원가입을 원한다면 JoinController로, 로그인을 원한다면 LoginController로 요청이 전달되어야 한다. 이처럼 6개의 컨트롤러가 각 기능을 처리하고 결과인 뷰 페이지로 이동한다. 컨트롤러에서는 기능을 처리하기 위해 서비스의 메서드를 호출하고, 서비스가 기능을 구현할 때 데이터베이스 처리가 필요하면 DAO의 메서드를 호출한다. 다음의 그림을 참조한다.

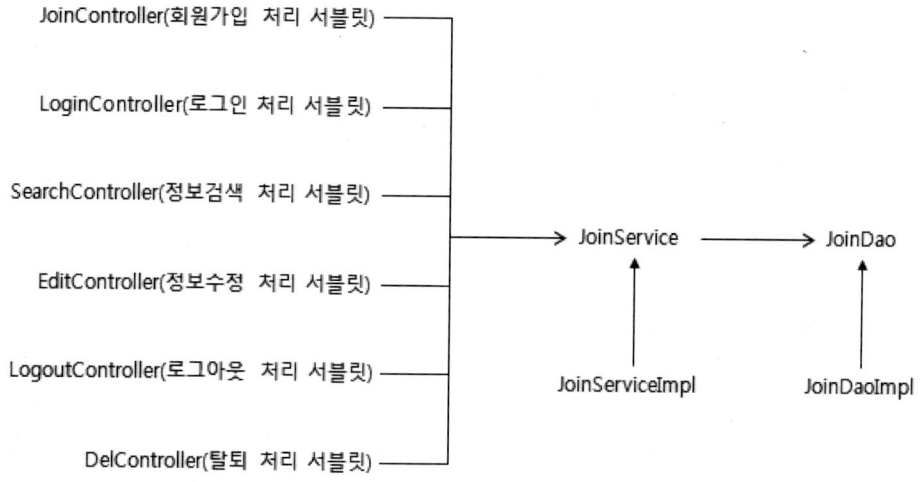

그럼 프로젝트 ch10을 생성하여 그림을 바탕으로 구현해 보자. 다음은 이미 구현이 완료된 프로젝트의 구조를 보여주므로 이를 참조하여 적절한 위치에 패키지, 폴더, 파일을 생성한다.

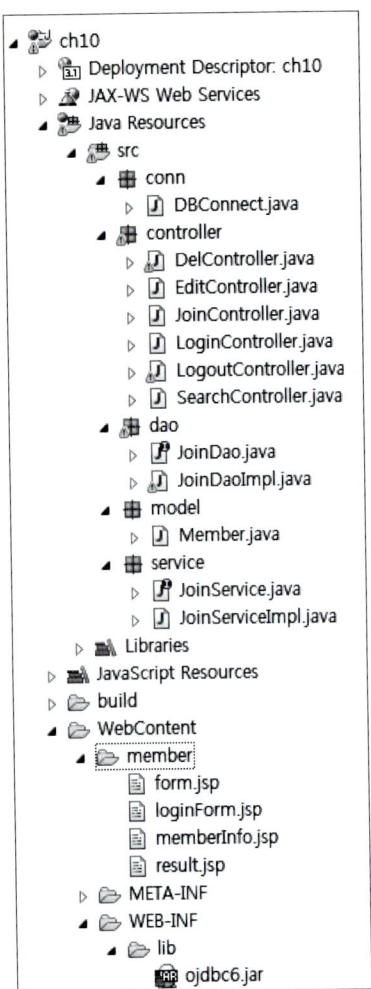

1 ▶ DB 연결 구현하기

먼저 src에 conn 패키지를 만들고, 그 안에 DBConnect 클래스를 생성한다. 이 클래스는 데이터베이스에 연결하여 커넥션 객체를 생성하는 코드이다. 또한, DB 연동을 위해서는 드라이버가 필요하므로 프로젝트 WebContent/WEB-INF/lib에 드라이버 jar 파일(ojdbc6.jar)을 복사한다.

⟨conn.DBConnect.java⟩

```
1   package conn;
2
3   import java.sql.Connection;
4   import java.sql.DriverManager;
```

```java
5
6    public class DBConnect {
7
8        private static DBConnect db = new DBConnect();
9        private Connection conn = null;
10
11       String jdbc_driver = "oracle.jdbc.driver.OracleDriver";
12       String jdbc_url = "jdbc:oracle:thin:@localhost:1521:xe";
13
14       private DBConnect() {
15           //TODO Auto-generated constructor stub
16
17       }
18
19       public static DBConnect getInstance() {
20           return db;
21       }
22
23       public Connection getConnection() {
24
25           try {
26               Class.forName(jdbc_driver);
27
28               //데이터베이스 연결 정보를 이용해 Connection 인스턴스 확보
29               conn = DriverManager.getConnection(jdbc_url, "hr", "hr");
30           } catch (Exception e) {
31               e.printStackTrace();
32           }
33
34           return conn;
35       }
36
37   }
```

● 소스 분석 ●

줄 번호	설명
8	클래스를 싱글톤으로 생성한다. 싱글톤은 클래스 외부에서는 객체를 생성할 수 없고, 클래스 안에서 생성한 하나의 객체를 공용으로 사용하는 방법이다. 현재 객체를 static으로 생성하여 클래스 밖에서 해당 클래스의 객체 생성 없이 사용할 수 있게 한다.

행	설명
11 ~ 12	데이터베이스 세션 연결을 위한 정보를 문자열로 저장한다.
14 ~ 17	생성자를 private으로 구현하며, 클래스 밖에서는 객체를 생성할 수 없다.
19 ~ 21	싱글톤으로 생성한 객체가 private이므로 클래스 밖에서 이 객체를 획득할 수 있도록 getter를 제공한다.
23 ~ 35	데이터베이스에 연결하여 커넥션 객체를 생성한 뒤 이를 반환한다.
26	커넥션 수립의 첫 단계로 드라이버를 로드한다.
29	데이터베이스 연결 정보를 이용해 Connection 인스턴스를 생성한다.

2 ▶ DTO 구현하기

src에 model 패키지를 생성하고, 그 안에 Member 클래스를 생성하여 다음과 같이 구현한다.

〈model.Member.java〉

```java
package model;

public class Member {
    private String id;
    private String pwd;
    private String name;
    private String email;

    public Member(){}
    public Member(String id, String pwd, String name, String email){
        this.id = id;
        this.pwd = pwd;
        this.name = name;
        this.email = email;
    }

    public String getId(){
        return id;
    }
    public void setId(String id){
        this.id = id;
    }
```

```
23          public String getPwd() {
24              return pwd;
25          }
26          public void setPwd(String pwd) {
27              this.pwd = pwd;
28          }
29          public String getName() {
30              return name;
31          }
32          public void setName(String name) {
33              this.name = name;
34          }
35          public String getEmail() {
36              return email;
37          }
38          public void setEmail(String email) {
39              this.email = email;
40          }
41
42          @Override
43          public String toString() {
44              return "Member [id=" + id + ", pwd=" + pwd + ", name=" + name +
45                      ", email=" + email + "]";
46          }
47
48      }
49
```

3 ▶ DAO 구현하기

src에 dao 패키지를 생성하고, 그 안에 인터페이스 JoinDao와 이를 구현한 JoinDaoImpl 클래스를 생성하여 다음과 같이 구현한다.

⟨dao.JoinDao.java⟩

```
1   package dao;
2
3   import model.Member;
4
```

```
5   public interface JoinDao {
6
7       void insert(Member m);      //member 테이블에 한 줄 추가 메서드
8
9       Member select(String id);   //member 테이블에 한 줄 검색 메서드
10
11      void update(Member m);      //member 테이블에 한 줄 수정 메서드
12
13      void delete(String id);     //member 테이블에 한 줄 삭제 메서드
14
15  }
```

〈 dao.JoinDaoImpl.java〉

```
1   package dao;
2
3   import java.sql.Connection;
4   import java.sql.PreparedStatement;
5   import java.sql.ResultSet;
6   import java.sql.SQLException;
7
8   import conn.DBConnect;
9   import model.Member;
10
11  public class JoinDaoImpl implements JoinDao {
12      private DBConnect db;
13
14      public JoinDaoImpl() {
15          db = DBConnect.getInstance();
16      }
17
18      @Override
19      public void insert(Member m) {
20          //TODO Auto-generated method stub
21          Connection conn = null;
22
23          //db에 한 줄 추가하는 sql
24          String sql = "insert into member values(?, ?, ?, ?)";
25
26          PreparedStatement pstmt = null;
```

```java
27              try {
28                      //커넥션 객체 획득
29                      conn = db.getConnection();
30
31                      //java에서 sql을 실행하는 PreparedStatement 객체 생성
32                      pstmt = conn.prepareStatement(sql);
33
34                      //sql의 ?파라메터 매칭
35                      pstmt.setString(1, m.getId());
36                      pstmt.setString(2, m.getPwd());
37                      pstmt.setString(3, m.getName());
38                      pstmt.setString(4, m.getEmail());
39
40                      //sql 실행
41                      pstmt.executeUpdate();
42
43              } catch (SQLException e) {
44                      //TODO Auto-generated catch block
45                      e.printStackTrace();
46              } finally {
47                      try {
48                          //자원 반환
49                          pstmt.close();
50                          conn.close();
51                      } catch (SQLException e) {
52                          //TODO Auto-generated catch block
53                          e.printStackTrace();
54                      }
55
56              }
57      }
58
59      @Override
60      public Member select(String id) {
61              //TODO Auto-generated method stub
62              Connection conn = null;
63              ResultSet rs = null;
64              Member m = null;
65
66              //id로 한 줄 검색하는 sql
67              String sql = "select * from member where id=?";
```

```java
                    PreparedStatement pstmt = null;
                    try {
                            //커넥션 객체 획득
                            conn = db.getConnection();

                            //java에서 sql을 실행하는 PreparedStatement 객체 생성
                            pstmt = conn.prepareStatement(sql);

                            //sql의 ?파라메터 매칭
                            pstmt.setString(1, id);

                            //sql 실행하고 검색 결과를 ResultSet에 저장
                            rs = pstmt.executeQuery();

                            //검색 결과가 존재하면 Member 객체를 생성하여 리턴
                            if (rs.next()) {
                                return new Member(rs.getString(1), rs.getString(2),
                                                rs.getString(3), rs.getString(4));
                            }

                    } catch (SQLException e) {
                            //TODO Auto-generated catch block
                            e.printStackTrace();
                    } finally {
                            try {
                                //자원 반환
                                rs.close();
                                pstmt.close();
                                conn.close();
                            } catch (SQLException e) {
                                //TODO Auto-generated catch block
                                e.printStackTrace();
                            }

                    }
                    return null;
            }

            @Override
            public void update(Member m) {
                    //TODO Auto-generated method stub
```

```java
            Connection conn = null;

            //pwd, name, email 컬럼을 수정하는 sql
            String sql = "update member set pwd=?, name=?, email=? where id=?";

            PreparedStatement pstmt = null;
            try {
                //커넥션 객체 획득
                conn = db.getConnection();

                //java에서 sql을 실행하는 PreparedStatement 객체 생성
                pstmt = conn.prepareStatement(sql);

                //sql의 ?파라메터 매칭
                pstmt.setString(1, m.getPwd());
                pstmt.setString(2, m.getName());
                pstmt.setString(3, m.getEmail());
                pstmt.setString(4, m.getId());

                //sql 실행
                pstmt.executeUpdate();

            } catch (SQLException e) {
                //TODO Auto-generated catch block
                e.printStackTrace();
            } finally {
                try {
                    //자원 반환
                    pstmt.close();
                    conn.close();
                } catch (SQLException e) {
                    //TODO Auto-generated catch block
                    e.printStackTrace();
                }

            }
    }

    @Override
    public void delete(String id) {
        //TODO Auto-generated method stub
```

```java
150                    Connection conn = null;
151
152                    //id가 동일한 줄을 삭제하는 sql
153                    String sql = "delete member where id=?";
154
155                    PreparedStatement pstmt = null;
156                    try {
157                            //커넥션 객체 획득
158                            conn = db.getConnection();
159
160                            //java에서 sql을 실행하는 PreparedStatement 객체 생성
161                            pstmt = conn.prepareStatement(sql);
162
163                            //sql의 ?파라메터 매칭
164                            pstmt.setString(1, id);
165
166                            //sql 실행
167                            pstmt.executeUpdate();
168
169                    } catch (SQLException e) {
170                            //TODO Auto-generated catch block
171                            e.printStackTrace();
172                    } finally {
173                            try {
174                                //자원 반환
175                                pstmt.close();
176                                conn.close();
177                            } catch (SQLException e) {
178                                //TODO Auto-generated catch block
179                                e.printStackTrace();
180                            }
181
182                    }
183            }
184
185    }
```

● 소스 분석 ●

줄 번호	설명
19 ~ 57	회원 정보를 DB에 저장하는 메서드를 구현한다.
15	DBConnect 객체를 획득한다.
24	db에 한 줄 추가하는 sql을 생성한다.
29	데이터베이스 커넥션 객체를 획득한다.
32	java에서 sql을 실행하는 PreparedStatement 객체를 생성한다.
35 ~ 38	sql의 ?파라메터 값을 매칭한다.
41	sql을 실행한다.
49 ~ 50	자원을 반환한다.
60 ~ 104	id로 회원 정보를 검색하는 메서드를 구현한다.
67	id로 한 줄을 검색하는 sql을 생성한다.
71	커넥션 객체를 획득한다.
74	java에서 sql을 실행하는 PreparedStatement 객체를 생성한다.
77	sql의 ?파라메터를 매칭한다.
80	sql 실행하고 검색 결과를 ResultSet에 저장한다.
83	검색 결과가 존재하면 Member 객체를 생성하여 리턴한다.
94 ~ 96	자원을 반환한다.
103	검색 결과가 없으면 null을 리턴한다.
107 ~ 145	id가 동일한 행의 pwd, name, email 컬럼을 수정하는 메서드를 구현한다.
112	pwd, name, email 컬럼을 수정하는 sql을 실행한다.
117	커넥션 객체를 획득한다.
120	java에서 sql을 실행하는 PreparedStatement 객체를 생성한다.
123 ~ 126	sql의 ?파라메터를 매칭한다.
129	sql을 실행한다.
137 ~ 138	자원을 반환한다.
148 ~ 183	id가 동일한 한 줄을 DB에서 삭제하는 메서드를 구현한다.

153	id가 동일한 줄을 삭제하는 sql을 실행한다.
158	커넥션 객체를 획득한다.
161	java에서 sql을 실행하는 PreparedStatement 객체를 생성한다.
164	sql의 ?파라메터를 매칭한다.
167	sql을 실행한다.
175 ~ 176	자원을 반환한다.

4 ▶ SERVICE 구현하기

src 폴더에 service 패키지를 생성하고, 인터페이스 JoinService와 이를 구현한 JoinServiceImpl 클래스를 생성한다. 다음의 인터페이스를 보면 회원가입, 검색, 수정, 삭제 기능은 있지만 로그인과 로그아웃이 없다. 로그인은 id, pwd를 비교하는 기능으로 검색과 동일하므로 추가할 필요가 없고, 로그아웃은 DB와 상관없이 세션과 관련된 처리이므로 서비스 기능 없이 서블릿에서 구현이 가능하다.

⟨service.JoinService.java⟩

```java
1   package service;
2
3   import model.Member;
4
5   public interface JoinService {
6
7       void join(Member m);                    //회원 가입 기능
8
9       Member getMember(String id);            //회원 검색 기능
10
11      void editMember(Member m);              //회원 정보 수정 기능
12
13      void delMember(String id);              //회원 삭제 기능
14  }
```

⟨service.JoinServiceImpl.java⟩

```java
package service;

import dao.JoinDao;
import dao.JoinDaoImpl;
import model.Member;

public class JoinServiceImpl implements JoinService {

    private JoinDao dao;

    public JoinServiceImpl() {
        dao = new JoinDaoImpl();
    }

    @Override
    public void join(Member m) {
        //TODO Auto-generated method stub
        dao.insert(m);
    }

    @Override
    public Member getMember(String id) {
        //TODO Auto-generated method stub
        return dao.select(id);
    }

    @Override
    public void editMember(Member m) {
        //TODO Auto-generated method stub
        dao.update(m);
    }

    @Override
    public void delMember(String id) {
        //TODO Auto-generated method stub
        dao.delete(id);
    }

}
```

● 소스 분석 ●

줄 번호	설명
11 ~ 13	생성자를 구현한다. 12번 줄에서 서비스의 DB 작업에 사용할 dao 객체를 생성한다.
16 ~ 19	회원가입 기능을 구현한 메서드로 18번 줄에서 파라메터 Member 객체의 정보를 DB에 저장하기 위해 dao의 insert( )를 호출한다.
22 ~ 25	id로 검색하는 메서드로 24번 줄에서 dao의 select( )를 호출한다.
28 ~ 31	회원정보를 수정하는 메서드로 30번 줄에서 dao의 update( )를 호출한다.
34 ~ 37	id가 동일한 회원정보를 삭제하는 메서드로 36번 줄에서 dao의 delete( )를 호출한다.

5 ▶ 컨트롤러 구현하기

컨트롤러는 사용자 요청을 종류별로 구현하므로 6개로 분리하여 구현한다. 그럼 사용자는 요청 URL로 원하는 기능을 서버에 알릴 수 있다. 로그인을 원하면 /LoginController로, 회원가입을 원하면 /JoinController로 요청을 보낼 수 있다.

〈controller.JoinController.java〉

```java
1   package controller;
2
3   import java.io.IOException;
4   import javax.servlet.RequestDispatcher;
5   import javax.servlet.ServletException;
6   import javax.servlet.annotation.WebServlet;
7   import javax.servlet.http.HttpServlet;
8   import javax.servlet.http.HttpServletRequest;
9   import javax.servlet.http.HttpServletResponse;
10  import model.Member;
11  import service.JoinService;
12  import service.JoinServiceImpl;
13
14  /**
15   * Servlet implementation class JoinController
16   */
17  @WebServlet("/JoinController")
```

```java
18  public class JoinController extends HttpServlet {
19      private static final long serialVersionUID = 1L;
20  
21      /**
22       * @see HttpServlet#HttpServlet()
23       */
24      public JoinController() {
25          super();
26          //TODO Auto-generated constructor stub
27      }
28  
29      /**
30       *  @see HttpServlet#doGet(HttpServletRequest request, HttpServletResponse
31       *  response)
32       */
33      protectedvoiddoGet(HttpServletRequest request, HttpServletResponse response)
34              throws ServletException, IOException {
35          //TODO Auto-generated method stub
36          //요청과 응답의 인코딩 설정
37          request.setCharacterEncoding("euc-kr");
38          response.setContentType("text/html; charset=EUC-KR");
39          response.setCharacterEncoding("euc-kr");
40  
41          //기능을 제공할 서비스 객체 생성
42          JoinService service = new JoinServiceImpl();
43  
44          //요청 파라메터 값 읽기
45          String id = request.getParameter("id");
46          String pwd = request.getParameter("pwd");
47          String name = request.getParameter("name");
48          String email = request.getParameter("email");
49  
50          //요청 파라메터로 읽은 값으로 Member 객체 생성
51          Member m = new Member(id, pwd, name, email);
52  
53          //서비스의 회원가입 기능 실행
54          service.join(m);
55  
56          //로그인 폼으로 이동
```

```java
57                  RequestDispatcher dispatcher =
58                          request.getRequestDispatcher("/member/loginForm.
                            jsp");
59                  if (dispatcher != null) {
60                      dispatcher.forward(request, response);
61                  }
62
63          }
64
65      /**
66       * @see HttpServlet#doPost(HttpServletRequest request, HttpServletResponse
67       *      response)
68       */
69      protected void doPost(HttpServletRequest request, HttpServletResponse response)
70                      throws ServletException, IOException {
71              //TODO Auto-generated method stub
72              doGet(request, response);
73          }
74
75  }
```

● 소스 분석 ●

줄 번호	설명
	JoinController는 회원가입 요청을 처리하도록 구현한 서블릿이다.
42	컨트롤러가 요청을 처리하기 위해서는 기능을 구현한 SERVICE 객체가 필요하다. 그래서 사용할 SERVICE 객체를 생성한다.
45 ~ 48	클라이언트가 폼 양식에 작성한 id, pwd, name, email 값을 읽어 변수에 저장한다.
51	읽은 요청 파라메터 값으로 Member 객체를 생성한다.
54	서비스의 회원가입 기능을 구현한 join() 메서드를 호출한다.
57 ~ 61	이동할 페이지 경로를 /member/loginForm.jsp로 설정하여 forward 방식으로 이동한다.

⟨controller.LoginController.java⟩

```java
1   package controller;
2
3   import java.io.IOException;
4
5   import javax.servlet.RequestDispatcher;
6   import javax.servlet.ServletException;
7   import javax.servlet.annotation.WebServlet;
8   import javax.servlet.http.HttpServlet;
9   import javax.servlet.http.HttpServletRequest;
10  import javax.servlet.http.HttpServletResponse;
11  import javax.servlet.http.HttpSession;
12
13  import model.Member;
14  import service.JoinService;
15  import service.JoinServiceImpl;
16
17  /**
18   * Servlet implementation class LoginController
19   */
20  @WebServlet("/LoginController")
21  public class LoginController extends HttpServlet {
22      private static final long serialVersionUID = 1L;
23
24      /**
25       * @see HttpServlet#HttpServlet()
26       */
27      public LoginController() {
28          super();
29          //TODO Auto-generated constructor stub
30      }
31
32      /**
33       * @see HttpServlet#doGet(HttpServletRequest request, HttpServletResponse
34       *      response)
35       */
36      protected void doGet(HttpServletRequest request, HttpServletResponse response)
37              throws ServletException, IOException {
```

```java
38              //TODO Auto-generated method stub
39              //요청과 응답의 인코딩 설정
40              request.setCharacterEncoding("euc-kr");
41              response.setContentType("text/html; charset=EUC-KR");
42              response.setCharacterEncoding("euc-kr");
43
44              //기능을 제공할 서비스 객체 생성
45              JoinService service = new JoinServiceImpl();
46
47              boolean flag = false;
48
49              //세션 생성
50              HttpSession session = request.getSession();
51
52              //로그인에 필요한 요청 파라메터을 읽음
53              String id = request.getParameter("id");
54              String pwd = request.getParameter("pwd");
55
56              //id로 멤버 검색
57              Member m = service.getMember(id);
58
59              //id가 동일한 멤버가 있고 비밀번호도 동일하면 로그인 성공
60              if (m != null && pwd.equals(m.getPwd())) {
61
62                      //로그인 성공한 id를 세션에 저장
63                      session.setAttribute("id", id);
64
65                      //로그인 성공 여부를 flag에 저장
66                      flag = true;
67              }
68
69              //세션에 로그인 성공 여부를 저장
70              session.setAttribute("flag", flag);
71
72              //메뉴 페이지로 이동
73              RequestDispatcher dispatcher =
74                      request.getRequestDispatcher("/member/result.jsp");
75              if (dispatcher != null) {
76                      dispatcher.forward(request, response);
77              }
```

```
78              }
79
80              /**
81               * @see HttpServlet#doPost(HttpServletRequest request,
                     HttpServletResponse
82               *      response)
83               */
84              protected void doPost(HttpServletRequest request,
                HttpServletResponse response)
85                              throws ServletException, IOException {
86                  //TODO Auto-generated method stub
87                  doGet(request, response);
88              }
89
90      }
```

● 소스 분석 ●

줄 번호	설명
	LoginController 로그인 요청을 처리하도록 구현한 서블릿이다.
45	기능을 제공할 서비스 객체를 생성한다.
50	세션을 생성한다.
53 ~ 54	클라이언트가 로그인 폼에 작성한 id, pwd 값을 읽어 변수에 저장한다.
57	id로 멤버를 검색한 결과를 m에 저장한다.
60	id가 동일한 멤버가 검색되고, 검색된 객체와 입력 받은 비밀번호도 동일하면 로그인이 성공한 것이므로 63번 줄에서 id를 세션의 속성으로 저장하고, 66번 줄에서 로그인 성공 여부를 나타내는 flag값을 true로 설정한다.
70	flag값을 세션에 저장한다.
73 ~ 77	이동할 페이지 경로를 /member/result.jsp로 설정하여 forward 방식으로 이동한다.

⟨controller.SearchController.java⟩

```java
1   package controller;
2
3   import java.io.IOException;
4
5   import javax.servlet.RequestDispatcher;
6   import javax.servlet.ServletException;
7   import javax.servlet.annotation.WebServlet;
8   import javax.servlet.http.HttpServlet;
9   import javax.servlet.http.HttpServletRequest;
10  import javax.servlet.http.HttpServletResponse;
11  import javax.servlet.http.HttpSession;
12
13  import model.Member;
14  import service.JoinService;
15  import service.JoinServiceImpl;
16
17  /**
18   * Servlet implementation class SearchController
19   */
20  @WebServlet("/SearchController")
21  public class SearchController extends HttpServlet {
22      private static final long serialVersionUID = 1L;
23
24      /**
25       * @see HttpServlet#HttpServlet()
26       */
27      public SearchController() {
28          super();
29          //TODO Auto-generated constructor stub
30      }
31
32      /**
33       * @see HttpServlet#doGet(HttpServletRequest request,
            HttpServletResponse
34       *      response)
35       */
36      protected void doGet(HttpServletRequest request, HttpServletResponse response)
37              throws ServletException, IOException {
```

```java
38              //TODO Auto-generated method stub
39              //요청과 응답의 인코딩 설정
40              request.setCharacterEncoding("euc-kr");
41              response.setContentType("text/html; charset=EUC-KR");
42              response.setCharacterEncoding("euc-kr");
43
44              //서비스 객체 생성
45              JoinService service = new JoinServiceImpl();
46
47              //세션 생성
48              HttpSession session = request.getSession(false);
49
50              //세션에 저장한 id 즉 로그인한 id를 읽음
51              String id = (String) session.getAttribute("id");
52
53              //로그인한 id로 멤버 정보 검색
54              Member m = service.getMember(id);
55
56              //검색 결과인 객체 m을 request 객체에 이름 "m"으로 저장
57              request.setAttribute("m", m);
58
59              //정보 페이지로 이동
60              RequestDispatcher dispatcher =
61                      request.getRequestDispatcher("/member/memberInfo.jsp");
62              if (dispatcher != null) {
63                      dispatcher.forward(request, response);
64              }
65      }
66
67      /**
68       * @see HttpServlet#doPost(HttpServletRequest request,
             HttpServletResponse
69       *      response)
70       */
71      protected void doPost(HttpServletRequest request,
        HttpServletResponse response)
72                      throws ServletException, IOException {
73              //TODO Auto-generated method stub
74              doGet(request, response);
75      }
76
77 }
```

● 소스 분석 ●

줄 번호	설명
	SearchController는 정보검색 요청을 처리하도록 구현한 서블릿이다.
45	서비스 객체를 생성한다.
48	세션을 생성한다.
51	세션에 저장한 id 즉 로그인한 id를 읽는다.
54	로그인한 id로 멤버 정보를 검색한다.
57	검색 결과인 객체 m을 request 객체에 이름 "m"으로 저장한다.
60 ~ 65	이동할 페이지 경로를 /member/memberInfo.jsp로 설정하여 forward 방식으로 이동한다.

〈controller.EditController.java〉

```java
package controller;

import java.io.IOException;

import javax.servlet.RequestDispatcher;
import javax.servlet.ServletException;
import javax.servlet.annotation.WebServlet;
import javax.servlet.http.HttpServlet;
import javax.servlet.http.HttpServletRequest;
import javax.servlet.http.HttpServletResponse;

import model.Member;
import service.JoinService;
import service.JoinServiceImpl;

/**
 * Servlet implementation class EditController
 */
@WebServlet("/EditController")
public class EditController extends HttpServlet {
    private static final long serialVersionUID = 1L;

    /**
```

```java
 * @see HttpServlet#HttpServlet()
 */
public EditController() {
    super();
    //TODO Auto-generated constructor stub
}

/**
 * @see HttpServlet#doGet(HttpServletRequest request, HttpServletResponse
 *     response)
 */
protectedvoiddoGet(HttpServletRequest request, HttpServletResponse response)
                throws ServletException, IOException {
    //TODO Auto-generated method stub
    //요청과 응답의 인코딩 설정
    request.setCharacterEncoding("euc-kr");
    response.setContentType("text/html; charset=EUC-KR");
    response.setCharacterEncoding("euc-kr");

    //서비스 객체 생성
    JoinService service = new JoinServiceImpl();

    //수정 폼에 입력한 새 정보인 요청 파라메터를 읽음
    String id = request.getParameter("id");
    String pwd = request.getParameter("pwd");
    String name = request.getParameter("name");
    String email = request.getParameter("email");

    //요청 파라메터로 읽은 값으로 Member 객체 생성
    Member m = new Member(id, pwd, name, email);

    //서비스의 수정 메서드 호출
    service.editMember(m);

    //메뉴 페이지로 이동
    RequestDispatcher dispatcher =
            request.getRequestDispatcher("/member/result.jsp");
    if (dispatcher != null) {
        dispatcher.forward(request, response);
```

```
63                    }
64            }
65
66            /**
67             * @see HttpServlet#doPost(HttpServletRequest request,
                    HttpServletResponse
68             *    response)
69             */
70            protected void doPost(HttpServletRequest request,
                HttpServletResponse response)
71                            throws ServletException, IOException {
72                    //TODO Auto-generated method stub
73                    doGet(request, response);
74            }
75
76    }
```

● 소스 분석 ●

줄 번호	설명
	EditController는 수정 요청을 처리하는 서블릿을 구현한다.
44	서비스 객체를 생성한다.
47 ~ 50	수정 폼에 입력한 새 정보인 요청 파라미터를 읽는다.
53	요청 파라미터로 읽은 값으로 Member 객체를 생성한다.
56	서비스의 수정 메서드를 호출한다.
59 ~ 63	이동할 페이지 경로를 /member/result.jsp로 설정하여 forward 방식으로 이동한다.

〈controller.LogoutController.java〉

```
1    package controller;
2
3    import java.io.IOException;
4
5    import javax.servlet.RequestDispatcher;
6    import javax.servlet.ServletException;
7    import javax.servlet.annotation.WebServlet;
8    import javax.servlet.http.HttpServlet;
```

```java
9   import javax.servlet.http.HttpServletRequest;
10  import javax.servlet.http.HttpServletResponse;
11  import javax.servlet.http.HttpSession;
12
13  import model.Member;
14  import service.JoinService;
15  import service.JoinServiceImpl;
16
17  /**
18   * Servlet implementation class LogoutController
19   */
20  @WebServlet("/LogoutController")
21  public class LogoutController extends HttpServlet {
22      private static final long serialVersionUID = 1L;
23
24      /**
25       * @see HttpServlet#HttpServlet()
26       */
27      public LogoutController() {
28          super();
29          //TODO Auto-generated constructor stub
30      }
31
32      /**
33       * @see HttpServlet#doGet(HttpServletRequest request, HttpServletResponse
34       *      response)
35       */
36      protected void doGet(HttpServletRequest request, HttpServletResponse response)
37              throws ServletException, IOException {
38          //TODO Auto-generated method stub
39          //요청과 응답의 인코딩 설정
40          request.setCharacterEncoding("euc-kr");
41          response.setContentType("text/html; charset=EUC-KR");
42          response.setCharacterEncoding("euc-kr");
43
44          //세션 생성
45          HttpSession session = request.getSession(false);
46
47          //세션 무효화 → 로그아웃
```

```
48              session.invalidate();
49
50              //메뉴 페이지로 이동
51              RequestDispatcher dispatcher =
52                      request.getRequestDispatcher("/member/result.jsp");
53              if (dispatcher != null) {
54                  dispatcher.forward(request, response);
55              }
56          }
57
58          /**
59           * @see HttpServlet#doPost(HttpServletRequest request, HttpServletResponse
60           *      response)
61           */
62          protected void doPost(HttpServletRequest request, HttpServletResponse response)
63                      throws ServletException, IOException {
64              //TODO Auto-generated method stub
65              doGet(request, response);
66          }
67
68      }
```

● 소스 분석 ●

줄 번호	설명
	LogoutController는 로그아웃 요청을 처리하는 서블릿이다.
45	세션을 생성한다.
48	현재 세션을 무효화한다. 세션이 삭제되면 새 세션이 생성되므로 기존 세션에 저장한 정보는 모두 사라진다. 이 동작이 바로 로그아웃이다.
51 ~ 55	이동할 페이지 경로를 /member/result.jsp로 설정하여 forward 방식으로 이동한다.

⟨controller.DelController.java⟩

```java
package controller;

import java.io.IOException;

import javax.servlet.RequestDispatcher;
import javax.servlet.ServletException;
import javax.servlet.annotation.WebServlet;
import javax.servlet.http.HttpServlet;
import javax.servlet.http.HttpServletRequest;
import javax.servlet.http.HttpServletResponse;
import javax.servlet.http.HttpSession;

import model.Member;
import service.JoinService;
import service.JoinServiceImpl;

/**
 * Servlet implementation class DelController
 */
@WebServlet("/DelController")
public class DelController extends HttpServlet {
    private static final long serialVersionUID = 1L;

    /**
     * @see HttpServlet#HttpServlet()
     */
    public DelController() {
        super();
        //TODO Auto-generated constructor stub
    }

    /**
     * @see HttpServlet#doGet(HttpServletRequest request, HttpServletResponse
     *      response)
     */
    protected void doGet(HttpServletRequest request, HttpServletResponse response)
            throws ServletException, IOException {
        //TODO Auto-generated method stub
```

```java
39          //요청과 응답의 인코딩 설정
40          request.setCharacterEncoding("euc-kr");
41          response.setContentType("text/html; charset=EUC-KR");
42          response.setCharacterEncoding("euc-kr");
43
44          //서비스 객체 생성
45          JoinService service = new JoinServiceImpl();
46
47          //세션 생성
48          HttpSession session = request.getSession(false);
49
50          //세션에서 로그인 한 id를 읽음
51          String id = (String) session.getAttribute("id");
52
53          //세션 무효화
54          session.invalidate();
55
56          //서비스에서 멤버 삭제 메서드를 호출
57          service.delMember(id);
58
59          //메뉴 페이지로 이동
60          RequestDispatcher dispatcher =
61                  request.getRequestDispatcher("/member/result.jsp");
62          if (dispatcher != null) {
63              dispatcher.forward(request, response);
64          }
65      }
66
67      /**
68       * @see HttpServlet#doPost(HttpServletRequest request, HttpServletResponse
69       *      response)
70       */
71      protected void doPost(HttpServletRequest request, HttpServletResponse response)
72              throws ServletException, IOException {
73          //TODO Auto-generated method stub
74          doGet(request, response);
75      }
76
77  }
```

줄 번호	● 소스 분석 ● 설명
	DelController는 탈퇴 요청을 처리하는 서블릿이다.
45	서비스 객체를 생성한다.
48	세션을 생성한다.
51	세션에서 로그인 한 id 읽는다.
54	세션을 무효화한다.
57	서비스에서 멤버 삭제 메서드를 호출한다.
60 ~ 64	이동할 페이지 경로를 member/result.jsp로 설정하여 forward 방식으로 이동한다.

6 ▶ 뷰 페이지 구현하기

회원가입 폼은 form.jsp, 로그인 폼은 loginForm.jsp, 메뉴 페이지는 result.jsp, 회원정보 수정 폼은 memberInfo.jsp로 구현한다.

⟨/member/form.jsp⟩

```
1   <%@ page language="java" contentType="text/html; charset=EUC-KR"
2       pageEncoding="EUC-KR"%>
3   <!DOCTYPE html PUBLIC "-//W3C//DTD HTML 4.01 Transitional//EN"
4   "http://www.w3.org/TR/html4/loose.dtd">
5   <html>
6   <head>
7   <meta http-equiv="Content-Type" content="text/html; charset=EUC-KR">
8   <title>Insert title here</title>
9   </head>
10  <body>
11      <h3>회원가입</h3>
12      <form action="<%=request.getContextPath( )%>/JoinController"
            method="post">
13          id: <input type="text" name="id"><br />
14          pwd:<input type="password" name="pwd"><br />
15          name:<input type="text" name="name"><br />
16          email:<input type="text"name="email"><br />
```

17	`            <input type="reset" value="취소">`
18	`            <input type="submit" value="가입">  `
19	`    </form>`
20	`</body>`
21	`</html>`

● 소스 분석 ●

줄 번호	설명
12	회원가입 폼으로 <form>의 action을 컨트롤러인 /JoinController 서블릿으로 설정한다.

</member/loginForm.jsp>

1	`<%@ page language="java" contentType="text/html; charset=EUC-KR"`
2	`    pageEncoding="EUC-KR"%>`
3	`<!DOCTYPE html PUBLIC "-//W3C//DTD HTML 4.01 Transitional//EN"`
4	`"http://www.w3.org/TR/html4/loose.dtd">`
5	`<html>`
6	`<head>`
7	`<meta http-equiv="Content-Type" content="text/html; charset=EUC-KR">`
8	`<title>Insert title here</title>`
9	`</head>`
10	`<body>`
11	`    <h3>login</h3>`
12	`    <form action="<%=request.getContextPath()%>/LoginController" method="post">`
13	`        id:<input type="text" name="id"> `
14	`        pwd:<input type="text" name="pwd"> `
15	`        <input type="submit" value="로그인"> `
16	`    </form>`
17	`    <a href="<%=request.getContextPath()%>/member/form.jsp">회원가입</a>`
18	`</body>`
19	`</html>`

● 소스 분석 ●

줄 번호	설명
12	로그인 폼으로 <form>의 action을 컨트롤러인 /LoginController 서블릿으로 설정한다.
17	회원가입 페이지로 링크를 설정한다.

⟨/member/result.jsp⟩

```jsp
1   <%@ page language="java" contentType="text/html; charset=EUC-KR"
2       pageEncoding="EUC-KR"%>
3   <!DOCTYPE html PUBLIC "-//W3C//DTD HTML 4.01 Transitional//EN"
4   "http://www.w3.org/TR/html4/loose.dtd">
5   <html>
6   <head>
7   <meta http-equiv="Content-Type" content="text/html; charset=EUC-KR">
8   <title>Insert title here</title>
9   </head>
10  <body>
11      <h3>메뉴</h3>
12      <%
13          boolean flag = false;
14          if (!session.isNew()) {
15              flag = (boolean) session.getAttribute("flag");
16          }
17          if (flag) {
18              String id = (String) session.getAttribute("id");
19      %>
20      <%=id%>님 로그인
21      <br>
22      <a href="<%=request.getContextPath()%>/SearchController">내정보 수정</a>
23      <br>
24      <a href="<%=request.getContextPath()%>/LogoutController">로그아웃</a>
25      <br>
26      <a href="<%=request.getContextPath()%>/DelController">탈퇴</a>
27      <br>
28      <%
29          } else {
30      %>
31      <h3>로그인 실패</h3>
32      <a href="<%=request.getContextPath()%>/member/loginForm.jsp">로그인 폼</a>
33      <%
34          }
35      %>
36  </body>
37  </html>
```

● 소스 분석 ●

줄 번호	설명
	메뉴 페이지를 구현한다.
14 ~ 16	세션이 새로 생성된 것이 아니라면 로그인 체크 결과인 flag가 속성으로 저장되어 있으므로 이 값을 읽어서 변수 flag에 저장한다.
17 ~ 29	로그인이 성공했을 때 즉 flag가 true일 때 메뉴를 출력한다.
18	로그인한 id를 세션에서 읽어서 변수에 저장한다.
20	로그인한 id를 출력한다.
22	내정보 수정을 클릭하면 컨트롤러 /SearchController를 요청한다.
24	로그아웃을 클릭하면 컨트롤러 /LogoutController를 요청한다.
26	탈퇴를 클릭하면 컨트롤러 /DelController를 요청한다.
29 ~ 34	로그인이 실패했거나 로그인하지 않았을 때 실행되는 코드로 32번 줄에 로그인 폼으로 이동할 수 있는 링크를 만들었다.

〈/member/memberInfo.jsp〉

```
1   <%@ page language="java" contentType="text/html; charset=EUC-KR"
2       pageEncoding="EUC-KR"%>
3   <%@ page import="model.Member"%>
4   <!DOCTYPE html PUBLIC "-//W3C//DTD HTML 4.01 Transitional//EN"
5   "http://www.w3.org/TR/html4/loose.dtd">
6   <html>
7   <head>
8   <meta http-equiv="Content-Type" content="text/html; charset=EUC-KR">
9   <title>Insert title here</title>
10  </head>
11  <body>
12      <%
13          Member m = (Member) request.getAttribute("m");
14      %>
15      <h3>내정보 수정</h3>
16      <form    action="<%=request.getContextPath(   )%>/EditController"
        method="post">
17          id: <input type="text" name="id" value="<%=m.getId()%>" readonly><br />
18          pwd:<input type="text" name="pwd" value="<%=m.getPwd()%>"><br />
```

19	name:<input type="text" name="name" value="<%=m.getName()%>">
20	email:<input type="text" name="email" value="<%=m.getEmail()%>">
21	<input type="submit" value="수정">
22	</form>
23	</body>
24	</html>

● 소스 분석 ●

줄 번호	설명
13	회원정보를 폼에 출력하는 뷰 페이지를 구현한다. /SearchController에서 회원검색한 결과를 request에 저장한 뒤 해당 페이지로 이동하는 것이므로 request에 저장된 회원정보 객체 m을 읽는다.
16	수정 버튼을 클릭하면 <form>의 action으로 설정된 /EditController로 이동하여 수정 폼의 데이터로 DB 수정을 완료한다.
17 ~ 20	수정 폼에 13번 줄에서 읽을 객체 m의 정보를 출력한다.

7 ▶ 실행

❶ loginForm.jsp를 실행한다. 회원가입이 필요하면 회원가입 링크를 클릭한다.

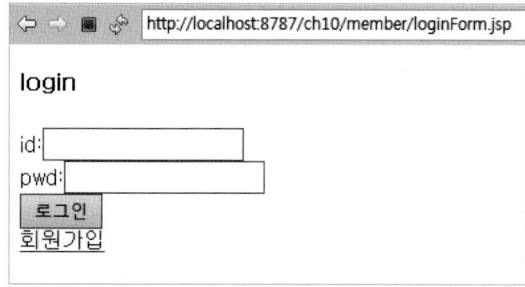

❷ 회원가입 정보를 입력하고, 가입한다.

❸ 로그인 한다.

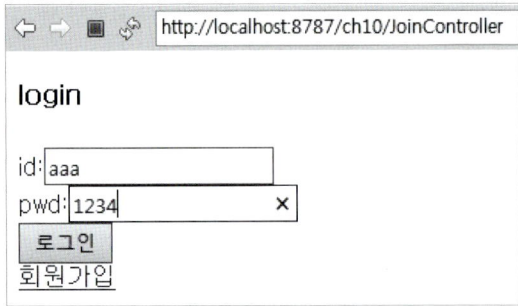

❹ 로그인 처리가 완료되면 메뉴 페이지가 실행된다.

❺ 메뉴에서 내정보 수정을 클릭하면 현재 정보를 보여주며, 수정도 가능하다.

❻ 수정이 완료되면 메뉴 페이지로 이동한다.

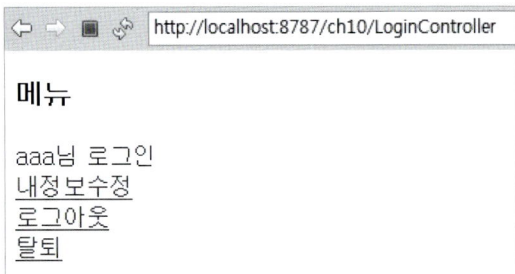

❼ 메뉴에서 로그아웃을 클릭하면 로그아웃 처리 후 메뉴 페이지로 이동한다. 이때는 로그아웃 상태이기 때문에 메뉴 항목은 출력되지 않고, 로그인 폼으로 이동하는 링크가 출력된다.

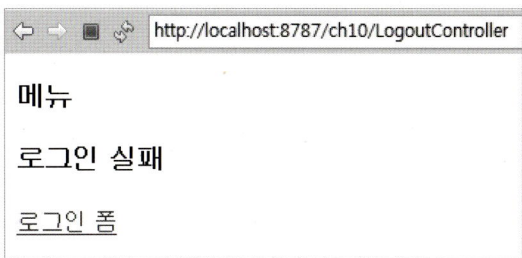

❽ 메뉴에서 탈퇴를 클릭하면 로그아웃을 처리한 후 데이터베이스에서 삭제를 완료한다. 결과 페이지로 메뉴 페이지로 이동한다. 이때는 로그아웃 상태이기 때문에 메뉴 항목은 출력되지 않고, 로그인 폼으로 이동하는 링크가 출력된다.

EL(Expression Language)이란 무엇인가?

JSP 2.0에서 새롭게 추가된 스크립트 언어로 JSP 출력에 대한 부분을 쉽게 하기 위해 개발한 태그이다. 표현식보다 사용 방법이 간단하고, 문법 체계가 직관적이어서 매우 용이하다. 특히, 리터럴 데이터와 각종 연산자를 통한 연산 결과 출력 등을 지원하며, JSTL과 연동하여 사용할 수 있다.

JSTL(JSP Standard Tag Library)이란 무엇인가?

태그(Tag)를 사용한 JSP 페이지에서 사용된 루틴 프로그램으로 JSP 태그를 라이브러리 형태로 모든 프로그래머가 사용할 수 있다. 특히, JSP 페이지에 스크립트릿과 표현식, HTML 코드 등이 섞이면 가독성이 낮아지는데, 이때 태그 형태인 EL과 JSTL를 사용하면 이러한 가독성을 높일 수 있다.

제 11 장

뷰 페이지에서 자바 코드를 빼라(EL & JSTL)

제 11 장 뷰 페이지에서 자바 코드를 빼라(EL & JSTL)

보통 웹 어플리케이션은 프로그램을 구성하는 파일의 개수도 많고, 그 파일을 구현할 때 사용하는 언어도 다양하게 사용된다. 앞 장의 회원관리 프로그램을 구현할 때에도 자바, 서블릿, JSP, HTML, SQL 등 다양한 언어가 사용되었다. 특히, 뷰 페이지인 JSP 파일에서 UI는 HTML, CSS, JAVA SCRIPT로 구현하였고, 서블릿에서 request나 session 객체에 저장한 데이터를 처리하는 부분은 자바로 구현하였다. 즉 HTML, CSS, JAVA SCRIPT, JSP, JAVA 이렇게 5종류의 언어가 한 페이지에 뒤섞여 사용되는 것인데 이는 코드의 가독성을 떨어뜨리고, 유지 보수를 불편하게 하는 한 요인으로 좋은 방법은 아니다. 그래서 JSP는 버전이 올라가면서 뷰 페이지에서의 자바 사용을 되도록 배제하고 있다. 그런데 프로그램에서 사용하는 데이터가 정적 데이터라면 스크립트 언어로 충분히 제어가 가능하지만 동적으로 데이터를 처리하는 것은 불가능하다. 즉, 뷰 페이지에서의 자바는 주로 스코프 객체에 저장된 객체를 읽거나, 사용자 정보로 객체를 생성하거나 이를 스코프 객체에 저장하는 일을 하므로 자바를 뺀다면 이와 관련된 코드를 구현할 수 없다. 그래서 JSP는 EL과 JSTL을 제공한다.

EL(Expression Language)은 뷰 페이지에서 자바를 대신해서 동적으로 객체를 제어할 수 있는 표현식이다. JSTL(JSP Standard Tag Library)은 JSP 표준 태그 라이브러리로 자바의 제어문을 태그로 만들어서 제공한다. 물론 JSTL은 제어문 뿐만 아니라 포맷, DB, XML과 관련된 많은 종류의 태그를 제공한다. 뷰 페이지는 객체의 값을 읽고 쓰는 동작 이외에도 객체의 값에 따른 조건 처리나 객체를 사용한 반복 처리 작업도 많다. 이러한 것을 자바 대신에 JSTL 태그로 구현할 수 있다. 그러므로 뷰 페이지에서 객체를 표현하는 것은 EL로, 제어문은 JSTL로 구현할 수 있다.

1 ▶ EL(Expression Language)

EL은 JSP 페이지에서 자바 객체로부터 데이터를 동적으로 읽을 수 있는 간단한 표현식으로 JSP 2.0에 소개되었다. 작성 방법은 다음과 같이 아주 간단하다.

${ 표현식 }

위의 중괄호 안에 자바 객체나 변수 등을 표현식으로 작성하면 웹 페이지에 그 값이 출력된다. EL이 제공하는 기능은 다음과 같다.

- 자바 객체에 저장된 값을 동적으로 읽을 수 있다.
- 자바 객체에 저장된 값을 입력 폼의 값으로 출력할 수 있다.
- static이나 public 메서드를 호출할 수 있다.
- 동적으로 연산이 가능하다.

예를 들어 10장에서 만든 프로그램의 SearchController(서블릿)를 생각해 보자. SearchController에서 id로 회원을 검색한 결과를 Member 객체로 생성하여 request에 담아서 뷰 페이지로 이동했다. 이동한 뷰 페이지에서는 request에 저장된 Member 객체를 꺼내어 이를 출력한다. 이때, request에 저장된 객체를 꺼내고, 객체 m의 멤버 변수를 출력하려면 getter( )들을 호출해야 했다.

```jsp
<body>

<%
    //request에 저장된 객체 m을 꺼내 변수 m에 저장
    Member m = (Member)request.getAttribute("m");
%>

<%=m.getId() %><br>        <!--멤버 id 출력-->
<%=m.getPwd() %><br>       <!--멤버 pwd 출력-->
<%=m.getName() %><br>      <!--멤버 name 출력-->
<%=m.getEmail() %><br>     <!--멤버 email 출력-->

</body>
```

그런데 이와 똑같은 코드를 EL로 작성하면 다음과 같다.

```
<body>

${m.id}<br>         <!--멤버 id 출력-->
${m.pwd}<br>        <!--멤버 pwd 출력-->
${m.name}<br>       <!--멤버 name 출력-->
${m.email}<br>      <!--멤버 email 출력-->

</body>
```

EL을 사용하니 코드가 간단해졌다. 일단 request 객체에서 객체를 꺼내는 코드가 사라졌다. EL에서 객체를 사용하면 스코프 객체에 해당 이름의 객체가 있는가를 확인한다. pageContext, request, session, application 중에 EL로 작성한 객체를 찾아서 그 값을 자동으로 꺼낸다. 그리고 객체 멤버 변수의 값을 읽을 때도 getter( )를 호출하지 않고 m.id로 표현했다. 이 표현을 EL에서는 getter( ) 호출로 인식하여 내부에서는 m.getId( )를 호출한 결과를 반환한다. 그러므로 EL을 사용할 때에는 값을 저장할 객체 멤버들의 setter( ), getter( )를 필수로 작성해야 한다.

${m.id} => m.getId( )로 처리

앞의 코드를 정리하여 다음과 같이 실습해 보자. 이 프로그램의 파일은 먼저 DTO 클래스인 Member를 src/model/Member.java로 생성한다. 그리고 controller 역할인 서블릿을 src/controller/MyServlet1.java로 생성한다. 서블릿의 결과 페이지인 뷰 페이지를 WebContent/elTest1.jsp로 생성한다.

〈model.Member.java〉

```
1   package model;
2
3   public class Member {
4       private String id;
5       private String pwd;
6       private String name;
7       private String email;
8
9       public Member(){}
10      public Member(String id, String pwd, String name, String email){
```

```java
11              this.id = id;
12              this.pwd = pwd;
13              this.name = name;
14              this.email = email;
15          }
16
17          public String getId() {
18              return id;
19          }
20          public void setId(String id) {
21              this.id = id;
22          }
23          public String getPwd() {
24              return pwd;
25          }
26          public void setPwd(String pwd) {
27              this.pwd = pwd;
28          }
29          public String getName() {
30              return name;
31          }
32          public void setName(String name) {
33              this.name = name;
34          }
35          public String getEmail() {
36              return email;
37          }
38          public void setEmail(String email) {
39              this.email = email;
40          }
41
42          @Override
43          public String toString() {
44              return "Member [id=" + id + ", pwd=" + pwd + ", name=" + name + ",
45                                                  email=" + email + "]";
46          }
47
48     }
```

⟨controller.MyServlet1.java⟩

```java
1   package controller;
2
3   import java.io.IOException;
4
5   import javax.servlet.RequestDispatcher;
6   import javax.servlet.ServletException;
7   import javax.servlet.annotation.WebServlet;
8   import javax.servlet.http.HttpServlet;
9   import javax.servlet.http.HttpServletRequest;
10  import javax.servlet.http.HttpServletResponse;
11
12  import model.Member;
13
14  /**
15   * Servlet implementation class MyServlet1
16   */
17  @WebServlet("/MyServlet1")
18  public class MyServlet1 extends HttpServlet {
19      private static final long serialVersionUID = 1L;
20
21      /**
22       * @see HttpServlet#HttpServlet()
23       */
24      public MyServlet1() {
25          super();
26          //TODO Auto-generated constructor stub
27      }
28
29      /**
30       * @see HttpServlet#doGet(HttpServletRequest request,
            HttpServletResponse
31       *      response)
32       */
33      protectedvoiddoGet(HttpServletRequest request, HttpServletResponse response)
34                  throws ServletException, IOException {
35          //TODO Auto-generated method stub
36          //뷰 페이지에 전달할 Member 객체 생성
37          Member m = new Member("aaa", "1234", "nara", "nara@email.com");
```

```
38
39                    //request객체에 객체 m을 저장한다. 이름은 "my"
40                    request.setAttribute("my", m);
41
42                    //뷰 페이지로 이동
43                    RequestDispatcher dispatcher =
44                                    request.getRequestDispatcher("/elTest1.jsp");
45                    if (dispatcher != null) {
46                            dispatcher.forward(request, response);
47                    }
48            }
49
50            /**
51             * @see HttpServlet#doPost(HttpServletRequest request,
                   HttpServletResponse
52             *      response)
53             */
54            protected void doPost(HttpServletRequest request, HttpServletResponse response)
55                            throws ServletException, IOException {
56                    //TODO Auto-generated method stub
57                    doGet(request, response);
58            }
59
60    }
```

● 소스 분석 ●	
줄 번호	설명
37	뷰 페이지에 전달할 Member 객체를 생성한다.
40	request 객체에 객체 m을 저장한다. 이름을 "my"로 저장했으므로 뷰 페이지에서 이 객체를 "my"라고 불러야 한다. 즉, ${my.id}로 작성해야 한다.
43 ~ 47	뷰 페이지를 "/elTest1.jsp"로 이동한다.

⟨elTest1.jsp⟩

```jsp
1   <%@ page language="java" contentType="text/html; charset=EUC-KR"
2        pageEncoding="EUC-KR"%>
3   <!DOCTYPE html PUBLIC "-//W3C//DTD HTML 4.01 Transitional//EN"
4   "http://www.w3.org/TR/html4/loose.dtd">
5   <html>
6   <head>
7   <meta http-equiv="Content-Type" content="text/html; charset=EUC-KR">
8   <title>Insert title here</title>
9   </head>
10  <body>
11      <h3>회원 정보</h3>
12      id:${my.id}<br>
13      pwd:${my.pwd}<br>
14      name:${my.name}<br>
15      email:${my.email}<br>
16  </body>
17  </html>
18
```

● 소스 분석 ●

줄 번호	설명
12	EL 내부의 request 객체에서 "my"라는 이름의 객체를 꺼내 getId( ) 메서드를 호출한 결과를 출력한다.
13	EL 내부의 request 객체에서 "my"라는 이름의 객체를 꺼내 getPwd( ) 메서드를 호출한 결과를 출력한다.
14	EL 내부의 request 객체에서 "my"라는 이름의 객체를 꺼내 getName( ) 메서드를 호출한 결과를 출력한다.
15	EL 내부의 request 객체에서 "my"라는 이름의 객체를 꺼내 getEmail( ) 메서드를 호출한 결과를 출력한다.

실행 결과

1 값 표현

EL은 객체뿐 아니라 컬렉션(Collectin), EL 내장객체의 값을 표현할 수 있다. EL 내장 객체는 스코프 객체부터 요청 파라메터, 헤더, 쿠키 등 다양한데 이는 뒤에서 살펴 볼 것이다. 다음은 컬렉션을 표현하는 방법을 보여주는 예제이다.

〈elTest2.jsp〉

```
1   <%@ page language="java" contentType="text/html; charset=EUC-KR"
2       pageEncoding="EUC-KR"%>
3   <%@ page import="model.Member"%>
4   <%@ page import="java.util.ArrayList"%>
5   <!DOCTYPE html PUBLIC "-//W3C//DTD HTML 4.01 Transitional//EN"
6   "http://www.w3.org/TR/html4/loose.dtd">
7   <html>
8   <head>
9   <meta http-equiv="Content-Type" content="text/html; charset=EUC-KR">
10  <title>Insert title here</title>
11  </head>
12  <body>
13      <%
14          ArrayList<Member> list = new ArrayList<Member>();
15
16          list.add(new Member("a", "1", "b", "c"));
17          list.add(new Member("d", "2", "e", "f"));
18          list.add(new Member("g", "3", "h", "i"));
19
20          pageContext.setAttribute("list", list);
21      %>
```

```
22              list[0] : ${list[0].id}, ${list[0].pwd},
23                        ${list[0].name}, ${list[0].email} <br>
24              list[1] : ${list[1].id}, ${list[1].pwd},
25                        ${list[1].name}, ${list[1].email} <br>
26              list[2] : ${list[2].id}, ${list[2].pwd},
27                        ${list[2].name}, ${list[2].email} <br>
28      </body>
29      </html>
```

● 소스 분석 ●

줄 번호	설명
14	ArrayList를 생성한다.
16 ~ 18	생성한 ArrayList에 Member 객체 3개를 생성하여 저장한다.
20	pageContext 객체에 생성한 ArrayList 객체를 저장한다.
22 ~ 23	ArrayList 0번째 객체의 id, pwd, name, email 값을 EL 표현으로 출력한다.
24 ~ 25	ArrayList 1번째 객체의 id, pwd, name, email 값을 EL 표현으로 출력한다.
26 ~ 27	ArrayList 2번째 객체의 id, pwd, name, email 값을 EL 표현으로 출력한다.

실행 결과

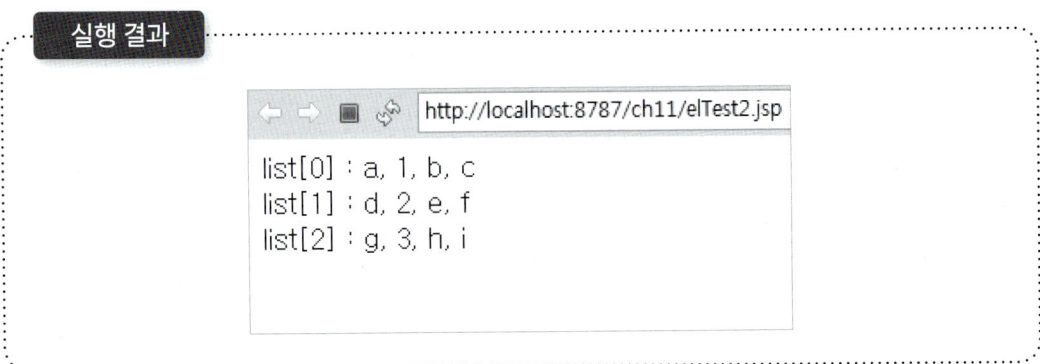

EL 표현에서 멤버에 접근하는 연산자는 . 뿐만 아니라 [ ]도 가능하다. 객체 m의 id 멤버를 읽으려면 다음의 두 표현이 모두 가능하다.

${m.id}
${m["id"]}

〈elTest3.jsp〉

```jsp
1   <%@ page language="java" contentType="text/html; charset=EUC-KR"
2       pageEncoding="EUC-KR"%>
3   <%@ page import="model.Member"%>
4   <!DOCTYPE html PUBLIC "-//W3C//DTD HTML 4.01 Transitional//EN"
5   "http://www.w3.org/TR/html4/loose.dtd">
6   <html>
7   <head>
8   <meta http-equiv="Content-Type" content="text/html; charset=EUC-KR">
9   <title>Insert title here</title>
10  </head>
11  <body>
12      <%
13          Member m = new Member("aaa", "111", "nara", "nara@email.com");
14          pageContext.setAttribute("m", m);
15      %>
16      id : ${m["id"]} <br>
17      pwd : ${m["pwd"]} <br>
18      name : ${m["name"]} <br>
19      email : ${m["email"]} <br>
20  </body>
21  </html>
```

● 소스 분석 ●

줄 번호	설명
13	Member 객체를 생성한다.
14	생성한 객체 m을 pageContext에 저장한다.
16 ~ 19	EL 표현 [ ]을 이용해서 멤버에 접근한다.

실행 결과

```
http://localhost:8787/ch11/elTest3.jsp
id : aaa
pwd : 111
name : nara
email : nara@email.com
```

EL은 상수 값도 표현이 가능하다.

〈elTest4.jsp〉

```
1   <%@ page language="java" contentType="text/html; charset=EUC-KR"
2     pageEncoding="EUC-KR"%>
3   <!DOCTYPE html PUBLIC "-//W3C//DTD HTML 4.01 Transitional//EN"
4   "http://www.w3.org/TR/html4/loose.dtd">
5   <html>
6   <head>
7   <meta http-equiv="Content-Type" content="text/html; charset=EUC-KR">
8   <title>Insert title here</title>
9   </head>
10  <body>
11      ${"aaa"}<br>
12      ${25}<br>
13      ${true}<br>
14      ${"\"str\""}
15  </body>
16  </html>
```

● 소스 분석 ●

줄 번호	설명
11	EL 문자열 상수를 표현한다.
12	EL 숫자 상수를 표현한다.
13	EL 불리언 상수를 표현한다.
14	EL "와 같은 특수 문자를 이스케이프 문자로 표현한다.

실행 결과

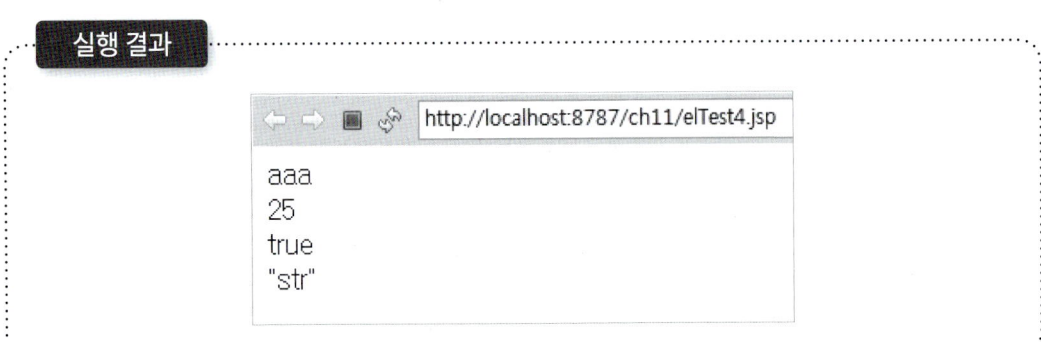

2 연산자

EL은 표현식 내에서 연산자를 사용할 수 있다.

- 부호 연산자
  −

- 산술 연산자
  +, −, * , / (div), % (mod)

- 제어 연산자
  && (and), || (or), ! (not)

- 관계 연산자
  == (eq), != (ne), < (lt), > (gt), <= (ge), >= (le)

- empty
  객체가 비었는지의 여부를 true, false로 반환한다.

- ? :
  (조건)?A:B 형태로 사용하며, 조건이 참이면 A를 거짓이면 B를 실행한다.

연산자들의 우선 순위는 다음과 같다.

우선 순위	종류
1	[ ] .
2	( )
3	− (부호) not ! empty
4	* / div % mod
5	+ −
6	< > <= >= lt gt le ge
7	== != eq ne
8	&& and
9	|| or
10	? :

⟨elTest5.jsp⟩

```jsp
1   <%@ page language="java" contentType="text/html; charset=EUC-KR"
2       pageEncoding="EUC-KR"%>
3   <%@ page import="java.util.ArrayList"%>
4   <!DOCTYPE html PUBLIC "-//W3C//DTD HTML 4.01 Transitional//EN"
5   "http://www.w3.org/TR/html4/loose.dtd">
6   <html>
7   <head>
8   <meta http-equiv="Content-Type" content="text/html; charset=EUC-KR">
9   <title>Insert title here</title>
10  </head>
11  <body>
12      <%
13          ArrayList<String> list1 = new ArrayList<String>();
14          ArrayList<String> list2 = new ArrayList<String>();
15
16          list2.add("aaa");
17          list2.add("bbb");
18          list2.add("ccc");
19
20          int x = 10;
21          int y = 20;
22
23          pageContext.setAttribute("list1", list1);
24          pageContext.setAttribute("list2", list2);
25          pageContext.setAttribute("x", x);
26          pageContext.setAttribute("y", y);
27      %>
28
29      list1은 비었는가? ${empty list1 } <br>
30      list2은 비었는가? ${empty list2 } <br>
31      list2 데이터 : ${list2[0] } / ${list2[1] } / ${list2[2] } <br>
32      x = ${x } / y = ${y } <br>
33      x + y = ${x+y } <br>
34      x / y = ${x / y } 또는 ${x div y } <br>
35      x > y = ${x > y } <br>
36      x == y = ${x == y } <br>
37
38  </body>
39  </html>
```

● 소스 분석 ●

줄 번호	설명
13	ArrayList 객체를 생성한다. 객체를 생성했으므로 null은 아니지만 데이터는 하나도 저장하지 않았기 때문에 EL의 empty 연산자를 만족한다.
14 ~ 18	ArrayList 객체를 생성하여 문자열 3개를 저장한다.
20 ~ 21	정수형 변수 x, y 선언 및 초기화를 한다.
23 ~ 26	pageContext에 list1, list2, x, y를 각각 동일한 이름으로 저장한다.
29	list1이 비었는가를 확인한다. 이는 null을 확인하는 것이 아니라 값이 있는가를 확인한다. list1은 값을 하나도 저장하지 않았기 때문에 true이다.
30	list2가 비었는가를 확인한다. list2는 문자열 3개가 저장되었으므로 false이다.
31	list2에 저장된 값들을 출력한다.
32	pageContext에 저장된 x, y를 출력한다.
33 ~ 36	EL 연산자를 테스트한다.

실행 결과

```
http://localhost:8787/ch11/elTest5.jsp
list1은 비었는가? true
list2은 비었는가? false
list2 데이터 : aaa / bbb / ccc
x = 10 / y = 20
x + y = 30
x / y = 0.5 또는 0.5
x > y = false
x == y = false
```

3 EL 내장 객체

EL은 JSP의 객체에 접근할 수 있도록 내장 객체들을 제공한다.

객체명	설명
pageContext	JSP 페이지의 컨텍스트로 JSP의 pageContext와 동일
servletContext	어플리케이션의 컨텍스트로 JSP의 application과 동일
session	JSP의 session과 동일
request	JSP의 request와 동일

response	JSP의 response와 동일
param	지정한 이름의 요청 파라미터 값
paramValues	요청 파라미터의 모든 값
header	지정한 이름의 요청 헤더 값
headerValues	요청 헤더의 모든 값
cookie	지정한 이름의 쿠키 값
initParam	지정한 이름의 초기화 파라미터 값
pageScope	pageContext에 setAttribute( )로 저장한 값에 접근할 수 있는 객체
requestScope	request에 setAttribute( )로 저장한 값에 접근할 수 있는 객체
sessionScope	session에 setAttribute( )로 저장한 값에 접근할 수 있는 객체
applicationScope	application에 setAttribute( )로 저장한 값에 접근할 수 있는 객체

〈elTest6.jsp〉

```
1   <%@ page language="java" contentType="text/html; charset=EUC-KR"
2       pageEncoding="EUC-KR"%>
3   <!DOCTYPE html PUBLIC "-//W3C//DTD HTML 4.01 Transitional//EN"
4   "http://www.w3.org/TR/html4/loose.dtd">
5   <html>
6   <head>
7   <meta http-equiv="Content-Type" content="text/html; charset=EUC-KR">
8   <title>Insert title here</title>
9   </head>
10  <body>
11      <%
12          pageContext.setAttribute("data", "pageContext");
13          request.setAttribute("data", "request");
14          session.setAttribute("data", "session");
15          application.setAttribute("data", "application");
16      %>
17      현재 프로그램의 기본 경로 : ${pageContext.request.contextPath}
        <br><br>
18
19      파라메터 name : ${param.name} <br>
20      파라메터 age : ${param.age} <br><br>
21
22      scope를 지정하지 안았을 때의 data 값 : ${data} <br><br>
```

23	
24	scope를 pageContext로 지정했을 때의 data 값 : ${pageScope.data}
25	scope를 request로 지정했을 때의 data 값 : ${requestScope.data}
26	scope를 session으로 지정했을 때의 data 값 : ${sessionScope.data}
27	scope를 application으로 지정했을 때의 data 값 : ${applicationScope.data}
28	</body>
29	</html>

● 소스 분석 ●

줄 번호	설명
12 ~ 15	JSP 스코프 객체 pageContext, request, session, application에 동일한 이름의 속성을 저장한다. 속성의 이름은 모두 동일하게 "data"로 하였고 값은 객체 이름으로 저장한다. 속성의 이름이 동일하지만 서로 다른 객체에 저장하므로 영향을 주지 않는다.
17	${pageContext.request.contextPath}는 해당 어플리케이션의 기본 경로로 이클립스에서 기본 경로는 프로젝트 명과 동일하게 설정한다. 그래서 /ch11으로 출력된다.
22	스코프 객체에 저장한 data의 값을 출력한다. 그런데 해당 이름으로 pageContext, request, session, application에 모두 저장했으므로 어떤 객체에 저장된 data를 지정해야 하는데 지정하지 않았다. 이럴 경우 EL은 pageContext, request, session, application 순서로 그 이름의 속성을 찾아서 가장 먼저 찾아지는 값을 사용한다. 그러므로 pageContext에서 가장 먼저 검색하는데 이 소스는 모든 스코프 객체가 data를 가지므로 pageContext에 저장된 값을 사용한다.
24 ~ 27	4개의 스코프 객체에 저장된 data 속성의 값을 출력한다.

실행 결과

이 소스는 요청 파라미터를 출력하는 부분이 있지만 이를 입력할 폼 페이지를 만들지 않았다. 파라메터를 get 방식으로 전달한다. 다음과 같이 url 끝에 "?name=aaa&age=12"를 작성하여 실행한다.

샘플 url : http://localhost:8787/ch11/elTest6.jsp?name=aaa&age=12

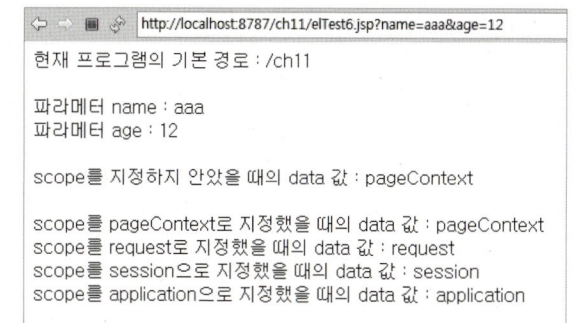

2 ▶ JSTL(JSP Standard Tag Library)

JSTL은 JSP 표준 태그 라이브러리로 유용하고 자주 사용되는 사용자 정의 태그들을 묶어서 제공하는 API이다. 그래서 기존에 사용했던 HTML 태그 이외에 for문, if문, 예외 처리 등의 기능을 구현한 태그를 사용할 수 있다. 이를 사용하는 JSP 파일은 프로그램의 흐름을 제어하기 위해서 작성한 자바 코드를 제거하고 태그로 대체할 수 있다. 이렇게 함으로서 JSP 페이지에 여러 언어 표현이 사용되는 것을 막아주고 태그 형태로 일관된 표현을 할 수 있어서 코드의 가독성을 높일 수 있다.

JSTL을 사용하려면 라이브러리를 설치해야 하므로 톰캣 사이트에서 필요한 jar 파일을 다운로드 한다. 톰캣의 웹 주소는 다음과 같다.

http://tomcat.apache.org/

사이트에 가면 왼쪽에 메뉴 목록이 있고, 그 중 Download 메뉴의 Taglibs를 클릭한다.

Download
Which version?
Tomcat 9.0
Tomcat 8.0
Tomcat 7.0
Tomcat 6.0
Tomcat Connectors
Tomcat Native
Taglibs
Archives

이동한 페이지 하단에서 다음 세 개의 jar 파일을 다운로드 한다.

- taglibs-standard-impl-1.2.5.jar
- taglibs-standard-spec-1.2.5.jar
- taglibs-standard-jstlel-1.2.5.jar

Standard-1.2.5

Source Code Distributions

- Source README
- zip (pgp, md5)

Jar Files

- Binary README
- Impl:
  - taglibs-standard-impl-1.2.5.jar (pgp, md5)
- Spec:
  - taglibs-standard-spec-1.2.5.jar (pgp, md5)
- EL:
  - taglibs-standard-jstlel-1.2.5.jar (pgp, md5)
- Compat:
  - taglibs-standard-compat-1.2.5.jar (pgp, md5)

다운로드 한 3개의 jar 파일을 JSTL을 사용하려는 프로젝트의 WEB-INF/lib 폴더에 복사한다.

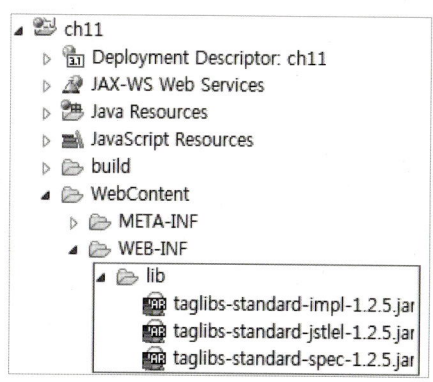

JSTL에서 제공하는 태그는 기능에 따라 그룹이 분리되어 있는데 코어(Core), XML, 국제화, 데이터베이스, 함수 그룹이 있으며 그룹 중에서 가장 많이 사용되는 그룹은 코어이다.

1 코어(Core)

변수 제어와 프로그램의 흐름을 제어하는 태그, URL 제어, 예외 처리, 출력 태그들로 구성된다. 코어 태그들이 정의된 URI는 "http://java.sun.com/jsp/jstl/core"으로 접두사(Prefix)는 c를 사용한다. 접두사는 태그의 종류를 나타내는 것으로 코어는 c, XML은 x 등으로 미리 정의되어 있다. JSTL의 태그를 사용하려면 먼저 taglic 디렉티브로 태그 라이브러리를 설정해야 하는데, 이때 URI와 접두사가 필요하다. taglib 디렉티브를 다음과 같이 작성해야 한다.

<%@ taglib prefix="c" uri="http://java.sun.com/jsp/jstl/core" %>

그럼 코어에 속하는 태그들을 살펴보자.

- ⟨c:set⟩⟨/c:set⟩

  변수 선언 및 값을 할당할 수 있다. 이 태그로 변수를 선언하면 스코프 객체(pageContext, request, session, application) 중 하나에 저장된다. 저장될 스코프 객체를 지정하는 속성은 scope로 지정하지 않으면 pageContext에 저장된다.

  ⟨속성⟩
  var : 변수 이름
  value : 변수에 저장할 값
  scope : 저장될 스코프 객체
  target : 멤버 변수를 변경할 맵이나 객체명
  property : 변경할 멤버 변수명

〈사용 예〉

`<c:set var="x1" value="<%=x%>" scope="request"/>` →

`<% %>` 안에서 선언한 x의 값을 request에 x1 이름으로 저장한다.

- `<c:remove/>`

  변수를 스코프 객체에서 제거한다.

〈속성〉

var : 삭제할 변수명

scope : 삭제할 대상이 저장된 스코프

〈사용 예〉

`<c:remove var="x1" scope="request"/>` →

request에서 변수 x1을 삭제

〈jstl1.jsp〉

```jsp
1   <%@ page language="java" contentType="text/html; charset=EUC-KR"
2       pageEncoding="EUC-KR"%>
3   <%@ page import="model.Member"%>
4   <%@ page import="java.util.Map, java.util.HashMap"%>
5   <%@ taglib prefix="c" uri="http://java.sun.com/jsp/jstl/core"%>
6
7   <!DOCTYPE html PUBLIC "-//W3C//DTD HTML 4.01 Transitional//EN"
8   "http://www.w3.org/TR/html4/loose.dtd">
9   <html>
10  <head>
11  <meta http-equiv="Content-Type" content="text/html; charset=EUC-KR">
12  <title>Insert title here</title>
13  </head>
14  <body>
15      <%
16          int x = 10;
17          Map<String, String> map = new HashMap<String, String>();
18          map.put("name", "aaa");
19          map.put("tel", "111");
20          map.put("address", "대한민국");
21          Member m = new Member("bbb", "1234", "아무개", "bbb@email.com");
22      %>
```

```
23                x를 pageContext에 x 이름으로 저장한 후 출력<br>
24                <c:set var="x" value="<%=x%>" />
25                x : ${x }
26                <br>
27
28                <br>map 객체를 pageContext에 map1 이름으로 저장한 후 출력<br>
29                <c:set var="map1" value="<%=map%>" />
30                map1 => name: ${map1.name }, tel: ${map1.tel }, address: ${map1.address }
31                <br>
32
33                <br>map tel키의 값을 222로 변경한 후 출력<br>
34                <c:set target="${map1 }" property="tel" value="222" />
35                map1 => name: ${map1.name }, tel: ${map1.tel }, address: ${map1.address }
36                <br>
37
38                <br>map을 pageContext에 map2 이름으로 저장한 후 출력<br>
39                <c:set var="map2" value="<%=map%>" />
40                map2 => name: ${map2.name }, tel: ${map2.tel }, address: ${map2.address }
41                <br>
42
43                <br>객체 m의 id를 ccc, name을 장동건으로 수정한 후 출력<br>
44                <c:set target="<%=m%>" property="id" value="ccc" />
45                <c:set target="<%=m%>" property="name" value="장동건" />
46                <c:set var="m1" value="<%=m%>" />
47                m => id: ${m1.id }, pwd: ${m1.pwd }, name: ${m1.name }, email:
48                ${m1.email }
49                <br>
50
51                <c:set var="y" scope="page">page</c:set>
52                <c:set var="y" scope="request">request</c:set>
53                <c:set var="y" scope="session">session</c:set>
54                <c:set var="y" scope="application">application</c:set>
55
56                <br>request의 y 삭제 전<br>
57                ${pageScope.y }<br>
58                ${requestScope.y }<br>
59                ${sessionScope.y }<br>
60                ${applicationScope.y }<br>
61
62                <c:remove var="y" scope="request"/>
63
```

```
64        <br>request의 y 삭제 후<br>
65        ${pageScope.y}<br>
66        ${requestScope.y}<br>
67        ${sessionScope.y}<br>
68        ${applicationScope.y}<br>
69
70    </body>
71    </html>
```

● 소스 분석 ●

줄 번호	설명
3 ~ 4	클래스 임폴트이다.
5	코어 라이브러리를 사용하기 위해서 taglib 디렉티브를 코어로 설정한다.
17	맵을 생성한다.
18 ~ 20	맵에 name, tel, address 정보를 저장한다.
21	Member 객체를 생성한다.
24	스크립트릿<% %>에서 선언한 변수 x의 값 10을 set 태그로 선언한 변수 x에 할당한다. set 태그로 선언한 변수에 scope를 지정하지 않으면 pageContext에 저장된다.
25	pageContext에 저장된 x를 출력한다.
29	스크립트릿<% %>에서 생성한 맵 객체를 set 태그로 선언한다.
30	맵의 name, tel, address 키를 갖는 값을 출력한다.
34	29번 줄에서 선언한 map1의 tel 키의 값을 "222"로 변경한다.
35	맵의 name, tel, address 키를 갖는 값을 출력한다.
39	스크립트릿<% %>에서 생성한 맵 객체를 set 태그로 선언한다. 이번엔 변수의 이름을 map2로 선언하였다.
40	맵의 name, tel, address 키를 갖는 값을 출력한다. 출력된 값을 보면 34번 줄에서 변경한 값이 적용되는 것을 확인할 수 있다.
44 ~ 45	스크립트릿<% %>에서 생성한 객체 m의 id 멤버 값을 "ccc"로, name 멤버를 "장동건"으로 수정한다.
46	위에서 변경한 객체 m을 set 태그로 선언한다.
47	set으로 선언한 m1 객체의 멤버들을 출력한다.

51 ~ 54	pageContext, request, session, application 스코프 객체에 동일한 이름 y로 값 저장한다. 저장하는 값은 모두 스코프 이름으로 저장했다.
57 ~ 60	4개의 스코프 객체의 y를 출력한다. 모두 저장한 값 그대로 출력된다.
62	request의 y를 삭제한다.
65 ~ 68	4개의 스코프 객체의 y를 출력한다. request의 y는 삭제되었으므로 출력되지 않는다.

실행 결과

```
http://localhost:8787/ch11/jstl1.jsp

x를 pageContext에 x이름으로 저장후 출력
x : 10

map 객체를 pageContext에 map1이름으로 저장 후 출력
map1 => name: aaa, tel: 111, address: 대한민국

map tel키의 값을 222로 변경 뒤 출력
map1 => name: aaa, tel: 222, address: 대한민국

map을 pageContext에 map2이름으로 저장 후 출력
map2 => name: aaa, tel: 222, address: 대한민국

객체 m의 id를 ccc, name을 장동건으로 수정 뒤 출력
m => id: ccc, pwd: 1234, name: 장동건, email: bbb@email.com

request의 y 삭제 전
page
request
session
application

request의 y 삭제 후
page

session
application
```

- ⟨c:if⟩⟨/c:if⟩

  if문 기능인 조건에 따른 실행을 제공하는 태그이다.

⟨속성⟩

test : 조건으로 true나 false가 나올 수 있는 수식
var : 조건의 결과를 저장할 변수명
scope : 스코프 객체

〈사용 예〉
〈c:if test="${ x==10 }"〉
　　　　실행문
〈/c:if〉
→ x가 10이면 if 태그 사이의 실행문을 실행하고, x가 10이 아니면 실행되지 않는다.

〈jstl2.jsp〉

```
1   <%@ page language="java" contentType="text/html; charset=EUC-KR"
2       pageEncoding="EUC-KR"%>
3   <%@ taglib prefix="c" uri="http://java.sun.com/jsp/jstl/core"%>
4   <!DOCTYPE html PUBLIC "-//W3C//DTD HTML 4.01 Transitional//EN"
5   "http://www.w3.org/TR/html4/loose.dtd">
6   <html>
7   <head>
8   <meta http-equiv="Content-Type" content="text/html; charset=EUC-KR">
9   <title>Insert title here</title>
10  </head>
11  <body>
12      <%
13          request.setAttribute("name", "aaa");
14      %>
15
16      <c:if test="${name=='aaa' }">
17          aaa님이 맞습니다.
18      </c:if>
19  </body>
20  </html>
```

● 소스 분석 ●

줄 번호	설명
13	request에 name 이름으로 "aaa" 값을 저장한다.
16 ~ 18	스코프에 저장된 name의 값이 "aaa"이면 메시지를 출력한다. 만약, "aaa"가 아니면 아무것도 출력되지 않는다.

> 실행 결과

```
http://localhost:8787/ch11/jstl2.jsp
aaa님이 맞습니다.
```

- ⟨c:choose⟩⟨/c:choose⟩

⟨c:if⟩ 태그는 조건을 만족하는 것만 제어할 수 있고, 조건을 만족하지 않는 것은 제어할 수 없다. 자바 if문에서 else가 없는 것과 같다. ⟨c:choose⟩ 태그는 만족할 때와 그렇지 않을 때를 구현할 수 있다. 이 태그는 속성 없이 내부에 조건을 체크할 ⟨c:when⟩, ⟨c:otherwise⟩ 태그를 포함한다.

⟨사용 예⟩

⟨c:choose⟩
　　⟨c:when test="조건"⟩
　　　　조건 만족 시 실행할 문장
　　⟨/c:when⟩
　　⟨c:otherwise⟩
　　　　조건 불만족 시 실행할 문장
　　⟨/c:otherwise⟩
⟨/c:choose⟩

⟨jstl3.jsp⟩

```
1   <%@ page language="java" contentType="text/html; charset=EUC-KR"
2       pageEncoding="EUC-KR"%>
3   <%@ taglib prefix="c" uri="http://java.sun.com/jsp/jstl/core"%>
4   <!DOCTYPE html PUBLIC "-//W3C//DTD HTML 4.01 Transitional//EN"
5   "http://www.w3.org/TR/html4/loose.dtd">
6   <html>
7   <head>
8   <meta http-equiv="Content-Type" content="text/html; charset=EUC-KR">
9   <title>Insert title here</title>
10  </head>
11  <body>
12      <c:set var="name" value="${param.name }"/>
```

```
13          <c:choose>
14              <c:when test="${name=='aaa'}">
15                  aaa님이 맞습니다.
16              </c:when>
17              <c:otherwise>
18                  aaa님이 아니군요.
19              </c:otherwise>
20          </c:choose>
21      </body>
22  </html>
```

● 소스 분석 ●

줄 번호	설명
12	요청 파라메터 name의 값을 set 태그로 변수 name에 할당한다.
13 ~ 20	여러 케이스를 처리하는 choose 태그를 구현한다.
14 ~ 16	변수 name의 값이 "aaa"이면 메시지를 출력한다.
17 ~ 19	when 태그의 조건이 만족되지 않으면 메시지를 출력한다.

실행 결과

그냥 실행했을 때

```
http://localhost:8787/ch11/jstl3.jsp
aaa님이 아니군요.
```

url 끝에 name=aaa를 추가하여 실행했을 때

```
http://localhost:8787/ch11/jstl3.jsp?name=aaa
aaa님이 맞습니다.
```

- ⟨c:forEach⟩⟨/c:forEach⟩

  반복 처리에 사용되는 태그로 자바의 for문과 흡사하다.

⟨속성⟩

items : 반복 처리할 대상이 배열이나 리스트일 때 대상 배열 또는 리스트
var : items에서 꺼낸 객체 하나를 저장할 변수명
begin : 반복 횟수를 제어할 변수의 시작 값
end : 반복 횟수를 제어할 변수의 끝 값
step : 반복 횟수를 제어할 변수의 증감 값
varStatus : 반복의 상태를 저장할 변수명

⟨사용 예⟩

```
⟨c:forEach var="i" begin="1" end="3"⟩
    ${ i }⟨br⟩
⟨/forEach⟩
```
→ for문에 의해서 숫자 1, 2, 3이 세로로 출력된다.

```
⟨c:forEach var="m" items="${ list }"⟩
    ${ m.name },
⟨/c:forEach⟩
```
→ 리스트의 객체를 하나씩 꺼내어 m에 저장하고, m의 name 멤버를 출력한다. 반복 횟수는 list의 길이만큼이므로 리스트에 저장된 모든 객체의 name을 출력한다.

⟨jstl4.jsp⟩

```
1   <%@ page language="java" contentType="text/html; charset=EUC-KR"
2        pageEncoding="EUC-KR"%>
3   <%@ page import="model.Member"%>
4   <%@ page import="java.util.ArrayList"%>
5   <%@ page import="java.util.Map, java.util.HashMap"%>
6   <%@ taglib prefix="c" uri="http://java.sun.com/jsp/jstl/core"%>
7   <!DOCTYPE html PUBLIC "-//W3C//DTD HTML 4.01 Transitional//EN"
8   "http://www.w3.org/TR/html4/loose.dtd">
9   <html>
10  <head>
11  <meta http-equiv="Content-Type" content="text/html; charset=EUC-KR">
12  <title>Insert title here</title>
13  </head>
14  <body>
```

```
15  <%
16          String[] strings = {"aaa", "bbb", "ccc"};
17
18          ArrayList<Member> members = new ArrayList<Member>();
19          members.add(new Member("id1", "111", "name1", "email1"));
20          members.add(new Member("id2", "222", "name2", "email2"));
21          members.add(new Member("id3", "333", "name3", "email3"));
22
23          Map<String, String> map = new HashMap<String, String>();
24          map.put("name", "xxx");
25          map.put("tel", "111");
26          map.put("address", "대한민국");
27  %>
28
29  <c:set var="strings" value="<%=strings %>"/>
30  <c:set var="members" value="<%=members %>"/>
31  <c:set var="map" value="<%=map %>"/>
32
33  *1 ~ 5출력<br>
34  <c:forEach var="i" begin="1" end="5">
35          ${i},
36  </c:forEach>
37  <br><br>
38
39  *1 ~ 5 사이의 숫자를 2씩 증가하여 출력<br>
40  <c:forEach var="i" begin="1" end="5" step="2">
41          ${i},
42  </c:forEach>
43  <br><br>
44
45  *String[ ]에 저장된 데이터를 출력<br>
46  <c:forEach var="s" items="${strings }">
47          ${s},
48  </c:forEach>
49  <br><br>
50
51  *ArrayList에 저장된 데이터를 출력<br>
52  <c:forEach var="m" items="${members }">
53          id:${m.id}, pwd:${m.pwd}, name:${m.name}, email:${m.email}<br>
54  </c:forEach>
55  <br><br>
```

```
56
57                *Map에 저장된 데이터를 출력<br>
58                <c:forEach var="m" items="${map}">
59                        ${m},
60                </c:forEach>
61    </body>
62    </html>
```

● 소스 분석 ●

줄 번호	설명
16	String 배열을 생성한다.
18	ArrayList를 생성한다.
19 ~ 21	Member 객체 3개를 생성하여 18번 줄에서 생성한 ArrayList에 저장한다.
23	Map을 생성한다.
24 ~ 26	23에서 생성한 맵에 name, tel, address 키로 값을 저장한다.
29 ~ 31	스크립트릿<% %>에서 생성한 배열, ArrayList, Map 객체를 set 태그로 선언한 변수에 할당한다.
34 ~ 36	i가 1 ~ 5까지 1씩 증가하며, 반복한 i값을 출력한다(즉 1 ~ 5까지 출력).
40 ~ 42	i가 1 ~ 5까지 2씩 증가하며, 반복한 i값을 출력한다(즉 1, 3, 5 출력).
52 ~ 54	ArrayList 객체를 members의 길이만큼 반복하면서 Member 객체를 하나씩 꺼내어 변수 m에 저장한다. 변수 m의 멤버 변수 id, pwd, name, email을 출력한다.
58 ~ 60	Map 객체 map에 저장된 정보의 개수만큼 반복하여 정보 한 세트씩 꺼내 변수 m에 저장한다. 변수 m을 출력한다. 맵은 키와 값 한 세트로 저장되어 원래는 ${m.key} = ${m.value} 로 표현하는 것이 정석이지만 소스처럼 작성해도 동일하게 동작한다.

> **실행 결과**

```
http://localhost:8787/ch11/jstl4.jsp

*1 ~ 5출력
1, 2, 3, 4, 5,

*1 ~ 5 사이의 숫자를 2씩 증가하여 출력
1, 3, 5,

*String[]에 저장된 데이터 출력
aaa, bbb, ccc,

*ArrayList에 저장된 데이터 출력
id:id1, pwd:111, name:name1, email:email1
id:id2, pwd:222, name:name2, email:email2
id:id3, pwd:333, name:name3, email:email3


*Map에 저장된 데이터 출력
address=대한민국, name=xxx, tel=111,
```

현재 반복의 상태를 확인하는 속성도 제공된다.

〈속성〉
begin : 반복 횟수를 제어하는 변수의 시작 값
end : 반복 횟수를 제어하는 변수의 끝 값
step : 반복 횟수를 제어하는 변수의 증감 값
index : 반복 횟수를 제어하는 변수의 현재 값
count : 현재까지 반복한 횟수
first: 현재 반복이 처음인지를 true/false로 반환
last : 현재 반복이 마지막인지를 true/false로 반환
current : 현재 반복에 사용되는 객체

이 속성들은 어떻게 사용할 수 있을까? 〈c:forEach〉 태그의 속성 중 varStatus이 있다. 반복의 상태를 저장할 변수의 이름을 설정하는 속성이므로 해당 변수로 상태를 확인할 때 이 속성들을 사용한다.

〈사용 예〉
〈c:forEach var="s" items="${ strings }" varStatus="status"〉
    반복횟수: ${ status.count}〈br〉

```
            <c:if test="${ status.first }">
                첫 실행입니다.
            </c:if>
    </c:forEach>
```
→ 리스트 strings에 저장된 문자열을 하나씩 s에 저장하여 반복한다. 반복의 상태는 변수 status에 저장하므로 반복 횟수는 ${ status.count}로 표현하고, 첫 실행인지를 확인하려면 <c:if test="${ status.first }"> 코드로 할 수 있다.

<jstl5.jsp>

```
1   <%@ page language="java" contentType="text/html; charset=EUC-KR"
2       pageEncoding="EUC-KR"%>
3   <%@ taglib prefix="c" uri="http://java.sun.com/jsp/jstl/core"%>
4
5   <!DOCTYPE html PUBLIC "-//W3C//DTD HTML 4.01 Transitional//EN"
6   "http://www.w3.org/TR/html4/loose.dtd">
7   <html>
8   <head>
9   <meta http-equiv="Content-Type" content="text/html; charset=EUC-KR">
10  <title>Insert title here</title>
11  </head>
12  <body>
13      <%
14          String[] strings = { "aaa", "bbb", "ccc", "ddd", "eee" };
15      %>
16
17      <c:set var="strings" value="<%=strings %>"/>
18
19      <table border="1" cellspacing="0">
20          <c:forEach var="s" items="${strings }" varStatus="status">
21              <tr>
22                  <td>
23                          반복횟수: ${status.count}<br>
24                          <c:if test="${status.first }">
25                              첫 데이터 입니다.
26                          </c:if>
27                          <c:if test="${status.last }">
28                              마지막 데이터 입니다.
29                          </c:if>
30                          <br>
```

```
31                              ${status.current}
32
33                         </td>
34                      </tr>
35                </c:forEach>
36         </table>
37   </body>
38 </html>
```

● 소스 분석 ●

줄 번호	설명
14	String 배String 배열을 생성 및 초기화한다.
17	생성한 배열을 set 태그로 선언한 변수 strings에 할당한다.
20	반복을 설정한다. 배열 strings의 길이만큼 반복하여 문자열을 하나씩 꺼내어 변수 s에 저장하고, 반복의 상태를 변수 status에 저장한다.
23	현재 반복이 몇 번째 인지를 출력한다.
24 ~ 26	첫 번째 반복이 맞으면 메시지를 출력한다(첫 반복에서 한 번만 출력).
27 ~ 29	마지막 반복이 맞으면 메시지를 출력한다(마지막 반복에서 한 번만 출력).
31	현재 반복에서 사용되는 객체 s를 출력한다.

실행 결과

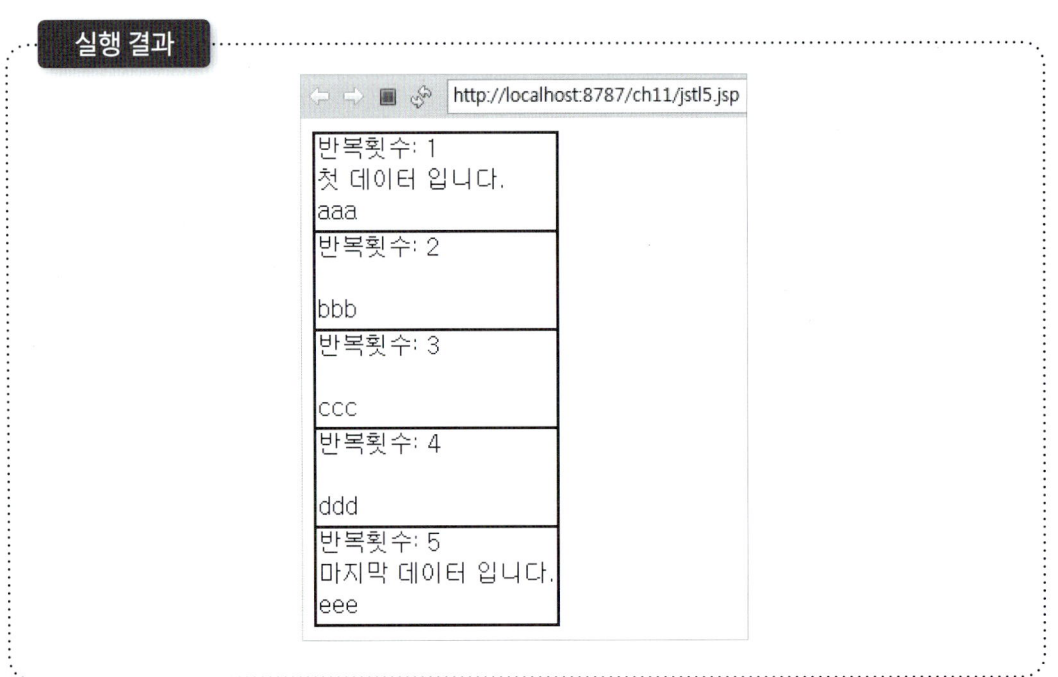

- **〈c:forTokens〉〈/c:forTokens〉**

하나의 문자열을 지정한 구분자로 끊어서 각 문자열에 대해 반복 처리할 수 있다. delims 속성을 제외하면 〈c:forEach〉와 거의 비슷하다.

〈속성〉

items : 반복 처리할 대상이 배열이나 리스트일 때 대상 배열 또는 리스트
delims : 토큰의 구분자
var : items에서 꺼낸 객체 하나를 저장할 변수명
begin : 반복 횟수를 제어할 변수의 시작 값
end : 반복 횟수를 제어할 변수의 끝 값
step : 반복 횟수를 제어할 변수의 증감 값
varStatus : 반복의 상태를 저장할 변수 명

〈jstl6.jsp〉

```
1   <%@ page language="java" contentType="text/html; charset=EUC-KR"
2     pageEncoding="EUC-KR"%>
3   <%@ taglib prefix="c" uri="http://java.sun.com/jsp/jstl/core"%>
4
5   <!DOCTYPE html PUBLIC "-//W3C//DTD HTML 4.01 Transitional//EN"
6   "http://www.w3.org/TR/html4/loose.dtd">
7   <html>
8   <head>
9   <meta http-equiv="Content-Type" content="text/html; charset=EUC-KR">
10  <title>Insert title here</title>
11  </head>
12  <body>
13      <%
14          String strings= "aaa,bbb,ccc,ddd,eee";
15      %>
16
17      <c:set var="strings" value="<%=strings %>"/>
18
19      <table border="1" cellspacing="0">
20          <c:forTokens var="s" items="${strings }" delims="," varStatus="status">
21              <tr>
22                  <td>
23                      반복횟수: ${status.count}<br>
24                      <c:if test="${status.first }">
```

```
25                                    첫 데이터 입니다.
26                             </c:if>
27                             <c:if test="${status.last}">
28                                    마지막 데이터 입니다.
29                             </c:if>
30                             <br>
31                             ${status.current}
32
33                      </td>
34                </tr>
35          </c:forTokens>
36      </table>
37  </body>
38  </html>
```

● 소스 분석 ●

줄 번호	설명
14	String 객체 1개를 생성한다.
17	생성한 String 객체를 set 태그로 선언한 변수 strings에 할당한다.
20	토큰 반복을 설정한다. 문자열 strings를 delims로 지정한 ','를 기준으로 토큰을 잘라낸다. 그래서 토큰의 개수만큼 반복하여 문자열을 하나씩 꺼내어 변수 s에 저장하고, 반복의 상태를 변수 status에 저장한다.
23	현재 반복이 몇 번째 인지를 출력한다.
24 ~ 26	첫 번째 반복이 맞으면 메시지를 출력한다(첫 반복에서 한 번만 출력).
27 ~ 29	마지막 반복이 맞으면 메시지를 출력한다(마지막 반복에서 한 번만 출력).
31	현재 반복에서 사용되는 객체 s를 출력한다.

실행 결과

```
http://localhost:8787/ch11/jstl6.jsp
반복횟수: 1
첫 데이터 입니다.
aaa
반복횟수: 2

bbb
반복횟수: 3

ccc
반복횟수: 4

ddd
반복횟수: 5
마지막 데이터 입니다.
eee
```

- 〈c:url〉〈/c:url〉

    URL을 생성하는 태그이다.

〈속성〉

var : URL을 저장할 변수 이름
value : 저장할 URL 값
scope : 변수를 저장할 스코프 객체

〈사용 예〉

 〈c:url var="url" value="/member/login.jsp" /〉
 → 변수 url에 "/member/login.jsp" 저장

- 〈c:import〉〈/c:import〉

    다른 웹 페이지를 url 속성에 지정한 파일 내용을 해당 태그 위치에 출력하거나 변수에 저장한다.

〈속성〉

url : import할 페이지의 URL
var : import 페이지의 내용을 저장할 변수 이름
scope : 저장할 스코프 객체

〈사용 예〉

 〈c:import url="/importPage.jsp"〉〈/c:import〉
 → 현재 위치에 "/importPage.jsp" 페이지를 출력

⟨importPage.jsp⟩

```jsp
1   <%@ page language="java" contentType="text/html; charset=EUC-KR"
2       pageEncoding="EUC-KR"%>
3   <!DOCTYPE html PUBLIC "-//W3C//DTD HTML 4.01 Transitional//EN"
4   "http://www.w3.org/TR/html4/loose.dtd">
5   <html>
6   <head>
7   <meta http-equiv="Content-Type" content="text/html; charset=EUC-KR">
8   <title>Insert title here</title>
9   </head>
10  <body>
11      <h3>import page</h3>
12      눈이 부시게 <br>
13      푸르른 날엔 <br>
14      그리운 사람을 <br>
15      그리워 하자
16  </body>
17  </html>
```

⟨jstl7.jsp⟩

```jsp
1   <%@ page language="java" contentType="text/html; charset=EUC-KR"
2       pageEncoding="EUC-KR"%>
3   <%@ taglib prefix="c" uri="http://java.sun.com/jsp/jstl/core"%>
4   
5   <!DOCTYPE html PUBLIC "-//W3C//DTD HTML 4.01 Transitional//EN"
6   "http://www.w3.org/TR/html4/loose.dtd">
7   <html>
8   <head>
9   <meta http-equiv="Content-Type" content="text/html; charset=EUC-KR">
10  <title>Insert title here</title>
11  </head>
12  <body>
13      <h3>url과 import 예제</h3>
14      <c:url var="import_url" value="importPage.jsp"/>
15      <c:import url="${import_url}"></c:import>
16  </body>
17  </html>
```

● 소스 분석 ●

줄 번호	설명
14	URL을 생성한다.
15	생성한 URL 값의 경로를 갖는 페이지를 해당 위치에 포함한다.

실행 결과

〈c:import〉 태그는 import할 페이지를 바로 출력하지 않고, 변수에 저장할 수 있는데 var 속성에 저장할 변수의 이름을 설정한다.

〈importPage2.jsp〉

```
1  <%@ page language="java" contentType="text/html; charset=EUC-KR"
2    pageEncoding="EUC-KR"%>
3  가나다라,마바사,abcd,efg
```

〈jstl8.jsp〉

```
1  <%@ page language="java" contentType="text/html; charset=EUC-KR"
2      pageEncoding="EUC-KR"%>
3  <%@ taglib prefix="c" uri="http://java.sun.com/jsp/jstl/core"%>
4
5  <!DOCTYPE html PUBLIC "-//W3C//DTD HTML 4.01 Transitional//EN"
6  "http://www.w3.org/TR/html4/loose.dtd">
7  <html>
8  <head>
9  <meta http-equiv="Content-Type" content="text/html; charset=EUC-KR">
10 <title>Insert title here</title>
```

```
11      </head>
12      <body>
13          <h3>url과 import 예제2</h3>
14          <c:url var="import_url" value="importPage2.jsp" />
15          <c:import url="${import_url }" var="content"></c:import>
16
17          import한 파일의 내용을 토큰별로 출력<br>
18          <c:forTokens var="str" items="${content }" delims="," varStatus="status">
19              ${status.count}. ${str }<br>
20          </c:forTokens>
21      </body>
22  </html>
```

● 소스 분석 ●

줄 번호	설명
14	URL을 생성한다.
15	URL 경로의 파일을 import하지만 바로 출력하지 않고, 변수 content에 파일의 내용을 저장한다.
18 ~ 20	변수 content의 내용을 ','를 기준으로 토큰 별 반복 처리한다. 반복 횟수와 토큰 값을 출력한다.

실행 결과

● <c:param></c:param>

다른 페이지에 파라메터를 전달할 수 있다.

〈속성〉

name : 파라메터 이름

value : 파라메터 값

〈사용 예〉

〈c:param name="name" value="aaa" /〉

→ 파라메터 "name"의 값 "aaa"

〈importPage3.jsp〉

```
1   <%@ page language="java" contentType="text/html; charset=EUC-KR"
2       pageEncoding="EUC-KR"%>
3   <!DOCTYPE html PUBLIC "-//W3C//DTD HTML 4.01 Transitional//EN"
4   "http://www.w3.org/TR/html4/loose.dtd">
5   <html>
6   <head>
7   <meta http-equiv="Content-Type" content="text/html; charset=EUC-KR">
8   <title>Insert title here</title>
9   </head>
10  <body>
11      <h3>import page</h3>
12      name: ${param.name} <br>
13      age: ${param.age} <br>
14  </body>
15  </html>
```

〈jstl9.jsp〉

```
1   <%@ page language="java" contentType="text/html; charset=EUC-KR"
2       pageEncoding="EUC-KR"%>
3   <%@ taglib prefix="c" uri="http://java.sun.com/jsp/jstl/core"%>
4
5   <!DOCTYPE html PUBLIC "-//W3C//DTD HTML 4.01 Transitional//EN"
6   "http://www.w3.org/TR/html4/loose.dtd">
7   <html>
8   <head>
9   <meta http-equiv="Content-Type" content="text/html; charset=EUC-KR">
10  <title>Insert title here</title>
11  </head>
12  <body>
13      <h3>param 예제</h3>
```

```
14      <c:url var="import_url" value="importPage3.jsp">
15          <c:param name="name" value="aaa" />
16          <c:param name="age" value="12" />
17      </c:url>
18      <c:import url="${import_url }"/>
19  </body>
20  </html>
```

● 소스 분석 ●

줄 번호	설명
14 ~ 17	URL 생성 시 그 경로에 전달할 파라메터를 정의한다. 파라메터는 name=aaa와 age=12로 2개이다.
18	URL 경로 페이지를 import한다. 이때, 파라메터 값도 전달된다. URL에 정의된 importPage3.jsp 파일의 ${param.name} ${param.age} 코드는 전달 받은 파라메터를 출력한다.

실행 결과

● ⟨c:redirct⟩⟨/c:redirect⟩
다른 페이지로 redirect 방식으로 이동한다.

⟨속성⟩
url : 이동할 페이지의 URL

⟨사용 예⟩
  ⟨c:redirect url="member/menu.jsp" /⟩
  → "member/menu.jsp"로 redirect 방식으로 이동

〈next.jsp〉

```
1   <%@ page language="java" contentType="text/html; charset=EUC-KR"
2       pageEncoding="EUC-KR"%>
3   <!DOCTYPE html PUBLIC "-//W3C//DTD HTML 4.01 Transitional//EN"
4   "http://www.w3.org/TR/html4/loose.dtd">
5   <html>
6   <head>
7   <meta http-equiv="Content-Type" content="text/html; charset=EUC-KR">
8   <title>Insert title here</title>
9   </head>
10  <body>
11      <h3>이동한 페이지</h3>
12      name: ${param.name} <br>
13      age: ${param.age} <br>
14  </body>
15  </html>
```

〈jstl10.jsp〉

```
1   <%@ page language="java" contentType="text/html; charset=EUC-KR"
2      pageEncoding="EUC-KR"%>
3   <%@ taglib prefix="c" uri="http://java.sun.com/jsp/jstl/core"%>
4
5   <!DOCTYPE html PUBLIC "-//W3C//DTD HTML 4.01 Transitional//EN"
6   "http://www.w3.org/TR/html4/loose.dtd">
7   <html>
8   <head>
9   <meta http-equiv="Content-Type" content="text/html; charset=EUC-KR">
10  <title>Insert title here</title>
11  </head>
12  <body>
13      <h3>redirect 예제</h3>
14      <c:url var="url" value="next.jsp"/>
15      <c:redirect url="${url}">
16          <c:param name="name" value="tom"/>
17          <c:param name="age" value="14"/>
18      </c:redirect>
19  </body>
20  </html>
```

● 소스 분석 ●

줄 번호	설명
14	URL을 생성한다.
15 ~ 18	redirect 방식으로 페이지를 이동한다. 이때, 파라메터 name, age를 전달하고 이동한 페이지 next.jsp에서 해당 값을 출력한다. 실행하면 첫 페이지는 보이지 않고, 이동한 next.jsp 결과만 볼 수 있다.

실행 결과

http://localhost:8787/ch11/next.jsp?name=tom&age=14

이동한 페이지

name: tom
age: 14

- 〈c:catch〉〈/c:catch〉

페이지에서 발생한 예외 객체를 받을 수 있다.

〈속성〉

var : 예외 객체가 저장될 변수 이름

〈사용 예〉

　〈c:catch var="ex" /〉

　→ 발생한 예외 객체를 변수 ex에 저장

〈jstl11.jsp〉

```
1  <%@ page language="java" contentType="text/html; charset=EUC-KR"
2       pageEncoding="EUC-KR"%>
3  <%@ taglib prefix="c" uri="http://java.sun.com/jsp/jstl/core"%>
4
5  <!DOCTYPE html PUBLIC "-//W3C//DTD HTML 4.01 Transitional//EN"
6  "http://www.w3.org/TR/html4/loose.dtd">
7  <html>
8  <head>
```

```
9    <meta http-equiv="Content-Type" content="text/html; charset=EUC-KR">
10   <title>Insert title here</title>
11   </head>
12   <body>
13
14       <c:catch var="ex">
15           <%
16               int x = 3 / 0;
17           %>
18       </c:catch>
19
20       <c:if test="${ex != null }">
21           에러발생: ${ex }
22       </c:if>
23
24   </body>
25   </html>
```

● 소스 분석 ●	
줄 번호	설명
14 ~ 18	예외 처리 태그로 이 태그 안에서 예외가 발생하면 예외 객체를 var로 지정한 변수 ex에 저장된다. 예외가 발생하지 않으면 ex는 null이다.
20 ~ 22	ex가 null이 아니면 예외 메시지를 출력한다.

실행 결과

http://localhost:8787/ch11/jstl11.jsp

에러발생: java.lang.ArithmeticException: / by zero

- `<c:out></c:out>`

  `<%= %>`처럼 출력을 담당한다.

〈속성〉

value : 출력할 값

default : 출력할 값이 null이면 사용할 기본 값을 설정

escapeXml : 이스케이프 문자를 허용할 지를 설정(true/false)

〈사용 예〉

〈c:out value="<%= x %>" /〉

→ x 값을 출력

〈importPage.jsp〉

```
1   <%@ page language="java" contentType="text/html; charset=EUC-KR"
2       pageEncoding="EUC-KR"%>
3   <!DOCTYPE html PUBLIC "-//W3C//DTD HTML 4.01 Transitional//EN"
4   "http://www.w3.org/TR/html4/loose.dtd">
5   <html>
6   <head>
7   <meta http-equiv="Content-Type" content="text/html; charset=EUC-KR">
8   <title>Insert title here</title>
9   </head>
10  <body>
11      <h3>import page</h3>
12      눈이 부시게 <br>
13      푸르른 날엔 <br>
14      그리운 사람을 <br>
15      그리워 하자
16  </body>
17  </html>
```

〈jstl12.jsp〉

```
1   <%@ page language="java" contentType="text/html; charset=EUC-KR"
2       pageEncoding="EUC-KR"%>
3   <%@ taglib prefix="c" uri="http://java.sun.com/jsp/jstl/core"%>
4
5   <!DOCTYPE html PUBLIC "-//W3C//DTD HTML 4.01 Transitional//EN"
6   "http://www.w3.org/TR/html4/loose.dtd">
7   <html>
8   <head>
9   <meta http-equiv="Content-Type" content="text/html; charset=EUC-KR">
10  <title>Insert title here</title>
11  </head>
12  <body>
13      <c:url var="url" value="importPage.jsp" />
14      <c:import url="${url}" var="txt" />
```

```
15        <c:out value="${txt }" />
16    </body>
17    </html>
```

줄 번호	소스 분석 — 설명
13	URL을 생성한다.
14	URL 경로의 페이지 내용을 변수 txt에 저장한다.
15	변수 txt의 내용을 <c:out> 태그로 출력한다.

실행 결과

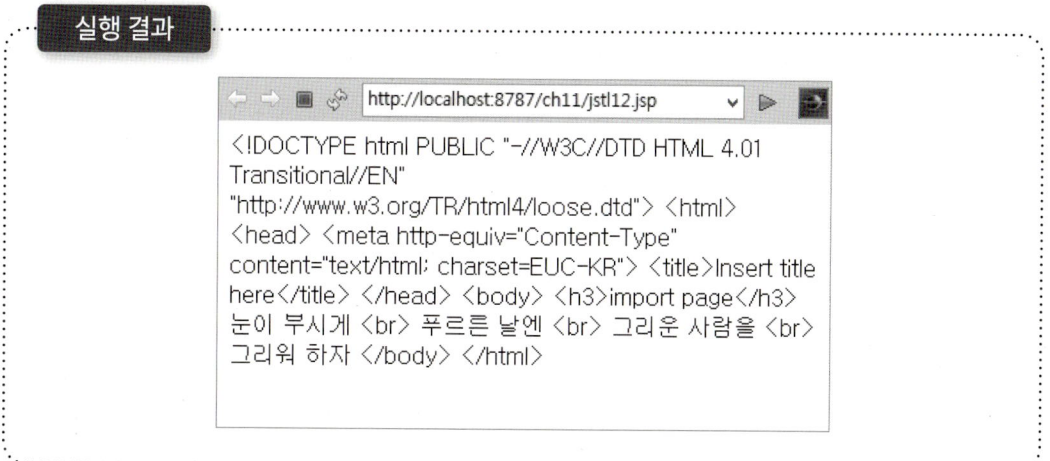

2 XML

XML 파일은 정보를 갖는 태그들로 구성되는데, 이 정보들을 읽기 위해서 태그들을 파싱하고, 파싱한 태그에서 정보를 읽는 동작이 반복된다. JSTL의 XML 태그 라이브러리는 이러한 기능의 태그들로 구성된다. 해당 태그들이 정의된 URI는 "http://java.sun.com/jsp/jstl/xml"이고, 접두사(Prefix)는 x를 사용한다. 그래서 XML 라이브러리의 태그를 사용하려면 taglib 디렉티브를 다음과 같이 정의해야 한다.

```
<%@ taglib prefix="x" uri="http://java.sun.com/jsp/jstl/xml" %>
```

XML 파일은 많은 노드를 가지고 있기 때문에 노드들의 계층 구조를 표현할 수 있는 수단이 필요한데, 자바에서는 XPath 표현을 사용한다. 각 노드의 계층 구조를 '/'으로 찾아갈 수 있다. 이 방법은 소스를 통해서 보도록 하겠다. 그런데 XPath를 사용하려면 라이브러리가 추가되어야 한다.

http://xml.apache.org/ 사이트에서 xalan.jar 파일을 다운로드하여 현재 프로젝트의 WebContent/WEB-INF/lib에 복사한다.

⟨data.xml⟩

```
1   <?xml version="1.0" encoding="UTF-8"?>
2   <members>
3       <member>
4           <name>aaa</name>
5           <tel>111</tel>
6           <address>rara street1</address>
7       </member>
8       <member>
9           <name>bbb</name>
10          <tel>222</tel>
11          <address>rara street2</address>
12      </member>
13      <member>
14          <name>ccc</name>
15          <tel>333</tel>
16          <address>rara street3</address>
17      </member>
18  </members>
```

⟨xml1.jsp⟩

```
1   <%@ page language="java" contentType="text/html; charset=EUC-KR"
2       pageEncoding="EUC-KR"%>
3   <%@ taglib prefix="x" uri="http://java.sun.com/jsp/jstl/xml"%>
4   <%@ taglib prefix="c" uri="http://java.sun.com/jsp/jstl/core"%>
5   <!DOCTYPE html PUBLIC "-//W3C//DTD HTML 4.01 Transitional//EN"
6   "http://www.w3.org/TR/html4/loose.dtd">
7   <html>
8   <head>
9   <meta http-equiv="Content-Type" content="text/html; charset=EUC-KR">
10  <title>Insert title here</title>
11  </head>
12  <body>
13
14      <c:url var="url" value="data.xml" />
15      <c:import url="${url}" var="xml" />
```

```
16        <x:parse xml="${xml }" var="m" />
17
18        <x:out select="$m/members/member[1]/name" /> /
19        <x:out select="$m/members/member[1]/tel" /> /
20        <x:out select="$m/members/member[1]/address" /> <br>
21
22        <x:out select="$m/members/member[2]/name" /> /
23        <x:out select="$m/members/member[2]/tel" /> /
24        <x:out select="$m/members/member[2]/address" /> <br>
25
26        <x:out select="$m/members/member[3]/name" /> /
27        <x:out select="$m/members/member[3]/tel" /> /
28        <x:out select="$m/members/member[3]/address" /> <br>
29
30    </body>
31 </html>
```

● 소스 분석 ●

줄 번호	설명
3	XML 태그 라이브러리를 사용하기 위한 taglib 디렉티브를 설정한다.
14	URL을 생성한다. value는 XML 파일의 경로를 할당했다.
15	XML 파일의 내용을 변수 xml에 저장한다.
16	변수 xml의 내용을 파싱한다. XML을 구성하는 요소 즉, 태그 하나하나를 객체화한다. data.xml 파일의 내용은 가장 루트에 <members>가 있고, 이 태그 내부에 <member> 3개를 자식 노드로 갖는다. 각 <member>는 <name><tel><address>를 자식 노드로 갖는다. 이것을 객체화하면 루트는 사이즈가 3일 member 배열이 생성되고 각 member는 name, tel, address 객체를 자식으로 갖는다.
18 ~ 20	XML 파일의 요소 하나를 찾는다. <x:out>은 XML 값을 출력한다. 이 태그의 속성 select에는 출력할 요소에 접근할 경로를 XPath로 할당한다. 경로의 $m은 16번 줄에서 XML 파일의 내용을 파싱한 결과가 저장된 변수 m을 의미한다. $m/members/member[1]/name 이 경로는 data.xml의 루트 <members>의 첫 번째 자식 <member>의 <name> 태그 값을 선택한다. 그래서 소스의 18 ~ 20은 첫 번째 <member>의 name, tel, address를 출력한다.
22 ~ 24	두 번째 <member>의 name, tel, address를 출력한다.
26 ~ 28	세 번째 <member>의 name, tel, address를 출력한다.

> **실행 결과**

XML의 내용을 파싱하는 예를 살펴봤는데, 〈member〉 태그 3개를 처리하는 방법이 합리적으로 보이지 않는다. 만약, 〈member〉가 100개라면 소스는 훨씬 길어질 것이다. 그래서 XML 태그 라이브러리는 반복 처리 기능의 〈x:forEach〉 태그를 제공한다.

〈xml2.jsp〉

```
1   <%@ page language="java" contentType="text/html; charset=EUC-KR"
2       pageEncoding="EUC-KR"%>
3   <%@ taglib prefix="x" uri="http://java.sun.com/jsp/jstl/xml"%>
4   <%@ taglib prefix="c" uri="http://java.sun.com/jsp/jstl/core"%>
5   <!DOCTYPE html PUBLIC "-//W3C//DTD HTML 4.01 Transitional//EN"
6   "http://www.w3.org/TR/html4/loose.dtd">
7   <html>
8   <head>
9   <meta http-equiv="Content-Type" content="text/html; charset=EUC-KR">
10  <title>Insert title here</title>
11  </head>
12  <body>
13
14          <c:url var="url" value="data.xml" />
15          <c:import url="${url}" var="xml" />
16          <x:parse xml="${xml}" var="m" />
17
18          <x:forEach var="member" select="$m/members/*">
19
20              <c:set var="name">
21                  <x:out select="$member/name" />
22              </c:set>
23
24              <c:set var="tel">
```

```
25                      <x:out select="$member/tel" />
26                  </c:set>
27
28              <c:set var="address">
29                      <x:out select="$member/address" />
30              </c:set>
31
32              ${name }/${tel }/${address }<br>
33
34          </x:forEach>
35
36  </body>
37  </html>
```

● 소스 분석 ●

줄 번호	설명
3	XML 태XML 태그 라이브러리를 사용하기 위한 taglib 디렉티브를 설정한다.
14	URL을 생성한다. value는 XML 파일의 경로를 할당했다.
15	XML 파일의 내용을 변수 xml에 저장한다.
16	변수 xml의 내용을 파싱하여 결과를 변수 m에 저장한다.
18	<x:forEach>는 반복 처리 태그로 select에서 선택된 태그들을 반복 처리한다. $m/members/* 는 members 하위의 모든 것을 의미하므로 member 3개를 의미한다. 그래서 3번 반복하고 member 객체를 차례대로 하나씩 var에 설정한 변수 member에 할당한다.
20 ~ 22	18번 줄의 var 변수 member의 name 값을 <c:set> 태그로 선언한 name 변수에 할당한다. 이는 곧 data.xml에서 <member>의 <name> 태그 값을 변수에 할당한다.
24 ~ 26	18번 줄의 var 변수 member의 tel 값을 <c:set> 태그로 선언한 tel 변수에 할당한다. 이는 곧 data.xml에서 <member>의 <tel> 태그 값을 변수에 할당한다.
28 ~ 30	18번 줄의 var 변수 member의 address 값을 <c:set> 태그로 선언한 address 변수에 할당한다. 이는 곧 data.xml에서 <member>의 <address> 태그 값을 변수에 할당한다.

실행 결과

3 국제화

국제화와 관련된 지역(로케일), 시간, 통화, 숫자의 포맷을 설정하거나 읽는 태그들로 구성된다. 이 라이브러리의 URI는 "http://java.sun.com/jsp/jstl/fmt"이고, 접두사(Prefix)는 fmt이다. 해당 라이브러리의 태그를 사용하려면 다음과 같이 taglib 디렉티브를 작성한다.

<%@ taglib prefix="fmt" uri="http://java.sun.com/jsp/jstl/fmt" %>

⟨inter.jsp⟩

```
1   <%@ page language="java" contentType="text/html; charset=EUC-KR"
2       pageEncoding="EUC-KR"%>
3   <%@ page import="java.util.Date"%>
4   <%@ taglib prefix="fmt" uri="http://java.sun.com/jsp/jstl/fmt"%>
5   
6   <!DOCTYPE html PUBLIC "-//W3C//DTD HTML 4.01 Transitional//EN"
7   "http://www.w3.org/TR/html4/loose.dtd">
8   <html>
9   <head>
10  <meta http-equiv="Content-Type" content="text/html; charset=EUC-KR">
11  <title>Insert title here</title>
12  </head>
13  <body>
14  
15      <%
16          int price = 3000;
17          Date d = new Date();
18      %>
```

```
19
20          오늘의 시세:
21          <fmt:formatNumber value="<%=price%>" type="currency" />
22          <br>
23
24          오늘의 날짜:
25          <fmt:formatDate value="<%=d%>" type="date" dateStyle="full" />
26          <br>
27
28          현재 시간
29          <fmt:formatDate value="<%=d%>" type="time" timeStyle="full" />
30          <br>
31
32     </body>
33     </html>
```

● 소스 분석 ●

줄 번호	설명
17	날짜 객체를 생성한다.
21	16번 줄에서 선언한 정수 price를 통화로 포맷하여 출력한다.
25	17번 줄에서 생성한 날짜 객체를 날짜 full 스타일로 포맷하여 출력한다.
29	날짜 객체를 시간 full 스타일로 포맷하여 출력한다.

실행 결과

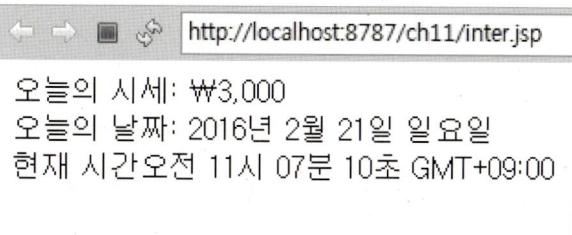

4 함수

문자열 처리 함수를 제공하는 태그들로 구성된다. URI는 "http://java.sun.com/jsp/jstl/functions"이고, 접두사(Prefix)는 fn이다. 함수 라이브러리의 태그를 사용하려면 다음과 같이 taglib 디렉티브를 작성한다.

<%@ taglib prefix="fn" uri="http://java.sun.com/jsp/jstl/functions" %>

〈fn.jsp〉

```
1   <%@ page language="java" contentType="text/html; charset=EUC-KR"
2       pageEncoding="EUC-KR"%>
3   <%@ taglib uri="http://java.sun.com/jsp/jstl/core" prefix="c"%>
4   <%@ taglib uri="http://java.sun.com/jsp/jstl/functions" prefix="fn"%>
5
6   <!DOCTYPE html PUBLIC "-//W3C//DTD HTML 4.01 Transitional//EN"
7   "http://www.w3.org/TR/html4/loose.dtd">
8   <html>
9   <head>
10  <meta http-equiv="Content-Type" content="text/html; charset=EUC-KR">
11  <title>Insert title here</title>
12  </head>
13  <body>
14      <h3>fn 예제</h3>
15
16      <c:set var="path" value=" includePage.jsp "/>
17
18      원본 문자열: [${path}]<br>
19
20      문자열의 길이: ${fn:length(path) }<br>
21
22      대문자로 변환: [${fn:toUpperCase(path) }]<br>
23
24      문자열 자르기(substring(path, 4, 8)): [${fn:substring(path, 4, 8) }]<br>
25
26      문자열 자르기(substringBefore(path, '.')): [${fn:substringBefore(path, '.')
        }]<br>
27
28      문자열 자르기(substringAfter(path, '.')): [${fn:substringAfter(path, '.')
        }]<br>
```

```
29
30              공백제거: [${fn:trim(path) }]<br>
31
32              문자열 분리:
33              <c:set var="strings" value="${fn:split('a,b,c,d,e,f', ',') }"/>
34
35              <c:forEach var="s" items="${strings }" varStatus="status">
36
37                      <c:if test="${not status.first }">
38
39                      </c:if>
40
41                      [${s }]
42
43              </c:forEach>
44              <br>
45
46              문자열 결합:${fn:join(strings, '#') }
47      </body>
48      </html>
```

● 소스 분석 ●

줄 번호	설명
4	함수 라이브러리의 URL과 prefix를 taglib에 설정한다.
20	${fn:length(path) } – 문자열의 길이를 반환하는 함수이다.
22	${fn:toUpperCase(path) } – 대문자를 변환하는 함수이다.
24	${fn:substring(path, 4, 8) } – 문자열 path를 위치 4 ~ 8까지 잘라낸다.
26	${fn:substringBefore(path, '.') } – 문자열 path를 '.'을 기준으로 앞의 문자열만 잘라낸다.
28	${fn:substringAfter(path, '.') } – 문자열 path를 '.'을 기준으로 뒤의 문자열만 잘라낸다.
30	${fn:trim(path) } – 문자열 path의 앞뒤 공백을 제거한다.
33	${fn:split('a,b,c,d,e,f', ',') } – 구분자를 기준으로 문자열을 분리하여 배열을 반환한다.
46	${fn:join(strings, '#') } – 배열의 요소를 하나로 연결하는데 요소 사이에 두 번째 파라메터 문자를 추가한다.

실행 결과

http://localhost:8787/ch11/fn.jsp

fn 예제

원본 문자열: [includePage.jsp]
문자열의 길이: 19
대문자로 변환: [INCLUDEPAGE.JSP]
문자열 자르기(substring(path, 4, 8)): [clud]
문자열 자르기(substringBefore(path, '.')): [includePage]
문자열 자르기(substringAfter(path, '.')): [jsp]
공백제거: [includePage.jsp]
문자열 분리: [a] , [b] , [c] , [d] , [e] , [f]
문자열 결합:a#b#c#d#e#f

제 12 장

게시판 구현으로 EL과 JSTL 익히기

제 12 장
게시판 구현으로 EL과 JSTL 익히기

10장에서 구현한 회원관리 프로그램에 게시판 기능을 추가해 보자. 게시판 기능은 글 작성, 글 목록 보기, 글 읽기, 수정, 삭제로 정리할 수 있다. 먼저 글 정보를 데이터베이스에 저장하려면 테이블을 만들어야 한다. 저장해야 할 글과 관련된 정보는 글 번호, 작성자, 작성 날짜, 제목, 내용이다. 글 번호는 숫자 타입, 작성자, 제목, 내용은 텍스트 타입, 작성 날짜는 날짜 타입으로 작성한다. 그리고 글 번호는 작성자가 입력하는 것이 아니라 자동 할당되어야 한다. 그래서 글 번호에 할당할 숫자를 자동 카운팅할 시퀀스도 하나 생성한다.

```sql
create table board(
num number primary key,
writer varchar2(20) references member(id) on delete cascade,
w_date date,
title varchar2(50) not null,
content varchar2(500)
);

create sequence seq_board;
```

1 ▶ 프로젝트 생성하기

테이블이 생성되었으면 소스 작업할 프로젝트 ch12를 이클립스에 생성한다. 게시판에 글을 쓰거나 읽으려면 로그인을 해야 하므로 지난번에 만든 회원관리 프로그램 소스를 그대로 복사하여 프로젝트에 포함한다. 먼저 ch10에서 src 폴더의 모든 패키지(conn, controller, dao, service, model)를 새 프로젝트 ch12의 src 폴더에 복사한다. 게시판과 관련된 패키지가 추가될 것이므로 이것과 구분되게 하기 위해서 다음과 같이 복사한 패키지의 이름을 수정하자.

controller → member.controller
dao → member.dao
service → member.service

수정한 후 ch12 프로젝트의 src 폴더 내용은 다음과 같다. 각 패키지에 포함된 클래스는 그대로 유지한다.

- conn
- member.controller
- member.dao
- member.service
- model

패키지 이름 수정이 완료되면 뷰 페이지도 복사한다. ch10의 WebContent 밑에 있는 member 폴더를 ch12의 WebContent에 복사한다. 또한, 필요한 오라클 라이브러리, JSTL 라이브러리를 새 프로젝트인 ch12의 WebContent/WEB-INF/lib에 복사한다. EL과 JSTL을 배웠으니 복사한 뷰 페이지에 EL과 JSTL을 적용해 보자.

⟨/member/form.jsp⟩

```
1   <%@ page language="java" contentType="text/html; charset=EUC-KR"
2       pageEncoding="EUC-KR"%>
3   <!DOCTYPE html PUBLIC "-//W3C//DTD HTML 4.01 Transitional//EN"
4   "http://www.w3.org/TR/html4/loose.dtd">
5   <html>
6   <head>
7   <meta http-equiv="Content-Type" content="text/html; charset=EUC-KR">
8   <title>Insert title here</title>
9   </head>
10  <body>
```

11	`<h3>회원가입</h3>`
12	`<form action="${pageContext.request.contextPath }/JoinController" method="post">`
13	`    id: <input type="text" name="id"> `
14	`    pwd:<input type="password" name="pwd"> `
15	`    name:<input type="text" name="name"> `
16	`    email:<input type="text"name="email"> `
17	`    <input type="reset" value="취소">`
18	`    <input type="submit" value="가입">  `
19	`</form>`
20	`</body>`
21	`</html>`

● 소스 분석 ●

줄 번호	설명
12	회원가입 폼으로 `<form>`의 action을 컨트롤러인 /JoinController 서블릿으로 설정한다.

〈/member/loginForm.jsp〉

1	`<%@ page language="java" contentType="text/html; charset=EUC-KR"`
2	`    pageEncoding="EUC-KR"%>`
3	`<!DOCTYPE html PUBLIC "-//W3C//DTD HTML 4.01 Transitional//EN"`
4	`"http://www.w3.org/TR/html4/loose.dtd">`
5	`<html>`
6	`<head>`
7	`<meta http-equiv="Content-Type" content="text/html; charset=EUC-KR">`
8	`<title>Insert title here</title>`
9	`</head>`
10	`<body>`
11	`<h3>login</h3>`
12	`    <form action="${pageContext.request.contextPath }/LoginController" method="post">`
13	`    id:<input type="text" name="id"> `
14	`    pwd:<input type="text" name="pwd"> `
15	`    <input type="submit" value="로그인"> `
16	`</form>`
17	`<a href="${pageContext.request.contextPath }/member/form.jsp">회원가입</a>`
18	`</body>`
19	`</html>`

● 소스 분석 ●

줄 번호	설명
12	로그인 폼으로 〈form〉의 action을 컨트롤러인 /LoginController 서블릿으로 설정한다.
17	회원가입 페이지로 링크를 설정한다.

〈/member/result.jsp〉

```
1   <%@ page language="java" contentType="text/html; charset=EUC-KR"
2           pageEncoding="EUC-KR"%>
3   <%@ taglib prefix="c" uri="http://java.sun.com/jsp/jstl/core"%>
4   <!DOCTYPE html PUBLIC "-//W3C//DTD HTML 4.01 Transitional//EN"
5   "http://www.w3.org/TR/html4/loose.dtd">
6   <html>
7   <head>
8   <meta http-equiv="Content-Type" content="text/html; charset=EUC-KR">
9   <title>Insert title here</title>
10  </head>
11  <body>
12  <h3>메뉴</h3>
13  <c:if test="${not empty sessionScope.id }">
14      ${sessionScope.id }님 로그인<br>
15      <a href="${pageContext.request.contextPath }/SearchController">내정보수정</a>
16      <br>
17      <a href="${pageContext.request.contextPath }/LogoutController">로그아웃</a>
18      <br>
19      <a href="${pageContext.request.contextPath }/DelController">탈퇴</a>
20      <br>
21      <c:import url="/ListController"></c:import>
22  </c:if>
23
24  <c:if test="${empty sessionScope.id }">
25      <h3>로그인 실패</h3>
26      <a href="${pageContext.request.contextPath }/member/loginForm.jsp">로그인폼
27      </a>
28  </c:if>
29  </body>
30  </html>
```

● 소스 분석 ●

줄 번호	설명
3	JSTL 코어 라이브러리를 사용하기 위한 taglib 디렉티브를 설정한다.
13 ~ 22	세션에 id가 저장되었으면 실행될 코드를 구현한다. 세션에 id가 저장되었다면 로그인 한 것을 의미하므로 내정보수정, 로그아웃, 탈퇴 메뉴를 출력한다. 각 메뉴를 클릭하면 클릭한 기능을 처리하는 서블릿으로 이동한다.
21	게시판의 글 목록 기능을 import 한다.
24 ~ 28	세션에 id가 저장되지 않았다면 로그인하지 않은 것을 의미하므로 로그인 실패 메시지를 출력하고, 로그인 폼으로 이동할 수 있는 링크를 출력한다.

〈/member/memberInfo.jsp〉

```
1   <%@ page language="java" contentType="text/html; charset=EUC-KR"
2            pageEncoding="EUC-KR"%>
3   <%@ page import="model.Member"%>
4   <!DOCTYPE html PUBLIC "-//W3C//DTD HTML 4.01 Transitional//EN"
5   "http://www.w3.org/TR/html4/loose.dtd">
6   <html>
7   <head>
8   <meta http-equiv="Content-Type" content="text/html; charset=EUC-KR">
9   <title>Insert title here</title>
10  </head>
11  <body>
12       <h3>내정보 수정</h3>
13       <form  action="${pageContext.request.contextPath }/EditController"
        method="post">
14       id: <input type="text" name="id" value="${m.id}" readonly><br />
15       pwd:<input type="text" name="pwd" value="${m.pwd }"><br />
16       name:<input type="text" name="name" value="${m.name }"><br />
17       email:<input type="text" name="email" value="${m.email }"><br />
18       <input type="submit" value="수정"> <br />
19  </form>
20  </body>
21  </html>
22
23
```

줄 번호	● 소스 분석 ● 설명
13	회원정보를 폼에 출력하는 뷰 페이지를 구현한다. [수정] 버튼을 클릭하면 〈form〉의 action으로 설정된 /EditController로 이동하여 수정 폼의 데이터로 DB 수정을 완료한다.
14 ~ 17	request에 저장된 객체 m의 멤버를 ${m.id}, ${m.pwd}, ${m.name}, ${m.email}로 표현한다.

수정한 뷰 페이지는 자바 코드 대신에 EL과 JSTL이 사용된 것을 확인할 수 있다. 이제 게시판을 구현하도록 하자.

사용자의 요청을 처리할 컨트롤러(서블릿)는 다음과 같이 정리할 수 있다.

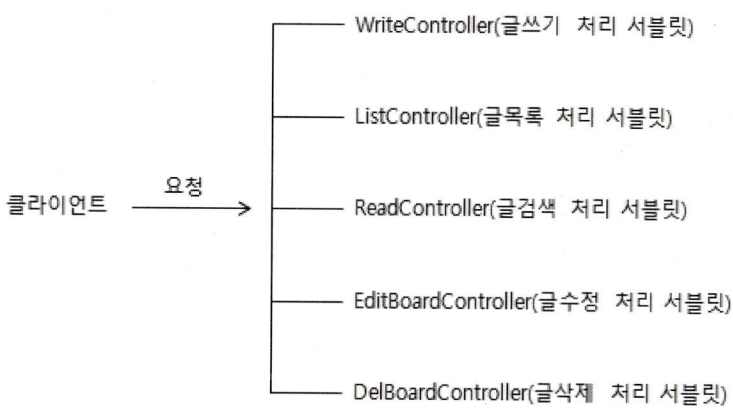

사용자가 글 작성 폼에 내용을 입력하고 [작성] 버튼을 클릭하면 WriteController로 요청이 전달되어 입력 파라메터 값이 데이터베이스에 저장된다. 글 쓰기가 완료되면 글 목록 페이지로 이동하는데 글 목록은 먼저 데이터베이스에서 글 전체를 검색한 뒤 뷰 페이지에 출력한다. 글 전체 검색을 처리할 컨트롤러는 ListController이다. 글 목록에서 제목을 클릭하면 클릭한 글 하나에 대한 전체 정보를 보여주는 페이지로 이동하는데, 이 기능 또한 데이터베이스에서 선택한 글을 글 번호로 검색하여 뷰 페이지에 출력한다. 글 번호로 검색하는 컨트롤러가 ReadController이다. 글 하나를 보여줄 때 현재 로그인한 id로 작성한 글이라면 바로 수정이나 삭제가 가능하다. 수정을 처리하는 컨트롤러는 EditBoardController, 삭제를 처리하는 컨트롤러는 DelBoardController이다. 프로젝트 전체의 파일 구조는 다음과 같으니 파일 생성 시 참고 바란다.

[프로젝트의 패키지 구조]

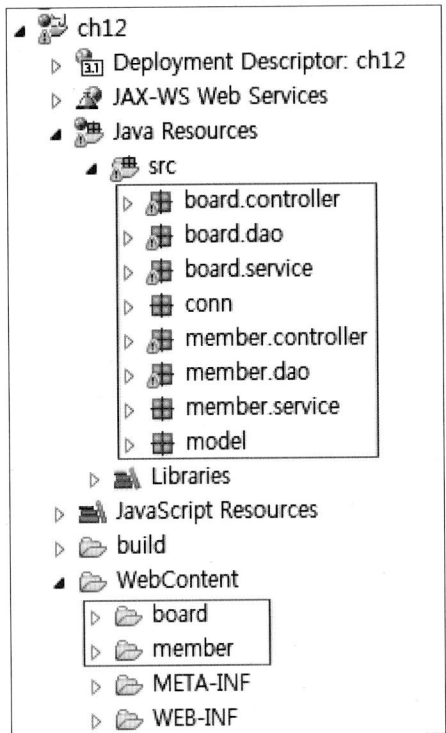

[board.controller 패키지의 자바 파일 구성]

- board.controller
  - DelBoardController.java
  - EditBoardController.java
  - ListController.java
  - ReadController.java
  - WriteController.java

[board.dao, board.service, conn 패키지의 자바 파일 구성]

- board.dao
  - Dao.java
  - DaoImpl.java
- board.service
  - Service.java
  - ServiceImpl.java
- conn
  - DBConnect.java

[member.controller 패키지의 자바 파일 구성]

- member.controller
  - DelController.java
  - EditController.java
  - JoinController.java
  - LoginController.java
  - LogoutController.java
  - SearchController.java

[member.dao, member.service, model 패키지의 자바 파일 구성]

- member.dao
  - JoinDao.java
  - JoinDaoImpl.java
- member.service
  - JoinService.java
  - JoinServiceImpl.java
- model
  - Board.java
  - Member.java

[WebContent/board, WebContent/member 폴더의 뷰 페이지(JSP)의 구성]

- WebContent
  - board
    - form.jsp
    - list.jsp
    - search.jsp
  - member
    - form.jsp
    - loginForm.jsp
    - memberInfo.jsp
    - result.jsp

[WebContent/WEB-INF/lib의 라이브러리 파일 구성]

```
▲ ▷ WebContent
    ▷ ▷ board
    ▷ ▷ member
    ▷ ▷ META-INF
    ▲ ▷ WEB-INF
        ▲ ▷ lib
            ojdbc6.jar
            taglibs-standard-impl-1.2.5.jar
            taglibs-standard-jstlel-1.2.5.jar
            taglibs-standard-spec-1.2.5.jar
            xalan.jar
```

이 중 conn, member.dao, member.service, member.controller, model 패키지는 새로 생성한 것이 아니라 앞서 설명했듯이 프로젝트 ch10의 패키지들을 통째로 복사하여 이름만 변경한 것이다.

2 ▶ DB 연결과 DTO 구현하기

이미 conn 패키지에 DBConnect 클래스가 있으니 이를 그대로 사용한다. model 패키지에 Board 클래스를 생성하여 다음과 같이 구현한다.

⟨model.Board.java⟩

```
1   package model;
2
3   import java.sql.Date;
4
5   public class Board {
6       private int num;
7       private String writer;
8       private Date w_date;
9       private String title;
10      private String content;
11
12      public Board() {
13      }
14
15      public Board(int num, String writer, Date w_date, String title, String
            content) {
```

```java
16              this.num = num;
17              this.writer = writer;
18              this.w_date = w_date;
19              this.title = title;
20              this.content = content;
21          }
22
23          public int getNum() {
24              return num;
25          }
26
27          public void setNum(int num) {
28              this.num = num;
29          }
30
31          public String getWriter() {
32              return writer;
33          }
34
35          public void setWriter(String writer) {
36              this.writer = writer;
37          }
38
39          public Date getW_date() {
40              return w_date;
41          }
42
43          public void setW_date(Date w_date) {
44              this.w_date = w_date;
45          }
46
47          public String getTitle() {
48              return title;
49          }
50
51          public void setTitle(String title) {
52              this.title = title;
53          }
54
55          public String getContent() {
56              return content;
```

```
57              }
58
59          public void setContent(String content) {
60              this.content = content;
61          }
62
63          @Override
64          public String toString() {
65              return "Board [num=" + num + ", writer=" + writer + ", w_date=" +
66                      w_date + ", title=" + title + ", content=" + content + "]";
67          }
68
69      }
```

3 ▸ DAO 구현하기

board.dao 패키지를 생성하고 그 안에 인터페이스 Dao와 이를 구현한 DaoImpl 클래스를 생성하여 다음과 같이 구현한다.

⟨board.dao.Dao.java⟩

```
1   package board.dao;
2
3   import java.util.List;
4
5   import model.Board;
6
7   public interface Dao {
8       void insert(Board b);        //글 정보 db에 저장
9
10      Board select(int num);       //글 하나에 대한 정보를 검색하여 Board 객체 반환
11
12      List selectAll();            //글 전체를 검색하여 List로 반환
13
14      void update(Board b);        //글 정보로 db에서 수정
15
16      void delete(int num);        //글 번호로 db에서 삭제
17  }
```

⟨board.dao.DaoImpl.java⟩

```java
1   package board.dao;
2
3   import java.sql.Connection;
4   import java.sql.PreparedStatement;
5   import java.sql.ResultSet;
6   import java.sql.SQLException;
7   import java.util.ArrayList;
8   import java.util.List;
9
10  import conn.DBConnect;
11  import model.Board;
12
13  public class DaoImpl implements Dao {
14      private DBConnect db;
15
16      public DaoImpl() {
17          db = DBConnect.getInstance();
18      }
19
20      @Override
21      public void insert(Board b) {
22          //TODO Auto-generated method stub
23          Connection conn = null;
24
25          //db에 한 줄 추가하는 sql
26          String sql = "insert into board values(seq_board.nextval, ?, sysdate, ?, ?)";
27
28          PreparedStatement pstmt = null;
29          try {
30              //커넥션 객체 획득
31              conn = db.getConnection();
32
33              //java에서 sql을 실행하는 PreparedStatement 객체 생성
34              pstmt = conn.prepareStatement(sql);
35
36              //sql의 ?파라메터 매칭
37              pstmt.setString(1, b.getWriter());
38              pstmt.setString(2, b.getTitle());
```

```java
39                    pstmt.setString(3, b.getContent());
40
41                    //sql 실행
42                    pstmt.executeUpdate();
43
44            } catch (SQLException e) {
45                    //TODO Auto-generated catch block
46                    e.printStackTrace();
47            } finally {
48                    try {
49                        //자원 반환
50                        pstmt.close();
51                        conn.close();
52                    } catch (SQLException e) {
53                        //TODO Auto-generated catch block
54                        e.printStackTrace();
55                    }
56
57            }
58      }
59
60      @Override
61      public Board select(int num) {
62              //TODO Auto-generated method stub
63
64              Connection conn = null;
65              ResultSet rs = null;
66              Board b = null;
67
68              //한 줄 검색하는 sql문
69              String sql = "select * from board where num=?";
70              PreparedStatement pstmt = null;
71              try {
72                      //커넥션 객체 획득
73                      conn = db.getConnection();
74
75                      //java에서 sql을 실행하는 PreparedStatement 객체 생성
76                      pstmt = conn.prepareStatement(sql);
77
78                      //sql의 ?파라메터 매칭
79                      pstmt.setInt(1, num);
```

```
80
81                    //sql을 실행하여 검색된 결과를 ResultSet에 저장
82                    rs = pstmt.executeQuery();
83
84                    //검색 결과가 있다면 컬럼 값 하나씩 읽어서 Board 객체를
85                    //생성하여 반환
86                    if (rs.next()) {
87                        return new Board(rs.getInt(1), rs.getString(2),
88                                rs.getDate(3),    rs.getString(4),    rs.get-
                                String(5));
89                    }
90
91            } catch (SQLException e) {
92                    //TODO Auto-generated catch block
93                    e.printStackTrace();
94            } finally {
95                    try {
96                        //자원 반환
97                        rs.close();
98                        pstmt.close();
99                        conn.close();
100                   } catch (SQLException e) {
101                        //TODO Auto-generated catch block
102                        e.printStackTrace();
103                   }
104
105           }
106           return null;
107    }
108
109    @Override
110    public List selectAll() {
111            //TODO Auto-generated method stub
112
113            Connection conn = null;
114            ResultSet rs = null;
115            ArrayList<Board> list = new ArrayList<Board>();
116
117            //전체를 검색하는 sql문
118            String sql = "select * from board order by num";
119            PreparedStatement pstmt = null;
```

```java
120             try {
121                 //커넥션 객체 획득
122                 conn = db.getConnection();
123  
124                 //java에서 sql을 실행하는 PreparedStatement 객체 생성
125                 pstmt = conn.prepareStatement(sql);
126  
127                 //sql을 실행하여 검색된 결과를 ResultSet에 저장
128                 rs = pstmt.executeQuery();
129  
130                 //검색 결과가 있다면 컬럼 값 하나씩 읽어서 Board 객체를
131                 //생성하여 반환
132                 while (rs.next()) {
133                     list.add(new Board(rs.getInt(1), rs.getString(2),
134                             rs.getDate(3), rs.getString(4), rs.getString(5)));
135                 }
136  
137             } catch (SQLException e) {
138                 //TODO Auto-generated catch block
139                 e.printStackTrace();
140             } finally {
141                 try {
142                     //자원 반환
143                     if (rs != null) {
144                         rs.close();
145                     }
146                     pstmt.close();
147                     conn.close();
148                 } catch (SQLException e) {
149                     //TODO Auto-generated catch block
150                     e.printStackTrace();
151                 }
152  
153             }
154  
155             //검색 결과가 저장된 list 반환
156             return list;
157         }
158  
159         @Override
```

```java
public void update(Board b) {
    //TODO Auto-generated method stub
    
    Connection conn = null;
    
    //db에 한 줄을 수정하는 sql
    String sql = "update board set w_date=sysdate, title=?, content=? " +
                                    "where num=?";
    
    PreparedStatement pstmt = null;
    try {
        //커넥션 객체 획득
        conn = db.getConnection();
        
        //java에서 sql을 실행하는 PreparedStatement 객체 생성
        pstmt = conn.prepareStatement(sql);
        
        //sql의 ?파라메터 매칭
        pstmt.setString(1, b.getTitle());
        pstmt.setString(2, b.getContent());
        pstmt.setInt(3, b.getNum());
        
        //sql 실행
        pstmt.executeUpdate();
        
    } catch (SQLException e) {
        //TODO Auto-generated catch block
        e.printStackTrace();
    } finally {
        try {
            //자원 반환
            pstmt.close();
            conn.close();
        } catch (SQLException e) {
            //TODO Auto-generated catch block
            e.printStackTrace();
        }
        
    }
    
}
```

```java
        @Override
        public void delete(int num) {
            //TODO Auto-generated method stub
            
            Connection conn = null;
            
            //db에 한 줄 삭제하는 sql
            String sql = "delete board where num=?";
            
            PreparedStatement pstmt = null;
            try {
                //커넥션 객체 획득
                conn = db.getConnection();
                
                //java에서 sql을 실행하는 PreparedStatement 객체 생성
                pstmt = conn.prepareStatement(sql);
                
                //sql의 ?파라메터 매칭
                pstmt.setInt(1, num);
                
                //sql 실행
                pstmt.executeUpdate();
                
            } catch (SQLException e) {
                //TODO Auto-generated catch block
                e.printStackTrace();
            } finally {
                try {
                    //자원 반환
                    pstmt.close();
                    conn.close();
                } catch (SQLException e) {
                    //TODO Auto-generated catch block
                    e.printStackTrace();
                }
                
            }
        }
        
    }
```

● 소스 분석 ●

줄 번호	설명
17	DBConnect 객체를 획득한다.
21 ~ 58	게시판 글쓰기 동작에서 사용자가 입력한 내용을 데이터베이스에 저장하는 메서드를 구현한다.
26	db에 한 줄을 추가하는 sql을 생성한다.
31	데이터베이스 커넥션 객체를 획득한다.
34	java에서 sql을 실행하는 PreparedStatement 객체를 생성한다.
37 ~ 39	sql의 ?파라메터의 값을 매칭한다.
42	sql을 실행한다.
50 ~ 51	자원을 반환한다.
61 ~ 107	글 번호로 글 하나를 검색하는 메서드를 구현한다.
69	글 번호(num)로 한 줄을 검색하는 sql을 생성한다.
73	커넥션 객체를 획득한다.
76	java에서 sql을 실행하는 PreparedStatement 객체를 생성한다.
79	sql의 ?파라메터를 매칭한다.
82	sql 실행하고 검색 결과를 ResultSet에 저장한다.
86 ~ 89	검색 결과가 있다면 컬럼 값 하나씩 읽어서 Board 객체를 생성하여 반환한다.
97 ~ 99	자원을 반환한다.
106	검색 결과가 없으면 null을 리턴한다.
110 ~ 157	글 전체를 검색하는 메서드를 구현한다.
118	board 테이블을 전체 검색하는 sql문으로 글 번호를 기준으로 검색 결과를 정렬한다.
122	커넥션 객체를 획득한다.
125	java에서 sql을 실행하는 PreparedStatement 객체를 생성한다.
128	sql 실행하고 검색 결과를 ResultSet에 저장한다.
132 ~ 135	검색 결과의 줄 수만큼 반복하여 한 줄씩 모든 컬럼 값을 읽어서 Board 객체를 생성하고, 이를 ArrayList에 담는다. 이를 끝까지 반복하면 board 테이블의 모든 데이터가 ArrayList에 담긴다.

143 ~ 147	자원을 반환한다.
156	검색 결과가 저장된 list를 반환한다.
160 ~ 209	글 번호(num)가 동일한 행의 w_date, title, content 컬럼을 수정하는 메서드를 구현한다.
166 ~ 167	board 테이블에서 글 번호(num)가 동일한 행의 w_date, title, content 컬럼을 수정하는 sql을 실행한다.
172	커넥션 객체를 획득한다.
175	java에서 sql을 실행하는 PreparedStatement 객체를 생성한다.
178 ~ 180	sql의 ?파라메터를 매칭한다.
183	sql을 실행한다.
201 ~ 202	자원을 반환한다.
212 ~ 248	글 번호(num)가 동일한 한 줄을 DB에서 삭제하는 메서드를 구현한다.
218	board 테이블에서 글 번호(num)가 동일한 줄을 삭제하는 sql을 생성한다.
223	커넥션 객체를 획득한다.
226	java에서 sql을 실행하는 PreparedStatement 객체를 생성한다.
229	sql의 ?파라메터를 매칭한다.
232	sql을 실행한다.
240 ~ 241	자원을 반환한다.

4 ▶ SERVICE 구현하기

src 폴더에 board.service 패키지를 생성하고, 인터페이스 Service와 이를 구현한 ServiceImpl 클래스를 생성한다.

⟨board.service.Service.java⟩

```
1   package board.service;
2
3   import java.util.List;
4
```

```
5    import model.Board;
6
7    public interface Service {
8        void writeBoard(Board b);   //글 작성
9
10       Board getBoard(int num);    //글 검색
11
12       List getAll();              //글 전체 검색
13
14       void editBoard(Board b);    //글 수정
15
16       void delBoard(int num);     //글 삭제
17   }
```

⟨board.service.ServiceImpl.java⟩

```
1    package board.service;
2
3    import java.util.List;
4
5    import board.dao.Dao;
6    import board.dao.DaoImpl;
7    import model.Board;
8
9    public class ServiceImpl implements Service {
10
11       private Dao dao;
12
13       public ServiceImpl() {
14           dao = new DaoImpl();
15       }
16
17       @Override
18       public void writeBoard(Board b) {
19           //TODO Auto-generated method stub
20           dao.insert(b);
21       }
22
23       @Override
24       public Board getBoard(int num) {
25           //TODO Auto-generated method stub
```

```
26              return dao.select(num);
27          }
28
29          @Override
30          public List getAll() {
31              //TODO Auto-generated method stub
32              return dao.selectAll();
33          }
34
35          @Override
36          public void editBoard(Board b) {
37              //TODO Auto-generated method stub
38              dao.update(b);
39          }
40
41          @Override
42          public void delBoard(int num) {
43              //TODO Auto-generated method stub
44              dao.delete(num);
45          }
46
47      }
```

● 소스 분석 ●

줄 번호	설명
13 ~ 15	생성자를 구현한다. 14번 줄에서 서비스의 데이터베이스 작업에 사용할 dao 객체를 생성한다.
18 ~ 21	글 작성 메서드로 사용자가 입력한 데이터를 dao 메서드 insert( )를 호출하여 전달한다.
24 ~ 26	dao의 select( )로 글 하나를 검색하여 반환한다.
30 ~ 33	글 전체를 검색하여 ArrayList로 반환한다.
36 ~ 39	글 정보를 새 데이터로 수정한다. dao의 update( ) 메서드로 데이터베이스의 변경을 완료한다.
42 ~ 45	글 삭제 메서드로 dao의 delete( )로 이를 실행한다.

5 ▶ 컨트롤러 구현하기

컨트롤러는 WriteController(글쓰기 처리), ReadController(글 읽기 처리), ListController(글 목록 처리), EditBoardController(글 수정 처리), DelBoardController(글 삭제 처리)로 구성된다. board.controller 패키지에 위의 서블릿을 생성한다. board.controller 패키지에 위의 서블릿을 생성한다.

⟨board.controller.WriteController.java⟩

```
1   package board.controller;
2
3   import java.io.IOException;
4
5   import javax.servlet.RequestDispatcher;
6   import javax.servlet.ServletException;
7   import javax.servlet.annotation.WebServlet;
8   import javax.servlet.http.HttpServlet;
9   import javax.servlet.http.HttpServletRequest;
10  import javax.servlet.http.HttpServletResponse;
11
12  import board.service.Service;
13  import board.service.ServiceImpl;
14  import model.Board;
15
16  /**
17   * Servlet implementation class WriteController
18   */
19  @WebServlet("/WriteController")
20  public class WriteController extends HttpServlet {
21      private static final long serialVersionUID = 1L;
22
23      /**
24       * @see HttpServlet#HttpServlet()
25       */
26      public WriteController() {
27          super();
28          //TODO Auto-generated constructor stub
29      }
30
31      /**
```

```java
 * @see HttpServlet#doGet(HttpServletRequest request,
   HttpServletResponse
 *    response)
 */
protected void doGet(HttpServletRequest request, HttpServletResponse response)
                throws ServletException, IOException {
    //TODO Auto-generated method stub

    //요청과 응답의 인코딩 설정
    request.setCharacterEncoding("euc-kr");
    response.setContentType("text/html; charset=EUC-KR");
    response.setCharacterEncoding("euc-kr");

    //기능을 제공할 서비스 객체 생성
    Service service = new ServiceImpl();

    //요청 파라메터 값 읽기
    String writer = request.getParameter("writer");
    String title = request.getParameter("title");
    String content = request.getParameter("content");

    //요청 파라메터로 읽은 값으로 Board 객체 생성
    Board b = new Board();
    b.setWriter(writer);
    b.setTitle(title);
    b.setContent(content);

    //서비스의 글 작성 기능 실행
    service.writeBoard(b);

    //글 목록으로 이동
    RequestDispatcher dispatcher =
                request.getRequestDispatcher("/member/result.jsp");
    if (dispatcher != null) {
            dispatcher.forward(request, response);
    }
}

/**
```

```
70          * @see HttpServlet#doPost(HttpServletRequest request,
                 HttpServletResponse
71          *       response)
72          */
73         protected void doPost(HttpServletRequest request,
            HttpServletResponse response)
74                         throws ServletException, IOException {
75             //TODO Auto-generated method stub
76             doGet(request, response);
77         }
78
79     }
```

● 소스 분석 ●

줄 번호	설명
	글 쓰기 요청을 처리하도록 구현한 서블릿이다.
45	기능을 제공할 서비스 객체를 생성한다.
48 ~ 50	클라이언트가 폼 양식에 작성한 글 제목, 글 내용과 로그인한 아이디 값을 읽어 변수에 저장한다.
53 ~ 56	읽은 요청 파라미터 값으로 Board 객체를 생성한다.
59	서비스의 글 쓰기 메서드인 writeBoard( )를 호출한다.
62 ~ 66	이동할 페이지 경로를 /member/result.jsp로 설정하여 forward 방식으로 이동한다. 앞서 /member/result.jsp 파일을 메뉴 하단에 글 목록을 import하도록 수정하였다. 그러므로 해당 페이지로 이동하면 메뉴와 글 목록도 확인할 수 있다.

⟨board.controller.ListController.java⟩

```
1     package board.controller;
2
3     import java.io.IOException;
4     import java.util.ArrayList;
5
6     import javax.servlet.RequestDispatcher;
7     import javax.servlet.ServletException;
8     import javax.servlet.annotation.WebServlet;
9     import javax.servlet.http.HttpServlet;
10    import javax.servlet.http.HttpServletRequest;
```

```java
11  import javax.servlet.http.HttpServletResponse;
12
13  import board.service.Service;
14  import board.service.ServiceImpl;
15  import model.Board;
16
17  /**
18   * Servlet implementation class ListController
19   */
20  @WebServlet("/ListController")
21  public class ListController extends HttpServlet {
22      private static final long serialVersionUID = 1L;
23
24      /**
25       * @see HttpServlet#HttpServlet()
26       */
27      public ListController() {
28          super();
29          //TODO Auto-generated constructor stub
30      }
31
32      /**
33       * @see HttpServlet#doGet(HttpServletRequest request, HttpServletResponse
34       *     response)
35       */
36      protected void doGet(HttpServletRequest request, HttpServletResponse response)
37              throws ServletException, IOException {
38          //TODO Auto-generated method stub
39
40          //요청과 응답의 인코딩 설정
41          request.setCharacterEncoding("euc-kr");
42          response.setContentType("text/html; charset=EUC-KR");
43          response.setCharacterEncoding("euc-kr");
44
45          //기능을 제공할 서비스 객체 생성
46          Service service = new ServiceImpl();
47
48          //글 전체 검색 기능 실행
49          ArrayList<Board> list = (ArrayList<Board>) service.getAll();
```

```
50
51              //list를 request에 저장
52              request.setAttribute("list", list);
53
54              //글 목록 출력 페이지로 이동
55              RequestDispatcher dispatcher =
56                      request.getRequestDispatcher("/board/list.jsp");
57              if (dispatcher != null) {
58                  dispatcher.forward(request, response);
59              }
60      }
61
62      /**
63       * @see HttpServlet#doPost(HttpServletRequest request,
             HttpServletResponse
64       *      response)
65       */
66      protected void doPost(HttpServletRequest request, HttpServletResponse response)
67              throws ServletException, IOException {
68          //TODO Auto-generated method stub
69          doGet(request, response);
70      }
71
72  }
```

● 소스 분석 ●

줄 번호	설명
	글 목록 요청을 처리하도록 구현한 서블릿이다.
46	기능을 제공할 서비스 객체를 생성한다.
49	서비스의 글 전체 검색 메서드인 getAll()을 호출하여 검색된 결과를 ArrayList 객체 list에 저장한다.
51	뷰 페이지에 전달하기 위해서 list를 request에 저장한다.
55 ~ 59	이동할 페이지 경로를 /board/list.jsp로 설정하여 forward 방식으로 이동한다. 이는 글 목록 출력 페이지로 이동하는 것이다.

⟨board.controller.ReadController.java⟩

```java
1   package board.controller;
2
3   import java.io.IOException;
4   import java.util.ArrayList;
5
6   import javax.servlet.RequestDispatcher;
7   import javax.servlet.ServletException;
8   import javax.servlet.annotation.WebServlet;
9   import javax.servlet.http.HttpServlet;
10  import javax.servlet.http.HttpServletRequest;
11  import javax.servlet.http.HttpServletResponse;
12
13  import board.service.Service;
14  import board.service.ServiceImpl;
15  import model.Board;
16
17  /**
18   * Servlet implementation class SearchController
19   */
20  @WebServlet(name = "ReadController", urlPatterns = { "/ReadController" })
21  public class ReadController extends HttpServlet {
22      private static final long serialVersionUID = 1L;
23
24      /**
25       * @see HttpServlet#HttpServlet()
26       */
27      public ReadController() {
28          super();
29          //TODO Auto-generated constructor stub
30      }
31
32      /**
33       * @see HttpServlet#doGet(HttpServletRequest request, HttpServletResponse
34       *      response)
35       */
36      protectedvoiddoGet(HttpServletRequestrequest,HttpServletResponse response)
37                  throws ServletException, IOException {
```

```java
            //TODO Auto-generated method stub

            //요청과 응답의 인코딩 설정
            request.setCharacterEncoding("euc-kr");
            response.setContentType("text/html; charset=EUC-KR");
            response.setCharacterEncoding("euc-kr");

            //기능을 제공할 서비스 객체 생성
            Service service = new ServiceImpl();

            //요청 파라메터 값 읽기
            int num = Integer.parseInt(request.getParameter("num"));

            //글 하나 검색 기능 실행
            Board b = service.getBoard(num);

            //b를 request에 저장
            request.setAttribute("b", b);

            //글 정보 출력 페이지로 이동
            RequestDispatcher dispatcher =
                    request.getRequestDispatcher("/board/search.jsp");
            if (dispatcher != null) {
                dispatcher.forward(request, response);
            }
        }

    /**
     * @see HttpServlet#doPost(HttpServletRequest request,
        HttpServletResponse
     *      response)
     */
    protected void doPost(HttpServletRequest request,
    HttpServletResponse response)
                    throws ServletException, IOException {
            //TODO Auto-generated method stub
            doGet(request, response);
        }

}
```

● 소스 분석 ●

줄 번호	설명
	글 정보 검색 요청을 처리하도록 구현한 서블릿이다.
46	기능을 제공할 서비스 객체를 생성한다.
49	요청 파라메터 값 읽기로 글 번호를 읽어서 변수 num에 저장한다.
52	글 번호로 글 하나를 검색하여 객체 b에 저장한다.
55	검색 결과를 뷰 페이지에 전달하기 위해서 b를 request에 저장한다.
58 ~ 62	이동할 페이지 경로를 /board/search.jsp로 설정하여 forward 방식으로 이동한다. 이 페이지는 글 정보 출력 페이지이다.

〈board.controller.EditBoardController.java〉

```java
package board.controller;

import java.io.IOException;

import javax.servlet.RequestDispatcher;
import javax.servlet.ServletException;
import javax.servlet.annotation.WebServlet;
import javax.servlet.http.HttpServlet;
import javax.servlet.http.HttpServletRequest;
import javax.servlet.http.HttpServletResponse;

import board.service.Service;
import board.service.ServiceImpl;
import model.Board;

/**
 * Servlet implementation class EditBoardController
 */
@WebServlet("/EditBoardController")
public class EditBoardController extends HttpServlet {
    private static final long serialVersionUID = 1L;

    /**
     * @see HttpServlet#HttpServlet()
     */
```

```java
26        public EditBoardController() {
27            super();
28            //TODO Auto-generated constructor stub
29        }
30
31        /**
32         * @see HttpServlet#doGet(HttpServletRequest request, HttpServletResponse
33         *      response)
34         */
35        protected void doGet(HttpServletRequest request, HttpServletResponse response)
36                throws ServletException, IOException {
37            //TODO Auto-generated method stub
38
39            //요청과 응답의 인코딩 설정
40            request.setCharacterEncoding("euc-kr");
41            response.setContentType("text/html; charset=EUC-KR");
42            response.setCharacterEncoding("euc-kr");
43
44            //기능을 제공할 서비스 객체 생성
45            Service service = new ServiceImpl();
46
47            //요청 파라메터 값 읽기
48            int num = Integer.parseInt(request.getParameter("num"));
49            String writer = request.getParameter("writer");
50            String title = request.getParameter("title");
51            String content = request.getParameter("content");
52
53            //요청 파라메터로 읽은 값으로 Board 객체 생성
54            Board b = new Board(num, writer, null, title, content);
55
56            //서비스의 글 수정 기능 실행
57            service.editBoard(b);
58
59            //글 목록으로 이동
60            RequestDispatcher dispatcher =
61                    request.getRequestDispatcher("/member/result.jsp");
62            if (dispatcher != null) {
63                dispatcher.forward(request, response);
64            }
```

```
65              }
66
67          /**
68           * @see HttpServlet#doPost(HttpServletRequest request,
                 HttpServletResponse
69           *      response)
70           */
71          protected void doPost(HttpServletRequest request,
                HttpServletResponse response)
72                          throws ServletException, IOException {
73              //TODO Auto-generated method stub
74              doGet(request, response);
75          }
76
77      }
```

● 소스 분석 ●

줄 번호	설명
	글 수정 요청을 처리하는 서블릿을 구현한다.
45	기능을 제공할 서비스 객체를 생성한다.
48 ~ 51	요청 파라미터 값 읽기로 글 번호를 비롯한 수정에 필요한 새 데이터를 파라미터로 읽어서 변수에 저장한다.
54	서비스 메서드에 전달하기 위해서 요청 파라미터로 읽은 값으로 Board 객체를 생성한다.
57	서비스의 글 수정 기능을 실행한다.
60 ~ 64	이동할 페이지 경로를 /member/result.jsp로 설정하여 forward 방식으로 이동한다. 즉, 메뉴 페이지로 이동하여 글 목록을 확인한다.

〈board.controller.DelBoardController.java〉

```
1   package board.controller;
2
3   import java.io.IOException;
4
5   import javax.servlet.RequestDispatcher;
6   import javax.servlet.ServletException;
7   import javax.servlet.annotation.WebServlet;
8   import javax.servlet.http.HttpServlet;
```

```java
9    import javax.servlet.http.HttpServletRequest;
10   import javax.servlet.http.HttpServletResponse;
11
12   import board.service.Service;
13   import board.service.ServiceImpl;
14   import model.Board;
15
16   /**
17    * Servlet implementation class DelBoardController
18    */
19   @WebServlet("/DelBoardController")
20   public class DelBoardController extends HttpServlet {
21       private static final long serialVersionUID = 1L;
22
23       /**
24        * @see HttpServlet#HttpServlet()
25        */
26       public DelBoardController() {
27           super();
28           //TODO Auto-generated constructor stub
29       }
30
31       /**
32        * @see HttpServlet#doGet(HttpServletRequest request,
             HttpServletResponse
33        *      response)
34        */
35       protected void doGet(HttpServletRequest request, HttpServletResponse
         response)
36                   throws ServletException, IOException {
37           //TODO Auto-generated method stub
38
39           //요청과 응답의 인코딩 설정
40           request.setCharacterEncoding("euc-kr");
41           response.setContentType("text/html; charset=EUC-KR");
42           response.setCharacterEncoding("euc-kr");
43
44           //기능을 제공할 서비스 객체 생성
45           Service service = new ServiceImpl();
46
47           //요청 파라메터 값 읽기
```

```
48              int num = Integer.parseInt(request.getParameter("num"));
49
50              //서비스의 글 삭제 기능 실행
51              service.delBoard(num);
52
53              //글 목록으로 이동
54              RequestDispatcher dispatcher =
55                      request.getRequestDispatcher("/member/result.
                        jsp");
56              if (dispatcher != null) {
57                  dispatcher.forward(request, response);
58              }
59          }
60
61          /**
62           * @see HttpServlet#doPost(HttpServletRequest request,
                HttpServletResponse
63           *      response)
64           */
65          protected void doPost(HttpServletRequest request,
            HttpServletResponse response)
66                      throws ServletException, IOException {
67              //TODO Auto-generated method stub
68              doGet(request, response);
69          }
70
71      }
```

● 소스 분석 ●

줄 번호	설명
	글 삭제 요청을 처리하는 서블릿이다.
45	기능을 제공할 서비스 객체를 생성한다.
48	삭제할 글 번호를 요청 파라메터로 전달 받는다.
51	서비스의 글 삭제 기능을 실행하고, 파라메터로 글 번호를 전달한다.
54 ~ 58	이동할 페이지 경로를 /member/result.jsp로 설정하여 forward 방식으로 이동한다.

6 ▶ 뷰 페이지 구현하기

글 작성 폼은 /board/form.jsp, 글 목록 뷰 페이지는 /board/list.jsp, 글 정보 뷰 페이지는 /board/search.jsp로 구현한다.

⟨/board/form.jsp⟩

```jsp
1   <%@ page language="java" contentType="text/html; charset=EUC-KR"
2       pageEncoding="EUC-KR"%>
3   <!DOCTYPE html PUBLIC "-//W3C//DTD HTML 4.01 Transitional//EN"
4    "http://www.w3.org/TR/html4/loose.dtd">
5   <html>
6   <head>
7   <meta http-equiv="Content-Type" content="text/html; charset=EUC-KR">
8   <title>Insert title here</title>
9   </head>
10  <body>
11      <h3>글 작성</h3>
12      <form action="${pageContext.request.contextPath }/WriteController"
13          method="post">
14          <table border="1" cellspacing="0">
15              <tr>
16                  <th>작성자</th>
17                  <td><input type="text" value="${sessionScope.id }"
18                      name="writer" size="45" readonly>
19                  </td>
20              </tr>
21              <tr>
22                  <th>글 제목</th>
23                  <td><input type="text" name="title" size="45"></td>
24              </tr>
25              <tr>
26                  <th>글 내용</th>
27                  <td><textarea name="content" rows="15" cols="45">
28                  </textarea></td>
29              </tr>
30              <tr>
31                  <td colspan="2">
32                  <input type="reset" value="취소">
33                  <input type="submit" value="작성">
```

```
34                         </td>
35                     </tr>
36                 </table>
37         </form>
38     </body>
39     </html>
```

● 소스 분석 ●

줄 번호	설명
12	글 작성 폼으로 `<form>`의 action을 컨트롤러인 /WriteController 서블릿으로 설정한다. 그래서 사용자가 글을 작성하고 [작성] 버튼을 클릭하면 /WriteController로 파라메터와 함께 요청이 전달된다.
17 ~ 18	작성자 입력 박스인데, 이 텍스트 박스는 readonly로 설정하였다. 작성자는 현재 로그인한 사람의 id를 할당하고, 수정하지 못하도록 하기 위함이다.

</board/list.jsp>

```
1   <%@ page language="java" contentType="text/html; charset=EUC-KR"
2       pageEncoding="EUC-KR"%>
3   <%@ taglib prefix="c" uri="http://java.sun.com/jsp/jstl/core"%>
4   <!DOCTYPE html PUBLIC "-//W3C//DTD HTML 4.01 Transitional//EN"
5   "http://www.w3.org/TR/html4/loose.dtd">
6   <html>
7   <head>
8   <meta http-equiv="Content-Type" content="text/html; charset=EUC-KR">
9   <title>Insert title here</title>
10  </head>
11  <body>
12  <h3>글 목록</h3>
13  <a href="${pageContext.request.contextPath }/board/form.jsp">글 작성</a>
14  <br>
15  <c:if test="${not empty list }">
16      <table border="1" cellspacing="0">
17          <tr>
18              <th>글 번호</th>
19              <th>제목</th>
20              <th>작성자</th>
21          </tr>
```

```
22              <c:forEach var="b" items="${list}">
23                  <tr>
24                      <td>${b.num}</td>
25                      <td>
26                          <a href="${pageContext.request.contextPath}/
27                              ReadController?num=${b.num}">${b.title}</a>
28                      </td>
29                      <td>${b.writer}</td>
30                  </tr>
31              </c:forEach>
32          </table>
33      </c:if>
34
35      <c:if test="${empty list}">
36          작성된 글이 없습니다.
37      </c:if>
38  </body>
39  </html>
```

● 소스 분석 ●

줄 번호	설명
3	JSTL 코어 라이브러리를 사용할 수 있도록 taglib 디렉티브를 코어용으로 설정한다.
13	글 작성 폼으로 이동하는 링크를 구현한다.
15 ~ 33	ListController에서 글 전체 검색한 결과를 request에 list라는 이름으로 저장했으므로 이 페이지에서 ${list}로 글 전체 검색 결과를 사용할 수 있다. 그래서 이 사이의 코드는 list가 비지 않았으면 실행될 코드이다.
17 ~ 21	테이블의 제목 줄을 구현한다.
22 ~ 31	list의 크기만큼 반복하여 list에서 Board 객체를 하나씩 꺼내어 변수 b에 저장하여 처리한다. 처리는 b 객체의 글 번호, 글 제목, 작성자를 출력하는데 글 제목은 링크를 설정한다. 링크를 클릭하면 ReadController로 선택한 글의 글 번호를 파라메터와 함께 이동한다.
35 ~ 37	list가 비었다면 메시지를 출력한다.

</board/search.jsp>

```jsp
1   <%@ page language="java" contentType="text/html; charset=EUC-KR"
2       pageEncoding="EUC-KR"%>
3   <%@ taglib prefix="c" uri="http://java.sun.com/jsp/jstl/core"%>
4   <!DOCTYPE html PUBLIC "-//W3C//DTD HTML 4.01 Transitional//EN"
5   "http://www.w3.org/TR/html4/loose.dtd">
6   <html>
7   <head>
8   <meta http-equiv="Content-Type" content="text/html; charset=EUC-KR">
9   <title>Insert title here</title>
10  <script>
11  function del(num){
12      location.href =
13          "${pageContext.request.contextPath}/DelBoardController?num="+num;
14  }
15  </script>
16  </head>
17  <body>
18  <c:set var="str">
19      <c:if test="${sessionScope.id != b.writer }">
20          readonly
21      </c:if>
22  </c:set>
23  
24  <h3>글 읽기</h3>
25  <form  action="${pageContext.request.contextPath  }/EditBoardController" method="post">
26  <table border="1" cellspacing="0">
27      <tr>
28        <th>글 번호</th>
29        <td>
30          <input type="text" value="${b.num}" name="num" size="45" readonly>
31        </td>
32      </tr>
33      <tr>
34        <th>작성자</th>
35        <td>
36          <input type="text" value="${b.writer}" name="writer"
37                                          size="45" readonly>
```

```
38          </td>
39       </tr>
40       <tr>
41          <th>작성 날짜</th>
42          <td><input type="text" value="${b.w_date }" size="45" readonly></td>
43       </tr>
44       <tr>
45          <th>글 제목</th>
46          <td><input type="text" name="title" value="${b.title }"size="45" ${str
             }></td>
47       </tr>
48       <tr>
49          <th>글 내용</th>
50          <td><textarea name="content" rows="15" cols="45" ${str }>
51                  ${b.content }
52             </textarea>
53          </td>
54       </tr>
55       <c:if test="${sessionScope.id == b.writer }">
56       <tr>
57          <td colspan="2">
58                <input type="submit" value="수정">
59                <input type="button" value="삭제" onclick="del(${b.num})">
60          </td>
61       </tr>
62       </c:if>
63    </table>
64  </form>
65  </body>
66  </html>
```

● 소스 분석 ●

줄 번호	설명
3	JSTL 코어 라이브러리를 사용할 수 있도록 taglib 디렉티브를 코어용으로 설정한다.
11 ~ 14	[삭제] 버튼이 클릭되면 호출되는 자바스크립트 함수로 파라메터로 삭제할 글 번호를 받는다. 이 함수는 글 번호를 파라메터로 가지고 글 삭제를 처리하는 /DelBoardController 로 이동한다.

18 ~ 22	현재 글의 작성자와 로그인한 id가 동일하지 않으면 지금 글을 읽는 사람한테는 자신의 글이 아니다. 이 조건을 만족하면 〈c:set〉으로 선언한 변수 str의 값으로 readonly를 할당한다. 이것은 자신의 글이 아니면 글 정보를 수정하지 못하고 읽을 수만 있게 설정하기 위해서 변수 str에 readonly를 저장한다. 만약, 작성자와 로그인 id가 동일하면 자신의 글을 읽는 경우이므로 이때에는 str에 아무 문자도 할당되지 않는다. 〈c:if〉는 조건을 만족할 때에만 실행되기 때문이다.
25	[수정] 버튼을 클릭하면 수정을 처리하는 /EditBoardController로 이동한다.
27 ~ 43	글 번호, 작성자, 작성 날짜를 텍스트 박스에 출력한다. 이 정보는 수정하면 안 되는 정보이기 때문에 readonly로 설정했다.
44 ~ 54	글 제목과 글 내용을 출력하는데 ${ str }은 자신의 글을 읽을 때에는 readonly 값을 갖고 다른 사람의 글을 읽을 때에는 아무 값도 갖지 않는다. 즉, 이 두 개의 입력 박스는 자신의 글일 때 수정 가능, 그렇지 않으면 수정 불가능이다.
55 ~ 62	로그인한 id와 작성자가 같으면 즉 자신의 글을 읽을 때에는 [수정], [삭제] 버튼을 출력하고, 자신의 글이 아닐 때에는 [수정], [삭제] 버튼이 없다.

7 ▶ 실행

❶ 로그인 한다.

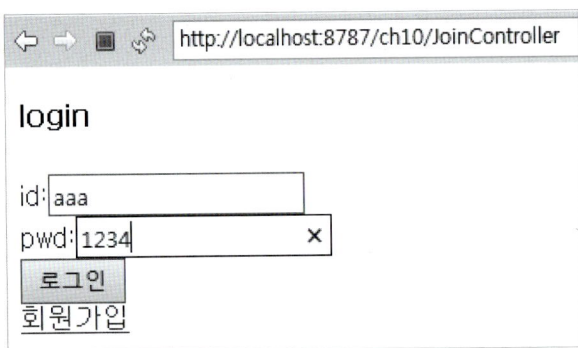

❷ 로그인 처리가 완료되면 메뉴 페이지가 실행된다. 메뉴 하단에 글 목록이 추가되었다. 맨 처음 실행하면 다음과 같이 작성된 글이 없다고 출력된다.

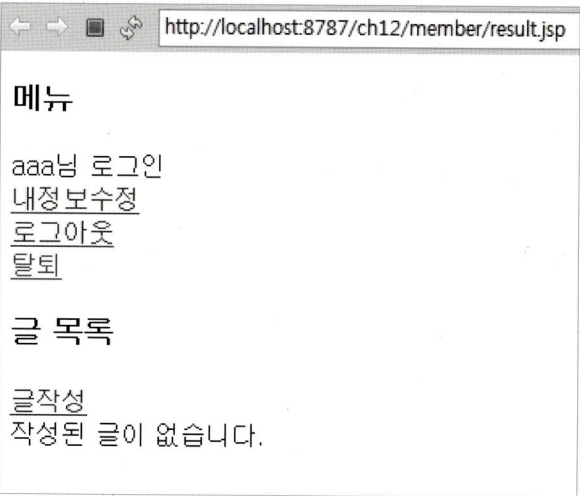

❸ 글 작성 링크를 클릭하면 글 작성 폼으로 이동한다.

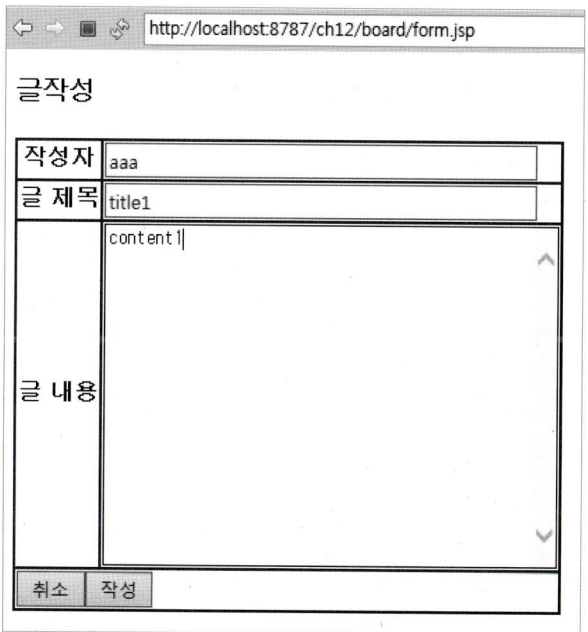

❹ 글을 작성하고 [작성] 버튼을 클릭하면 글이 저장되고, 메뉴 페이지로 이동한다. 메뉴 하단의 글 목록에 작성한 글이 추가되었다.

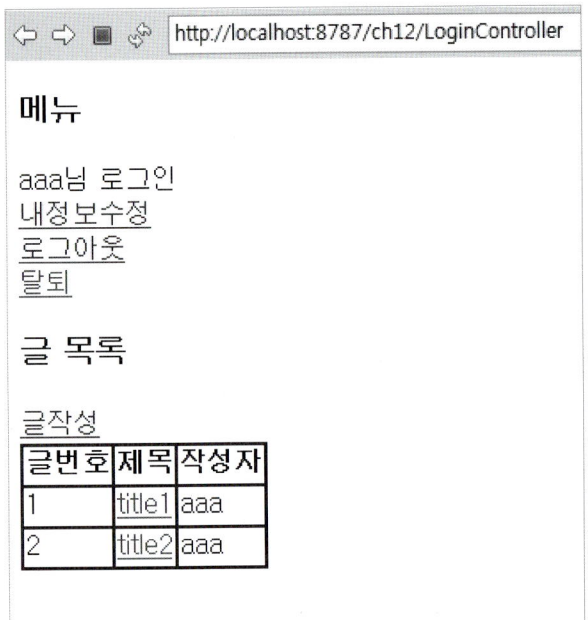

❺ 글 목록에서 보고 싶은 글의 제목을 클릭하면 글 내용을 출력하는 페이지로 이동한다. 이때, 자신의 글이면 수정/삭제 폼으로, 그렇지 않으면 읽기 전용 페이지로 실행된다.

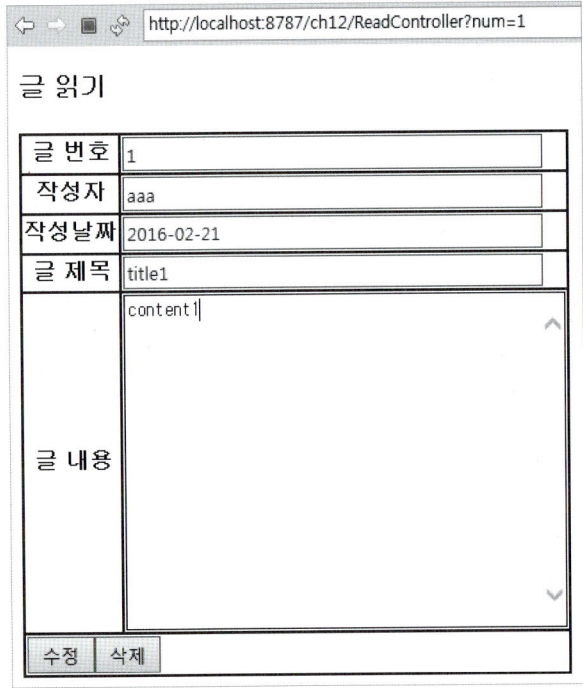

❻ 글 제목과 글 내용을 수정하는 모습이다.

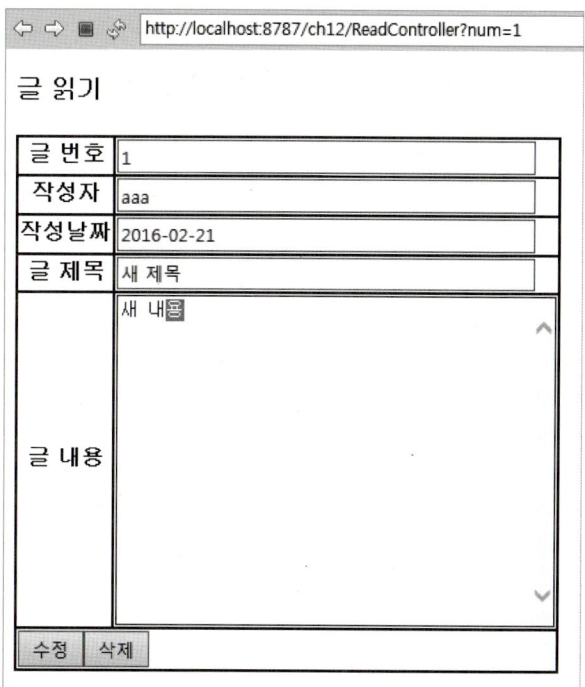

❼ 수정이 완료되면 메뉴 페이지로 이동한다. 제목이 수정된 것을 확인할 수 있다.

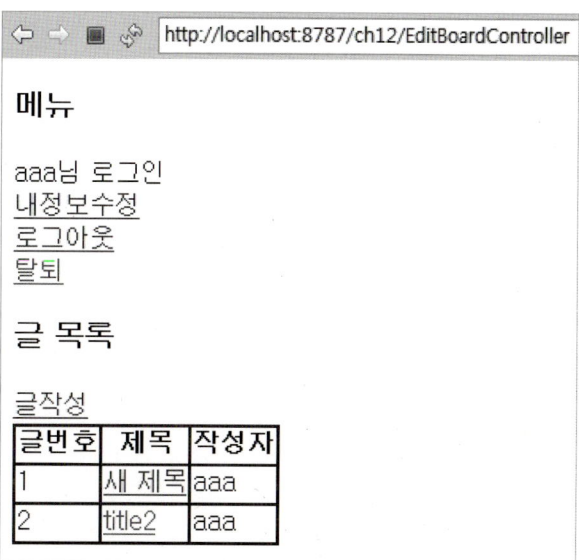

❽ 글 읽기 페이지에서 [삭제] 버튼을 누르면 글이 삭제되고, 메뉴 페이지로 이동되어 목록에 반영된다.

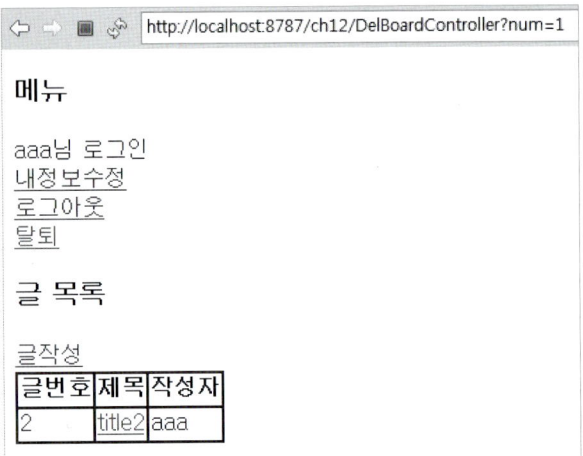

❾ 자신의 글이 아닌 글 읽기 페이지는 [수정], [삭제] 버튼도 없고, 화면에 출력된 글 제목과 글 내용을 수정할 수도 없다.

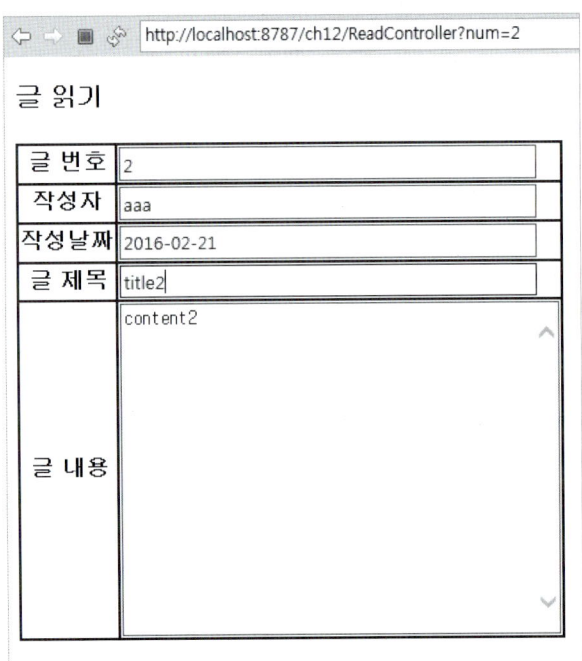

제 13 장 사용자 정의 태그

제 13 장 사용자 정의 태그

11장에서 우리는 EL과 JSTL을 사용해서 뷰 페이지의 자바 코드를 제거해 보았다. 특히, JSTL은 다양한 로직(Logic)의 태그를 제공하여 뷰 페이지 작성을 단순화한다. 하지만 JSTL은 표준 태그 라이브러리이기 때문에 많은 웹 개발자나 회사에서 공통적으로 필요한 기능들을 제공하므로 회사나 개발자가 원하는 특수 기능을 모두 제공할 수는 없다. 그래서 JSP는 사용자가 직접 태그를 정의하여 사용하도록 기술적으로 지원하는데, 이것을 사용자 정의 태그라고 한다. 사용자 정의 태그는 사용자가 원하는 기능을 캡슐화해서 그 기능을 원할 때마다 사용할 수 있고, 다른 프로그램에서도 사용할 수 있다. 그래서 사용자 태그를 사용하면 뷰 페이지의 단순화를 높이고, 코드의 재사용성을 높여 생산성을 높일 수 있다. 또한, 사용자 정의 태그를 반복적으로 사용함으로써 태그의 문제점을 수정하고, 코드의 신뢰성을 높일 수 있다.

사용자 정의 태그를 만드는 방법은 단순 태그 핸들러(Simple Tag Handler)를 사용하는 방법과 고전 태그 핸들러(Classic Tag Handler)를 사용하는 방법이 있다. 단순 태그 핸들러 방식은 태그의 속성 값이나 바디(Body) 값으로 스크립팅(Scripting) 요소를 사용할 수 없다. 고전 태그 핸들러 방식은 태그의 속성 값이나 바디(Body) 값으로 스크립팅(Scripting) 요소를 사용할 수 있다. 단순 태그 핸들러 방식은 JSP로 구현할 수도 있고, 자바로 구현할 수도 있다. JSP로 구현한다면 태그 정의 파일(.tag)에 구현하고 자바로 구현한다면 자바 파일(.java)에 구현한다. 태그 정의 파일은 자주 사용될 JSP 코드 단편을 태그로 정의하고, 이는 웹 컨테이너에 의해서 단순 태그 핸들러로 변환된다. 사용자 정의 태그를 포함한 JSP 페이지가 서블릿으로 변환될 때 사용자 정의 태그는 태그 핸들러 함수로 변환되고, 이 페이지가 실행될 때 해당 함수가 호출되어 기능이 실행된다. 사용자 정의 태그는 사용할 때 전달한 속성에 따라 실행 결과가 달라질 수 있고, 태그를 호출한 페이지에 값을 전달할 수도 있다. 또한, JSP 페이지에서 사용되는 기본 객체는 모두 접근이 가능하다. 사용자 정의 태그는 관련 있는 것들을 묶어서 라이브러리로 정의할 수도 있다.

1 ▸ 사용자 정의 태그 구현

사용자 정의 태그는 태그 파일에 정의한다. JSP 페이지에서 자주 사용될만한 코드를 분리하여 태그로 정의한다. 즉, 태그 파일로 재사용할 수 있는 내용을 캡슐화하는 것이다. 태그 파일은 JSP 문법으로 사용자 정의 태그를 생성할 수 있으며, 태그 파일의 확장자는 .tag이다. 태그 파일도 JSP 파일처럼 다른 태그 파일을 포함할 수 있는데, 완전히 하나의 태그를 구현한 파일도 가능하고 태그 파일의 일부를 포함할 수도 있다. 포함할 태그 단편 파일의 확장자는 .tagf이다. 작성한 태그 파일은 태그 핸들러로 변환된 뒤 컴파일 된다.

태그 파일은 /WEB-INF/tags/에 저장할 수도 있고 JAR 파일로 만들어 웹 어플리케이션의 /WEB-INF/lib에 저장할 수 있다. 태그 파일 패키지는 라이브러리와 라이브러리에 포함된 각 태그의 정보가 포함된 태그 라이브러리 서술자(TLD)인 XML 문서가 있어야 한다. 지정된 곳이 아닌 다른 위치에 태그 파일을 저장하면 웹 컨테이너는 해당 파일을 태그로 인식하지 않는다.

JSP 페이지에서 페이지를 제어하기 위해서 여러 디렉티브를 제공하듯이 태그 파일도 다양한 디렉티브를 제공한다. 다음은 태그 파일에서 사용할 수 있는 디렉티브를 나타낸다.

- **taglib** : JSP 페이지의 taglib 디렉티브와 동일하다.

- **include** : JSP 페이지의 include 디렉티브와 동일하다.

- **tag** : JSP 페이지의 page 디렉티브와 비슷하게 태그 파일에 대해서 설정한다. tag 디렉티브도 page 디렉티브처럼 한 페이지에 하나 이상의 tag 디렉티브를 포함할 수 있다. 이 태그의 속성들은 현재 태그 파일 전체에 적용되는데, import 속성은 여러 번 설정이 가능하지만 그 이외의 속성은 한 번만 설정한다.

- **attribute** : 사용자 정의 태그의 속성을 정의한다.

- **variable** : 정의한 태그를 사용하는 페이지에서 사용할 수 있는 EL 변수를 정의한다.

태그 디렉티브는 태그 파일이 태그 핸들러로 변환될 때 어떤 형태로 처리될지를 설정하고, 그 태그의 속성이나 변수에 대해서 설정할 수 있다. 다음은 태그 디렉티브에서 사용할 수 있는 속성들이다.

- display-name : 툴에 의해서 공개되는 짧은 이름으로 확장자를 제외한 태그 파일명으로 기본 설정된다.

- body-content : 태그의 바디 내용에 대한 정보를 제공한다. 값으로 empty, tagdependent, scriptless 중 하나를 사용한다. 기본값은 scriptless이다. 바디가 없는 태그를 정의하려면 empty로 설정해야 한다. 바디가 있는 태그 중 태그의 바디로 사용자 정의 태그나 표준 태그, HTML 텍스트를 포함하는 것은 scriptless로 설정하고, 이 이외의 다른 종류의 내용을 포함하면 tagdependent로 설정한다.

- dynamic-attributes : 동적 이름을 갖는 속성이 추가될지의 여부를 나타낸다. 값은 태그가 호출되는 동안 전달되는 속성으로 구분된다.

- small-icon : 툴에 의해서 작은 아이콘으로 사용될 이미지의 상대 경로를 설정한다.

- large-icon : 툴에 의해서 큰 아이콘으로 사용될 이미지의 상대 경로를 설정한다.

- description : 태그의 설명을 설정한다.

- example : 태그의 예제를 설명한다.

- language : page 디렉티브의 language 속성과 동일하다.

- import : page 디렉티브의 import 속성과 동일하다.

- pageEncoding : page 디렉티브의 pageEncoding 속성과 동일하다.

- isELIgnored : page 디렉티브의 isELIgnored 속성과 동일하다.

사용자 정의 태그를 사용하는 방법은 표준 태그와 마찬가지로 시작 태그와 종료 태그로 구성되며, XML 문법으로 호출할 수 있다.

〈prefix:tag〉 body 〈/prefix:tag〉

만약 바디(body)가 없다면

〈prefix:tag /〉 나

〈prefix:tag〉〈/prefix:tag〉

로 표현이 가능하다.

그럼 태그를 정의하고 만든 태그를 사용해 보자. 먼저 /WEB-INF/에 tags 폴더를 생성한다. /WEB-INF/ 폴더에서 마우스 오른쪽 버튼을 클릭한 후 [New]-[Folder] 메뉴를 선택한다.

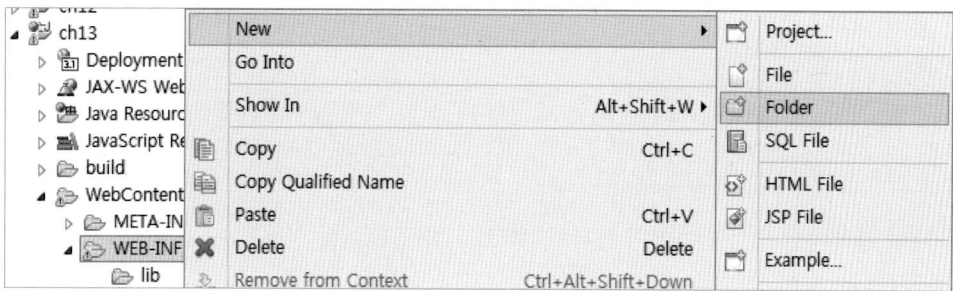

[New Folder] 대화 상자에서 폴더 이름에 "tags"를 입력하고, [Finish] 버튼을 클릭한다.

생성한 /WEB-INF/tags 폴더에 태그 파일을 생성한다. /WEB-INF/tags 폴더에서 마우스 오른쪽 버튼을 클릭한 후 [New]-[Other] 메뉴를 선택한다.

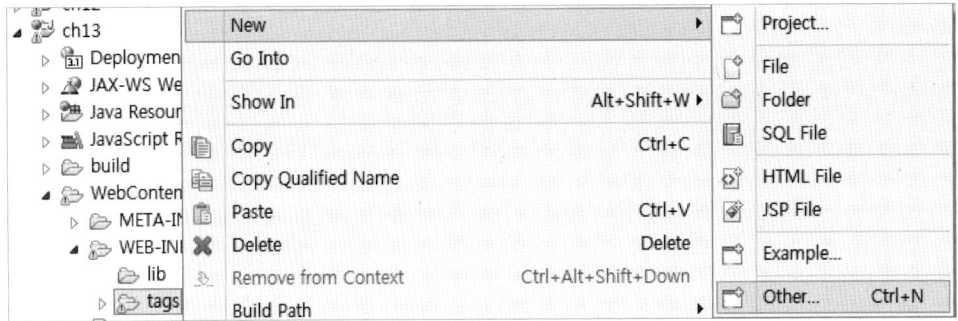

[New] 대화 상자에서 생성할 파일의 종류로 [Web]-[JSP Tag]를 선택한다.

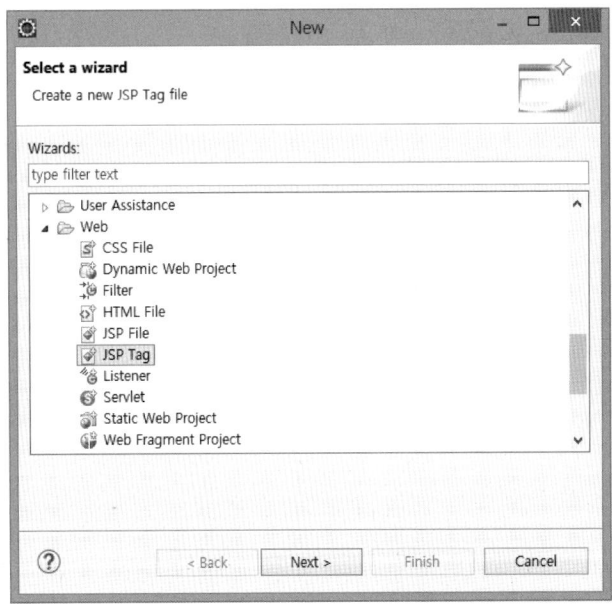

[New Tag File] 대화 상자에서 태그의 파일 이름을 입력하고, [Finish] 버튼을 클릭한다.

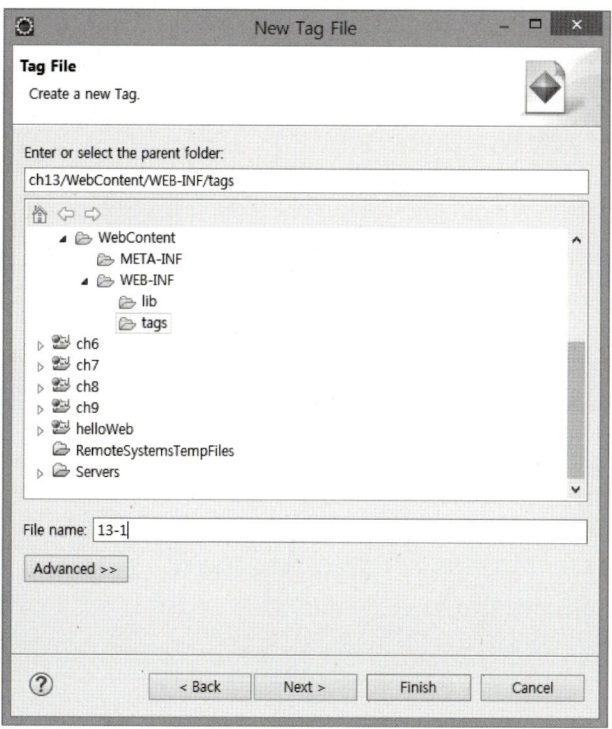

생성한 태그 파일에 다음과 같이 코드를 작성하여 저장한다. 이 태그를 호출하는 JSP 페이지는 기존의 방식과 동일하게 생성한다.

⟨/WEB-INF/tags/13-1.tag⟩

```
1   <%@ tag language="java" pageEncoding="EUC-KR"%>
2   <table border="1" cellspacing="0">
3       <%
4           for (int i = 5; i >= 3; i--) {
5       %>
6       <tr>
7           <td><h <%=i%>>hello custom tag</h<%=i%>></td>
8       </tr>
9       <%
10          }
11      %>
12  </table>
```

● 소스 분석 ●

줄 번호	설명
1	이 파일은 태그를 원하는 동작으로 정의한다. 태그 파일에 대해서 설정한다. JSP 페이지의 page 디렉티브와 동일한 역할을 한다.
7	텍스트를 〈h5〉 ~ 〈h3〉까지 출력한다.

〈test13-1.jsp〉

```
1   <%@ page language="java" contentType="text/html; charset=EUC-KR"
2       pageEncoding="EUC-KR"%>
3   <%@ taglib prefix="my" tagdir="/WEB-INF/tags"%>
4   <!DOCTYPE html PUBLIC "-//W3C//DTD HTML 4.01 Transitional//EN"
5   "http://www.w3.org/TR/html4/loose.dtd">
6   <html>
7   <head>
8   <meta http-equiv="Content-Type" content="text/html; charset=EUC-KR">
9   <title>Insert title here</title>
10  </head>
11  <body>
12      <my:13-1></my:13-1>
13  </body>
14  </html>
```

● 소스 분석 ●

줄 번호	설명
3	사용자 정의 태그를 사용하려면 taglib 지시자로 태그 정의 파일의 위치와 prefix를 설정해야 한다.
12	사용자 정의 태그를 사용한다.

실행 결과

```
http://localhost:8787/ch13/test13-1.jsp

hello custom tag

hello custom tag

hello custom tag
```

2 ▸ 사용자 정의 태그 속성

단순 태그는 속성을 가질 수 있으며, 해당 속성으로 태그 동작을 제어할 수 있다. 태그 파일에서 사용자 정의 태그의 속성을 정의하려면 attribute 디렉티브를 사용한다. 다음은 attribute 디렉티브의 속성들이다.

- description : 속성에 대한 설명으로 기본 값은 없다.

- name : 정의된 속성의 유일한 이름을 설정한다. 만약, 한 태그에서 동일한 이름의 attribute 디렉티브가 두 번 이상 나오면 태그 핸들러로 변환 시 에러가 발생한다.

- require : 필수 속성인지 아닌지를 true/false로 설정한다.

- rtexprvalue : 표현식에 의해서 속성의 값이 런타임에 동적으로 계산될 수 있는가를 설정한다. 기본 값은 true이다.

- type : 속성 값의 타입을 설정하는데 기본 값은 java.lang.String이다.

- deferredValue : 지연 값 표현식을 속성 값으로 사용 가능한지를 설정한다.

- deferredValueType : 지연 값 표현식 결과 값의 타입을 설정한다. 기본 값은 java.lang.String이다.

- **deferredMethod** : 지연 메서드 표현식을 속성 값으로 사용하는 것을 지원할지의 여부를 true/false로 설정한다.

- **deferredMethodSignature** : 표현식에 의해 호출되는 메서드의 시그너처를 설정한다.

- **fragment** : 속성이 태그 핸들러에 의해서 계산될지, 태그 핸들러에 전달되기 전에 컨테이너에 의해서 계산될지를 true/false로 설정한다.

사용자 정의 태그의 속성에는 단순 속성과 단편 속성, 동적 속성이 있다.

1 단순 속성(Simple Attributes)

단순 속성은 시작 태그에 attr="value" 형태로 설정하는데, 속성은 태그 핸들러에 전달되기 전에 웹 컨테이너에 의해서 계산된다. 단순 속성의 값은 문자열 상수나 EL 표현식, 〈jsp:attribute〉 요소로 작성할 수 있다.

〈/WEB-INF/tags/13-2.tag〉

```jsp
1  <%@ tag language="java" pageEncoding="EUC-KR"%>
2  <%@ attribute name="color"%>
3  <%@ attribute name="size" type="java.lang.Integer"%>
4  <%@ attribute name="content" required="true"%>
5
6  <%
7      String defaultColor = "black";
8      int defaultSize = 20;
9      if (color == null) {
10         color = defaultColor;
11     }
12     if (size == null) {
13         size = defaultSize;
14     }
15 %>
16 <table border="1" cellspacing="0">
17     <tr>
18         <td style="color:${color};font-size:${size}px">${content}</td>
19     </tr>
20 </table>
```

● 소스 분석 ●

줄 번호	설명
2 ~ 4	이 파일이 정의하는 태그의 속성을 정의한다. 속성의 이름은 color, size, content이고 속성 값의 타입은 color와 content는 문자열, size는 정수 타입이며, content는 필수이므로 태그 사용시 해당 속성값을 꼭 할당해야 한다.
9 ~ 11	color 속성에 값이 할당되지 않으면 기본 값으로 "black"을 설정한다.
12 ~ 14	size 속성에 값이 할당되지 않으면 기본 값으로 "20"을 설정한다.
16 ~ 20	테이블에 칸을 만들어 여기에 content 속성의 값을 출력한다. 이때 글자색은 color 속성 값으로, 글자 크기는 size 속성 값으로 설정한다.

〈test13-2.jsp〉

```
1  <%@ page language="java" contentType="text/html; charset=EUC-KR"
2         pageEncoding="EUC-KR"%>
3  <%@ taglib prefix="my" tagdir="/WEB-INF/tags"%>
4  <!DOCTYPE html PUBLIC "-//W3C//DTD HTML 4.01 Transitional//EN"
5  "http://www.w3.org/TR/html4/loose.dtd">
6  <html>
7  <head>
8  <meta http-equiv="Content-Type" content="text/html; charset=EUC-KR">
9  <title>Insert title here</title>
10 </head>
11 <body>
12     <my:13-2 content="my:13-2 content1" />
13     <my:13-2 content="my:13-2 content2" color="red" size="30" />
14     <my:13-2 content="my:13-2 content3" color="blue" size="40" />
15 </body>
16 </html>
```

● 소스 분석 ●

줄 번호	설명
3	사용자 정의 태그를 사용하려면 taglib 지시자로 태그 정의 파일의 위치와 prefix를 설정해야 한다.
12 ~ 14	사용자 정의 태그를 사용한다.

실행 결과

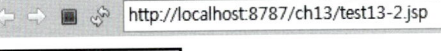

2 단편 속성(Fragment Attributes)

단편 속성은 JSP 코드 일부를 태그 핸들러에 전달하는 속성으로 사용자가 원하는 만큼 반복해서 호출할 수 있다. 태그 핸들러가 웹 페이지 내용을 커스터마이징하기 위해서 템플릿으로 사용하는 것으로 생각할 수 있다. 그래서 속성 값의 계산은 단순 속성처럼 컨테이너에 의해서가 아니라 태그가 실행되는 동안 태그 핸들러에 의해서 처리된다. 단편 속성을 정의하려면 태그 정의 파일에 attribute 디렉티브의 fragment 속성을 true로 설정하거나 attribute TLD 요소의 하위 요소 fragment를 설정해야 한다. fragment 속성의 값은 〈jsp:attribute〉 요소로 정의하는데 이때 〈jsp:attribute〉 요소의 바디(body)는 스태틱 문자열이나 표준 태그, 커스텀 태그를 포함할 수 있고, 스크립팅 요소는 포함할 수 없다. JSP 단편은 EL 표현식으로 JSP 코드의 변수를 파라미터화할 수 있다. EL 변수들의 값은 태그 핸들러에 의해서 설정되므로 단편 속성이 사용될 때마다 적절하게 맞춰진다.

〈/WEB-INF/tags/13-3.tag〉

```
1  <%@ tag language="java" pageEncoding="EUC-KR"%>
2  <%@ attribute name="title" fragment="true"%>
3  <%@ attribute name="content" fragment="true"%>
4  <jsp:invoke fragment="content" var="data" scope="page" />
5  <table border="1" cellspacing="0">
6      <tr>
7          <td style="background-color: yellow">
8              <jsp:invoke fragment="title" />
9          </td>
10     </tr>
11     <tr>
12         <td>${data}</td>
13     </tr>
14 </table>
```

● 소스 분석 ●	
줄 번호	설명
2	title 속성을 fragment로 정의한다. 이것으로 정의하면 〈jsp:attribute〉 요소로 JSP 페이지의 단편을 속성으로 받을 수 있다.
3	content 속성을 fragment로 정의한다.
4	content 속성으로 받은 fragment를 변수 data에 저장하고, data의 스코프가 page 이므로 이 정보는 현재 페이지에서만 사용이 가능하다.
8	title 속성으로 받은 fragment를 바로 출력한다.
12	data에 저장했던 fragment를 출력한다.

〈test13-3-include.jsp〉

```
1   <%@ page language="java" contentType="text/html; charset=EUC-KR"
2       pageEncoding="EUC-KR"%>
3   <!DOCTYPE html PUBLIC "-//W3C//DTD HTML 4.01 Transitional//EN"
4   "http://www.w3.org/TR/html4/loose.dtd">
5   <html>
6   <head>
7   <meta http-equiv="Content-Type" content="text/html; charset=EUC-KR">
8   <title>Insert title here</title>
9   </head>
10  <body>
11      단편 속성은 JSP 코드 일부를 태그 핸들러에 전달하는
12      <br> 속성으로 사용자가 원하는 만큼 반복해서 호출할 수 있다.
13      <br> 태그 핸들러가 웹 페이지 내용을 커스터마이징하기 위해서
14      <br> 템플릿으로 사용하는 것으로 생각할 수 있다
15  </body>
16  </html>
```

〈test13-3.jsp〉

```
1   <%@ page language="java" contentType="text/html; charset=EUC-KR"
2     pageEncoding="EUC-KR"%>
3   <%@ taglib prefix="my" tagdir="/WEB-INF/tags"%>
4   <!DOCTYPE html PUBLIC "-//W3C//DTD HTML 4.01 Transitional//EN"
5   "http://www.w3.org/TR/html4/loose.dtd">
6   <html>
```

7	`<head>`
8	`<meta http-equiv="Content-Type" content="text/html; charset=EUC-KR">`
9	`<title>Insert title here</title>`
10	`</head>`
11	`<body>`
12	`<my:13-3>`
13	`<jsp:attribute name="title">단편 속성(Fragment Attributes)</jsp:attribute>`
14	`<jsp:attribute name="content"><%@ include file="test13-3-include.jsp"%></jsp:attribute>`
15	`</my:13-3>`
16	`</body>`
17	`</html>`

● 소스 분석 ●

줄 번호	설명
3	사용자 정의 태그를 사용하기 위한 taglib 디렉티브이다.
12 ~ 15	사용자 정의 태그 `<my:13-3>`를 사용한다. 13번 줄에서 title 속성에 값을 할당한다. 이때 `<jsp:attribute>` 요소를 사용하였다. 14번 줄은 include한 페이지의 내용을 content 속성에 할당한다.

실행 결과

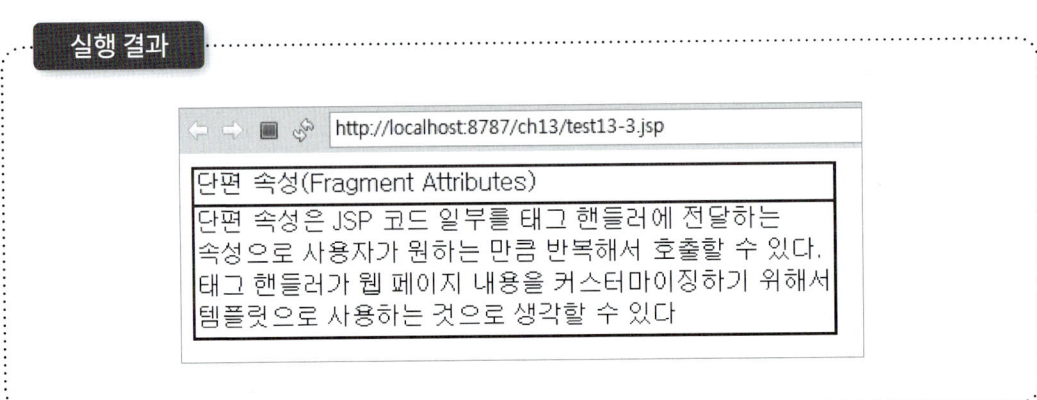

3 동적 속성(Dynamic Attributes)

동적 속성은 태그를 정의할 때 속성의 이름이나 개수가 확정되지 않는다. 동적 속성의 값으로 EL과 `<jsp:attribute>` 요소로 설정할 수 있는데 jsp:attribute 요소는 태그 속성 값으로 XML 속성 대신 XML 요소의 바디(body)를 설정할 수 있다.

jsp:attribute의 바디(body)에 사용할 수 있는 값은 제한적인데 EL 표현식을 사용할 수 있는 단순 속성에서는 어떤 JSP 내용도 가능하지만 EL 표현식을 사용할 수 없는 단순 속성에서는 스태틱 텍스트만 가능하다. 단편 속성은 jsp:attribute의 바디에 스크립팅 요소를 사용해서는 안 된다.

〈/WEB-INF/tags/13-4.tag〉

```
1  <%@ tag language="java" pageEncoding="EUC-KR"%>
2  <%@ taglib prefix="c" uri="http://java.sun.com/jsp/jstl/core"%>
3  <%@ tag dynamic-attributes="list"%>
4  <ol>
5      <c:forEach var="i" items="${list}">
6          <li>${i.key}:${i.value}
7      </c:forEach>
8  </ol>
```

● 소스 분석 ●

줄 번호	설명
3	동적 속성을 정의한다. 동적 속성은 속성의 이름과 개수가 정해지지 않으므로 Map으로 받아서 처리한다.
5 ~ 7	맵의 항목을 하나씩 꺼내어 키와 값을 출력한다.

〈test13-4.jsp〉

```
1  <%@ page language="java" contentType="text/html; charset=EUC-KR"
2      pageEncoding="EUC-KR"%>
3  <%@ taglib prefix="my" tagdir="/WEB-INF/tags"%>
4  <!DOCTYPE html PUBLIC "-//W3C//DTD HTML 4.01 Transitional//EN"
5  "http://www.w3.org/TR/html4/loose.dtd">
6  <html>
7  <head>
8  <meta http-equiv="Content-Type" content="text/html; charset=EUC-KR">
9  <title>Insert title here</title>
10 </head>
11 <body>
12     <my:13-4 attr1="1번 속성 값" attr2="2번 속성 값" attr3="3번 속성 값" />
13 </body>
14 </html>
```

● 소스 분석 ●

줄 번호	설명
3	사용자 정의 태그를 사용하기 위한 `taglib` 디렉티브이다.
12	태그 〈my:13-4〉에 속성을 원하는 이름으로 필요한 만큼 할당한다.

실행 결과

3 ▶ 바디(body) 있는 태그

단순 태그는 시작 태그와 종료 태그 사이에 사용자 정의 태그, 코어 태그, HTML 텍스트, 태그 종속적인 바디를 포함할 수 있다. 태그 파일의 tag 디렉티브 속성 중에서 body-content를 사용해서 바디의 종류를 설정할 수 있다. 값으로 empty, tagdependent, scriptless 중 하나를 사용하는데, 바디가 없는 태그를 정의하려면 empty로 설정하고, 바디가 있는 태그 중 태그의 바디로 사용자 정의 태그나 표준 태그, HTML 텍스트를 포함하는 것은 scriptless로 설정하고, 이 이외의 다른 종류의 내용을 포함하면 tagdependent로 설정한다. 태그 파일에서 전달받은 바디는 jsp:doBody 요소로 접근이 가능하다.

〈/WEB-INF/tags/13-5.tag〉

```
1  <%@ tag language="java" pageEncoding="EUC-KR"%>
2  <%@ tag body-content="scriptless"%>
3  <jsp:doBody var="content" scope="page" />
4  <%
5      String data = (String) jspContext.getAttribute("content");
6      String data2 = data.toUpperCase();
7  %>
8  <%=data2%>
```

● 소스 분석 ●

줄 번호	설명
2	태그 바디의 종류를 scriptless로 설정한다. 그러면 태그의 바디로 스크립팅 요소를 사용할 수 없다.
3	태그의 바디를 변수 content에 저장한다. 범위는 현재 페이지이다.
5	jspContext는 JSP의 pageContext와 동일하다. 그래서 현재 페이지에 저장된 content의 값을 data에 저장한다.
6	data의 내용을 모두 대문자로 변환한다.
8	대문자로 변환한 바디를 출력한다.

〈test13-5.jsp〉

```
1   <%@ page language="java" contentType="text/html; charset=EUC-KR"
2       pageEncoding="EUC-KR"%>
3   <%@ taglib prefix="c" uri="http://java.sun.com/jsp/jstl/core"%>
4   <%@ taglib prefix="my" tagdir="/WEB-INF/tags"%>
5   <!DOCTYPE html PUBLIC "-//W3C//DTD HTML 4.01 Transitional//EN"
6   "http://www.w3.org/TR/html4/loose.dtd">
7   <html>
8   <head>
9   <meta http-equiv="Content-Type" content="text/html; charset=EUC-KR">
10  <title>Insert title here</title>
11  </head>
12  <body>
13      <c:set var="msg">hello jsp</c:set>
14      <my:13-5>hello java</my:13-5>
15      <br>
16      <my:13-5>hello servlet</my:13-5>
17      <br>
18      <my:13-5>${msg }</my:13-5>
19      <br>
20  </body>
21  </html>
```

● 소스 분석 ●

줄 번호	설명
14 ~ 18	태그 〈my:13-5〉 사용시 바디로 텍스트나 EL 변수 값을 전달한다. 스크립팅 요소는 사용할 수 없다.

실행 결과

또한, 태그를 호출하는 JSP 페이지에서는 jsp:body 요소를 사용해서 태그의 바디를 명시적으로 작성할 수 있다. 만약 속성 중 하나라도 jsp:attribute 요소로 값을 작성했다면 태그의 바디는 jsp:body 요소로만 설정할 수 있다. 태그를 호출하는 본문에 jsp:attribute 요소가 한 번이라도 사용되고, jsp:body 요소를 포함하지 않으면 태그는 빈 바디(Empty Body)이다.

〈/WEB-INF/tags/13-6.tag〉

```
1   <%@ tag language="java" pageEncoding="EUC-KR"%>
2   <%@ tag body-content="scriptless" %>
3   <%@ attribute name="title" fragment="true"%>
4
5   <table border="1" cellspacing="0">
6       <tr>
7           <td style="background-color: yellow">
8               <jsp:invoke fragment="title" />
9           </td>
10      </tr>
11      <tr>
12          <td><jsp:doBody/></td>
13      </tr>
14  </table>
```

● 소스 분석 ●

줄 번호	설명
3	title 속성을 fragment로 정의하므로 〈jsp:attribute〉로 전달해야 한다.
8	title 속성 값을 출력한다.
12	태그의 바디를 출력한다.

〈test13-6.jsp〉

```
1   <%@ page language="java" contentType="text/html; charset=EUC-KR"
2       pageEncoding="EUC-KR"%>
3   <%@ taglib prefix="my" tagdir="/WEB-INF/tags"%>
4   <!DOCTYPE html PUBLIC "-//W3C//DTD HTML 4.01 Transitional//EN"
5   "http://www.w3.org/TR/html4/loose.dtd">
6   <html>
7   <head>
8   <meta http-equiv="Content-Type" content="text/html; charset=EUC-KR">
9   <title>Insert title here</title>
10  </head>
11  <body>
12      <my:13-6>
13          <jsp:attribute name="title">
14              바디(body) 있는 태그
15          </jsp:attribute>
16
17          <jsp:body>
18              태그는 시작 태그와 종료 태그 사이에 <br>
19              사용자 정의 태그, 코어 태그, HTML 텍스트, <br>
20              태그 종속적인 바디를 포함할 수 있다.
21          </jsp:body>
22      </my:13-6>
23  </body>
24  </html>
```

● 소스 분석 ●

줄 번호	설명
12 ~ 22	속성을 〈jsp:attribute〉 요소로 전달하면 바디를 〈jsp:body〉 요소로 전달해야 한다.

> 실행 결과

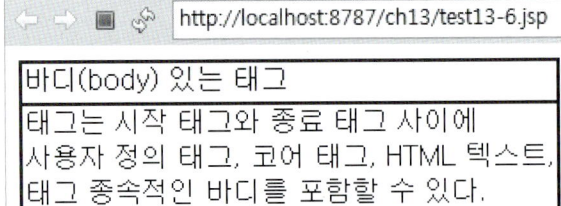

4 ▶ 사용자 정의 태그의 변수 정의

사용자 정의 태그는 태그를 호출하는 페이지에서 사용할 수 있는 EL 변수를 선언할 수 있다. 그래서 태그 속성과 EL 변수를 사용하면 값을 받아오거나 결과를 반환할 수 있다. 태그가 호출될 때 값을 받아오려면 태그의 속성을 사용하고, EL 변수를 사용하면 값을 반환할 수 있다. 변수의 초기화는 태그를 호출하는 페이지가 아니라 태그 파일에서 이루어지며, 각 타입의 파라메터는 변수의 범위에 따라서 여러 지점에서 호출 페이지와 동기화한다. 태그 파일에 의해서 노출될 EL 변수는 variable 디렉티브로 정의하는데, 이 디렉티브의 속성들은 다음과 같다.

- description : 변수의 설명을 설정한다.

- name-given : 태그를 호출하는 페이지에서 사용할 EL 변수를 정의한다. 이 속성의 값은 변수의 이름으로 사용된다.

- name-from-attribute : 이 태그를 호출하는 페이지에서 사용할 EL 변수를 정의한다. 해당 값은 속성의 이름으로 태그 호출이 시작될 때에 변수의 이름으로 주어진다.

- alias : 태그 파일에서 EL 변수의 값을 저장할 로컬 변수를 정의한다. 컨테이너는 해당 변수의 값을 name-from-attribute에 주어진 이름의 변수와 동기화한다. 그래서 이 속성은 name-from-attribute이 설정되었을 때에만 사용이 가능하다. 만약, name-from-attribute를 설정하지 않은 상태에서 alias를 사용하면 태그 핸들러로 변환 시 에러가 발생한다.

- variable-class : 변수의 클래스 명을 설정한다. 기본 값은 java.lang.String이다.

- declare : 변수 선언 유무를 설정한다. 기본 값은 true이다.

- scope : 변수의 범위를 설정한다. AT_BEGIN, AT_END, NESTED 중 하나로 설정할 수 있는데 기본 값은 NESTED이다.

태그 파일과 태그 호출 페이지 사이에서 태그 변수의 동기화는 웹 컨테이너가 담당한다. 웹 컨테이너는 객체의 범위에 따라서 언제, 어떻게 동기화할지를 결정한다.

태그 파일 위치	AT_BEGIN	NESTED	AT_END
시작	동기화 안됨	저장	동기화 안됨
jsp:invoke나 jsp:doBody로 호출하기 전	태그→호출 페이지	태그→호출 페이지	동기화 안됨
종료	태그→호출 페이지	재저장	태그→호출 페이지

만약, name-given을 사용해서 변수 이름을 설정했다면 변수의 이름은 태그 파일과 태그를 호출하는 페이지 양쪽에서 동일하며, name-given의 값과도 동일하다.

〈/WEB-INF/tags/13-7.tag〉

```
1   <%@ tag language="java" pageEncoding="EUC-KR"%>
2   <%@ tag body-content="scriptless"%>
3   <%@ taglib prefix="c" uri="http://java.sun.com/jsp/jstl/core"%>
4   <%@ variable name-given="cnt" variable-class="java.lang.Long"
5        scope="AT_BEGIN"%>
6   <%@ attribute name="begin" type="java.lang.Integer"%>
7   <%@ attribute name="end" type="java.lang.Integer"%>
8   <c:set var="cnt" value="${0}" />
9   <%
10       for (int i = begin; i <= end; i++) {
11           long cnt = (long) jspContext.getAttribute("cnt");
12           cnt++;
13           jspContext.setAttribute("cnt", cnt);
14   %>
15   ${cnt }. <jsp:doBody /><br>
16   <%
17       }
18   %>
```

● 소스 분석 ●

줄 번호	설명
2	태그 바디의 종류는 scriptless이다.
4	이름이 cnt인 변수를 정의한다. 이 변수의 타입은 long이고, 범위는 태그 시작에서부터 종료된 뒤에까지 이어진다. 즉, 태그가 종료된 뒤 JSP 페이지에서 해당 값을 사용할 수 있다.
6 ~ 7	속성 begin과 end를 정의한다.
8	JSP 페이지와 공용으로 사용할 변수는 태그 파일에서 생성하고 초기화한다.
11 ~ 13	cnt를 1씩 증가한다.
15	바디 앞에 cnt를 같이 출력하여 출력 횟수를 보여준다.

〈test13-7.jsp〉

```
1   <%@ page language="java" contentType="text/html; charset=EUC-KR"
2       pageEncoding="EUC-KR"%>
3   <%@ taglib prefix="my" tagdir="/WEB-INF/tags"%>
4   <%@ taglib prefix="c" uri="http://java.sun.com/jsp/jstl/core"%>
5   <!DOCTYPE html PUBLIC "-//W3C//DTD HTML 4.01 Transitional//EN"
6   "http://www.w3.org/TR/html4/loose.dtd">
7   <html>
8   <head>
9   <meta http-equiv="Content-Type" content="text/html; charset=EUC-KR">
10  <title>Insert title here</title>
11  </head>
12  <body>
13      <my:13-7 begin="3" end="7">샘플 텍스트</my:13-7>
14      <br> 반복횟수 : ${cnt }
15  </body>
16  </html>
```

● 소스 분석 ●

줄 번호	설명
13	<my:13-7>에 begin을 3, end를 7로 설정하여 실행한다. 그래서 바디가 5번 출력되고 cnt는 1 ~ 5까지 증가된다.
14	태그 파일에서 생성한 변수를 JSP 페이지에서도 사용이 가능하다.

실행 결과

```
http://localhost:8787/ch13/test13-7.jsp
1. 샘플 텍스트
2. 샘플 텍스트
3. 샘플 텍스트
4. 샘플 텍스트
5. 샘플 텍스트

반복횟수 : 5
```

태그 파일 〈/WEB-INF/tags/13-7.tag〉의 4번 줄을 다음과 같이 scope값을 NESTED로 수정하여 실행해 보자.

<%@ variable name-given="cnt" variable-class="java.lang.Long" scope="NESTED"%>

```
http://localhost:8787/ch13/test13-7.jsp
1. 샘플 텍스트
2. 샘플 텍스트
3. 샘플 텍스트
4. 샘플 텍스트
5. 샘플 텍스트

반복횟수 :
```

scope를 NESTED로 설정하면 변수를 태그의 시작과 끝 사이에서만 사용할 수 있으므로 위와 같이 변수 값이 출력되지 않는다.

variable 디렉티브의 name-from-attribute와 alias 속성은 태그 파일에서 이미 변수의 이름을 설정했지만 태그를 호출하는 페이지에서 다른 이름으로 사용자 정의할 때 사용된다. 태그 13-7을 name-from-attribute와 alias를 적용하도록 수정하였다.

〈/WEB-INF/tags/13-7.tag〉

```
1    <%@ tag language="java" pageEncoding="EUC-KR"%>
2    <%@ tag body-content="scriptless"%>
3    <%@ taglib prefix="c" uri="http://java.sun.com/jsp/jstl/core"%>
4    <%@ variable name-from-attribute="cntVar" alias="cnt"
5        variable-class="java.lang.Long" scope="AT_BEGIN"%>
6    <%@ attribute name="cntVar" type="java.lang.String" required="true"
7        rtexprvalue="false"%>
```

```
8    <%@ attribute name="begin" type="java.lang.Integer"%>
9    <%@ attribute name="end" type="java.lang.Integer"%>
10   <c:set var="cnt" value="${0 }" />
11   <%
12       for (int i = begin; i <= end; i++) {
13           long cnt = (long) jspContext.getAttribute("cnt");
14           cnt++;
15           jspContext.setAttribute("cnt", cnt);
16   %>
17   ${cnt }.
18   <jsp:doBody /><br>
19   <%
20       }
21   %>
```

● 소스 분석 ●

줄 번호	설명
4 ~ 5	태그 파일과 JSP 페이지에서 공유할 변수를 정의한다. name-from-attribute="cntVar"는 JSP 페이지에서 해당 변수의 이름을 설정하는 변수를 등록한다.
6	cntVar 이름의 속성을 정의한다.
8 ~ 9	속성 begin과 end를 정의한다.
10	JSP 페이지와 공용으로 사용할 변수는 태그 파일에서 생성하고 초기화한다.
13 ~ 15	cnt를 1씩 증가한다.
18	바디 앞에 cnt를 같이 출력하여 출력 횟수를 보여준다.

⟨test13-7.jsp⟩

```
1    <%@ page language="java" contentType="text/html; charset=EUC-KR"
2        pageEncoding="EUC-KR"%>
3    <%@ taglib prefix="my" tagdir="/WEB-INF/tags"%>
4    <%@ taglib prefix="c" uri="http://java.sun.com/jsp/jstl/core"%>
5    <!DOCTYPE html PUBLIC "-//W3C//DTD HTML 4.01 Transitional//EN"
6    "http://www.w3.org/TR/html4/loose.dtd">
7    <html>
8    <head>
9    <meta http-equiv="Content-Type" content="text/html; charset=EUC-KR">
10   <title>Insert title here</title>
```

```
11  </head>
12  <body>
13      <my:13-7 begin="3" end="7" cntVar="num">샘플 텍스트</my:13-7>
14      <br> 반복횟수 : ${num}
15  </body>
16  </html>
```

● 소스 분석 ●

줄 번호	설명
13	<my:13-7>에 begin을 3, end를 7로 설정하여 실행한다. 그래서 바디가 5번 출력되고 cnt는 1 ~ 5까지 증가된다. 이때 cntVar="num"은 태그 파일에서 정의한 변수 cnt를 해당 파일에서는 num으로 부르도록 설정한다.
14	태그 파일에서 생성한 변수를 JSP 페이지에서 num으로 출력한다.

실행 결과

http://localhost:8787/ch13/test13-7.jsp

1. 샘플 텍스트
2. 샘플 텍스트
3. 샘플 텍스트
4. 샘플 텍스트
5. 샘플 텍스트

반복횟수 : 5

실용주의 프로그래머가 되기 위한 조언

"지식 포트폴리오를 만들어라"
"소통하라"
"강요된 중복, 부주의한 중복, 참을성 없는 중복, 개발자간의 중복 등을 제거하라"
"관련 없는 것들 간에 서로 영향이 없도록 하라"
"독립적인 개발을 하라"
"아키텍처 프로토타입을 작성하라"

실용주의 프로그래머 중에서
앤드류 헌트, 데이비드 토머스 지음

제 14 장

필터(Filter) 활용

제 14 장 필터(Filter) 활용

필터는 명사로 여과 장치를 의미하거나 동사로 여과 장치로 거르는 것을 의미한다. 자바 웹 프로그래밍에서도 필터의 의미는 지정된 것을 거르는 일을 담당하는 객체를 나타낸다. 웹에서 거르는 동작이란 요청 객체인 request나 응답 객체인 response의 헤더(Header) 내용을 변형하는 것을 의미한다. 필터는 다른 웹 컴포넌트들처럼 응답을 새로 만들지 않고, 특정 웹 자원에 설정할 수 있는 기능을 제공한다. 그래서 필터는 하나의 웹 리소스에 의존적으로 만들어서는 안 된다. 이는 필터가 독립적으로 동작해야만 다양한 리소스에 적용할 수 있기 때문이다. 필터의 주요 동작은 다음과 같다.

- 요청을 확인하여 그에 응답한다.
- 추가적인 요청–응답을 막을 수 있다.
- 요청 헤더와 데이터를 수정할 수 있다.
- 응답 헤더와 데이터를 수정할 수 있다.
- 외부 자원과 상호 작용할 수 있다.

이러한 동작으로 필터는 인증, 로깅, 이미지 변환, 데이터 압축, 암호화, XML 변환 등 다양한 형태로 활용할 수 있다. 한 리소스에 필터 하나만 적용할 수 있는 것이 아니라 체인으로 연결하여 여러 개의 필터를 적용할 수 있다. 체인은 연결된 컴포넌트가 포함된 웹 어플리케이션이 웹 서버에 올라갈 때 지정되며, 웹 컨테이너가 그 컴포넌트를 로드할 때 객체화된다. 필터를 사용하는 방법을 요약하면 다음과 같다.

- 필터를 프로그래밍한다.
- 요청과 응답을 프로그래밍한다.
- 웹 리소스에 필터 체인을 지정한다.

1 ▶ 필터 구현

필터와 관련된 API는 Filter, FilterChain, and FilterConfig가 있다. Filter 인터페이스는 필터 구현에 사용하고, FilterChain은 필터 체인 관련 작업을, FilterConfig는 필터와 관련된 설정을 할 수 있다. Filter 인터페이스에서 가장 중요한 메서드는 doFilter( )인데, 이 메서드가 요청 객체(request), 응답 객체(response), 필터 체인 객체를 전달한다. 해당 메서드는 필터의 주요 기능을 수행하는데 다음과 같은 작업을 할 수 있다. 요청 헤더를 검사하거나 필터가 요청 헤더나 데이터를 변경할 경우 요청 객체를 사용자로 지정할 수 있다. 또한, 필터가 응답 헤더나 데이터를 수정할 경우 응답 객체를 사용자로 지정할 수 있다. 필터 체인이 있을 경우 다음 체인을 호출하는데 만약 현재 체인이 마지막이라면 웹 서버로 요청이 전달된다. 다음 필터로 이동하는 것은 체인 객체의 doFilter( ) 메서드를 호출함으로써 실행된다. 이때, 요청 객체(request)와 응답 객체(response)를 파라미터로 전달한다. 응답의 헤더를 검사한다. 필터 처리 중 에러가 발생하면 예외를 발생한다. 지금까지 나열한 작업들이 모두 doFilter( )에 의해서 수행된다.

Filter 인터페이스를 구현하려면 doFilter( ) 이외에도 init( )과 destroy( ) 메서드를 구현해야 한다. init( ) 메서드는 필터가 웹 컨테이너에 의해서 객체로 생성될 때 호출되는데 주로 필터의 초기화 파라미터를 전달하는 용도로 사용된다. 다음은 필터를 구현하여 리소스에 적용한 예제를 보여준다.

⟨src/myfilters/IdCheckFilter.java⟩

```
1   package myfilters;
2
3   import java.io.IOException;
4
5   import javax.servlet.Filter;
6   import javax.servlet.FilterChain;
7   import javax.servlet.FilterConfig;
8   import javax.servlet.RequestDispatcher;
9   import javax.servlet.ServletException;
10  import javax.servlet.ServletRequest;
11  import javax.servlet.ServletResponse;
12  import javax.servlet.annotation.WebFilter;
13  import javax.servlet.annotation.WebInitParam;
14
15  @WebFilter(filterName = "idCheck",
16      urlPatterns = {"/result.jsp"},
17      initParams = {
```

```java
                    @WebInitParam(name = "id", value = "KINGNUNA"),
                    @WebInitParam(name = "pwd", value = "1234")
            }
)
public class IdCheckFilter implements Filter {

    private String id = "";
    private String pwd = "";

    @Override
    public void init(FilterConfig filterConfig) throws ServletException {
        //TODO Auto-generated method stub

        //초기화 파라메터 값 읽기
        id = filterConfig.getInitParameter("id");
        pwd = filterConfig.getInitParameter("pwd");
    }

    @Override
    public void destroy() {
        //TODO Auto-generated method stub

    }

    @Override
    public void doFilter(ServletRequest request, ServletResponse response,
    FilterChain chain) throws IOException, ServletException {
        //TODO Auto-generated method stub

        //요청 파라메터를 읽음
        String req_id = request.getParameter("id");
        String req_pwd = request.getParameter("pwd");

        //id를 모두 대문자로 변환
        String id_upper = req_id.toUpperCase();

        //요청 파라메터로부터 읽은 id, pwd와 초기화 파라메터의 id, pwd를 비교
        if (id.equals(id_upper) && pwd.equals(req_pwd)) {

            //id, pwd가 일치하면 request 객체에 id 저장
            request.setAttribute("id", id_upper);
```

```
59
60                              //다음 체인으로 이동
61                              chain.doFilter(request, response);
62
63                      } else {
64
65                              //id, pwd 일치하지 않으면 로그인 폼으로 이동
66                              RequestDispatcher dispatcher =
67                                      request.getRequestDispatcher("/loginForm.jsp");
68                              if (dispatcher != null) {
69                                  dispatcher.forward(request, response);
70                              }
71                      }
72
73              }
74
75      }
```

● 소스 분석 ●

줄 번호	설명
15 ~ 21	어노테이션으로 필터를 등록한다. 만약, 이클립스 프로젝트 버전이 3.0 이전이라면 /WEB-INF/web.xml에 등록해야 한다. 15번 줄은 필터명을 설정하고, 16번 줄은 이 필터가 적용될 리소스의 url 패턴을 설정한다. 17 ~ 20 초기화 파라메터를 설정한다.
28 ~ 34	초기화 메서드로 32 ~ 33은 초기화 파라메터 값을 읽는다. 이 코드에서는 로그인에 사용할 id, pwd를 읽는다.
48 ~ 49	요청 파라메터를 읽는다.
52	id를 모두 대문자로 변환한다.
55	요청 파라메터로부터 읽은 id, pwd와 초기화 파라메터의 id, pwd를 비교한다.
58	id, pwd가 일치하면 request 객체에 id를 저장한다.
61	다음 체인으로 이동한다.
66 ~ 70	id, pwd 일치하지 않으면 로그인 폼으로 이동한다.

⟨loginForm.jsp⟩

```
1   <%@ page language="java" contentType="text/html; charset=EUC-KR"
2       pageEncoding="EUC-KR"%>
3   <!DOCTYPE html PUBLIC "-//W3C//DTD HTML 4.01 Transitional//EN"
4   "http://www.w3.org/TR/html4/loose.dtd">
5   <html>
6   <head>
7   <meta http-equiv="Content-Type" content="text/html; charset=EUC-KR">
8   <title>Insert title here</title>
9   </head>
10  <body>
11      <h3>로그인</h3>
12      <form action="${pageContext.request.contextPath }/result.jsp">
13          id:<input type="text" name="id"><br>
14          pwd:<input type="text" name="pwd"><br>
15          <input type="submit" value="로그인">
16          <input type="reset" value="취소">
17      </form>
18  </body>
19  </html>
```

⟨result.jsp⟩

```
1   <%@ page language="java" contentType="text/html; charset=EUC-KR"
2       pageEncoding="EUC-KR"%>
3   <!DOCTYPE html PUBLIC "-//W3C//DTD HTML 4.01 Transitional//EN"
4   "http://www.w3.org/TR/html4/loose.dtd">
5   <html>
6   <head>
7   <meta http-equiv="Content-Type" content="text/html; charset=EUC-KR">
8   <title>Insert title here</title>
9   </head>
10  <body>
11      ${id }님 로그인중<br>
12      <h3>메뉴</h3>
13      1. 게시판<br>
14      2. 자료실<br>
15      3. 방명록
16  </body>
17  </html>
```

● 소스 분석 ●	
줄 번호	설명
	로그인에 성공했을 때 실행될 페이지로 해당 페이지를 요청하면 필터가 실행된다.

실행 결과

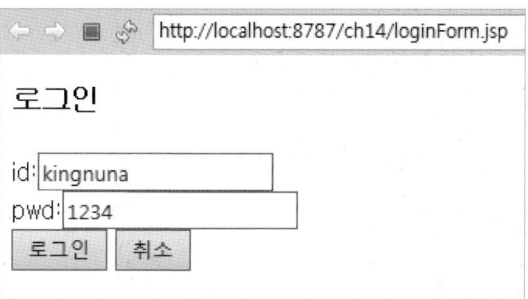

로그인에 성공하면 다음과 같은 메뉴 페이지로 이동하여 id를 출력해 준다. 하지만 성공하지 못하면 로그인 폼으로 되돌아간다.

2 ▶ 요청과 응답 변경

필터가 작업하기 편리하게 요청이나 응답을 변경할 수 있다. 필터가 요청 객체에 속성을 추가하거나 응답 객체에 데이터를 추가할 수도 있다. 만약, 응답을 변경한다면 클라이언트가 응답을 받기 전에 처리해야 하는데 이것이 가능하려면 응답 생성 서블릿에 대체할 스트림을 전달해야 한다. 응답을 변경하려면 ServletResponseWrapper나 HttpServletResponseWrapper 클래스를 상속받아 구현해야 하고, 요청을 변경하려면 ServletRequestWrapper나 HttpServletRequestWrapper 클래스를 상속받아 구현해야 한다.

1 요청 변경

다음의 예제는 요청 파라미터를 모두 대문자로 변환하여 서버로 전달하는 예이다.

⟨src/myfilters/MyRequestWrapper.java⟩

```java
package myfilters;

import java.util.Enumeration;
import java.util.HashMap;
import java.util.Iterator;
import java.util.Map;

import javax.servlet.http.HttpServletRequest;
import javax.servlet.http.HttpServletRequestWrapper;

public class MyRequestWrapper extends HttpServletRequestWrapper {

    private Map<String, String[]> map;
    private Map<String, String[]> myMap = new HashMap<String, String[]>();

    public MyRequestWrapper(HttpServletRequest request) {
        super(request);
        //TODO Auto-generated constructor stub
        map = request.getParameterMap();
        Iterator it = map.keySet().iterator();
        while (it.hasNext()) {
            String name = (String) it.next();
            String[] values = map.get(name);
            String[] upper_v = new String[values.length];
            for (int i = 0; i < values.length; i++) {
                upper_v[i] = values[i].toUpperCase();
            }
            myMap.put(name, upper_v);
        }
    }

    @Override
    public String getParameter(String name) {
        //TODO Auto-generated method stub
        return myMap.get(name)[0];
```

```
36              }
37
38              @Override
39              public Map<String, String[]> getParameterMap() {
40                      //TODO Auto-generated method stub
41                      return myMap;
42              }
43
44              @Override
45              public Enumeration<String> getParameterNames() {
46                      //TODO Auto-generated method stub
47                      return (Enumeration<String>) myMap.keySet();
48              }
49
50              @Override
51              public String[] getParameterValues(String name) {
52                      //TODO Auto-generated method stub
53                      return myMap.get(name);
54              }
55
56      }
```

● 소스 분석 ●

줄 번호	설명
13	요청 객체에 저장된 원본 파라메터를 저장할 맵을 선언한다.
14	요청 파라메터를 변경하여 저장할 맵을 생성한다.
19	요청 파라메터를 맵으로 읽어서 변수 map에 저장한다.
20	map의 키 셋에 이터레이터를 생성한다.
21	키의 개수만큼 반복한다.
22	키를 읽어서 name에 저장한다.
23	키의 값을 읽어서 values에 저장한다.
24 ~ 27	값을 대문자로 변환하여 upper_v에 저장한다.
28	키와 변환한 값을 myMap에 저장한다.
33 ~ 36	요청 파라메터 검색을 원본이 아닌 변환한 myMap에서 결과를 반환한다.
39 ~ 42	전체 맵을 리턴하는 메서드를 myMap로 반환하도록 수정한다.

45 ~ 48	파라메터의 이름들을 myMap의 키로 리턴하도록 수정한다.
51 ~ 54	요청 파라메터 값을 반환하는 메서드를 myMap의 값으로 반환하도록 수정한다. 즉, 해당 코드는 원래의 요청 파라메터를 반환하지 않고, 요청 파라메터 값을 대문자로 변환하여 변환된 값을 반환하도록 전체를 수정한다.

⟨src/myfilters/ReqWrapperTestFilter.java⟩

```
1   package myfilters;
2
3   import java.io.IOException;
4
5   import javax.servlet.Filter;
6   import javax.servlet.FilterChain;
7   import javax.servlet.FilterConfig;
8   import javax.servlet.ServletException;
9   import javax.servlet.ServletRequest;
10  import javax.servlet.ServletResponse;
11  import javax.servlet.annotation.WebFilter;
12  import javax.servlet.http.HttpServletRequest;
13
14  @WebFilter(filterName = "paramFilter", urlPatterns = { "/paramTestResult.jsp" })
15  public class ReqWrapperTestFilter implements Filter {
16
17      @Override
18      public void destroy() {
19          //TODO Auto-generated method stub
20
21      }
22
23      @Override
24      public void doFilter(ServletRequest request, ServletResponse response,
25      FilterChain chain)        throws IOException, ServletException {
26          //TODO Auto-generated method stub
27          MyRequestWrapper req =
28                  new MyRequestWrapper((HttpServletRequest) request);
29          chain.doFilter(req, response);
30      }
31
```

```
32          @Override
33          public void init(FilterConfig filterConfig) throws ServletException {
34              //TODO Auto-generated method stub
35
36          }
37
38      }
```

● 소스 분석 ●

줄 번호	설명
14	필터 이름은 "paramFilter", 필터가 적용될 리소스의 url은 "/paramTestResult.jsp"으로 필터를 등록한다.
27 ~ 28	요청을 변경하는 MyRequestWrapper 객체를 생성한다.
29	다음 필터로 이동할 때 원래의 요청 객체가 아닌 변환된 요청 객체를 전달한다.

〈paramTest.jsp〉

```
1   <%@ page language="java" contentType="text/html; charset=EUC-KR"
2       pageEncoding="EUC-KR"%>
3   <!DOCTYPE html PUBLIC "-//W3C//DTD HTML 4.01 Transitional//EN"
4   "http://www.w3.org/TR/html4/loose.dtd">
5   <html>
6   <head>
7   <meta http-equiv="Content-Type" content="text/html; charset=EUC-KR">
8   <title>Insert title here</title>
9   </head>
10  <body>
11  <form   action="${pageContext.request.contextPath   }/paramTestResult.jsp" method="post">
12      아이디:<input type="text" name="id"><br>
13      비밀번호:<input type="text" name="pwd"><br>
14      이름:<input type="text" name="name"><br>
15      좋아하는 과일:
16      <input type="checkbox" name="fav" value="apple">사과
17      <input type="checkbox" name="fav" value="melon">메론
18      <input type="checkbox" name="fav" value="banana">바나나<br>
19      <input type="submit" value="전송">
20      <input type="reset" value="취소">
```

```
21    </form>
22    </body>
23    </html>
```

〈paramTestresult.jsp〉

```jsp
1   <%@ page language="java" contentType="text/html; charset=EUC-KR"
2          pageEncoding="EUC-KR"%>
3   <%@ page import="java.util.Map, java.util.Iterator"%>
4   <!DOCTYPE html PUBLIC "-//W3C//DTD HTML 4.01 Transitional//EN"
5   "http://www.w3.org/TR/html4/loose.dtd">
6   <html>
7   <head>
8   <meta http-equiv="Content-Type" content="text/html; charset=EUC-KR">
9   <title>Insert title here</title>
10  </head>
11  <body>
12          <h3>맵으로 전체 검색</h3>
13          <%
14                  Map<String, String[]> map = request.getParameterMap();
15                  Iterator<String> it = map.keySet().iterator();
16                  while (it.hasNext()) {
17                          String name = it.next();
18                          String[] values = map.get(name);
19                          if (values.length == 1) {
20                              String value = values[0];
21                              out.print(name + ":" + value + "<br>");
22                          } else {
23                              for (int i = 0; i < values.length; i++) {
24                                  out.print(name + ":" + values[i] + "<br>");
25                              }
26                          }
27                  }
28          %>
29  </body>
30  </html>
```

● 소스 분석 ●

줄 번호	설명
14	전체 요청 파라메터를 읽어 Map에 저장한다.
15	맵의 키셋에 이터레이터를 생성한다.
16	키의 개수만큼 반복한다.
17 ~ 18	키를 name에 키의 값을 values에 저장한다.
19 ~ 21	값이 하나이면 하나를 출력한다.
22 ~ 25	값이 여러 개이면 그 수만큼 출력한다.

실행 결과

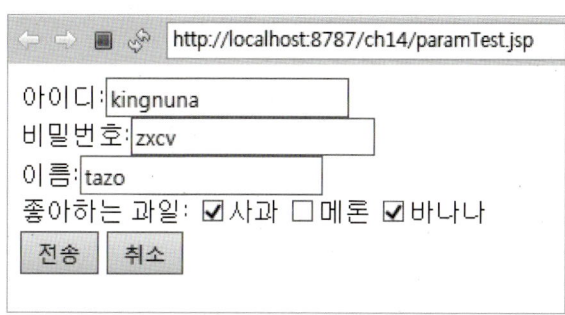

폼 양식을 입력하여 [전송] 버튼을 클릭하면 요청 파라메터의 값이 모두 대문자로 변환되어 서버로 전달된다.

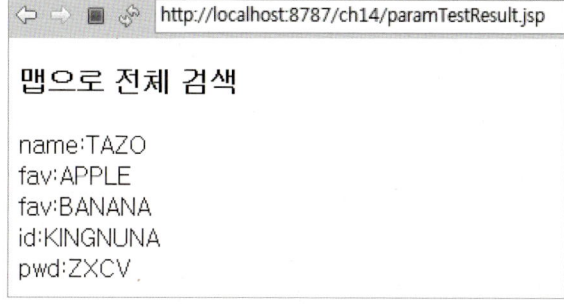

2 응답 변경

다음의 예제는 사용자에게 전달할 응답에서 금지어로 등록된 단어를 필터링하여 클라이언트에 전송하는 예를 보여준다.

⟨src/myfilters/MyResponseWrapper.java⟩

```java
package myfilters;

import java.io.CharArrayWriter;
import java.io.IOException;
import java.io.PrintWriter;

import javax.servlet.http.HttpServletResponse;
import javax.servlet.http.HttpServletResponseWrapper;

public class MyResponseWrapper extends HttpServletResponseWrapper {
    private CharArrayWriter out;

    public MyResponseWrapper(HttpServletResponse response) {
        super(response);
        //TODO Auto-generated constructor stub
        out = new CharArrayWriter();
    }

    @Override
    public PrintWriter getWriter() throws IOException {
        //TODO Auto-generated method stub
        return new PrintWriter(out);
    }

    @Override
    public String toString() {
        //TODO Auto-generated method stub
        return out.toString();
    }

}
```

● 소스 분석 ●

줄 번호	설명
13 ~ 17	생성자에서 응답을 출력할 때 사용할 스트림 CharArrayWriter 객체를 생성한다.
20 ~ 23	CharArrayWriter 스트림을 연결한 새 응답 출력 스트림을 생성하여 반환한다.
26 ~ 29	toString( )을 CharArrayWriter 스트림의 toString( )으로 전환한다.

〈src/myfilters/ResWrapperTestFilter.java〉

```java
1   package myfilters;
2
3   import java.io.CharArrayWriter;
4   import java.io.IOException;
5   import java.io.PrintWriter;
6
7   import javax.servlet.Filter;
8   import javax.servlet.FilterChain;
9   import javax.servlet.FilterConfig;
10  import javax.servlet.ServletException;
11  import javax.servlet.ServletRequest;
12  import javax.servlet.ServletResponse;
13  import javax.servlet.annotation.WebFilter;
14  import javax.servlet.annotation.WebInitParam;
15  import javax.servlet.http.HttpServletResponse;
16
17  @WebFilter(filterName = "resFilter", urlPatterns = { "/resTestResult.jsp" },
18  initParams = {@WebInitParam(name = "data", value = "개나리,진달래,십장생") })
19  public class ResWrapperTestFilter implements Filter {
20      private String[] data;
21
22      @Override
23      public void destroy() {
24          //TODO Auto-generated method stub
25
26      }
27
28      @Override
29      public void doFilter(ServletRequest request, ServletResponse response,
30          FilterChain chain) throws IOException, ServletException {
```

```java
31              //TODO Auto-generated method stub
32              response.setCharacterEncoding("euc-kr");
33              PrintWriter out = response.getWriter();
34              MyResponseWrapper res =
35                      new MyResponseWrapper((HttpServletResponse) response);
36              chain.doFilter(request, res);
37              CharArrayWriter caw = new CharArrayWriter();
38              caw.write(res.toString().substring(0, res.toString().indexOf("</h3>") + 5));
39              String str = res.toString().substring(res.toString().indexOf("</h3>") + 5,
40                      res.toString().indexOf("</body>") - 1);
41
42              String[] src_data = str.split(",");
43              for (int i = 0; i < src_data.length; i++) {
44
45                  for(int j=0; j<data.length; j++){
46                      if(data[j].equals(src_data[i])){
47                          src_data[i] = "xxx";
48                      }
49                  }
50              }
51
52              for (int i = 0; i < src_data.length; i++) {
53                  caw.write(src_data[i] + ",");
54              }
55              caw.write("\n</body></html>");
56              response.setContentLength(caw.toString().getBytes().length);
57              out.write(caw.toString());
58              out.close();
59          }
60
61          @Override
62          public void init(FilterConfig filterConfig) throws ServletException {
63              //TODO Auto-generated method stub
64              data = filterConfig.getInitParameter("data").split(",");
65
66          }
67
68      }
```

● 소스 분석 ●

줄 번호	설명
17 ~ 18	필터의 이름, url을 등록한다. 초기화 파라메터로 이 프로그램에서 사용할 금지어를 저장한다.
33	응답을 출력할 스트림을 생성한다.
34 ~ 35	응답을 변형할 MyResponseWrapper 객체를 생성한다.
36	다음 필터로 이동할 때 변경된 응답 객체를 전달한다.
38	응답 페이지에서 금지어 필터링 대상이 될 문자열 바로 앞까지는 그대로 출력한다.
39 ~ 40	금지어 필터링 대상이 될 문자열을 잘라 str에 저장한다.
42	str의 문자열을 ','를 기준으로 토큰화한다.
43 ~ 49	토큰 하나씩 금지어와 동일한지 비교하여 동일하면 "xxx"로 변환한다.
52 ~ 54	변환된 토큰을 응답에 출력한다.
57	변환된 응답을 출력한다.
62 ~ 66	초기화 파라메터를 읽어서 배열 data에 저장한다. 이 data에 저장된 문자열이 금지어가 된다.

⟨resTestresult.jsp⟩

```
1   <%@ page language="java" contentType="text/html; charset=EUC-KR"
2       pageEncoding="EUC-KR"%>
3   <!DOCTYPE html PUBLIC "-//W3C//DTD HTML 4.01 Transitional//EN"
4   "http://www.w3.org/TR/html4/loose.dtd">
5   <html>
6   <head>
7   <meta http-equiv="Content-Type" content="text/html; charset=EUC-KR">
8   <title>Insert title here</title>
9   </head>
10  <body>
11  <h3>꽃 이름</h3>
12  벗꽃,무궁화,개나리,장미,진달래,프리지아,십장생,
13  </body>
14  </html>
```

실행 결과

resTestresult.jsp 페이지를 바로 실행하면 필터가 적용되어 다음과 같이 금지어가 변형되어 출력된다.

> http://localhost:8787/ch14/resTestResult.jsp
>
> # 꽃 이름
>
> 벗꽃,무궁화,xxx,장미,xxx,프리지아,xxx, ,

리눅스 커널 내부구조
백승재, 최종무 지음 | B5 | 384쪽 | 25,000원

GTQi 일러스트1급 CS4(2,3급 포함)
유윤자, 우석진 지음 | B5 | 456쪽 | 20,000원

Follow me 초중급자를 위한 안드로이드 프로그래밍
김유진 지음 | B5 | 604쪽 | 28,000원

내 아이의 통합 사고력을 키우는 클레이 놀이터
한국클레이교육협회 지음 | A4 변형판 | 148쪽 | 11,000원

수학이 쉬워지는 숫자의 비밀 The Numbers (2권 합본)
고바야시 미찌마사 지음 | B5 | 1권 84쪽 / 2권 104쪽 | 12,000원

재미있는 알고리즘으로 배우는 스크래치 2.x
박병기 지음 | B5 | 200쪽 | 13,000원

입문자를 위한 엑셀 매크로 VBA 300제
두드림 기획(이형범) 지음 | B5 | 416쪽 | 20,000원

감성 스토리텔링을 위한 포토샵 프레젠테이션 Design Knowhow
우석진 지음 | A4 변형판 | 448쪽 | 21,000원

다양한 예제로 배우는 엑셀 2013 기초 + 활용
이형범 지음 | A4 변형판 | 392쪽 | 18,000원

원리쏙쏙 IT 실전 워크북 시리즈란?

(대상 : 초 · 중급)

무료 동영상 강좌 제공!

엑셀 2010
두드림 기획(이형범) 지음 |
A4 | 208쪽 | 12,000원

스위시 맥스 UCC 동영상 만들기
김수진 지음 | A4 | 292쪽 |
16,000원

포토샵 CS5(한글판)
유강수 지음 | A4 | 252쪽 |
12,000원

한글 2010
김지은 지음 | A4 | 208쪽 |
12,000원

파워포인트 2010
비전IT 지음 | A4 | 216쪽 |
12,000원

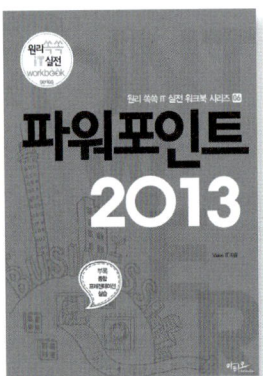

파워포인트 2013
비전IT 지음 | A4 | 256쪽 |
12,000원

엑셀+파워포인트 2010
김세민, 유강수 지음 | A4 |
376쪽 | 18,000원

한글포토샵 CS6
유윤자, 우석진 지음 | A4 |
252쪽 | 13,000원

엑셀 2013
김수진 지음 | A4 | 216쪽 |
12,000원

한글 2014
김미영 지음 | A4 | 216쪽 |
12,000원

일러스트레이터 CS6
김성실 지음 | A4 | 240쪽 |
13,000원

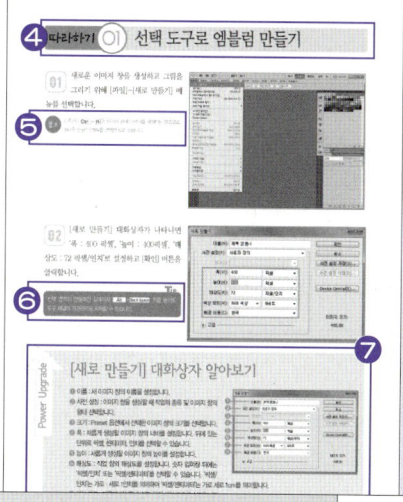
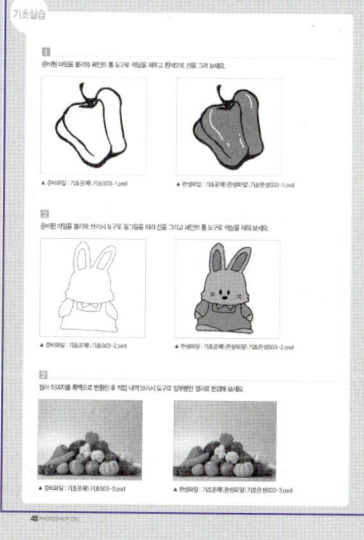

❶ **섹션 설명**   해당 단원에서 배울 내용에 대한 전체적인 개념을 설명함으로써 단원에 대한 이해도를 증진시키도록 합니다.

❷ **PREVIEW**   해당 단원에서 만들어볼 결과물을 미리 보여줌으로써 실습하는데 따르는 전체적인 틀을 이해할 수 있도록 하여 학습 효율을 극대화시켜 줍니다.

❸ **차례**   해당 단원에서 배울 내용들에 대한 차례를 기록하여 흐름을 파악할 수 있습니다.

❹ **따라하기**   본문 내용을 하나씩 따라해 가면서 실습하다 보면 자연스럽게 관련 기능을 이해할 수 있도록 구성하여 누구나 쉽게 포토샵을 사용할 수 있도록 하였습니다.

❺ **참고**   실습을 따라하는 과정에서 알아두면 도움이 되는 내용들을 담았습니다.

❻ **Tip**   저자만이 가지고 있는 다양한 노하우 및 좀더 편리하게 접근하기 위한 정보들을 제공합니다.

❼ **Power Upgrade**   난이도가 높아 본문의 따라하기에서 다루지는 않았지만 익혀놓으면 나중에 실무에서 도움이 될 것 같은 내용들을 별도로 구성해 놓았습니다.

❽ **기초 실습, 활용 실습**   본문에서 배운 내용을 다양한 예제를 통하여 실습하면서 확실하게 익힐 수 있도록 난이도별로 나누어 실습 문제를 담았습니다.

취 업
인컴친구

인컴멀티스쿨(WWW.incom79.com)에서 준비하세요

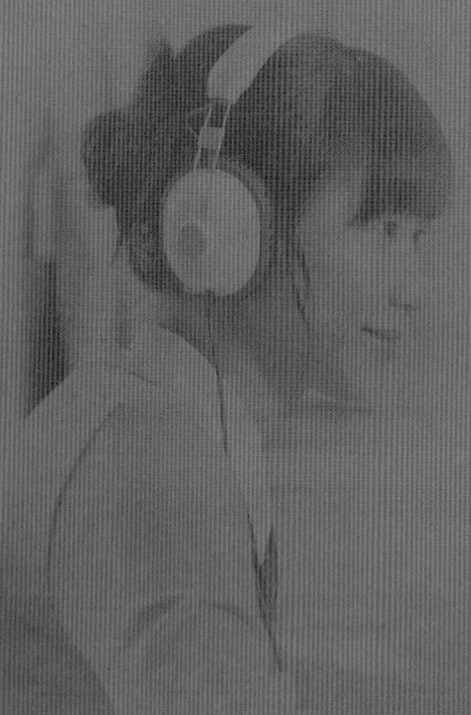

진로에 적합한 맞춤교육

IT자격증 · 미용사 · 조리사 · 전산회계
OA · 외국어 · 스마트폰 활용..

 (주)인컴멀티스쿨
부설 인컴멀티스쿨 기술연구소
부설 홀리스틱 교육연구소

고객지원 상담실 : 1544-7929
홈페이지 : http://www.incom79.com
고객지원 e-mail : help@incom79.com